Roland Schäfli

Location Tour
Die schönsten Drehorte Europas

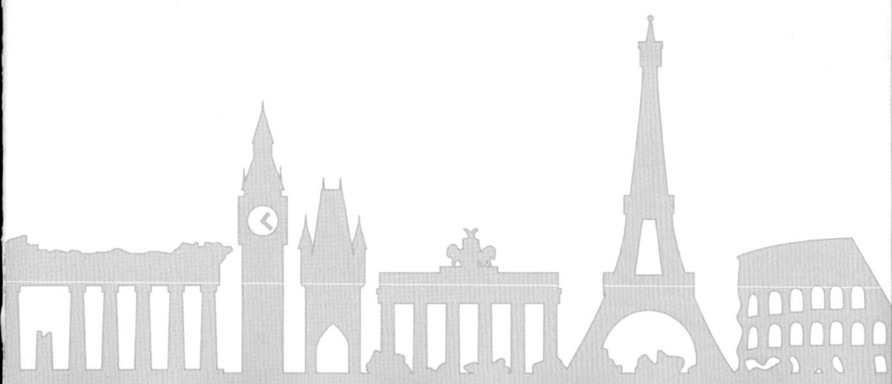

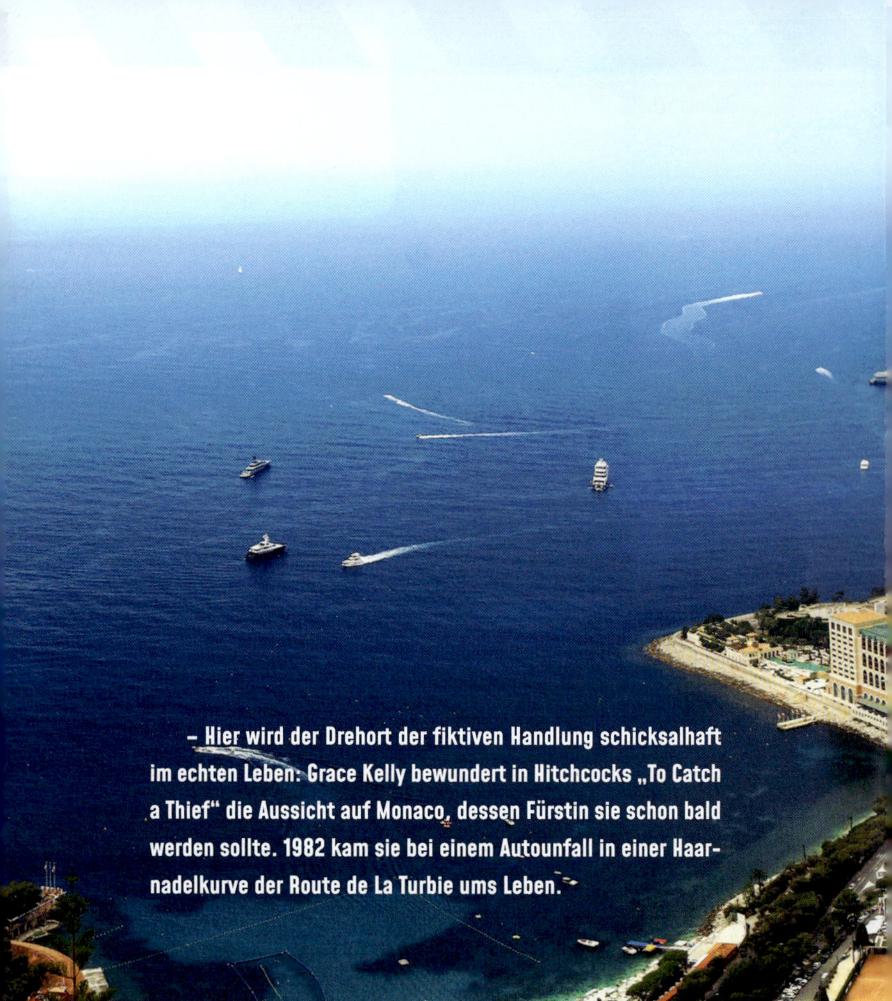

– Hier wird der Drehort der fiktiven Handlung schicksalhaft im echten Leben: Grace Kelly bewundert in Hitchcocks „To Catch a Thief“ die Aussicht auf Monaco, dessen Fürstin sie schon bald werden sollte. 1982 kam sie bei einem Autounfall in einer Haarnadelkurve der Route de La Turbie ums Leben.

Location Tour

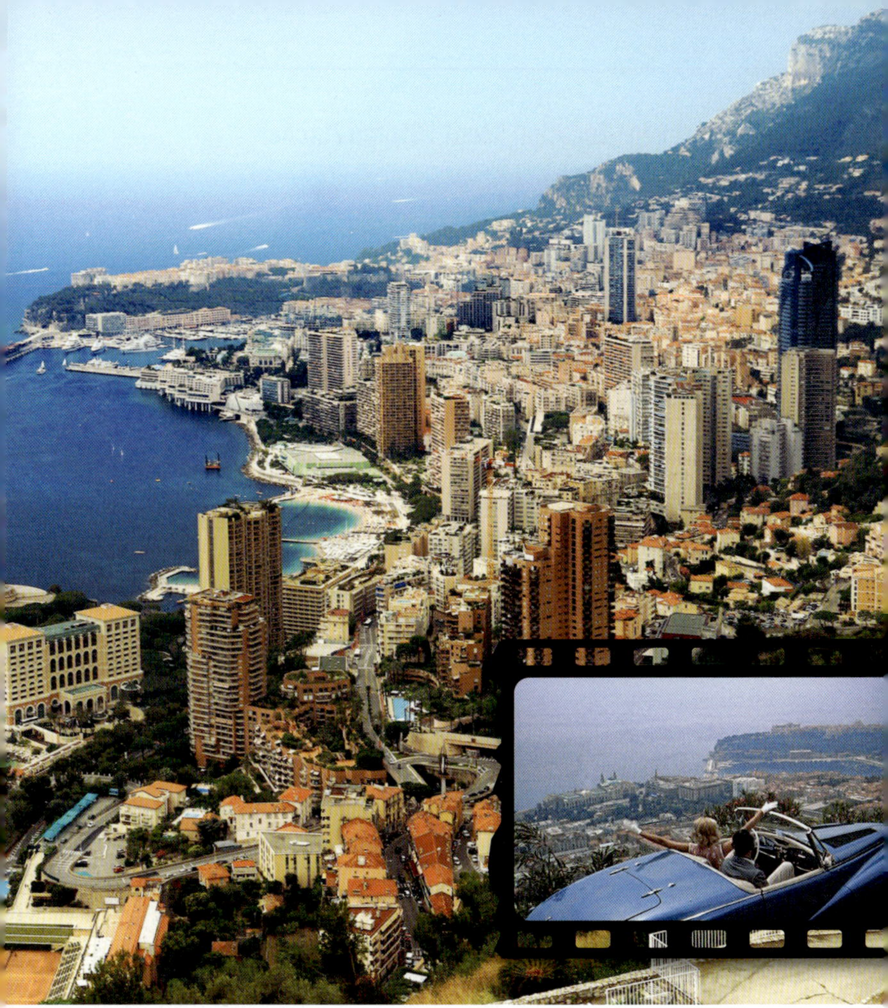

**»Ich muss Ihnen gestehen,
die Liebe zum Kino ist mir wichtiger
als jede Moral.«**

Alfred Hitchcock

Vorwort von „Location Scout“ Stefan Zürcher

Als ich bei „Im Geheimdienst Ihrer Majestät“ erstmals das Set eines 007-Films betrat, hätte wohl keiner von uns gedacht, dass wir 50 Jahre später auf dem Schilthorn einen „Walk of Fame“ einweihen würden. Die Touristen strömen bis heute auf den „Bond-Berg“. Was ein gutes Beispiel dafür ist, wie nachhaltig die Wirkung eines Films sein kann. Damals durfte ich auf Skiern James Bond verfolgen. Für jemanden, der fürs Leben gern Ski fährt, besser als bezahlter Urlaub! Ich kam schnell auf den Geschmack. Andere geben viel Geld aus, um einmal an die Orte zu reisen, die ich meinen Arbeitsplatz nennen durfte. Dieses Privileg als „Location Scout“ führte mich an die schönsten Plätze der Welt, von denen einige in diesem Buch beschrieben sind.

Als Location Scout mache ich mich nach ausführlichen Skript-Besprechungen auf die Suche. Als Anhaltspunkt dienen Storyboards mit detaillierten Zeichnungen, die die Vorstellungen der Verantwortlichen visuell festhalten. Ausgerüstet mit meiner Foto-Video-Kamera mache ich hunderte von Fotos und Videos von Landschaften, Gebäuden, Ortschaften. Später wird aufgrund dieser Recherche der Drehort bestimmt. Außerdem kläre ich die Infrastruktur ab. Wie kommt das Equipment zum Drehort, wo übernachten Cast und Crew? Und nicht zu vergessen: die Drehgenehmigungen. Ohne engen Kontakt zu den Behörden vor Ort gibt's keinen Film!

Mein „Ritterschlag“ in dieser verrückten Branche war wohl die Aufnahme in die „Bond-Familie“, einem ausgesuchten Stab von Mitarbeitern, die von der produzierenden Familie Broccoli immer wieder verpflichtet werden. Mein zehnter Einsatz für 007 war „Spectre“: Für die Szene, in der Bond im Range Rover von einem Flugzeug verfolgt wird, legten wir in Sölden in Tirol eine 20 Meter

Im Geheimdienst Ihrer Majestät: Stefan Zürcher mit Pierce Brosnan auf der Piste in Chamonix, Drehort von „Die Welt ist nicht genug“. →

breite Schneise im Wald an, in der 120-Tonnen-Krane errichtet wurden. Damit Bond drehbuchgerecht durch Wohnhäuser krachen kann, haben wir ältere Gebäude ab- und am Drehort wiederaufgebaut. Nur, um sie dann in Schutt zu verwandeln. Aber ohne Wegbeschreibung wird man die Stelle nie wiederfinden. Denn am Ende habe ich alles wieder aufgeforstet. Werden die Filme aber zum Welterfolg, zieht lokales Gewerbe, Hotellerie und Gastwirtschaft noch lange ihren Nutzen daraus. Viele dieser Plätze besitzen heute den Mythos einer Pilgerstätte. Darum bin ich überzeugt, die Leserinnen und Leser werden beim Betrachten der folgenden Seiten eine unserer früheren „Baustellen" entdecken, die sie einmal persönlich besuchen möchten. Viel Vergnügen!

Ihr Stefan Zürcher

Im Buch erwähnte Filme, an denen Stefan Zürcher mitwirkte: „Band of Brothers", „Am Rande des Abgrunds", die 007-Filme „Der Spion, der mich liebte", „Im Angesicht des Todes", „Golden Eye", „Die Welt ist nicht genug", „Der Hauch des Todes". In den Münchner Bavaria-Studios war er lange in der Produktion tätig, unter anderem für „Cabaret". Bis heute betreibt der Location Manager seine eigene Produktionsfirma (alpinefilms.com), im bernischen Wengen, wo er in „Schussfahrt" zu seinem ersten Filmauftritt kam: als Ski-Double für Robert Redford.

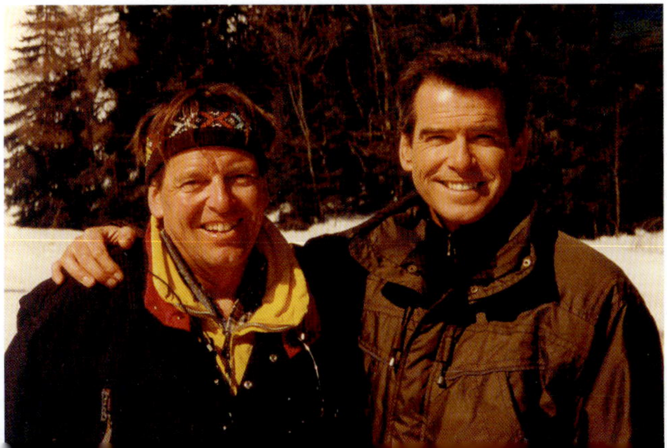

Inhalt

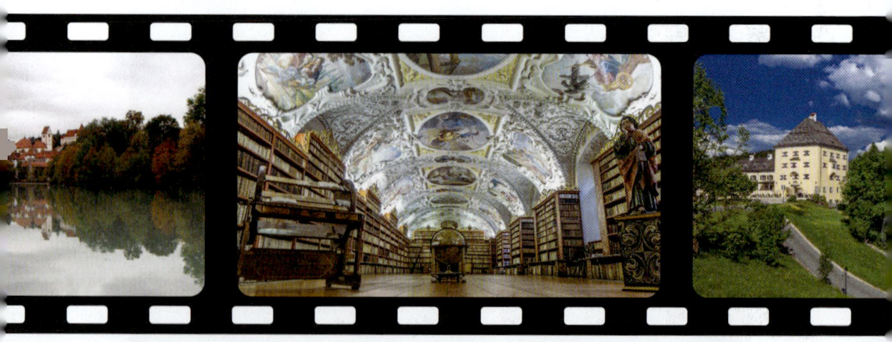

Italien

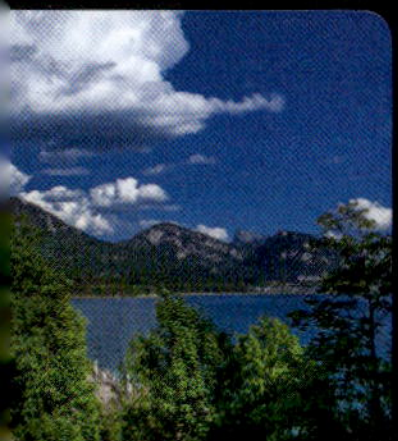
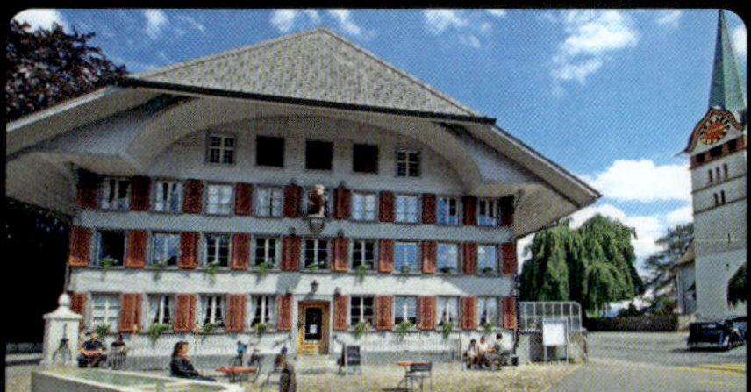
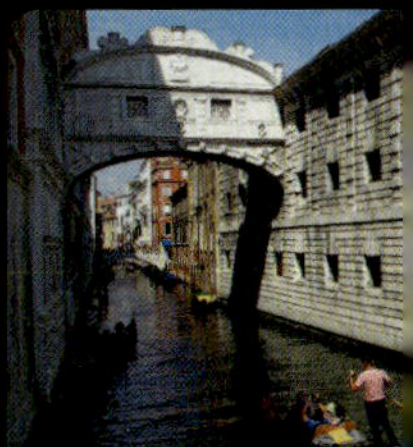

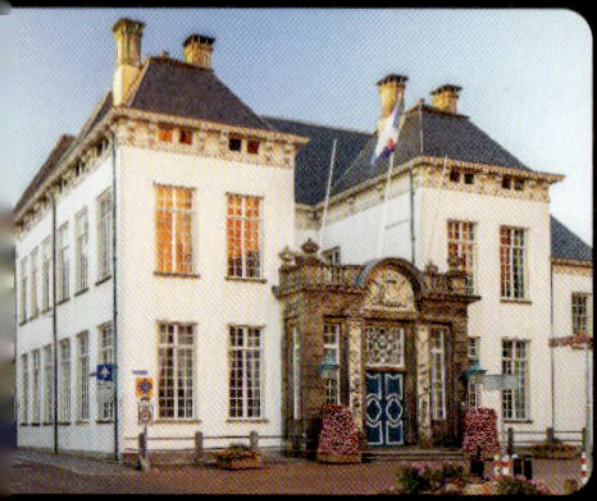

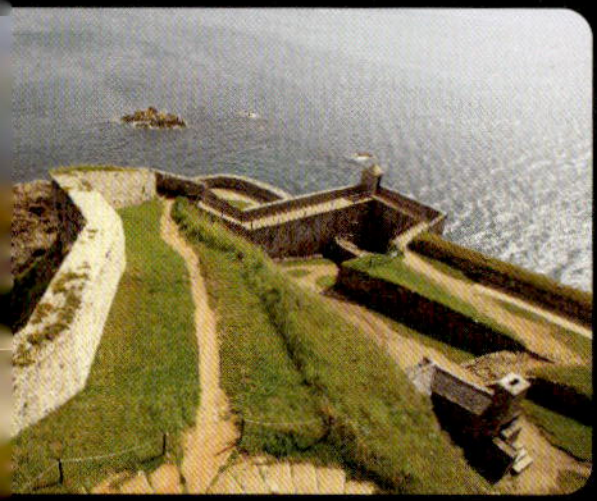

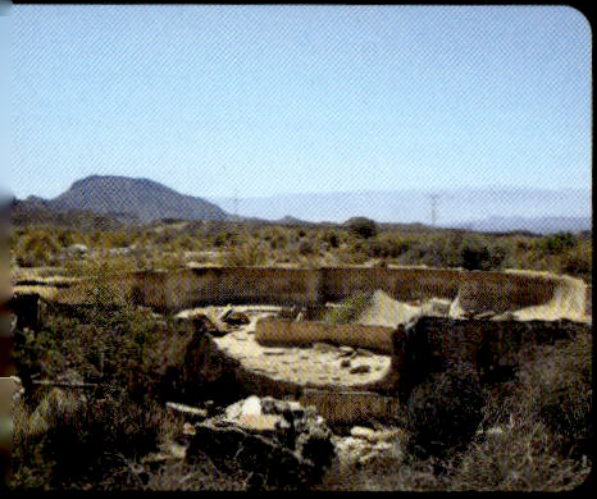

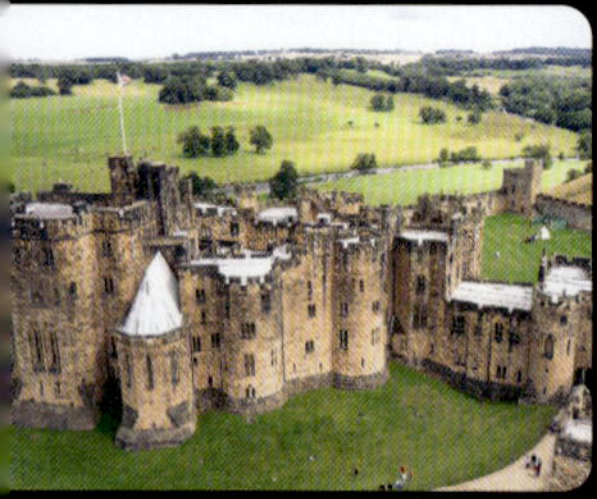

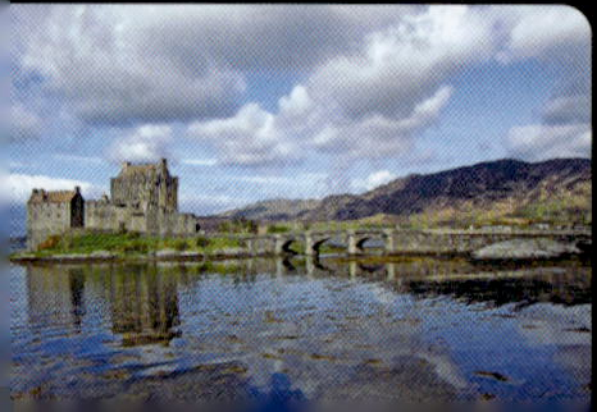

Niederlande

Frankreich

Spanien

England

Schottland

Irland

Kroatien

mit Slowenien, Montenegro und Bosnien und Herzegowina

Malta

Griechenland

Anhang

*Filmtitel und Filmschaffende sind bei der Erstnennung im jeweiligen Länderkapitel farbig ausgezeichnet

Karten

Deutschland

Österreich

Schweiz

Italien

Frankreich

Irland

Kroatien

mit Slowenien, Montenegro und Bosnien und Herzegowina

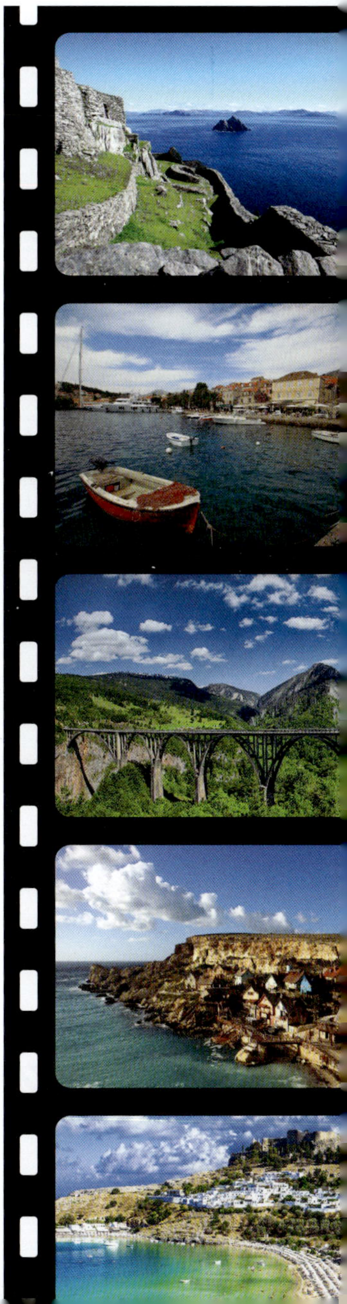

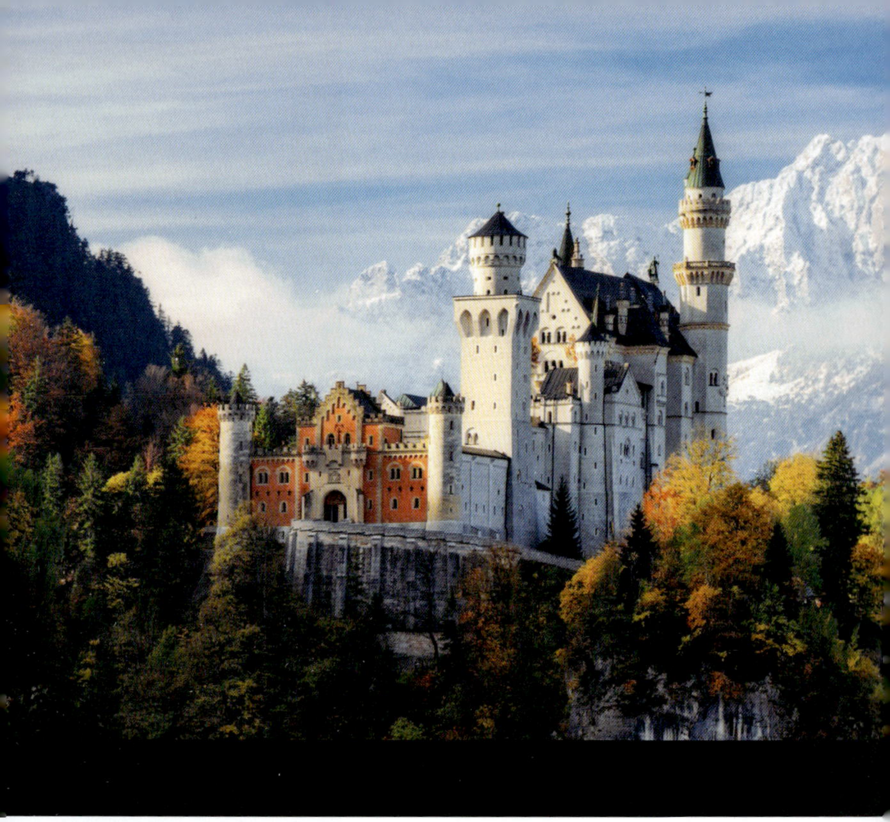

Deutschland

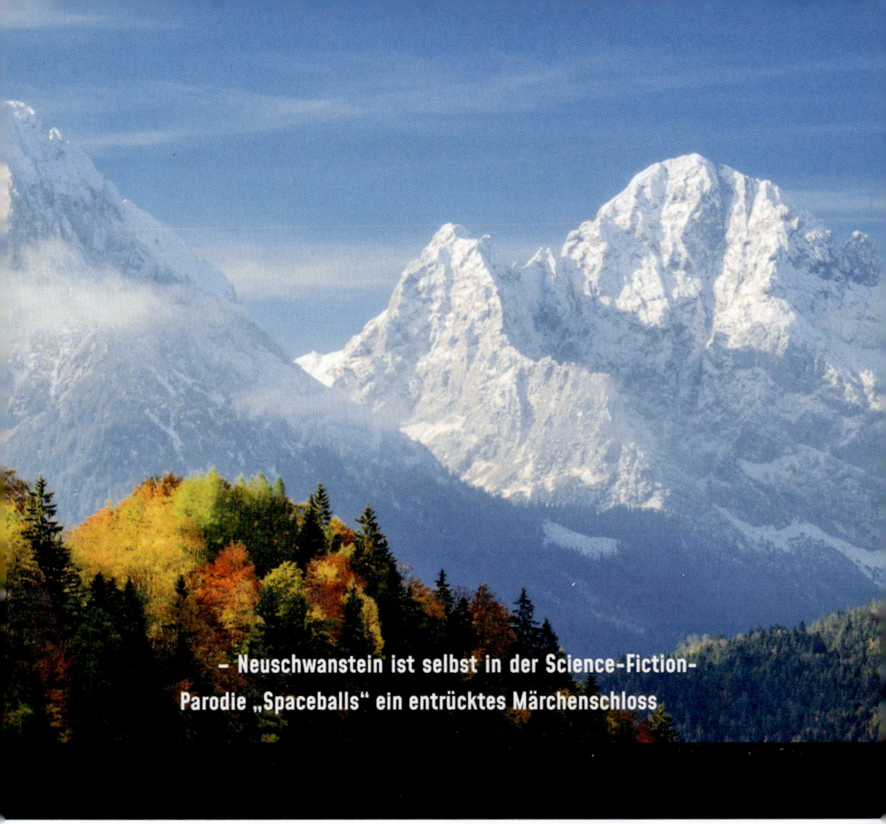

– Neuschwanstein ist selbst in der Science-Fiction-Parodie „Spaceballs" ein entrücktes Märchenschloss

1

Bavaria-Studios

„Baufällige Ateliers" habe seine Produktionsfirma, die „Bryna Company", in einem Münchener Vorort in Beschlag genommen, schrieb *Kirk Douglas* eher herablassend in seiner Autobiografie. Die heruntergekommenen Studios passten perfekt zum deprimierenden Look seines Antikriegsfilms **Paths of Glory** (Wege zum Ruhm). Was Douglas ausblendete: Auf dem 30 Hektar großen Areal in Geiselgasteig südlich der Münchner Innenstadt – heute besser bekannt als Bavaria Studios – war immerhin seit 1919 gefilmt worden. In der lebhaften Kulissenstadt war es ruhig geworden, seit die US-Militärregierung nach dem Krieg vorerst die Filmproduktion untersagt hatte. Und tatsächlich war die Bavaria zum Zeitpunkt des heldenhaften Erscheinens von Kirk Douglas in Finanznöten – und das nicht zum ersten Mal. Die Premiere von „Paths of Glory" am 18. September 1957, so vermerkt der Star nicht weniger stolz, war „die allererste Welturaufführung in München überhaupt". Der Mann mit dem markanten Kinngrübchen logierte mal in den „Vier Jahreszeiten" an der Maximilianstraße 17, dann im Hotel „Bayrischer Hof" am Promenadeplatz. Der umtriebige Douglas war nicht zuletzt ein kostenbewusster Produzent.

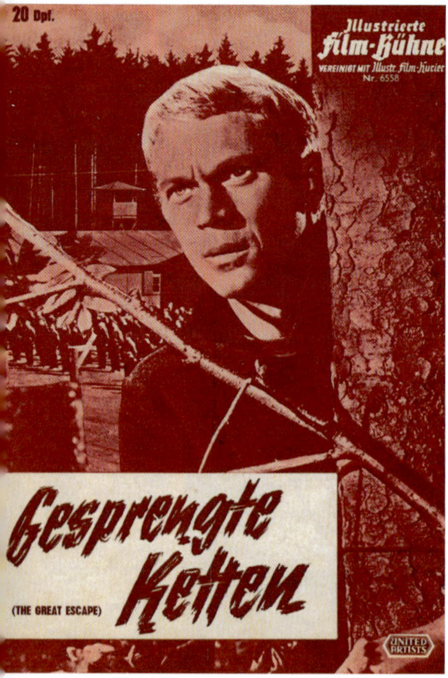

↑ Das Souvenirprogramm zu „Gesprengte Ketten", damals im Kino für 20 Pfennig zu kaufen, zeigt das Gefangenenlager im Münchner Wald.

Als es mit den Norwegern am Originalschauplatz seines nächsten Films, **The Vikings** (Die Wikinger, 1958), zu Lohndiskussionen kam, ließ er kurzerhand zu den billigeren Deutschen in die „baufälligen Ateliers" umziehen.

Was wenige Besucher der Studiotour ahnen: Wer hinter der Kulissenstadt der Landstraße in den Wald folgt, stößt auf das Gefangenenlager aus **The Great Escape** (Gesprengte Ketten, 1962) – oder zumindest auf die ehemalige Lichtung, auf der das „Stalag Luft III" aufgebaut war. Nahe der Bahnlinie wurde eine große Fläche abgeholzt – und nachher wieder aufgeforstet. Produktionstechnisch hatte die Nähe zu den Studios den Vorteil, bei Schlechtwetter in die Doppelhalle 4/5 zu wechseln, damals die größte auf dem Gelände. Hier waren sämtliche Kulissen für die Innenaufnahmen aufgebaut – auch der Querschnitt des Fluchttunnels. ***David McCallum*** (im Film der „Erdtransporteur") erinnerte sich, dass die Röhre die gesamte Länge von 4/5 einnahm. Für den deutschen Film schlug die große Stunde erst 1981 mit **Das Boot**, dem Antikriegsfilm, der bis heute Galionsfigur der Bavaria-Studios ist: Höhepunkt der Studiotour ist die Begehung des beklemmend engen, 55 Meter langen Innenraums des detailgetreu nachgebauten U-Boots.

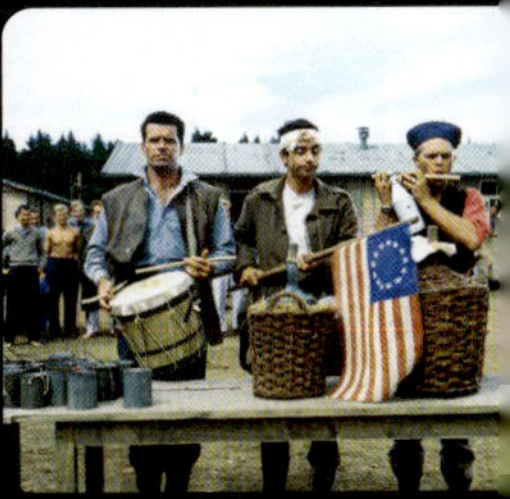
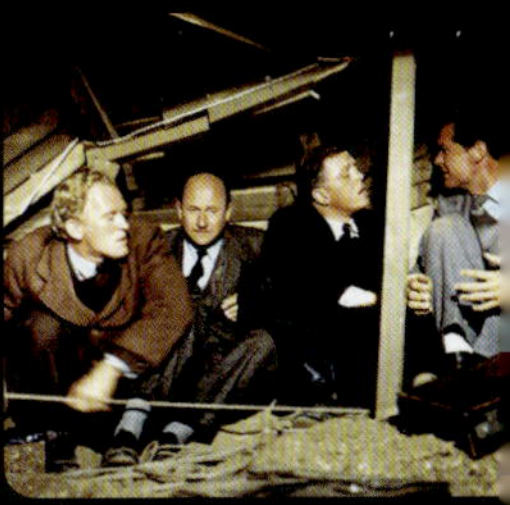
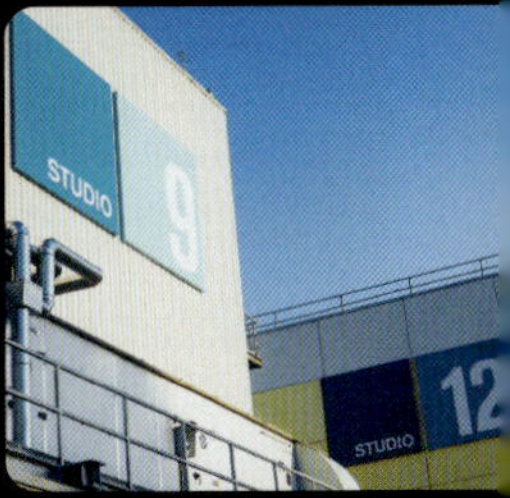

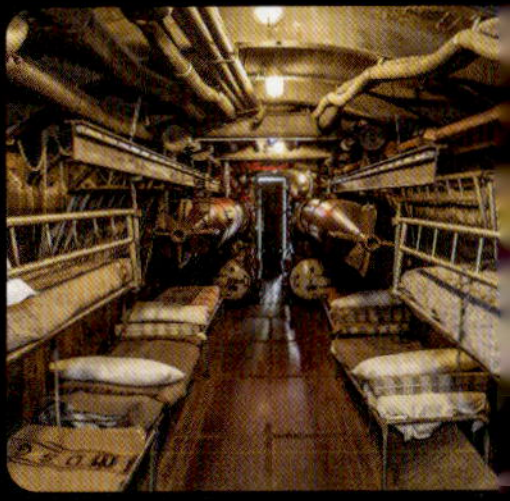

1: Patriotismus im Kriegsgefangenenlager – es stand auf einer Lichtung hinter den Bavaria-Studios. 2: Der Fluchttunnel nahm die ganze Länge der Bavaria-Halle 4/5 ein. 3: Die Hallen der Bavaria-Studios. 4: Das Innere des U-Boots aus „Das Boot". ↑

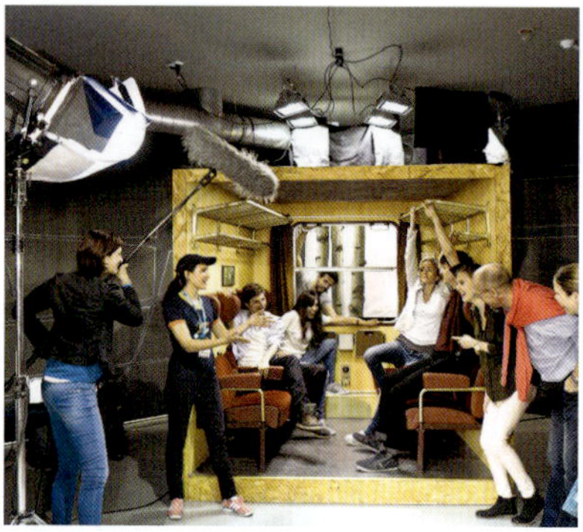

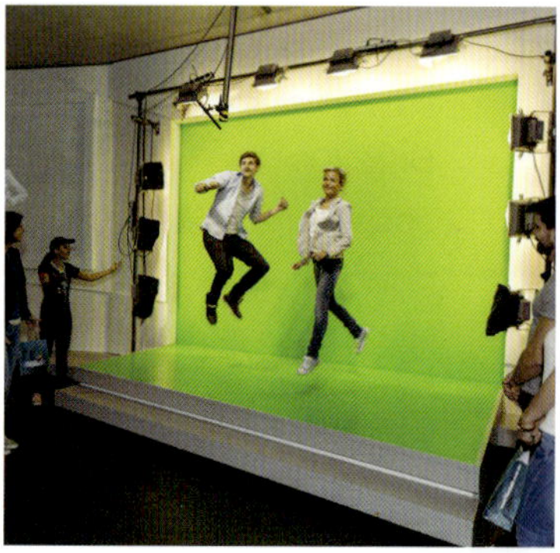

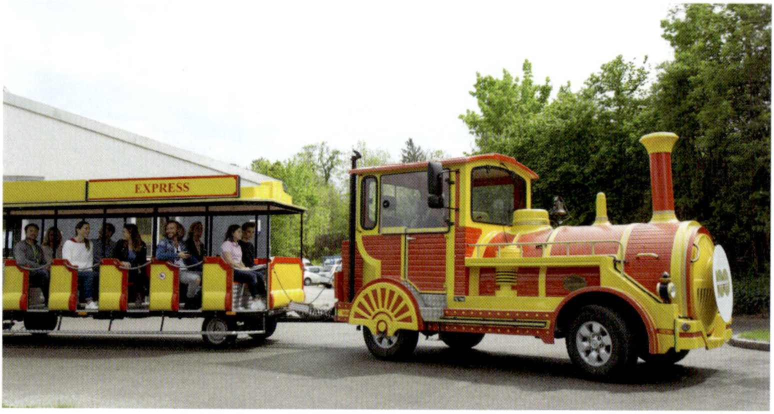

↑ In der Bavaria Filmstadt wird der Besucher auf geführten Touren im Filmtrick-Studio (1) in alte Filmtricks eingeweiht und erfährt alles über Visual Effects und wie sie entstehen (2). Über das Gelände wird man im Filmstadt Express (3) chauffiert.

• Bavaria Studios •

Bavaria Filmstadt

Bavariaplatz 7, 82031 Geiselgasteig bei München

www.filmstadt.de

Führungen in Kombination mit 4D Kino

Drehen in der geteilten Stadt

Als 1933 der Reichstag noch brannte, packte der junge Filmemacher ***Billy Wilder*** seine Koffer und ließ Deutschland hinter sich. Als er im Sommer 1961 zurückkam, fiel die Drehzeit von **One, Two, Three** (Eins, Zwei, Drei) wiederum auf ein historisches Datum. Am 13. August saß Wilder gerade an der Bar des Hotels Kempinski am Kurfürstendamm (heute das „Bristol"), als ihn die Nachricht vom Mauerbau erreichte. Dabei hatte der Komödienregisseur eben die Sequenz am Scharnier zwischen Ost und West begonnen: dem Brandenburger Tor. Ausgerechnet der Meister des Comedy-Timings wurde von der Zeit eingeholt. „Billy, die Kacke ist am Dampfen", soll ***Horst Buchholz*** ihm gesagt haben. Und weil man mit dem richtigen Film, einer Komödie über den Kalten Krieg, am falschen Ort war, flüchtete man nach Geiselgasteig. Während die Russen also ihre Mauer bauten, bauten ihrerseits die Produktionsdesigner das Berliner Wahrzeichen im Atelier nach. Kostenpunkt fürs nachgemachte Tor: 200.000 Dollar. Obwohl dem Komödienspezialisten mit seinem temporeichen „One, Two, Three" die wohl böseste Satire über den Kalten Krieg gelang, war die zeitgenössische Kritik anderer Meinung. Zur Uraufführung im Dezember 1961 in Berlin notierten die Kritiker, es könne nicht komisch sein, was ihnen das Herz zerreiße. 1985 machte ein Berliner Programmkino den Film, der seiner Zeit voraus war, doch noch zum Dauerbrenner (dass das Brandenburger Tor keine politische Aufladung mehr besitzt, zeigt sich in neuen Filmen wie **Spider-Man: Far From Home** von 2019, wenn der Marvel-Held – gespielt von ***Tom Holland*** – wie jeder Tourist ein Selfie vor dem Tor macht). Die Flughafen-Szene am Ende des Films drehte Wilder übrigens in seiner neuen Heimat Hollywood. Der erneute unplanmäßige Umzug war nötig geworden, „weil Horst Buchholz sich betrank und in

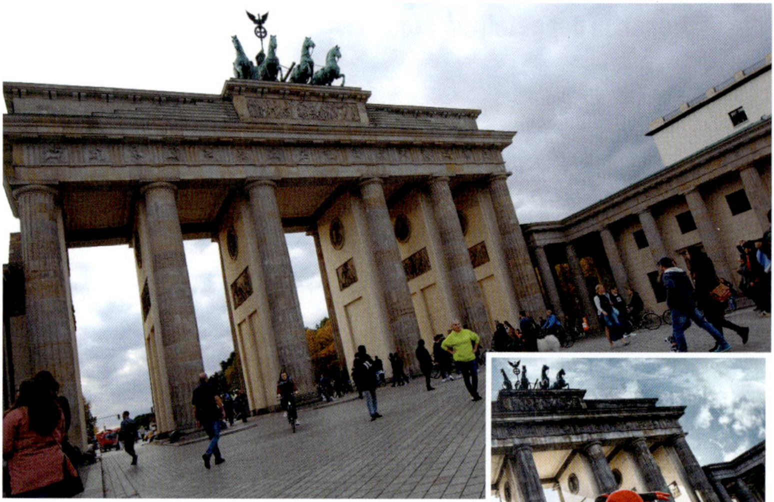

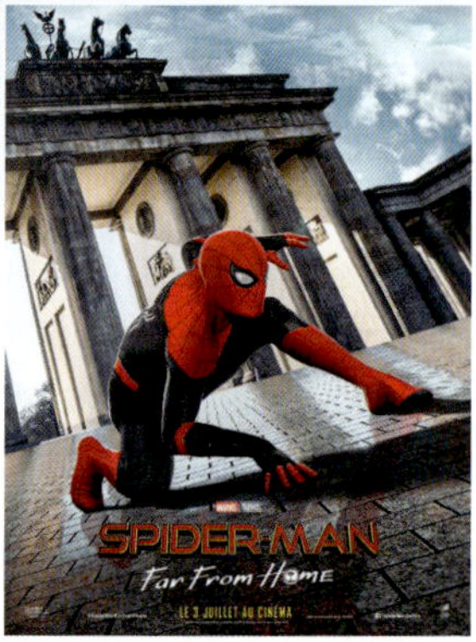

Das Brandenburger Tor wird nicht nur von Peter Parker alias Spider-Man gern besucht.

München einen Autounfall hatte", wie Wilder später ausplauderte, „er hätte sterben können, und wir haben ihm die besten Chirurgen besorgt."

Als Wilder als US-Armeeoffizier 1945 in Berlin für Propagandafilme stationiert war, machte er Aufnahmen der zerstörten Stadt. Zwei Jahre später schnitt er sie als Hintergrundaufnahmen in seinen **A Foreign Affair** (Eine auswärtige Affäre). Filme wie diese sind wertvolle Zeitdokumente, so auch **Night People** (Das unsichtbare Netz), ein Film, der ansonsten wenig Anrecht hat, die Zeit zu überdauern. Im Spionagethriller von 1953 ermittelt ***Gregory Peck*** noch in Berliner Trümmerfeldern, am Flughafen Tempelhof, am Kurfürstendamm mit Gedächtniskirche und Kempinski. Eine Liebesszene zeigt die Krumme Straße und eine Militärparade führt über die Straße des 17. Juni. Auch dass die deutsche Synchronisation damals aus einem Alt-Nazi einen Raketenforscher machte, passte ganz in den Zeitgeist. Peck erinnerte sich an die zuweilen merkwürdigen Umstände dieser Dreharbeiten. In einer Szene sollte vor dem Brandenburger Tor telefoniert werden und wie üblich hatte die Equipe für diesen Zweck eine portable Telefonkabine mitgebracht. Als nun verschiedene Standorte ausprobiert wurden, füllte sich das Tor mit russischen Soldaten, die mit Feldstechern herauszubekommen versuchten, was die Amis mit dieser beweglichen, teuflischen Telefonzelle wohl vorhatten.

Meisterspione am Checkpoint Charlie

In dieses Spannungsfeld des Kalten Kriegs begab sich James Bond in **Octopussy**. Im August 1982 durfte während drei Tagen am bekanntesten Grenzübergang der Welt gedreht werden, dem Checkpoint Charlie. Regisseur ***John Glen*** konnte von seinem Kamerakran aus sehen, dass er selbst gefilmt wurde: Das KGB ver-

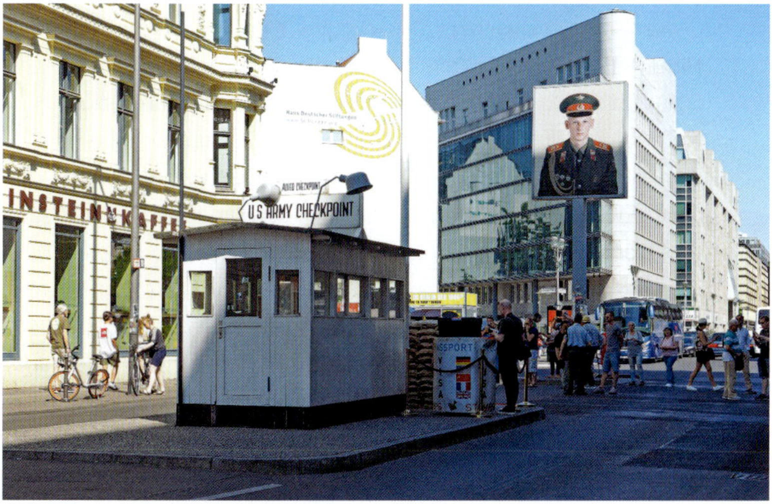

In Bondpose wirft sich Roger Moore am Checkpoint Charlie, der heute ein beliebtes Fotomotiv der Touristen ist. ↑

suchte herauszufinden, was da eigentlich vorging. Immerhin blieb ***Roger Moore*** reichlich Zeit, vor der Mauer für provokative Publicity Shots zu posieren. Er war nicht der erste Geheimagent an der innerstädtischen Grenze: ***Richard Burton*** stand schon 1965 für **The Spy Who Came In from the Cold** (Der Spion, der aus der Kälte kam) an der innerstädtischen Grenze. Und im Jahr darauf machten die russischen Soldaten ***Michael Caine*** die Filmerei für **Funeral in Berlin** (Finale in Berlin) am Checkpoint unmöglich, indem sie die Kameras blendeten. 2019 sind selbst die „Soldaten" verschwunden, die vor dem Nachbau der Kontrollbaracke als Fotomotiv strammstanden – es gab zu viele Beschwerden.

Die Flucht von Bonds Kollege 009 aus Ost-Berlin entstand am Potsdamer Platz. Natürlich musste vom Westen aus gedreht werden, jedoch war die Mauer auf dieser Seite mit Graffiti verziert. Darum malte die Filmcrew 100 Meter im Todesstreifen weiß an – so wie sie sich in der DDR präsentieren würde. Und weil man anschließend die weiße Wand zu nüchtern fand, besprayten die Filmemacher sie gleich selbst mit „007 was here".

Nur zwei Jahre vor dem Mauerfall fing ***Wim Wenders*** für **Der Himmel über Berlin** die Frontstadt ein, die so nicht mehr existiert. Staatsbibliothek, Gedächtniskirche, Siegessäule sind im Bild, aber die trostlosen Brachen sind zwischenzeitlich überbaut. Der Potsdamer Platz war damals noch Niemandsland. Sechs Jahre später durften Wenders Engel in der Fortsetzung dann ungehindert auf der Quadriga des Brandenburger Tors wachen.

„Hier gibt es noch eine Menge Kalter-Krieg-Atmosphäre", sagte Regisseur ***Paul Greengrass*** noch 2016 über Berlin, das Jason Bourne erneut willkommen hieß. Der Agent mit Gedächtnisverlust scheint sich gern an die deutsche Hauptstadt zu erinnern. ***Matt Damon*** verewigte sich im Gästebuch der Babelsberger Studios mit „Es ist kein richtiger Bourne, wenn er nicht aus Berlin kommt."

Tatsächlich ist Bourne manchmal sogar in Berlin, wenn er vorgibt woanders zu sein: Wenn Damon in **The Bourne Supremacy** (Die Bourne Verschwörung) am Bahnhof von Neapel ankommt, befindet er sich im Eingangsbereich Nord der Messe Berlin. Und was im Film Moskau sein soll, ist tatsächlich der Parkplatz hinter dem Internationalen Congress Centrum. Der Walter-Benjamin-Platz stellt Amsterdam dar. Und der holländische Flughafen ist wiederum Berlin Tempelhof.

Selbst Comic-Book-Helden zieht es nach Berlin: Die **Avengers** tummelten sich 2016 für den Film **Civil War** auf dem Potsdamer Platz, dem Olympiastadion und im Bundespresseamt am Reichstagsufer, aber versuchen Sie besser nicht, die durch CGI-Trickserei ausgebauten Aufnahmen den Örtlichkeiten zuzuordnen. Als echt zu identifizieren sind allerdings die orangefarbenen Kacheln am Messedamm, in der Unterführung direkt an der ICC-Messe. Hier liefern sich die „Avengers" eine wahnwitzige Verfolgungsjagd, Berliner erkannten die Kacheln im 70er-Jahre-Stil eindeutig im zwei-

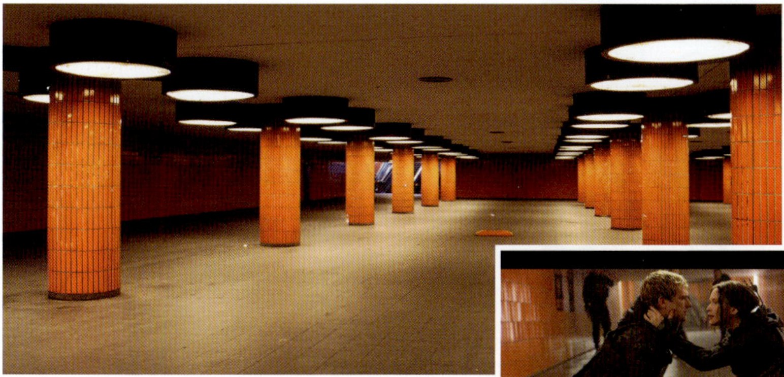

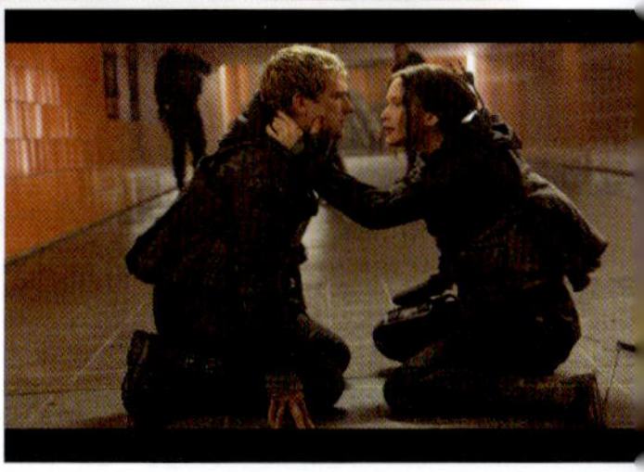

Rote Kacheln gehören zur Dystopie der „Tribute von Panem": Katniss (Jennifer Lawrence) in der Unterführung vom ZOB in Berlin.

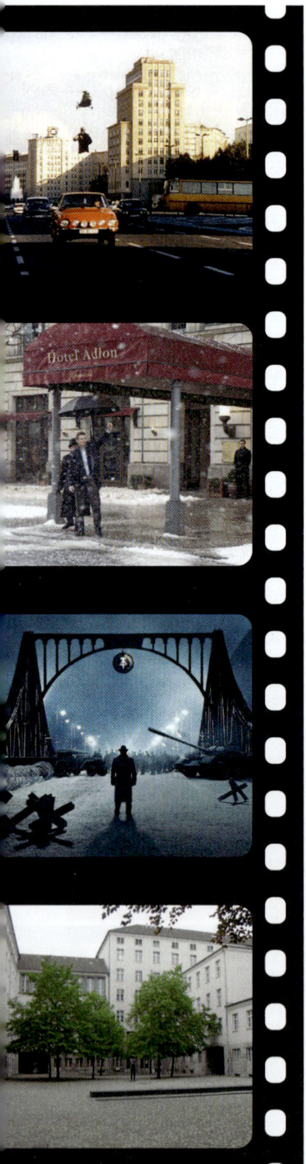

ten Teil der **Tribute von Panem** – im Tunnel warten arglistige Fallen auf ***Jennifer Lawrence*** – und für eine weitere weibliche Actionheldin, ***Charlize Theron*** als **Atomic Blonde**, ist der Durchgang ebenso lebensgefährlich. In der „Bourne Supremacy" verwandelten sich Berliner Kacheln kurzfristig in ein Stück Moskauer Flughafen. ***Daniel Brühl***, der zum „Avengers"-Ensemble zählte, war „stolz und glücklich", da alle Beteiligten ihren Aufenthalt genossen. Brühl lebt in Berlin und ist Eigentümer der „Bar Raval" (in der Lübbener Straße in Kreuzberg). International bekannt wurde er mit dem Berlin-Film **Good Bye, Lenin!** (2003). Als die Filmemacher in Ost-Berlin die Uhr 13 Jahre nach der Wiedervereinigung zurückdrehen mussten, ging es ihnen wie Brühl im Film: Überall war die DDR hinter den westlichen Einflüssen verschwunden. Auf der Karl-Marx-Allee wurde Werbereklame entfernt und die längst sanierten Platten-Bauten wieder auf DDR-Look getrimmt. Der Apartmentblock, in dem Brühl im Film wohnt, liegt an der Berolinastraße 21.

Hotel „Adlon" empfängt wieder

Direkt am Brandenburger Tor stand bis 1984 eine Bauruine: Die traurige Erinnerung ans Hotel „Adlon", das zu seinen besten Zeiten die größten Stars beherbergt hatte, bevor

↑ 1: Für „Good Bye Lenin" wurde Berlin in DDR-Zeiten zurückversetzt. 2: Liam Neeson logiert in „Unknown Identity" im Hotel Adlon. 3: Die Glienicker Brücke ist die „Bridge of Spies". 4: Bendlerblock, historischer Drehort von „Valkyrie".

es 1945 ausgebrannt war. Hier wurde 1929 ***Marlene Dietrich*** für den **Blauen Engel** entdeckt. Hier verlor ***Charlie Chaplin*** 1931 beinahe seine Hosen, als hysterische Fans ihm die Kleider vom Leib rissen (der Fahrstuhl des „Adlon" rettete ihn). Das wiedereröffnete Luxus-Hotel war 2011 Schauplatz des Thrillers **Unknown** (deutscher Titel: „Unknown Identity"). Hier muss ***Liam Neeson*** einen Bombenanschlag überstehen, bevor er im Taxi von der Oberbaumbrücke in die Spree stürzt.

Nachdem reißerische Filme Berlin nur noch für heiße Action nutzten, sanken 2015 für **Bridge of Spies** (Der Unterhändler) die Temperaturen nochmals auf die Tiefstmarke des Kalten Kriegs. ***Steven Spielberg*** rekonstruierte den historischen Gefangenenaustausch auf der Glienicker Brücke über der Havel. Bundeskanzlerin Angela Merkel ließ es sich nicht nehmen, dem Drehteam einen Besuch abzustatten. Nebst dem Flughafen Tempelhof wurde einmal mehr auch Checkpoint Charlie revitalisiert.

Noch weiter zurück im Geschichtsbuch blätterte 2007 **Valkyrie** (Operation Walküre – Das Stauffenberg-Attentat). Geschildert wurde der gescheiterte Putsch gegen Hitler. Der Film war seit Bekanntgabe des Castings von ***Tom Cruise*** in der Rolle von Claus Schenk Graf von Stauffenberg der Kritik ausgesetzt. Die Drehgenehmigung für den Bendlerblock an der Stauffenbergstraße 18 wurde erst erteilt, nachdem der Regisseur das schon gedrehte Material vorlegte. Es galt zu belegen, dass das Hitler-Attentat mit historischer Sorgfalt behandelt wurde, um die Würde des Hauses zu wahren. Im Innenhof des Bendlerblocks war Stauffenberg mit seinen Mitverschwörern hingerichtet worden. Die nächtliche Szene, vor dem grauen Hintergrund nationalsozialistischer Architektur, wirkt durch die Authentizität des Schauplatzes bedrückend. Verängstigt waren auch Touristen und Anwohner, die die Polizei riefen, als Statisten in Wehrmachtsuniformen aufmarschierten.

Krampnitz war nicht totzukriegen

Ein heimlicher deutscher Star ist Krampnitz, nördlich von Potsdam gelegen. Ursprünglich eine deutsche Kaserne, setzte sie Moos an, seit sie 1989 von den Russen verlassen wurde. Im Jahr 2000 brachte Regisseur ***Jean-Jacques Annaud*** Leben in die Bude. Krampnitz hatte den richtigen Look, das belagerte Stalingrad von **Enemy at the Gates** (Duell – Enemy at the Gates) darzustellen. Die aufgemalten russischen Schriftzeichen waren jahrelang zu sehen. Hollywood merkte sich die Adresse: 2001 suchten die Zombies von **Resident Evil** die leerstehenden Bauten heim. Das Offizierscasino kam 2003 erneut zum Zuge: ***Jackie Chan*** kam in **Around the World in 80 Days** (In 80 Tagen um die Welt) hier durch. Erstmals wieder deutsche Kaserne durfte sie 2006 sein, in der Hitler-Parodie **Mein Führer – Die wirklich wahrste Wahrheit über Adolf Hitler**. Das Militärgelände erwies sich erneut als budgetschonender Drehplatz.

Schon beim dritten „Mission Impossible" hatte Tom Cruise mit Krampnitz geliebäugelt. 2008 erinnerte er sich für „Valkyrie" an die Militärbauten. Das Offizierscasino wurde abermals umgestaltet: zum Berliner Lokal der 1930er-Jahre. An Krampnitz kam dann auch ***Quentin Tarantino*** nicht vorbei, als er 2009 **Inglourious Basterds** umsetzte. Sinnigerweise wurde das deutsche Casino in den englischen Landsitz von Winston Churchill verwandelt. **Monuments Men** (Ungewöhnliche Helden) führte 2013 ***George Clooney*** zu den Gebäuden im Bergviertel, die in der Nähe der Kaserne dem Verfall (und dem Vandalismus) überlassen blieben. Die „Hunger Games" (Tribute von Panem) fanden 2014 den idealen Background für den 4. Film ihrer Dystopie. Aus dem Plattenbauviertel von Krampnitz wurde das „Capitol". Wenn Jennifer Lawrence sich vor Flammenwerfern in ein leerstehendes Kaffeehaus flüchtet, ist das das frühere Magazin der Russen (die futuristischen Hunger Games werden auch auf dem Flughafen Tempelhof ausgetragen, im Film „District 2" genannt).

Zum Zeitpunkt der Drucklegung dieses Buches werden die verfallenden DDR-Plattenbauten abgerissen. Die 7000 Menschen, die ins neue Wohnviertel ziehen, werden dort auf einem Stück Filmgeschichte leben. Bevor die Bagger auffuhren, durften Interessierte sich ein letztes Mal durch die Filmkulisse führen lassen.

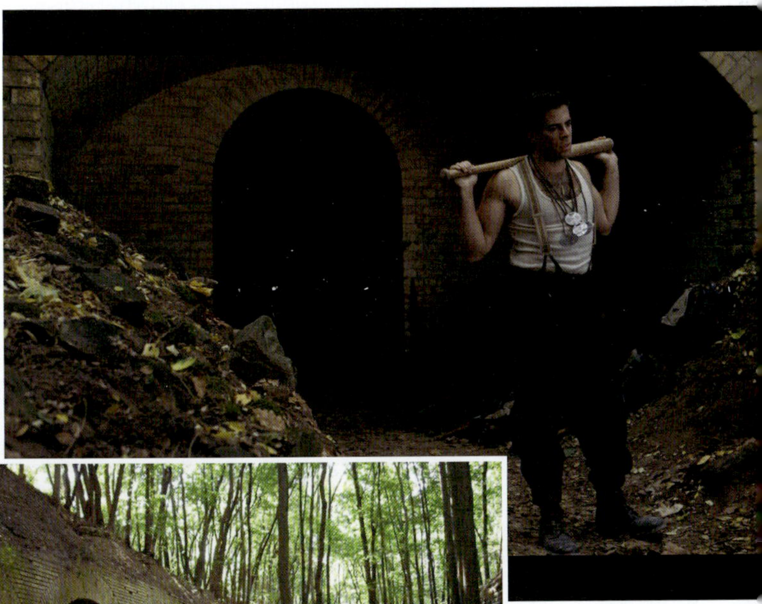

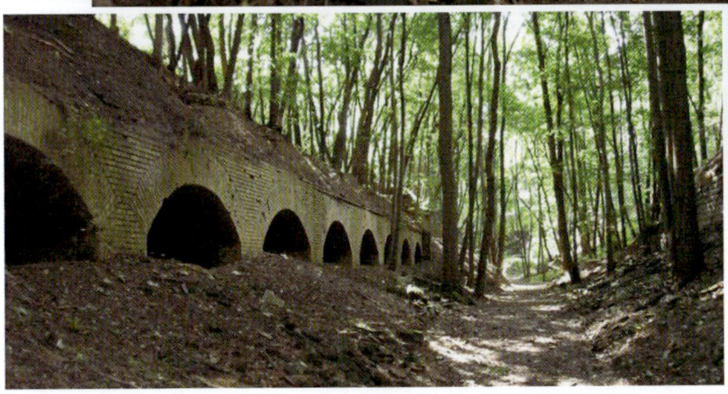

Als ultra-brutale Szene in Erinnerung: die „Inglourious Basterds" wüteten im Fort Hahneberg in Berlin Spandau, am Hahnebergsweg 50. ↑

Budapest in Görlitz

Görlitz hat schon so viele Hollywood-Produktionen beheimatet, dass die Stadt schon „Görliwood" genannt wird. **The Reader** (Der Vorleser, 2008) und **The Book Thief** (Die Bücherdiebin, 2013) entstanden in der östlichsten Stadt Deutschlands und auch Tarantino nutzte 2008 die Stadt. Er ließ vier Tage lang den Untermarkt am Rathaus sperren, um mit Daniel Brühl das Propaganda-Stück „Stolz der Nation!" in den Kasten zu bekommen, der Film-im-Film seiner „Inglourious Basterds".

2014 hat **The Grand Budapest Hotel** schließlich Görlitz' Ruf als variantenreiches Filmmotiv gefestigt. Wenn auch das fiktive Hotel in seiner Gesamtheit am Computer entstand, so stand Görlitz doch für die Einzelteile Pate. Für die Innenaufnahmen des Budapester Hotels war ein leerstehendes Jugendstilhaus gefun-

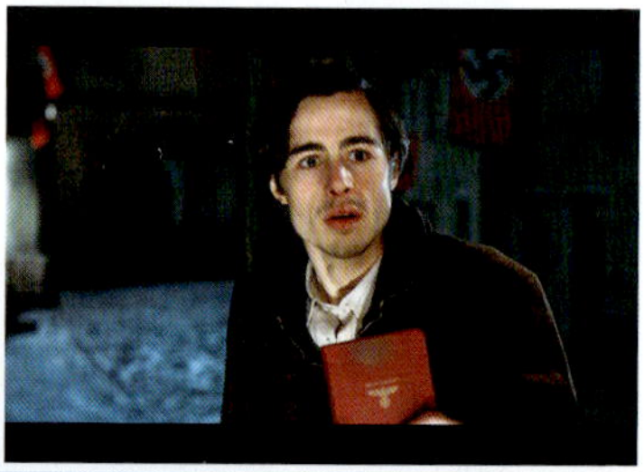

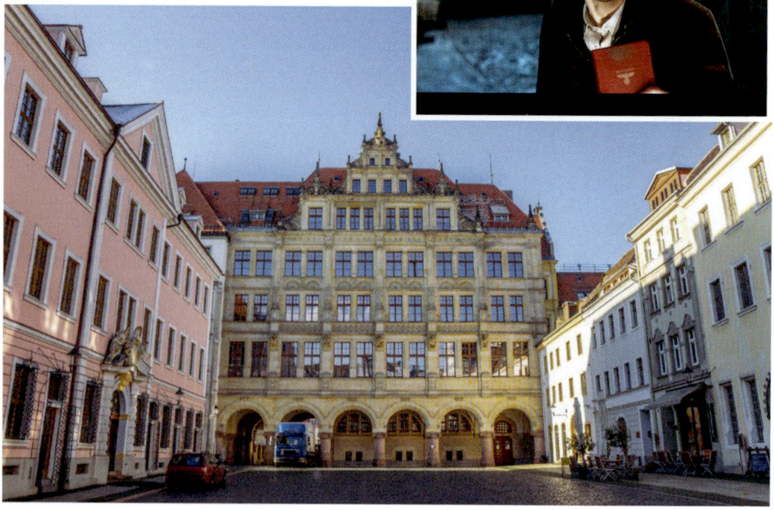

↑ Andere Städte haben den Dreh abgelehnt: Auf dem sonst so friedlichen Untermarkt von Görlitz sollten unter riesigen Nazibannern die Bücherverbrennungen für „Die Bücherdiebin" stattfinden.

den worden, das frühere Görlitzer Warenhaus an der Frauenkirche (wo im Film die Rezeption steht, befand sich davor das Karstadt-Reisebüro). Auf allen Etagen waren falsche Hotelflure und Zimmertüren angebracht worden. Die leerstehende Stadthalle wurde besonders ausgiebig benutzt: Im Dachstuhl fand die Testamentseröffnung statt, ebenso wurden dort die Speisesaal-Szenen aufgenommen, im Keller findet sich der Korridor, wo Hotelpage Zero Pause macht, und das Tor zur Stadthalle wurde zum rosa Hoteleingang umgestaltet. Das Gerhardt-Hauptmann-Theater am Demianiplatz gab die Kulisse für das Kino ab, das Gasthaus „Zum Flyns" in der Langenstraße erkennt man aus der Karussellszene. Weitere Görlitzer Schauplätze sind der Nikolaifriedhof (Bogstraße), die Dreifaltigkeitskirche (am Klosterplatz) und die Justizvollzugsanstalt (am Postplatz), wo ***Ralph Fiennes*** hinter Gittern sitzt.

Der Name Eberbach

300 Klöster waren auf der Suche nach dem geeigneten Drehort von **Der Name der Rose** besichtigt worden. Die Wahl fiel auf eine ehemalige Zisterzienserabtei in Hessen, berühmt für seinen Weinbau: Kloster Eberbach, in Eltville am Rhein. Dabei war es durchaus schon filmerprobt: 1951 war ***Hildegard Knef*** für den Spionagefilm **Call It Treason** (Entscheidung vor Morgengrauen) zur Stelle gewesen. Die romanischen und frühgotischen Bauten schienen wie geschaffen für Jean-Jacques Annauds hochgelobte Rekonstruktion des finsteren Mittelalters. Die deutsche Constantin Film investierte 47 Millionen Deutsche Mark und wurde mit einem weltweiten Einspielergebnis von 77 Millionen Dollar belohnt. Seit der Kloster-Krimi 1986 ins Kino kam, ist der Name Eberbach untrennbar mit dem Namen der Rose verbunden. Die Stiftung des Klosters bietet

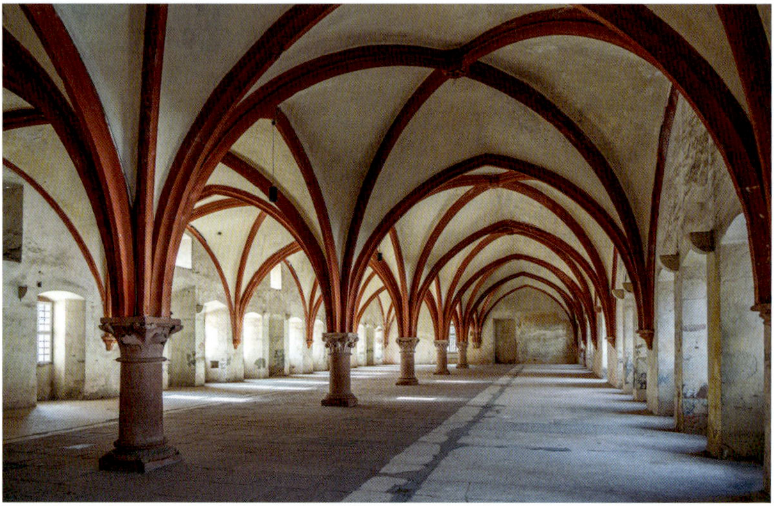

• Kloster Eberbach •

65346 Eltville im Rheingau
www.kloster-eberbach.de
Besichtigung möglich, auch Führungen

Führungen speziell für Film-Enthusiasten an. Eine neue Video-Installation gibt ausführlich Auskunft über die Umstände, wie Eberbach nach seiner langen Geschichte auch noch Filmgeschichte schrieb. Was Besucher positiv überrascht: Die Klostermauern beherbergen Filmrequisiten. Und die Säule, auf der die Madonna stand, zu der ***Christian Slater*** betet, steht da, als wäre sie immer hier gewesen – dabei besteht sie nur aus Pappmaché. Wenn ***Sean Connery*** die Tür zur geheimnisvollen Bibliothek entdeckt, befindet er sich im früheren Mönchsdormitorium (und die geheime Tür führt lediglich zum Dachstuhl). In der Basilika wurde aufwändig ein Chorgestühl errichtet, so dass nach gut zwei Jahrhunderten erstmals wieder Mönchschoräle gesungen werden konnten. Im Hospitalkeller tafelten die Geistlichen (die Fässer in dieser Aufnahme stehen im Refektorium). Die spanische Inquisition hielt Gericht im Cabinetkeller. Und wo sich früher die Klosterbrüder zur Ruhe betteten, war in „Der Name der Rose" die Schreibstube, in der Connery ersten Hinweisen auf die vergifteten Buchseiten nachgeht. Allerdings wurden auch in diesem Film Aufnahmen vor Ort mit anderswo gefilmten Sequenzen nahtlos verbunden. Die meisten Außenaufnahmen entstanden auf einem Hügel bei Prima Porta, einer römischen Vorstadt: Dort wurde eine der bis dahin größten Kulissen in der Geschichte des europäischen Filmschaffens gebaut, das Kloster, das dann am Ende in Brand gesteckt wird (Annaud zeigt sich bis heute tief betrübt darüber, dass die italienischen Pyromanen seine Erwartungen unerfüllt ließen – für seinen Geschmack loderte das Feuer nicht höllisch genug). Das Labyrinth der Bibliothek, die ebenso Raub der Flammen wird, war in Cinecittà (s. Kapitel „Italien") aufgebaut.

Weil in Bavaria die Tannen deutscher aussehen

Das Schloss Neuschwanstein (s. Kapitelstartseite) im Allgäu garantiert Füssen den Tourismus, ohne dass die Füssener viel darüber nachzudenken brauchen. Es hat 50 Jahre gedauert, bis ihnen wieder einfiel, dass „The Great Escape" direkt vor ihrer Tür gedreht wurde. Und ***Steve McQueen***, der King of Cool, ist nun mal populärer als Ludwig, der König vom Märchenschloss.

Es begann erst vor einigen Jahren. Besucher aus dem Ausland zeigten keinerlei Interesse an Kitsch-Souvenirs vom Schloss, sondern verhörten die Einheimischen, wo denn 1962 die Szenen aus „Gesprengte Ketten" auf Film gebannt wurden. Der Bauer stützt sich auf seine Mistforke. Sein Gesichtsausdruck sagt alles: Schon wieder einer! Er deutet auf die hügelige Wiese hinter sich, ohne selbst hinsehen zu müssen. Da drüben war's. Genau wo der Elektromast heute steht. Man kann die dramatische Szene vor sich sehen: Hilflos hängt Hilts, der Kriegsflüchtling, im Stacheldraht im Niemandsland, die zerschundene Hand nach den grünen Wiesen dahinter ausstreckend. Noch am Grenzbaum haben sie ihn geschnappt: Steve McQueens Motorrad-Flucht ist spektakulär gescheitert. Während dieses kinematografischen Höhepunkts flattert die Schweizer Fahne gleichgültig im Wind. Obwohl das Fluchtziel, die echte Schweizer Grenze, zweieinhalb Fahrstunden entfernt liegt. Dieser filmhistorische Moment, der sicher noch heute in der Marketing-Abteilung der Motorradmarke Triumph für leuchtende Augen sorgt, entstand auf einem Feld zwischen den Füssener Ortsteilen Roßmoos und Benken, die markante Bergspitze im Hintergrund ist der „Säuling". Wenn **James Garner** im Flugzeug ausgerechnet das Schloss Neuschwanstein überfliegt und erklärt, er sehe „die Schweizer Alpen" ist das mehr als ein geografischer Irrtum.

Zur Überraschung desselben Landwirts erschien dann auch noch ein Motorradfahrer in Wehrmachts-

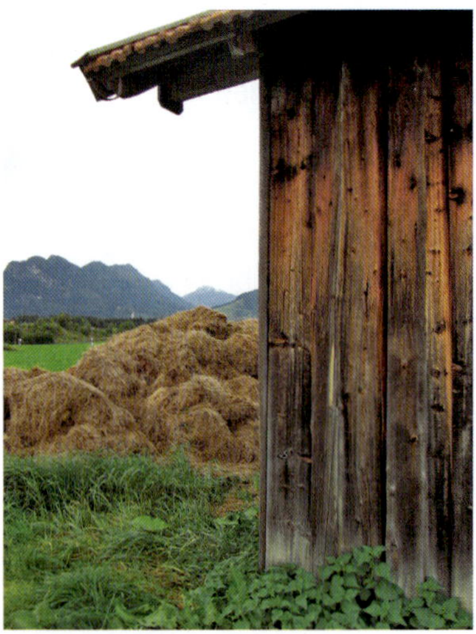

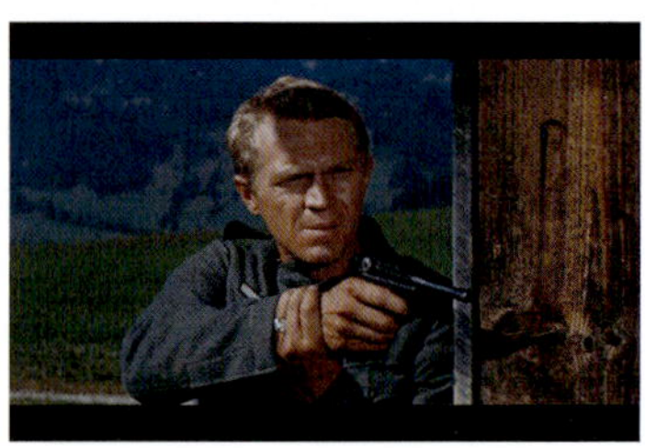

↑ An der Kreuzung zwischen Zell und Pfronten verschanzt sich Steve McQueen hinter dieser Scheune.

kluft. „Die stellten für ein englisches Motorrad-Magazin alles genau nach", schüttelt er amüsiert den Kopf. Dass die Faszination so lange anhält, verblüfft selbst ihn als Augenzeugen – als 10-Jähriger beobachtete er, wie wochenlang die Klappe für den nunmehr legendären Stacheldraht-Sprung fiel: „Der Stuntman ist immer wieder reingefallen in den Draht, aber da das alles aus Balsaholz war, hat's ihm nix ausgemacht." Den vielleicht längsten Stahldraht der Filmgeschichte haben die Bauern übrigens unsentimental zum Kuhweiden-Zaun weiterverarbeitet. „100 Mark haben wir für die Miete der Wiese gekriegt. Das war damals ein Heidengeld."

Es hat eine Weile gedauert, bis Füssen sich daran erinnert hat, dass mit den „Gesprengten Ketten" Geld zu machen ist. Zum 50. Jubiläum der Dreharbeiten wurde ein Buch mit Schnappschüssen veröffentlicht und im Stadtmuseum war in einer vielbeachteten Ausstellung McQueens Motorrad zu sehen – dasjenige, das als Ersatz bereitstehen musste, wenn der Stuntman mal wieder den Absprung verpasste.

Gleich mehrere Hotels inserieren das Great-Escape-Erlebnis: „Der wurde gleich hier gedreht", schreibt ein Hotelier auf Anfrage. Das ist natürlich geflunkert. Die größeren Stars logierten während der sechs Wochen im Apartmenthaus „Pergola" im Kneipkurort Hopfen am See, vier Kilometer von Füssen (heute: Landhaus Alpina, Enzensbergstraße 6, 87629 Füssen-Hopfen am See). Was Filmnarren freut, dürfte reguläre Gäste abschrecken: Die Hotelzimmer sind so belassen wie 1962. Die Stars schrieben überraschend persönliche Widmungen ins Gästebuch. McQueen hinterließ dem Gastwirt den Baseball, den er im Film immer dann hervorholt, wenn er die

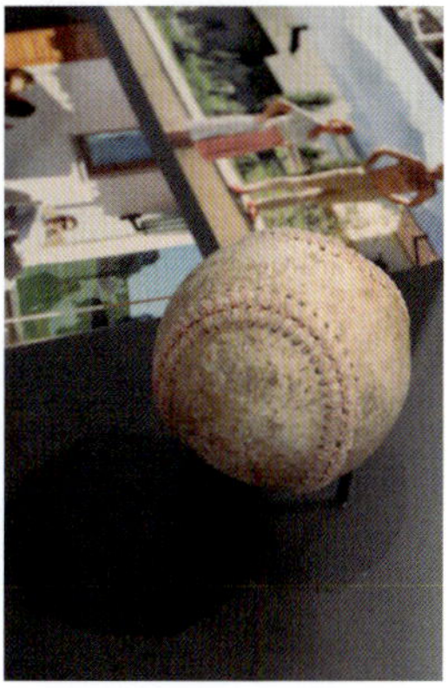

Der Baseball von Steve McQueen. ↑

Langeweile in Einzelhaft überspielen muss. ***James Coburn*** schenkte ihm seine Mütze aus dem Film. „Die habe ich irgendwann im Gepäcknetz eines Flugzeugs vergessen." Irgendwie hat Füssen dann den ganzen Film vergessen. Vielleicht war es einfach unangenehm, Schauplatz eines Streifens zu sein, in dem die Nazis 50 Kriegsflüchtlinge an die Wand stellen. Damals hingegen buhlte die deutsche Filmindustrie, die nach dem Krieg nicht mehr auf die Füße gekommen war, regelrecht um den Auftrag. Statt der üblichen 40 Dollar Tagesgage für Statisten machte sie es für 15.

In den urigen Räumen des Hotels „Hirsch" (am Kaiser-Maximilian-Platz) leckte Stuntman ***Bud Ekins*** seine Wunden, wenn er mal wieder ins Balsaholz gebrettert war. Nein, den Film habe sie noch nie gesehen, erklärt die Rezeptionistin, aber sie hat auswendig gelernt, wo ***Charles Bronson*** in der abendlichen Poker-Runde immer hockte, im „Bierstüberl" nämlich. An Bronsons Stammplatz sitzt ein betagter Allgäuer, der ein halbes Jahrhundert danach noch immer aufgebracht ist, dass alle Mädchen der Stadt „ums Hotel mit den Stars rumscharwenzelten". Bronson hat mehr getan als nur Karten gespielt: Während des Drehs machte er Co-Star David McCallum dessen Frau Jill Ireland abspenstig.

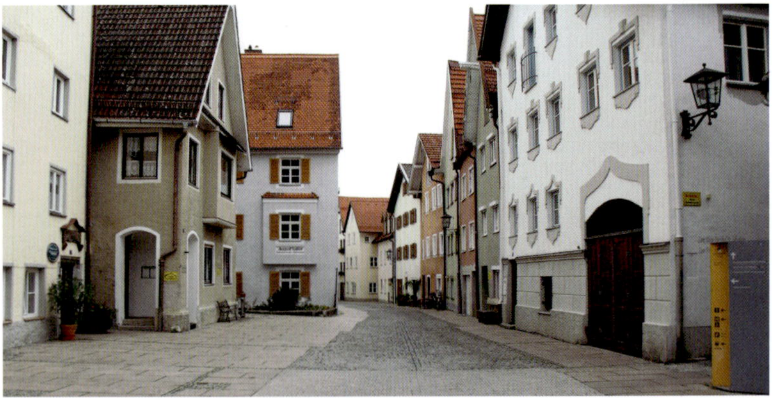

↑ Füssens historische Altstadt: an der Drehergasse wird Gordon Jackson geschnappt – wo heute die Pizzeria ist.

Füssen ist als Kulisse „international": Der Schwanseepark am Stadtrand stellte das Grenzgebiet zu Spanien dar, wo James Coburn am Filmende über die grüne Grenze entkommt; der Platz direkt an der Brücke über die Lech wurde in ein französisches Café verwandelt. Coburn, in der Filmhandlung bereits bis nach Frankreich gekommen, überlebt an dieser Stelle ein Attentat der Résistance, das für drei Nazis hingegen schlecht ausgeht.

Problemlos wiederzuerkennen ist der Brotmarkt in der Füssener Altstadt: Hier verplappert sich ***Gordon Jackson***, wenn der Gestapo-Mann ihn auf Deutsch anspricht. ***Richard Attenborough*** nimmt daraufhin den Fluchtweg über die Ziegelsteindächer, was vom Standort an der Stadtmauer aufgenommen ist. Die „Tunnelkönige" Charles Bronson und ***John Leyton*** „borgen" sich ein Ruderboot am Ufer der Schwangauer Straße (mit der Brücke über die Lech im Hintergrund).

In Speiden, durch das James Coburn auf dem gestohlenen Fahrrad radelt, empfiehlt sich das Bier des örtlichen Brauhauses. McQueen stiehlt sein Motorrad, indem er doch recht hinterlistig einen Draht über die Uferstraße spannt, die nach Hopfen am See führt. Auf der Kreuzung von Füssener und Kemptener Straße in Weißbach verpasst er dem deutschen Posten kurzerhand einen Tritt, bevor ihn die große Flucht in die Hügel um Pfronten führt (mit der St. Nikolaus Kirche im Hintergrund). Die Zwiebeltürmchen von Zell und Weißbach vermitteln trügerische allgäuische Beschaulichkeit, während McQueen querfeldein bis zur Grenze flieht, die neben dem Schützenhaus Pfronten verlief. Einen Boxenstopp legt er an der Kreuzung der Landstraße zwischen Zell und Pfronten bei jener Scheune ein, die heute noch dort steht. Und noch lange stehen würde, gäbe es nicht solche Filmfans, die nicht davor zurückscheuen, alle Souvenirs abzutransportieren, die nicht niet- und nagelfest sind. Und manchmal sogar dann.

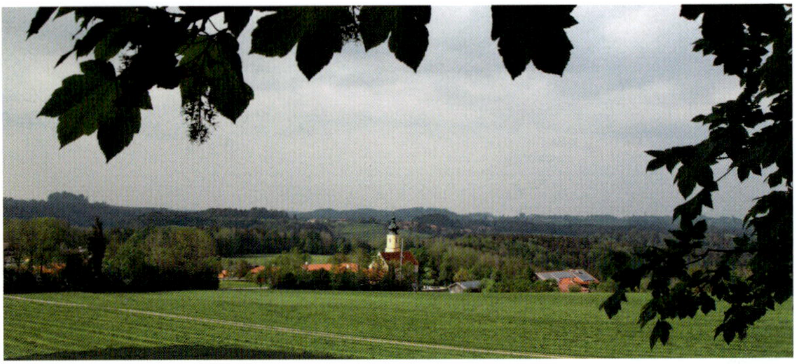

↑ Auf dem Hügel oberhalb der Kirche Mariä Geburt bei Frauenried: hier crashte James Garners Flugzeug.

Auf der Flucht vor deutschen Gendarmen war McQueen nicht nur im Film: Sie verfolgten den Star – in der Regel erfolglos – und verpassten ihm insgesamt 40 Bußzettel wegen Geschwindigkeitsüberhöhung. Mehr als einmal schrottete er den Leihwagen. Produzent ***Robert Relyea*** saß auf dem Beifahrersitz, als Steve in seinem Mercedes einen deutschen Bauern überholen wollte und von einem Baum gestoppt wurde. Obwohl unverletzt, hätte er beinahe um den demolierten Mercedes geweint. Als der Hauptdarsteller mit dem Benzin im Blut schließlich vor Gericht erscheinen musste, konnte er nur die Kopie seines Führerscheins vorweisen – das Original hatte er verloren. Die Anwälte der Filmproduktion paukten den Star heraus.

James Garner stiehlt im Film das Flugzeug auf dem Fliegerhorst Penzing (durch vorgängig eingeholte Bewilligung zu besichtigen) und macht dann Bruchlandung in der Nähe von Miesbach bei Frauenried („Mariä Geburt" ist die Kirche, die prominent in der dramatischen Todesszene zu sehen ist).

In Weißbach kann man sich beim örtlichen Barbier in den Stuhl setzen, auf dem Charles Bronson sich den Bart vom am Lederrie-

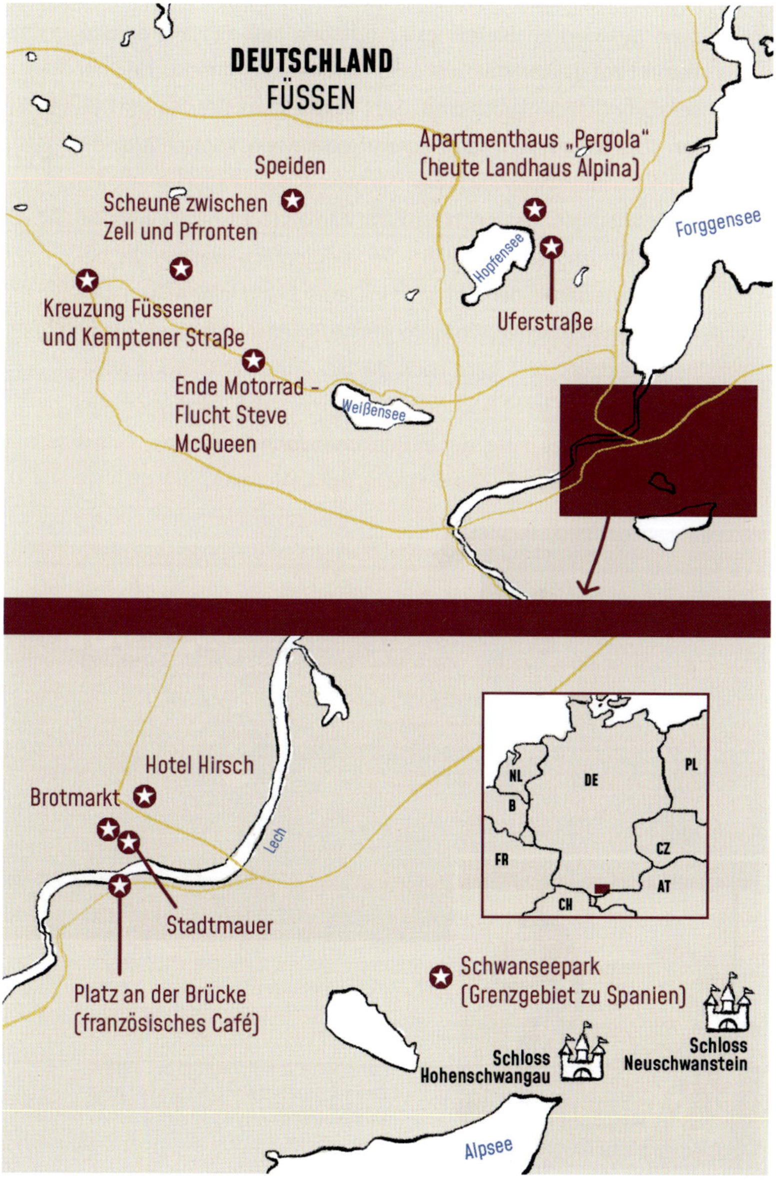
DEUTSCHLAND
FÜSSEN
Speiden
Apartmenthaus „Pergola"
(heute Landhaus Alpina)
Scheune zwischen
Zell und Pfronten
Forggensee
Hopfensee
Kreuzung Füssener
und Kemptener Straße
Uferstraße
Ende Motorrad -
Flucht Steve
McQueen
Weißensee
Hotel Hirsch
Brotmarkt
Lech
NL
DE
PL
B
CZ
FR
AT
CH
Stadtmauer
Platz an der Brücke
(französisches Café)
Schwanseepark
(Grenzgebiet zu Spanien)
Schloss
Hohenschwangau
Schloss
Neuschwanstein
Alpsee

men geschärften Rasiermesser schaben ließ. Ein älterer Herr kommt auf die Veranda, während Fremde auf Spurensuche über sein Grundstück marschieren. „Geht's wieder um „Gesprengte Ketten"?" fragt er nur, um dann nickend (oder war es kopfschüttelnd?) den Fans ihren Willen zu lassen. So geht es nun manchem Allgäuer. Sie blieben ungestört, hätte nicht damals Produzent Robert Relyea kurzfristig umdisponiert. Denn eigentlich war bereits beschlossene Sache, den Film statt in Deutschland in den San Jacinto Bergen zu machen, wo kalifornische Pinien fast genauso aussehen wie deutsche – ganz nach der bewährten Hollywood-Maxime: „A tree is a tree". Nachdem Relyea mögliche Lokationen ausgekundschaftet hatte, rief er Regisseur ***John Sturges*** an: „Guess what? Germany looks like Germany, not California."

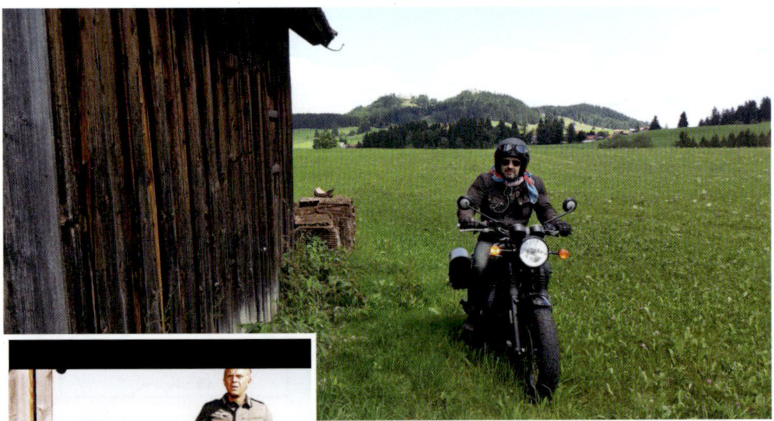

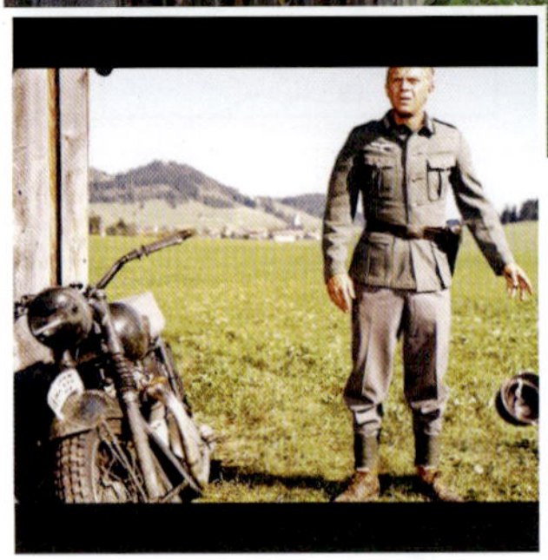

↑ Auf den Reifenspuren der Legende: McQueens Fluchtroute ist Pflichtprogramm für Motorrad-Enthusiasten.

← In dieser Szene ist im Hintergrund die Burgruine Falkenstein zu sehen, die höchstgelegene Burgruine Deutschlands.

Noch mehr Filmorte in Deutschland

Der „Audi Dome“, die Rundsporthalle im Münchner Stadtbezirk Sendling-Westpark, hat schon viele Sportereignisse gesehen: Boxkämpfe (Klitschko), Konzerte (Queen) und einmal auch die Sportart der Zukunft: **Rollerball**. Im gleichnamigen Science-Fiction-Film von 1975 fahren Spieler auf schmalen, zweispurigen Rollschuhen in einen tödlichen Wettbewerb. Regisseur ***Norman Jewison*** gelang ein Statement über die zunehmende Brutalität des Sports – worauf er selbst Kritik für die Brutalität eben dieser Szenen einstecken musste. Ursprünglich erbaut für die Olympischen Sommerspiele 1972, war der Rundbau mit seiner Aluminium-Außenfassade wie gemacht für den futuristischen Sportfilm (weitere Rollerball-Drehorte waren das BMW-Hochhaus in München, die Informationszentrale des BMW-Museums und der Olympiapark).

Das Wasserschloss Mespelbrunn im Spessart bleibt in den Herzen der Fans von ***Liselotte Pulver*** auf ewig die Adresse von Comtesse Franziska von und zu Sandau im **Wirtshaus im Spessart**. Das titelstiftende Wirtshaus hingegen wurde schon ein Jahr nach der Filmpremiere 1958 Opfer des Baus der Autobahn-Raststätte Rohrbrunn.

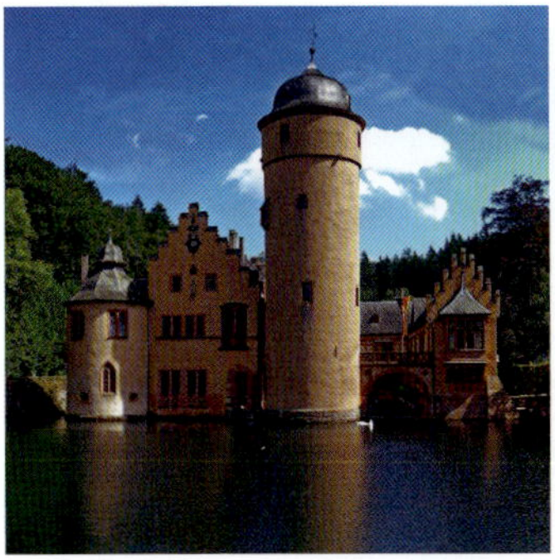

Das verträumte Wasserschloss Mespelbrunn war Lilo Pulvers Märchen-Domizil. ↑

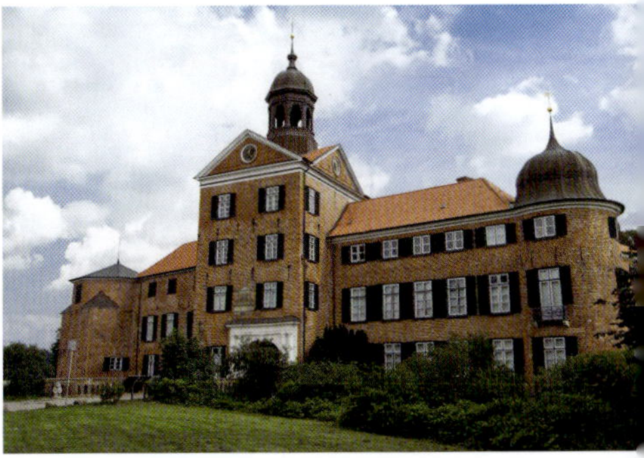

„Cabaret“-Drehort: Schloss Eutin, das ein Museum beherbergt. ↑

Ebenso wie das „Wirtshaus" wurde der oscarprämierte **Cabaret** 1972 größtenteils in den Bavaria-Studios hergestellt. Für zusätzliche Aufnahmen ging man nach Schloss Eutin nördlich von Lübeck.

Drei Haselnüsse für Aschenbrödel ist ein unverrückbarer Bestandteil im Weihnachtsprogramm. Der tschechische Märchenfilm von 1973 wurde teilweise in Deutschland aufgenommen: Die Wirtschaftsgebäude des Schlosses Moritzburg, im gleichnamigen Ort in Sachsen, waren Kulisse. Eine kleine Dauerausstellung (geöffnet vom 17. November bis 3. März) mit Kostümen und Props lässt die Herzen der „Aschenbrödel"-Fans höherschlagen – und das sind ja nicht gerade wenige.

In **The Golden Circle**, der Fortsetzung der Agentenparodie „Kingsman" mit ***Colin Firth***, wurde das Schweriner Schloss kurzerhand zum schwedischen Königspalast ernannt.

„It's perfect!", soll George Clooney 2014 auf Motivsuche für seinen „Monuments Men" ausgerufen haben, als er des Halberstädter Doms ansichtig wurde. Im Kriegsfilm wird der Dom zum Standort des gestohlenen Kunstschatzes, des Genter Altars (schon im Jahr darauf doubelte Halberstadt für **Heidi** die Stadt Frankfurt). Am Stadtrand von Goslar findet sich das Erzbergwerk Rammelsberg, wo Clooney in der bergwerkseigenen Lore die Rettung der Brüg-

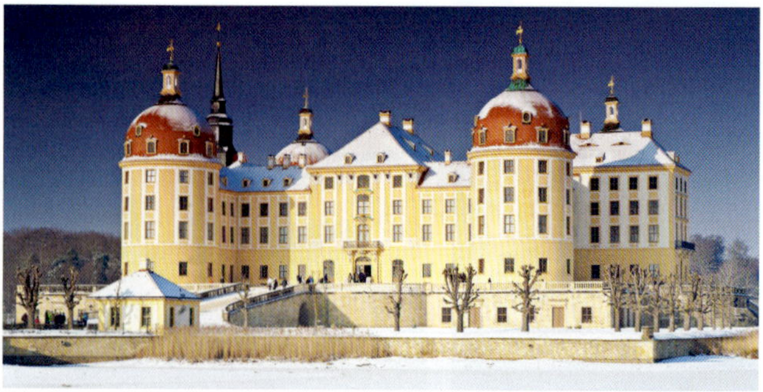

↑ Immer zur kalten Jahreszeit lädt Schloss Moritzburg in seine Winterausstellung ein, um Fans den Zauber von Aschenbrödel entdecken zu lassen.

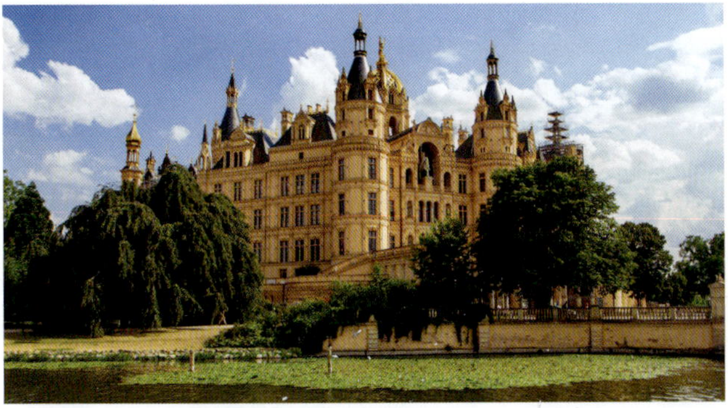

„Kingsman: The Golden Circle" nutzte die imposante Außensicht des Schweriner Schlosses. ↑

ger Madonna in Szene setzte. Wer sich einmal in den Laken wälzen möchte, in denen vorher der „Sexiest Man Alive" (1997 und 2006) nächtigte, dem sei das Landhaus „Zu den Rothen Forellen" am Marktplatz in Ilsenburg empfohlen.

Noch vor einiger Zeit boten die Studios der CCC-Film in Berlin-Haselhorst einen traurigen Anblick. Dächer lagen eingefallen auf dem Studioboden, es tropfte in ehemalige Garderoben, selbst Archive mit 35 mm-Filmrollen waren der Witterung ausgesetzt. Seit Netflix-Serien in die altgedienten Ateliers geholt werden konnten, sind die CCC-Studios wieder im Aufwind. „Dem Serienhype sei Dank!", jubelt CCC auf ihrer Website. Die ziegelrote Fassade an der Daumstraße war mehrere Jahrzehnte eine der ersten Adressen deutschen Filmschaffens. Der risikofreudige Produzent ***Artur Brauner*** hatte das Gelände 1950 einer Versuchsanstalt für chemische Kampfstoffe abgekauft. In den 1960er-Jahren punktete Brauner mit Historiendramen wie Fritz Langs Zweiteiler um den „Tiger von Eschnapur" und populären Filmreihen wie „Dr. Mabuse" und „Edgar Wallace". Der Titel „Winnetou und Old Shatterhand im Tal der Toten" war dann 1968 fast gleichbedeutend mit dem unaufhaltsamen Niedergang.

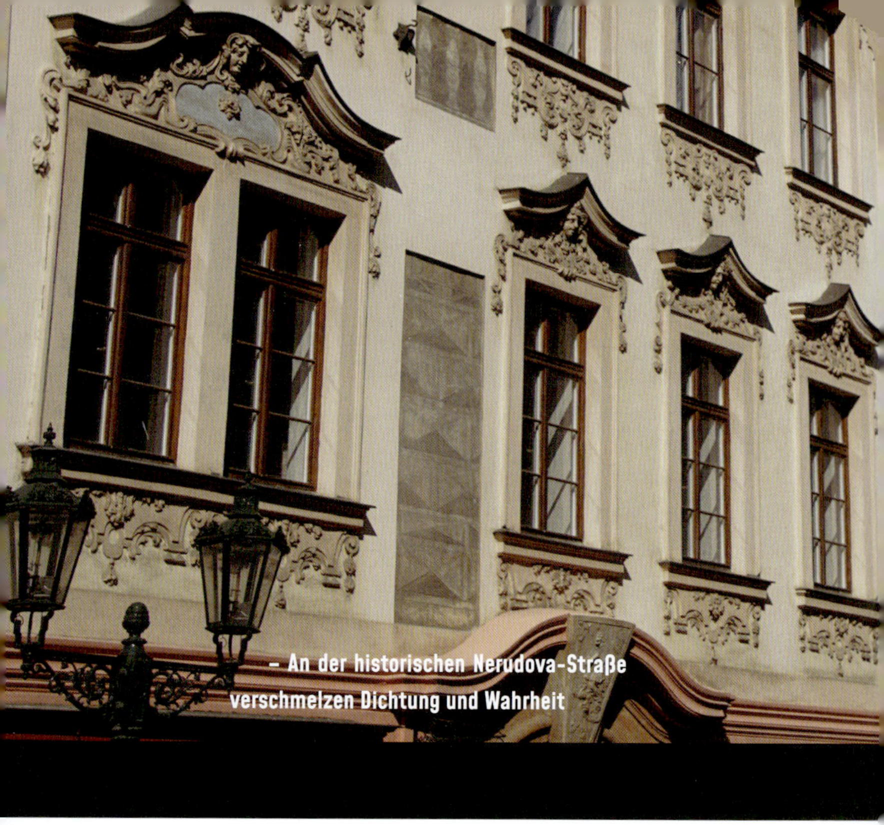

– An der historischen Nerudova-Straße verschmelzen Dichtung und Wahrheit

Tschechien

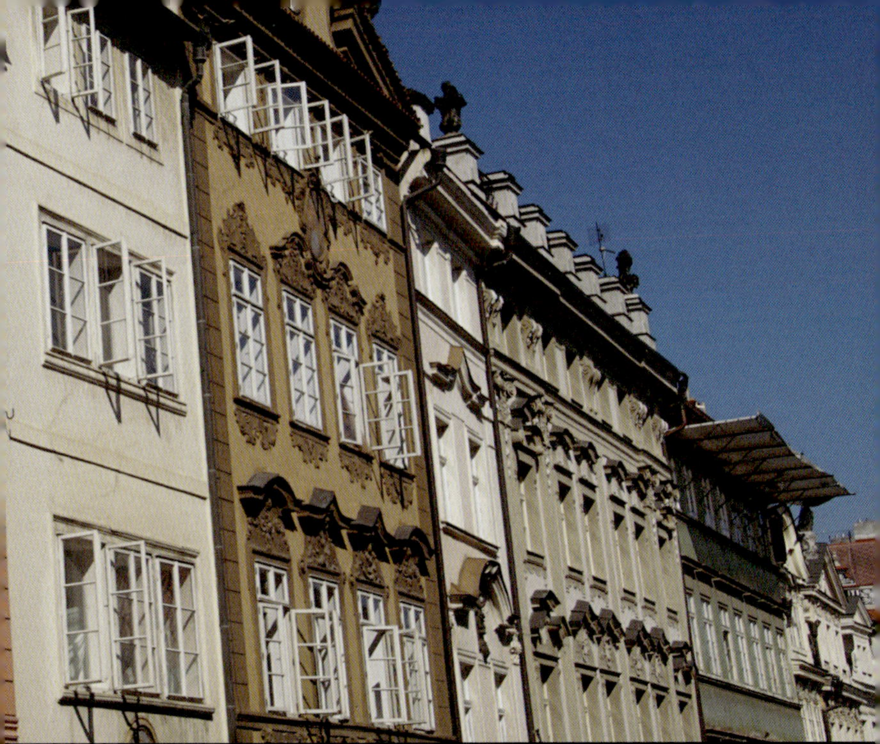

2

Das filmische Chamäleon: Prag

Wenn *Matt Damon* alias Jason Bourne in Zürich gesucht wird, ist er nicht in Zürich zu finden. Sondern in Prag. Wenn *Jackie Chan* den Buckingham Palast aufsucht, ist er nicht in London. Sondern in Prag. Und wird *Tom Cruise* in den Kreml gebracht, ist er nicht im Kreml. Sondern, eben, in Prag. Kein anderer Ort in Europa doubelt so oft für andere Metropolen wie die Hauptstadt von Tschechien. Prags Filmkommission schreibt auf ihrer Website: „Wir verfügen über die größte Datei von Location-Fotos in der Tschechischen Republik. Sie enthält 70.000 Bilder und wächst täglich."

Die Weichen für die Zukunft einer europäischen Filmhauptstadt werden schon am Hauptbahnhof gestellt. Gemäß der Handlung von **The Illusionist** (Nichts ist, wie es scheint, 2006) steht *Edward Norton* eigentlich am Bahnhofsteg von Wien. So ging es im selben Jahr auch James Bond (*Daniel Craig*) in **Casino Royale**. Nur, dass der sich am Bahnhof von Triest wähnte. Und in **Mission: Impossible – Ghost Protocol** (Phantom Protokoll) verstand Tom Cruise 2011 nur noch Bahnhof, da er eigentlich in Budapest sein

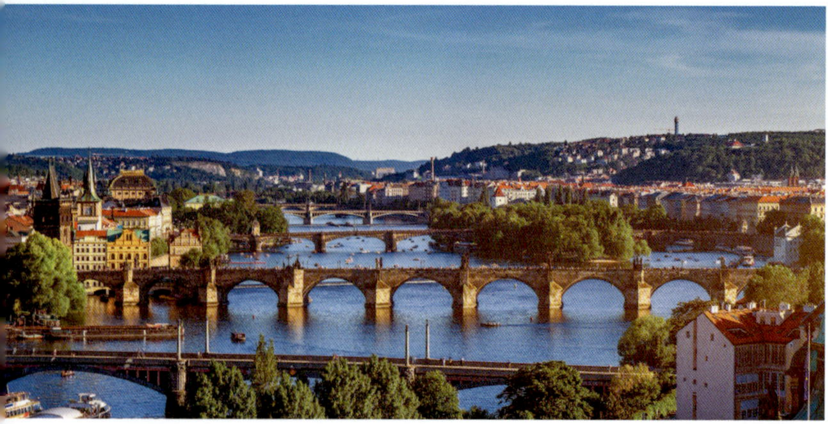

↑ Prag, ein Double für halb Europa.

müsste. Zwar hatte ***Barbra Streisand*** schon 1982 für ihr Musical **Yentl** eine tschechische Stadt als polnischen Handlungsort gewählt, Žatec, doch es musste ein gebürtiger Tscheche kommen, um die Verwechslungsgefahr nachhaltig zu erhöhen: ***Miloš Forman*** kehrte 1983 in seine Heimat zurück, um Prag mit **Amadeus** auf die Filmlandkarte zu setzen.

Der echte und der filmische Mozart

Es entbehrt nicht einer gewissen Ironie, dass Mozart zu Lebzeiten in Prag mehr gewürdigt wurde als in seiner Heimatstadt. Die Grenze zwischen Filmbiografie und historischer Wahrheit wird im Ständetheater an der Havířská Straße aufgehoben, wo der Komponist tatsächlich am 29. Oktober 1787 seinen „Don Giovanni" uraufgeführt hat und Forman an derselben Stelle rekonstruierte.

Forman fand für „Amadeus" in der Altstadt das nahezu perfekte Ebenbild zum Wien des 18. Jahrhunderts. Die gotischen Bauten des Altstädter Rings, dessen Bauten auf das 10. Jahrhundert zurückgehen, schufen das passende Ambiente des oscarprämierten Musikfilms. Als geradezu ideal erwies sich auch das pittoreske Viertel Malá Strana, unterhalb der Prager Burg, etwa an der Nerudova-Straße (s. Kapitelstartseite). Die Kirche des Heiligen Jillich (Husova 228/17, Staré Město) gibt den Rahmen für Mozarts Hochzeit, zum Filmende ist es nochmals bei seiner Bestattung zu sehen. Wer bei dieser Kirche eher an **The Three Musketeers** (Die drei Musketiere, 2011) denkt, hat nicht Unrecht: Genau in dieser Kirche meuchelt Mylady nach ihrer Beichte den Priester. An derselben Straße,

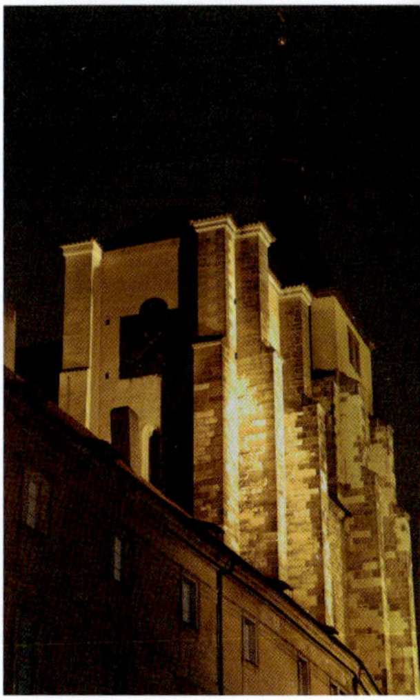

Die Kirche des Heiligen Jillich ↑

der Husova 20, spielt das Palais Clam-Gallas für den Musketier-Film den Pariser Louvre.

Der echte Mozart – nicht der von ***Tom Hulce*** verkörperte Amadeus – spielte einst in der Barockkirche St. Nikolaus (Staroměstské nám. 1101, Staré Město) die Orgel. Auf der Kinoleinwand war das Gotteshaus 2004 im Horrorfilm **Van Helsing** zu sehen, wenn Titelheld ***Hugh Jackman*** an einem opulenten Maskenball teilnimmt und dessen Gäste sich plötzlich in Vampire verwandeln.

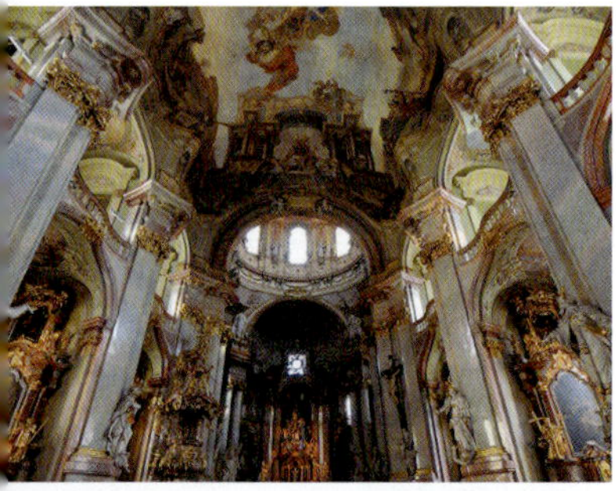

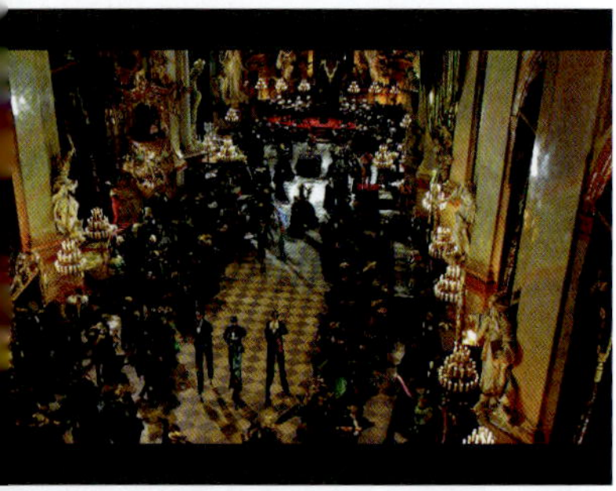

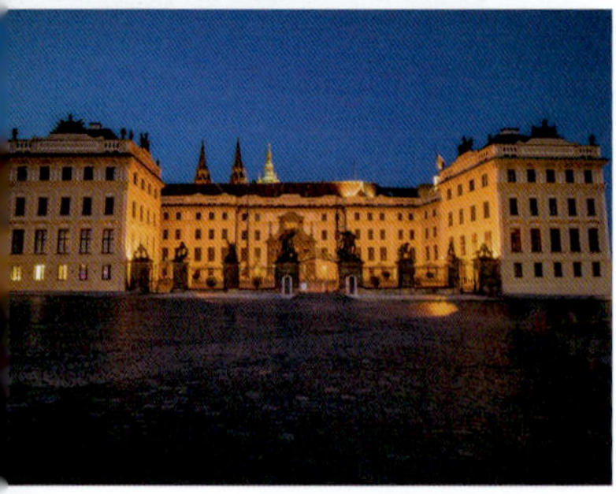

Für Kostümfilme wie „Van Helsing" und **Les Misérables** (1998, mit ***Liam Neeson***) besonders geeignet ist der Hradschiner Platz (Hradčanské náměstí), der von einer Reihe bedeutender Palais umsäumt ist und an die Prager Burg grenzt. Von der Burgrampe aus bietet sich ein herrlicher Blick auf die Stadt. Hier liegt das Erzbischöfliche Palais (Arcibiskupský palác), das nur an einem Tag im Jahr für die Öffentlichkeit zugänglich ist; es dient in „Amadeus" als Sitz des österreichischen Kaisers. An der Kanovnická-Straße Nummer 2, die um den Hradschiner Platz herumführt, finden Amadeus-Fans das Haus, das Mozart während der ganzen Filmdauer bewohnt (ob-

↑ 1: Der echte Mozart und „Amadeus" spielten hier: Barockkirche St. Nikolaus. 2: Tanz der Vampire in der St. Nikolaus Kirche: opulentes Setting für „Van Helsing". 3: Guter Platz für Massenszenen: Hradschiner Platz.

wohl er in Wirklichkeit seine Adresse in Wien mehrfach änderte). Die wenigen Atelieraufnahmen fanden ebenfalls in Prag statt, in den 1933 gegründeten Barrandov-Studios am Křiženecký-Platz.

Film-Revolution mit Tom Cruise

Nach der gewaltfreien „samtenen Revolution" von 1989 und dem politischen Systemwechsel der Tschechoslowakei war Prag geöffnet fürs Filmgeschäft. Die lokale Filmindustrie lockte mit günstigen Tarifen. Tom Cruise setzte mit dem ersten **Mission: Impossible** den Standard. Prominent eingebautes Wahrzeichen ist die Karlsbrücke. Hier stürzt *Jon Voight* von einer der ältesten Steinbrücken Europas in die Moldau und Tom Cruise muss bei der Statue des heiligen Johannes von Nepomuk hilflos zusehen, wie seine Agentenkollegen auf der Kampa-Insel – man nennt sie auch das „Venedig von Prag" – um die Ecke gebracht werden. Sogar *Kristin Scott Thomas* wird im dunklen Seiteneingang, unmittelbar vor dem Palais Liechtenstein, erdolcht. Sobald Cruise die Doppeltreppe herunterhastet, fliegt an der Na Kampě, die unter der Karlsbrücke durchführt, ein Auto in die Luft.

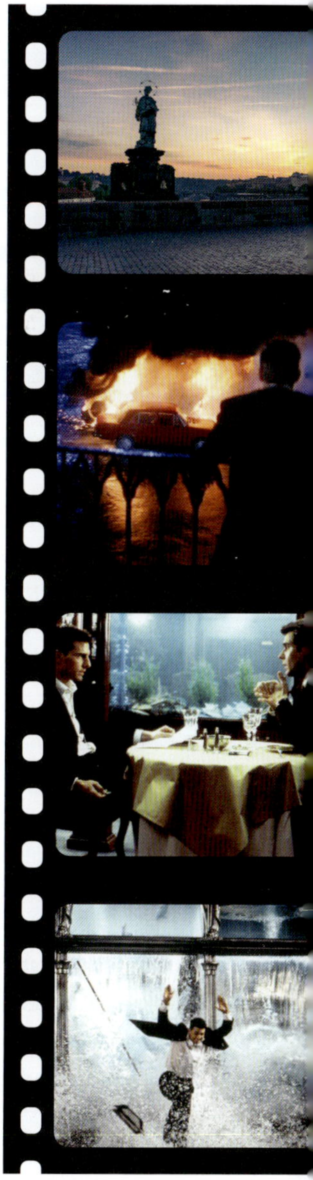

1: Die Karlsbrücke mit der Statue des heiligen Johannes von Nepomuk. 2: Tom Cruise sieht von der Brücke die Explosion auf der Kampa-Insel. 3+4: Das Fischaquarium ergießt sich über den Marktplatz von Prag. Das schicke Restaurant war auf dem Old Town Square aufgebaut. →

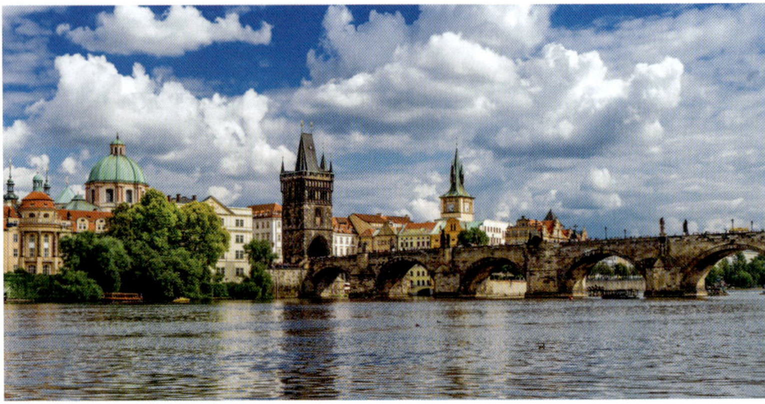

↑ Prags Wahrzeichen spielte eine Hauptrolle im ersten „Mission: Impossible".

Agenten-Alltag! Auch für Jason Bourne (Matt Damon), der unweit davon im Kampa-Park in **The Bourne Identity** (Die Bourne Identität, 2002) die Nacht verbringt – gemäß Filmhandlung ist es ein Park in Zürich. Am Marktplatz von Prag, dem „Old Town Square", haben Legionen treuer Tom-Cruise-Anhänger das Restaurant mit den riesigen Aquarien gesucht, die in „Mission: Impossible" nach einer Explosion so wirkungsvoll ihren Inhalt mit nach Luft japsenden Fischen aufs Kopfsteinpflaster ergießen. Regisseur ***Brian De Palma*** hat das Fischrestaurant für diese Szene auf den Platz bauen lassen (auch dies ein beliebter Treffpunkt für Agenten: ***Vin Diesel*** kommt 2002 in **xXx** hier vorbei).

James Bonds erster Einsatz

Geheimagenten treten in Prag in Rudeln auf. 2006 war James Bond an der Reihe. In „Casino Royale" führt Daniel Craig seine allererste Mission durch: In einer seltenen Schwarzweiß-Sequenz muss 007 sich seine „Lizenz zum Töten" im Danube-Haus im Stadtteil Karlín verdienen (Karolinská 650/1). Das spitzwinklige Gebäude ist eines der interessantesten Beispiele für die moderne Architektur der Stadt. Wenn Bond in seinem Hotel in Venedig absteigt, dann ist dessen großzügige Lobby tatsächlich Prags ikonisches Nationalmuseum am Wenzelsplatz. Die Idee hatte vor ihm schon Tom Cruise: In „Mission: Impossible" war das prunkvolle Museumsinnere die Lobby der US-Botschaft.

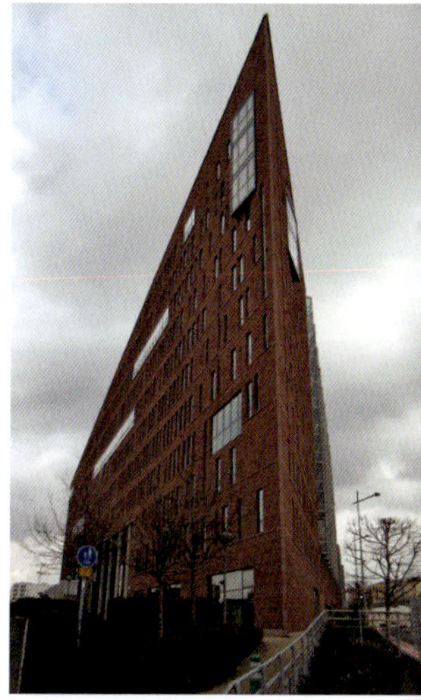

Danube-Haus im Stadtteil Karlín (Karolinská 650/1) ↑

Bond stattet der Barockbibliothek des Strahov-Klosters (Strahovské nádvoří 1/132) einen Besuch ab, in der Filmhandlung das britische House of Lords. Ideal genutzt wurde diese Büchersammlung mit ihren zahlreichen Unikaten als Bibliothek in **From Hell** (Aus der Hölle, 2001, mit ***Johnny Depp***). In **The League of Extraordinary Gentlemen** (Die Liga der außergewöhnlichen Gentlemen, 2003) ist die Abtei wiederum ein britisches Museum. Wenn ***Sean Connery*** im selben Film den „London Club" aufsucht, begibt er sich zum Rudolfinum (Alšovo nábř. 12): Das im Stil der Neorenaissance errichtete Konzertgebäude ist heute die Heimat der tschechischen Philharmonie. Leider sorgte der kaum ernstzunehmende Streifen dafür, dass ein enttäuschter Sean Connery seinen Abschied vom Kino nahm. Ebenso wie der Prager Filmboom beinahe für das Ausscheiden Prags aus der internationalen Filmproduktion sorgte. Denn als

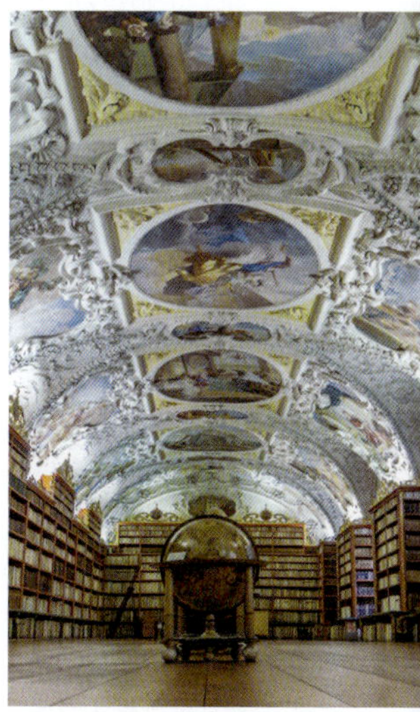

Barockbibliothek des Strahov-Klosters ↑

die Preise unweigerlich stiegen, löste Rumänien Tschechien als günstiges Filmland ab. Mit Steuererlassen sollen die Filmemacher nun zurückgelockt werden. Zuletzt entstanden in Prag **Snowpiercer** (mit *Chris Evans* und *Tilda Swinton*, 2013), **Last Knights** (Die Ritter des 7. Ordens, mit *Clive Owen* und *Morgan Freeman*, 2015) und im selben Jahr **Child 44** (Kind 44, mit *Tom Hardy* und *Gary Oldman*).

„No shooting today because of shooting"

Ein klarer Fall von „das Leben imitiert die Kunst" ereignete sich 20 Kilometer vor Prag, in der Ortschaft Davle. Beinahe wäre hier aus einem Kriegsfilm Ernst geworden. Am dortigen Moldau-Übergang, der 1905 erbauten Stahlgitterbrücke, haben die Einwohner der Kleinstadt stolze Erinnerungstafeln angebracht. Ihre Autobrücke war nämlich 1968 „Die Brücke von Remagen". Was sie geflissentlich verschweigen: Beinahe hätte es in Böhmen bei **The Bridge at Remagen** richtig geknallt.

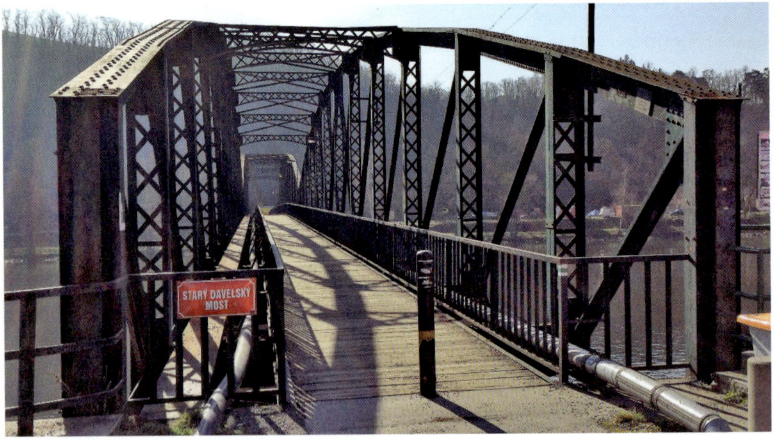

↑ Brücke in Davle. Heute erinnert an dieser Stelle eine Gedenktafel – nicht an einen wirklichen Krieg, sondern an den Kriegsfilm.

Weil die eigentliche letzte Rheinbrücke am 17. März 1945 eingestürzt war, musste sich US-Produzent ***David L. Wolper*** anderweitig nach Ersatz umsehen. Fündig wurde er hinter dem Eisernen Vorhang. Die Bauart der Brücke in Davle glich der originalen Remagen-Brücke, die in den letzten Kriegstagen von den Amerikanern eingenommen wurde (auch wenn sie 100 Meter kürzer war als das Original). Bald verwandelte Hollywood das idyllische Tal in einen lärmenden Kriegsschauplatz. Doch anderswo wurde ein richtiger Krieg geplant.

Die Sowjets hatten den „Einmarsch“ fremder Truppen argwöhnisch beobachtet, da im Ostblockstaat der Tschechoslowakei sich die Demokratie regte. Tatsächlich stand der Reformer Alexander Dubček mit den Filmemachern im Bunde. Seine Regierung war an westlichen Devisen interessiert. Die Prager Filmstudios Barrandov halfen mit Kostümen und technischem Personal aus. Und da die Tschechen in den vormaligen deutschen Rüstungsfabriken weiterhin die Halbkettenfahrzeuge herstellten, die davor für die Wehrmacht gebaut worden waren, konnte sich die MGM aus einem riesigen Waffenlager bedienen. Bei der österreichischen Armee borgte man sich acht US-Aufklärungspanzer, drei Halbkettenfahrzeuge, vier Panzerwagen, acht Militärlaster und sechs Willys-Jeeps. Auch die US-Soldaten, die unter Führung von ***George Segal*** die Brücke stürmen sollten, wurden vom österreichischen Bundesheer bewaffnet.

Der Reformprozess des „Prager Frühlings“ war in vollem Gang, als die Sowjetunion am 22. Juni Davle von Kampfflugzeugen und Helikoptern überfliegen ließ. Sie schossen Fotos der „US-Armee“. Bald darauf war in der sowjetischen „Prawda“ zu lesen, in der Tschechoslowakei sei „ein geheimes Waffenlager“ entdeckt worden. Und: Diese Waffen wären geeignet, um aufständische Gruppen auszurüsten. Moskaus Paranoia führte dazu, dass die tschechoslowakische Polizei die Film-Waffen unter strengste Aufsicht stellte. Dadurch kamen die Dreharbeiten nicht zügiger voran. In den Nachrichten der DDR war die Rede von „einer Tarnoperation des CIA". Unter dem Deckmantel einer Filmproduktion würden Spione, verkleidet als Filmemacher, Waffen und Panzer in die CSSR einschleusen, mit dem Ziel einer „konterrevolutionären Aktion" zur Stärkung Dubceks.

Als ob die Stimmung nicht schon genug angeheizt wäre, zündete Regisseur ***John Guillermin*** TNT, um Fontänen in der Moldau zu erzeugen, die Granateneinschläge simulierten. Die Schlacht um Remagens Innenstadt wurde nach Most verlegt. Deren Stadtväter hatten vor, ganze Häuserreihen einzureißen, um einem Braunkohlewerk Platz zu machen. Guillermin nutzte die günstige Gelegenheit fürs Kriegsspiel. Drüben bei den Sowjets sah das so aus, als ob das „US-Heer" bereits mit Panzern durch die Straßen rollte. Am lauen Sommerabend des 20. August 1968 setzte Moskau seine eigenen Panzer in Bewegung: Der „Prager Frühling" sollte niedergewalzt werden. Eine halbe Million Soldaten rückten in die CSSR ein.

Der echte Krieg hatte die Filmemacher um fünf Uhr morgens eingeholt, als russische Panzer vor ihrem Prager Hotel auffuhren. „Evakuieren!" befahl Produzent Wolper. Die US-Botschaft versorgte den Tross der Amerikaner mit Sprit, damit ihre Wagen es über die Grenze nach Österreich schafften. Sowjetische Hubschrauber kreisten über ihnen, bis sie im Nachbarland Asyl fanden. Nicht auszudenken, wenn die Rotarmisten die „US-Army" für den Feind gehalten hätte. Denn jetzt wurde scharf geschossen, auch im Irrtum: So wurde die Frontwand des Prager Nationalmuseums (später Schauplatz von „Casino Royale") mit Panzergranaten beharkt, weil die Rote Armee den Bau für das Parlamentsgebäude hielten. An diesem Tag stand im Produktionstagebuch des Films nur: „No shooting today because of shooting“. Der überstürzte Aufbruch ließ zwei Drittel der Filmhandlung unvollendet. Wolper ließ in Hamburg weiterdrehen. Schließlich hatte Moskau ein Einsehen: Die Amerikaner erhielten die Sondererlaubnis, zwei wichtige Szenen in Davle nachzudrehen. Für die verbleibenden Brücken-Aufnahmen musste allerdings Ersatz her. Darum zierte bei Castel Gandolfo, nahe der ehemaligen päpstlichen Sommerresidenz, bald eine Brückenattrappe der „Brücke von Remagen“ den Albaner See.

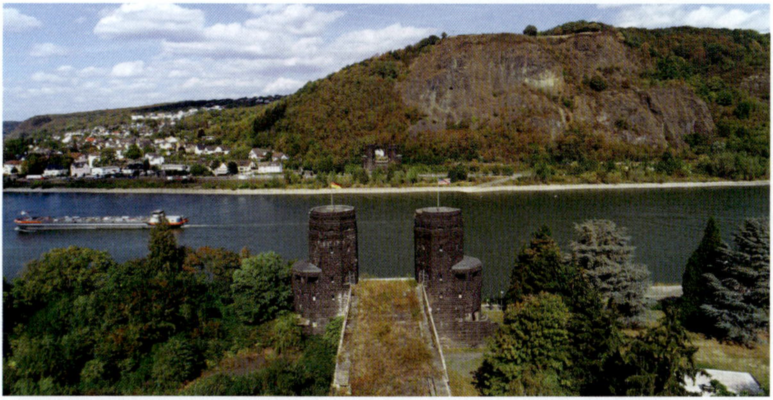

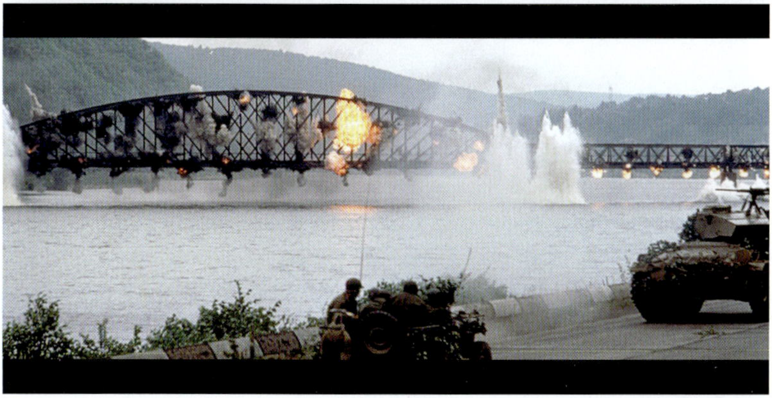

1: Die echte Brücke von Remagen gibt es heute nicht mehr. 2: Als TNT-Explosionen bei der Film-Brücke Fontänen erzeugten, war der Kreml alarmiert. ↑

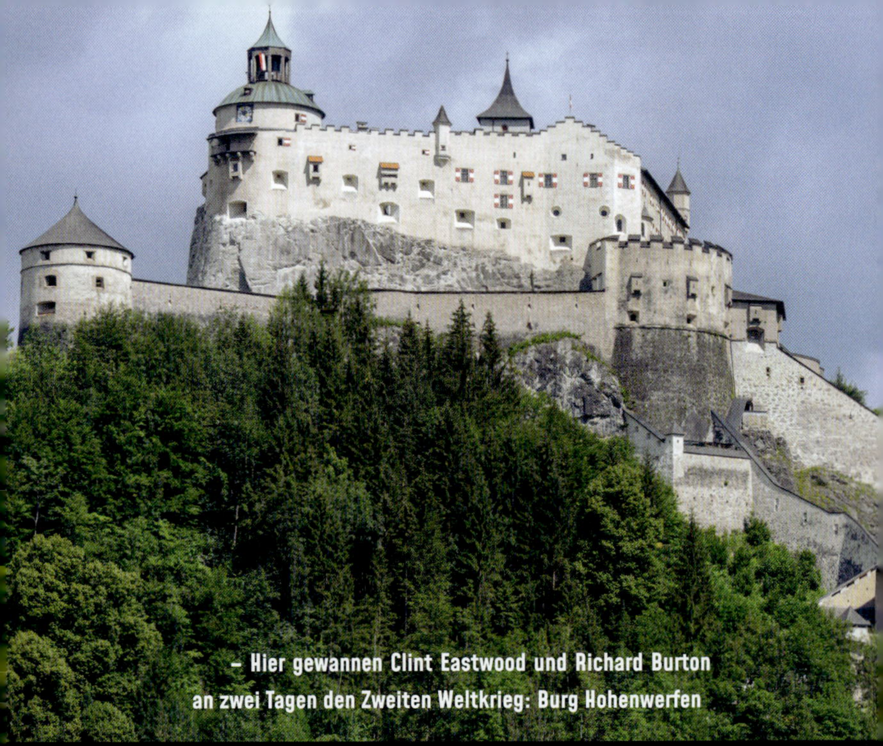

– Hier gewannen Clint Eastwood und Richard Burton an zwei Tagen den Zweiten Weltkrieg: Burg Hohenwerfen

Österreich

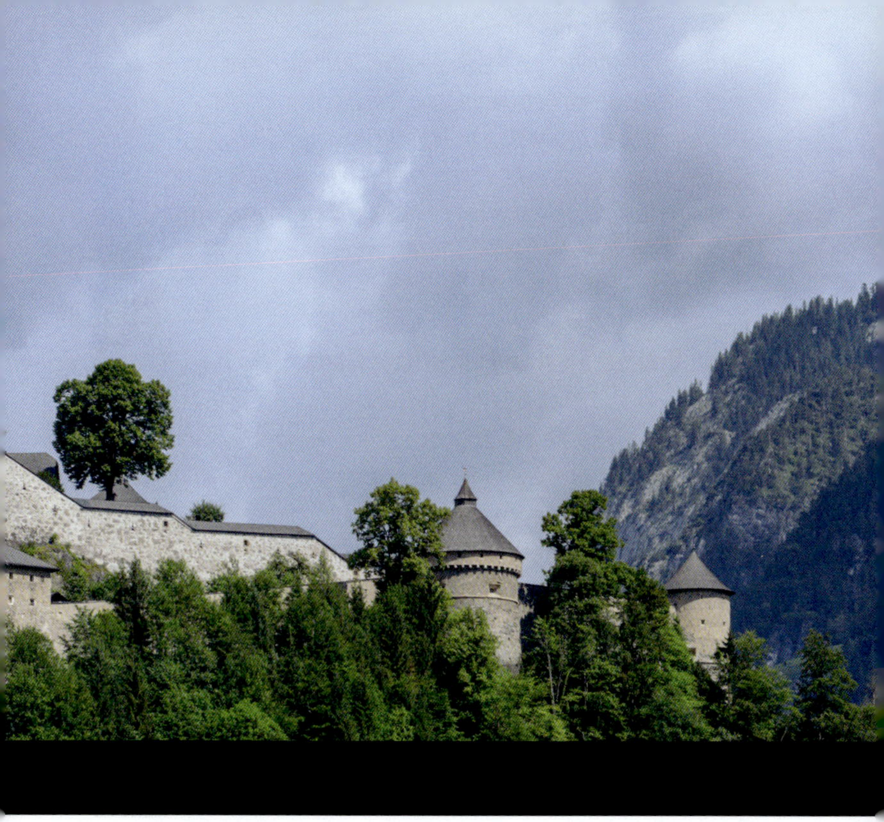

3

Seit in Wien der fünfte „Mission: Impossible" 2015 für Furore sorgte, hat die Vienna Film Commission eine zunehmende Flut von Drehanfragen zu bewältigen. Allein 2018 wurden über 600 Filmprojekte eingereicht. Trotz der unbestrittenen Werbewirkung eines Tom Cruise: Für Filmfreunde bleibt die Donaumetropole die Heimat von Sissi.

Wien: Dreimal Sissi und ein dritter Mann

Die Trilogie um die österreichische Kaiserin erwies sich seinerzeit als wahres Wirtschaftswunder, als Motor des österreichischen Nachkriegskinos, das noch einmal den ganzen Prunk der k.-u.-k.-Monarchie zum Leben erweckte. Das Sissi-Phänomen machte aus einem jungen Mädchen namens Rosemarie Albach das Allgemeingut *Romy Schneider*. Der Rest ist bekannt. Als Jungstar ebenso wie als spätere, gereifte Charakterdarstellerin distanzierte sie sich von der Rolle. Ihr Filmpartner *Karlheinz Böhm* nannte gegenüber dem Autor dieses Buches jene Tage die „gute alte Sissi-Zeit": Die Filme seien im Nachkriegsösterreich „geradezu notwendig" gewesen, um eine „heile Welt" wiederherzustellen.

Im August 1955 beginnen die Dreharbeiten zum ersten Teil. Die Hauptdarstellerin posiert zu Werbezwecken in der Wiener Hofburg vor dem bekannten Porträt Elisabeths, noch nicht ahnend, wie der Film ihr allzu kurzes Leben verändern würde. Romy ist im Hotel Sacher an der Philharmoniker Str. 4 einquartiert: „Alle Leute im Hotel sind reizend zu mir. Man könnte beim Essen dauernd singen, so einen Spaß macht das. Nur für die weltberühmte Sachertorte kann ich mich nicht so begeistern." Ihren 17. Geburtstag feiert sie im Heurigenlokal „Zum Dritten Mann" von Anton Karas, der durch sein Zither-Spiel zum gleichnamigen Film wenige

Jahre zuvor berühmt geworden ist (Karas' Lokal im Stadtteil Sievering war eine internationale Attraktion, bis er es 1966 aufgab).

Sissi ist ein filmischer Werbeprospekt für sein Herstellungsland. „Ein schönes Land ist deine neue Heimat", stellt *Gustav Knuth* korrekt fest, während die Braut die Donau hinunter gerudert wird. Drei Minuten lang fängt die Kamera ungestört die Naturschönheiten ein. Am 30. September 1955 notiert Romy in ihr Tagebuch: „Außenaufnahmen an der Donau. Der Ernstl [Marischka, der Regisseur] hat das herrlich hingezaubert. Ich fahre auf einem Schifffahrtsdampfer die Donau hinunter, das Volk steht an den Ufern und winkt seiner zukünftigen Kaiserin zu – mir also im Film. Das muss man sich mal vorstellen, die vielen Leute, die dort als Statisten stehen – die muss man dort alle erst einmal hinbekommen!"

Das Naturkind Sissi (die Film-Sissi schreibt sich, historisch ungenau, mit Doppel-s) stammte aus dem bayrischen Örtchen Possenhofen. Im Film tritt das Schloss Fuschl an dessen Stelle. Man hat den Eindruck, Magda Schneider könne jeden Moment nach „Siiissiii!" rufen. Auch wenn es nicht der echte Starnberger See ist, son-

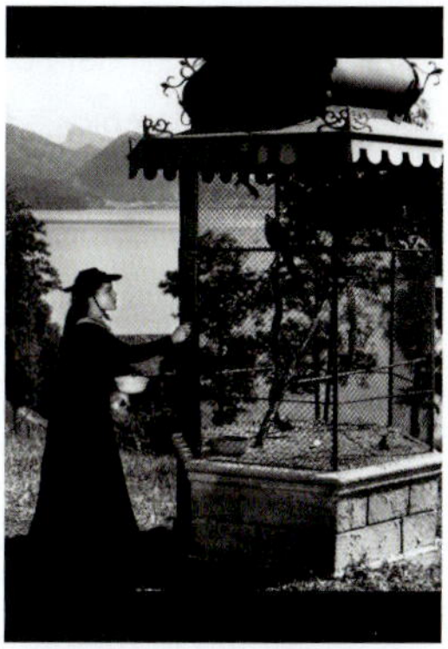

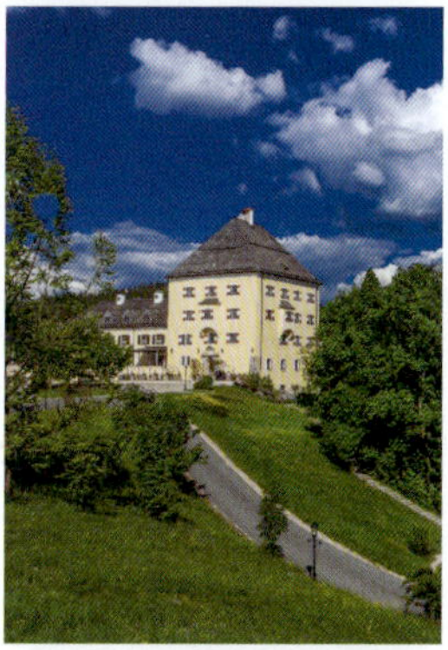

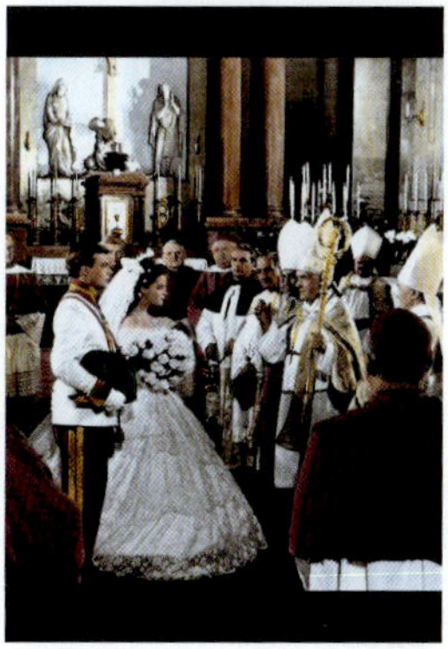

1-2: Sissis Film-Zuhause – Schloss Fuschl, einst Jagdschloss der Salzburger Erzbischöfe.
3: Geheiratet wurde in der Michaelerkirche.

dern eben der Fuschlsee, etwa 20 km östlich von Salzburg. Einst das Jagdschloss der Salzburger Erzbischöfe, ist der Renaissance-Bau heute ein 5-Sterne-Hotel mit „Sissi-Suite", das die Fans durch eine kleine Ausstellung zufriedenstellt. Romy selbst wohnte während der Drehtage in den Turmsuiten. Da fragt die Website des Salzburgerland-Tourismus vielleicht zurecht: „Wer braucht dann noch Possenhofen?"

Die erste Begegnung der bayerischen Prinzessin mit ihrem Franzl findet in Bad Ischl im Salzkammergut statt. Die frisch Verlobten betrachten das Feuerwerk vom Balkon des „Seeauerhauses" aus (heute das Stadtmuseum an der Esplanade 10). Getraut wird das historische Kaiserpaar im Wiener Stephansdom, doch dem Filmpaar erteilt die Erzdiözese keine Drehgenehmigung – darum muss es die Michaelerkirche tun.

Für historische Authentizität sorgen dagegen die Ansichten von Wiener Hofburg und Schloss Schönbrunn mit der bildstarken Gloriette. Tatsächlich genügt es ***Ernst Marischka***, die Schauorte mit wenigen Außenaufnahmen zu etablieren, um dann die Innenaufnahmen in das Stadtpalais Liechtenstein an der Bankgasse zu verlegen. Die Prunkräume der Hofburg werden in den (heute un-

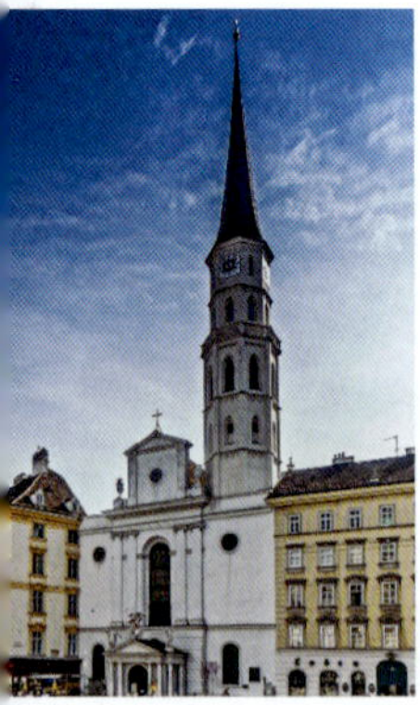

↑ Michaelerkirche

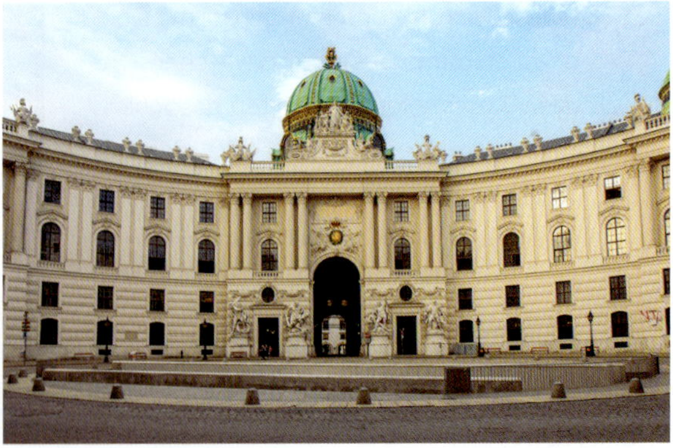

↑ Hofburg

ter Denkmalschutz stehenden) Rosenhügel-Filmstudios so überzeugend nachgebaut, dass sich bis heute die Ansicht hält, die Aufnahmen zeigten den Originalschauplatz. Premiere wird im (heute in die Cineplexx-Kette eingegliederten) Wiener Apollo-Kino gefeiert (Gumpendorfer Straße 63).

Schon den zweiten Teil macht Romy Schneider nur noch widerstrebend, dem österreichischen Fremdenverkehr kommt der Film dagegen sehr gelegen. Eine Wanderung der Jungverheirateten führt ins Tiroler Hochgebirge. „Gell, wundervoll", sagt Böhm und gibt Nachhilfe in den Namen der Bergspitzen des Karwendels. Romy klagt ihrem Tagebuch: „Als wir in den Bergen drehten, in über 2000 Meter Höhe, haben sie mich ganz schön in die Kur genommen." Kein Wunder, trägt sie doch eine Zwei-Kilo-Perücke auf dem Kopf. Die romantische Einlage entsteht am Hafelekar, von Innsbruck aus via Seilbahn zu erreichen. „Das war eine Drängelei", schreibt der Jungstar, „die Urlauber wollten ja auch hinauf!" Hier oben, von der Seilbahn aus in Richtung des Einstiegs zum Innsbrucker Klettersteig, findet sich auch die Hütte der **Geierwally**, die kurz nach Sissis Ausflug ebenfalls hier landete. Für die Romanverfilmung von 1957 wurde am Hafelekar die „Geierwally Hütte" ge-

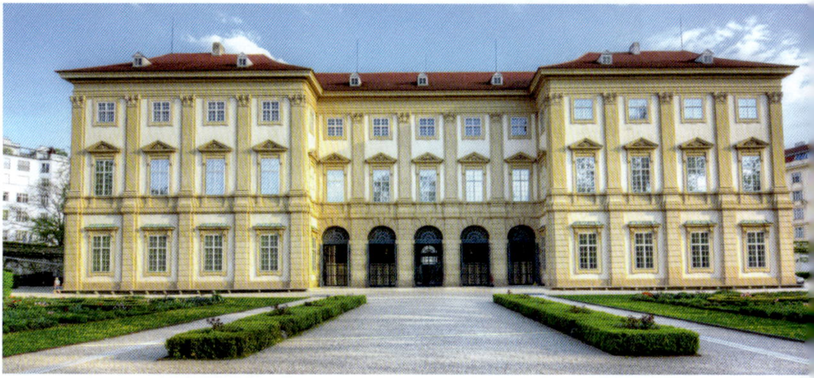

Palais Liechtenstein ↑

baut. Vor wenigen Jahren entschied Innsbruck – die Hütte ist im Besitz der Stadt – dass eine Sanierung der Originalhütte nicht mehr möglich sei. Eine originalgetreue Nachbildung wurde als Fertighaus per Hubschrauber an derselben Stelle platziert. Das urige Berghospiz, in dem das Kaiserpaar seinen Spontan-Urlaub verbringt, könnte an der Stelle des heutigen Berggasthauses stehen. Nur, niemand dort weiß das so genau.

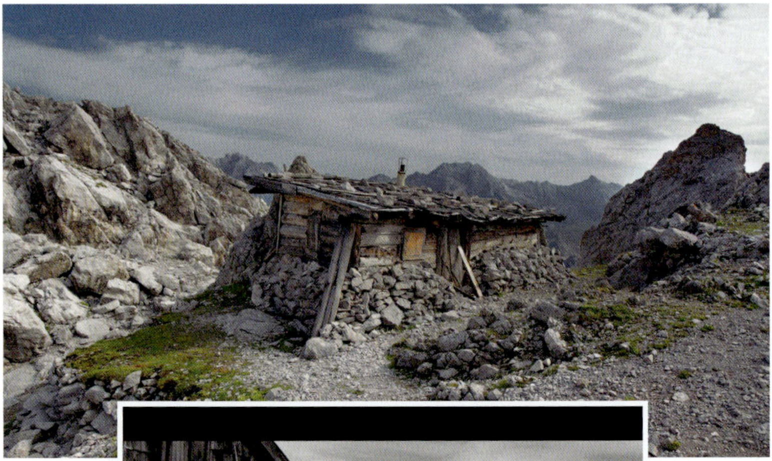

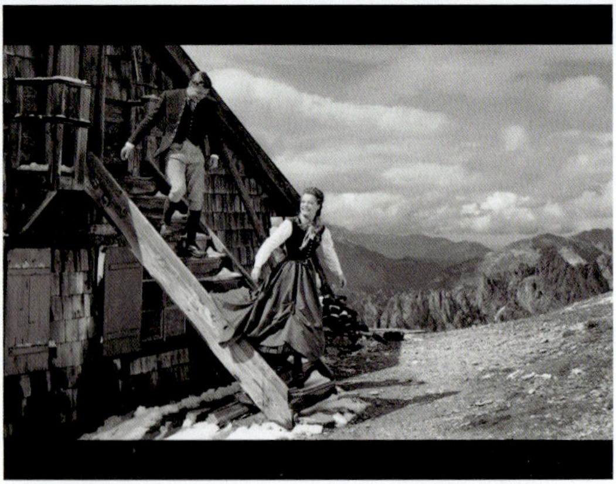

↑ 1: Nach kurzem Fußweg am Hafelekar erreichbar: Die Geierwally-Hütte. 2: Das Kaiserpaar macht Ferien am Hafelekar.

Der Dritte Mann

1949 wird Wien als Stadt der Schatten und der unterirdischen Labyrinthe für immer im Genre des Film Noir verewigt. Mit **The Third Man** (Der Dritte Mann) schafft ***Carol Reed*** nicht nur einen Krimi-Klassiker, sondern auch ein bleibendes Zeitdokument der in die Besatzungszonen aufgeteilten Stadt. Ihm gelingt das Kunststück, die verwinkelten Altstadtgassen des zerbombten Nachkriegswiens ebenso bedrohlich wie pittoresk erscheinen zu lassen. Im „Burg Kino" am Opernring 19 läuft der Evergreen seit Jahren ohne Unterbrechung, mindestens dreimal wöchentlich.

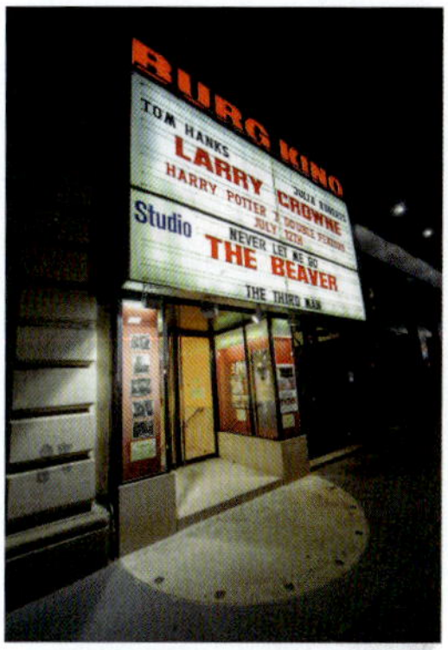

Im Burg Kino am Opernring läuft „Der Dritte Mann" immer noch.

Auf dem Wiener Zentralfriedhof (Simmeringer Hauptstraße 234) liegt der „falsche Mann" im Grab. Der mysteriöse Harry Lime, ***Orson Welles'*** Figur, wohnt am Josefsplatz 5, im Palais Pallavicini: Die Karyatiden am Portal des architektonischen Juwels sind ein beliebtes Fotomotiv. Die Aufnahme, in der ein Kätzchen sich an Orson Welles schmiegt – und ihn damit überführt – gelingt in der Schreyvogelgasse 8. Die freiwillige Feuerwehr spritzt die Pflastersteine regelmäßig ab, um für die richtige Schwarzweiß-Atmosphäre zu sorgen. Reed stellt seine Kamera zudem in der Judengasse und der Mölker Bastei auf, am Hohen Markt wird das Kaffeehaus „Marc Aurel" als Kulisse gebaut und Harry Lime flieht über die Treppen der Kirche Maria am Gestade (Salvatorgasse 12).

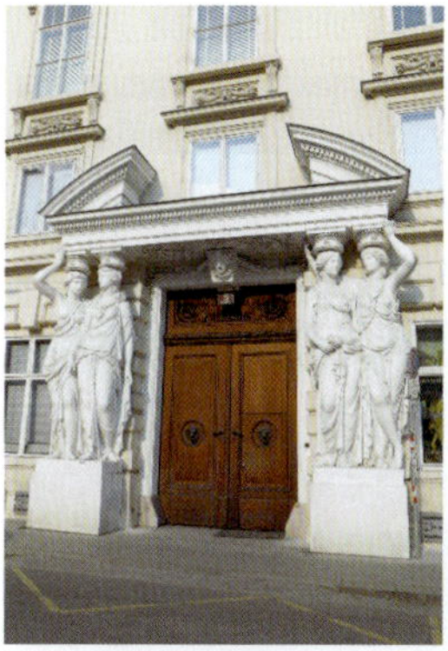

Tatort Josefsplatz: Die Karyatiden sind beliebtes Fotomotiv.

Die Litfaßsäule, durch die der „Dritte Mann" in den Untergrund entkommt, stand auf dem Platz Am Hof, die Verfolgungsjagd durch die Kloake beginnt am Girardipark. Seit geraumer Zeit schon gibt es für Fans eine Führung, die sogar bis in die Abwasserkanäle führt (obschon der Großteil der Sequenz im englischen Atelier entstand). Im dramatischen Finale gelingt es Harry Lime nicht, durch einen Kanaldeckel an der Minoritenkirche (Minoritenplatz 2A) zu entfliehen.

Harry Lime gibt sich erstmals am Prater zu erkennen – der Vergnügungspark liegt zur Drehzeit im sowjetischen Sektor. Die Schlüsselszene beim Riesenrad, das erst kurz zuvor wiedereröffnet wurde, bleibt in Erinnerung. Und das nicht nur beim Publikum, sondern auch beim Regisseur von James Bond ...

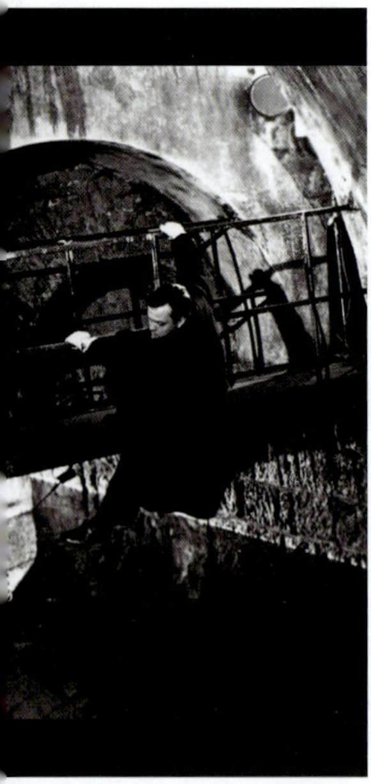

• 3.MannTour •

Karlsplatz-Girardipark, 1010 Wien
www.drittemanntour.at
Tour durch die Wiener Kanäle
Tipp: Dritte Mann Museum
Pressgasse 25, 1040 Wien
www.3mpc.net

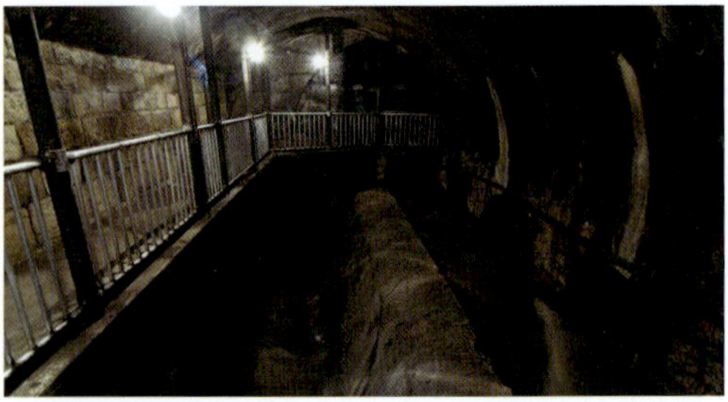

↑ Eine ungewöhnliche Besichtigungstour führt durch Wiens Kanäle zur Fluchtroute von Orson Welles.

Bond 34 Tage in Österreich

Für den Regisseur von **The Living Daylights** (Der Hauch des Todes) ist Wien 1986 ein großes Déjà-vu: *John Glen* war zu Zeiten des „Dritten Manns" ein Assistent, damit betraut, die Geräusche der Schritte in der Kanalisation nachzuvertonen. Bei den Aufnahmen am Prater vermeidet Glen bewusst dieselben Kamerawinkel. Und wie davor für Harry Lime wird auch für James Bond die Gondel im Studio als Attrappe gebaut.

Die Produktion bezieht Quartier in einem Hotel der „Hilton"-Kette und im Wiener Rathaus (Friedrich-Schmidt-Platz 1) wird der neue 007, *Timothy Dalton*, der Weltöffentlichkeit am 5. Oktober in einer hastig einberufenen Pressekonferenz vorgestellt. Denn schon am nächsten Tag soll der Geheimagent an der Antonigasse 92 in Aktion treten, wo er in einem Appartement der geheimnisvollen Cello-Spielerin nachstellt und an der Kreuzgasse auf der Tramlinie 42 seine Verfolger abschüttelt. Die Alpenrepublik ist auch darum ausgesucht worden, weil es Probleme mit den Drehgenehmigungen für Bratislava gegeben hatte und

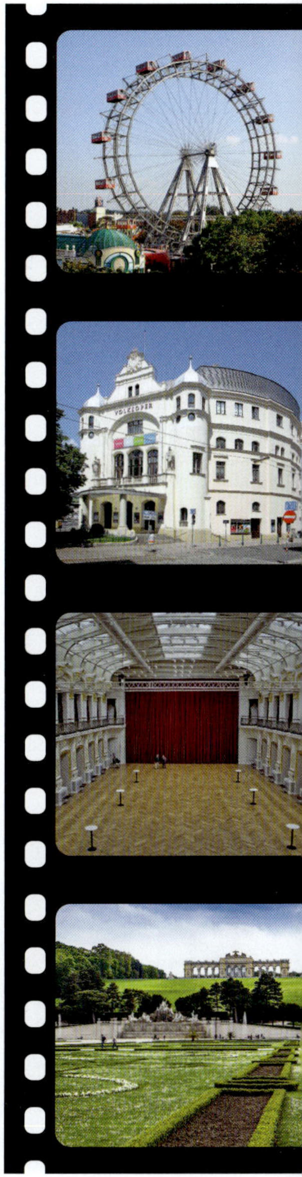

1: Am Prater fahren 007 und der Dritte Mann Riesenrad. →
2: In der Wiener Volksoper besucht 007 ein Cellokonzert.
3: Die Innenaufnahmen wurden im Sofiensaal gedreht.
4: Auf Schönbrunn fährt Bond im Fiaker vor – mit der Gloriette im Hintergrund.

die Stadt an der Donau genügend Motive aufweist, die als osteuropäisch ausgegeben werden können. So hat die Volksoper an der Währinger Straße, wo die Cellospielerin ein Konzert gibt, genügend Ähnlichkeit mit Bratislava. Sowjetische Schriftzeichen und Propagandaplakate machen die Täuschung perfekt. Und wieder ist die Feuerwehr zur Stelle, die Straßen nasszuspritzen. Der Süßwarenladen neben der Oper wird zur Buchhandlung umgestaltet. Die Innenaufnahmen werden wiederum im Sofiensaal an der Marxergasse 17 aufgenommen. Der Ballsaal wird heute für Events genutzt.

Drei Tage Drehzeit gönnt man sich auf Schönbrunn, wo Bond stilecht im Fiaker vorfährt, begleitet von einem Walzer-Orchester – noch wienerischer geht's nicht. Im Schlosstheater des habsburgischen Sommersitzes, einst von Napoleon als Hauptquartier benutzt, dürfen die Theaterszenen aufgenommen werden. Als Kenner der weltbesten Hoteladressen wird James Bond im Hotel im Palais Schwarzenberg als Stammgast empfangen – für diese Sequenz stellt Cartier Diamanten im Wert von 3 Millionen Dollar zur Schau. Der 15. Bond-Streifen stellt die Opulenz des Westens der drögen Wirklichkeit des Ostens gegenüber. Für den originellen Transfer durch den Eisernen Vorhang dient das Gaswerk Simmering, wo ein Doppelagent in eine Pipeline steigt, die ihn – via Steinsporn-Brücke – in den Westen befördert.

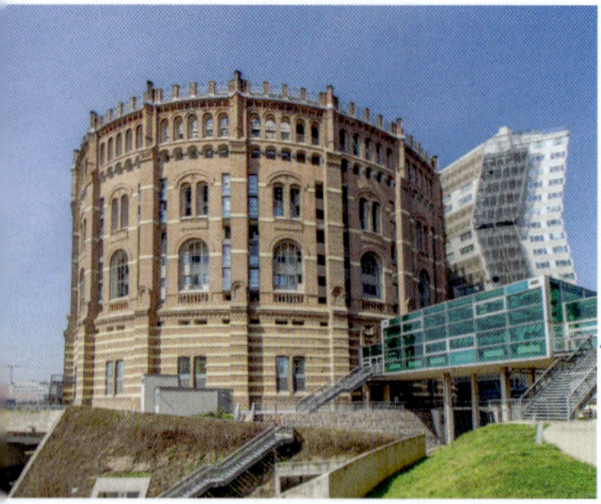

Bond bringt die Geheimwaffen seines Dienstfahrzeugs im Festungsbergtunnel in Sachsenburg zum Einsatz – im Film die tschechische Grenze – wofür der Tun-

↑ Das Gaswerk Simmering wird bei 007 zur Pipeline in den Westen.

nel drei Wochen gesperrt wird. Daraufhin unternimmt der Aston Martin V8 eine Rutschpartie auf dem gefrorenen Weißensee. Im ersten Anlauf bricht der britische Luxuswagen durchs dünne Eis. Die Crew ist derweil im Seehotel „Enzian" (Neusach 32, Weissensee) untergebracht. Touristisch ist Bonds Abstecher zum See an den Gailtaler Alpen eine „enorme Wertschöpfung", wie man in Kärnten weiß. In den Niederlanden wird man durch Bonds eisige Fahrt auf das Gewässer aufmerksam; seither wird der alljährliche Schlittschuhwettlauf am Weißensee ausgetragen. 1988 tritt ***Jean-Jacques Annaud*** in Bonds Fußstapfen, um in der Umgebung Teile seines Tierfilms **Der Bär** zu realisieren.

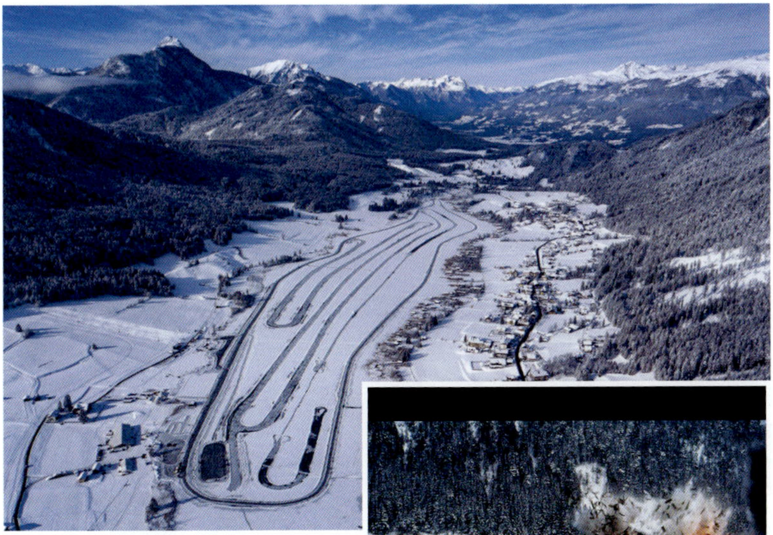

Im Winter ist der Weißensee ein beliebtes Ziel für Eissportler – und Austragungsort eines alljährlichen Schlittschuhwettlaufs. ↑

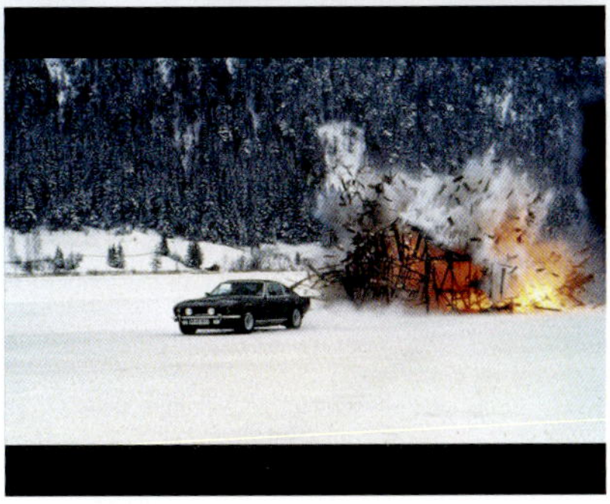

Auf dem gefrorenen Weißensee fährt der Aston Martin auf speziellen Winterreifen. ↑

Weitere Points of Interest

Die Suche nach dem „Dritten Mann" beginnt am Wiener Westbahnhof, wo 1995 auch die mehrteilige Romanze **Before Sunrise** ihren Anfang nimmt. Anhänger des Liebesfilms können eine „Before Sunrise"-Tour mit dem Smartphone miterleben.

In der Bridget Jones-Fortsetzung **Edge of Reason** (Am Rande des Wahnsinns, 2004) verschlägt es *Renée Zellweger* als verunglücktes Skihaserl auf die Piste des Nobelskiorts Lech. Im Film wohnt Bridget im Hotel Arlberg (Tannberg 187), an dem sie vorüberfährt, als sie ihre Skier nicht mehr unter Kontrolle hat.

Da der Spionage-Thriller **Firefox** 1982 nicht in Moskau verwirklicht werden konnte, weicht *Clint Eastwood* nach Wien aus: Die Sequenzen in der U-Bahn werden an der Station Stadtpark der Linie U4 und an der Station Südtiroler Platz der Linie U1 aufgenommen. Verräterisch, dass im Film die Aufschrift „Südtiroler Platz" zu lesen ist, wo der Film doch in der sowjetischen Hauptstadt spielt.

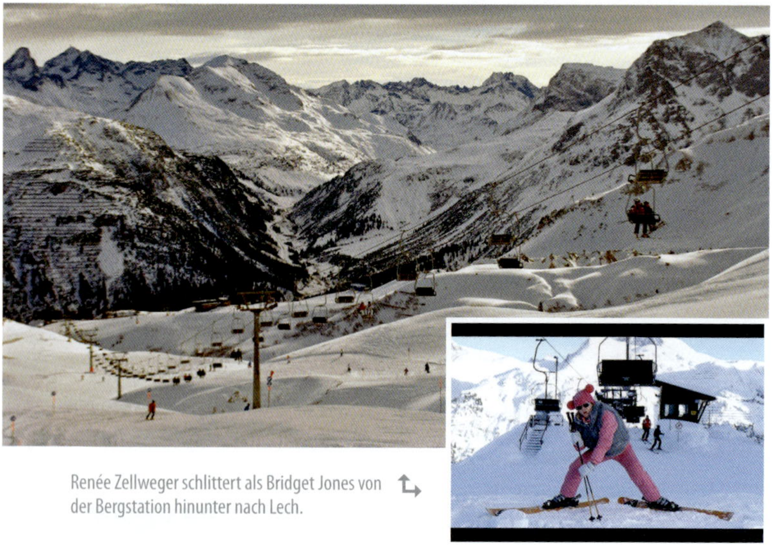

Renée Zellweger schlittert als Bridget Jones von der Bergstation hinunter nach Lech.

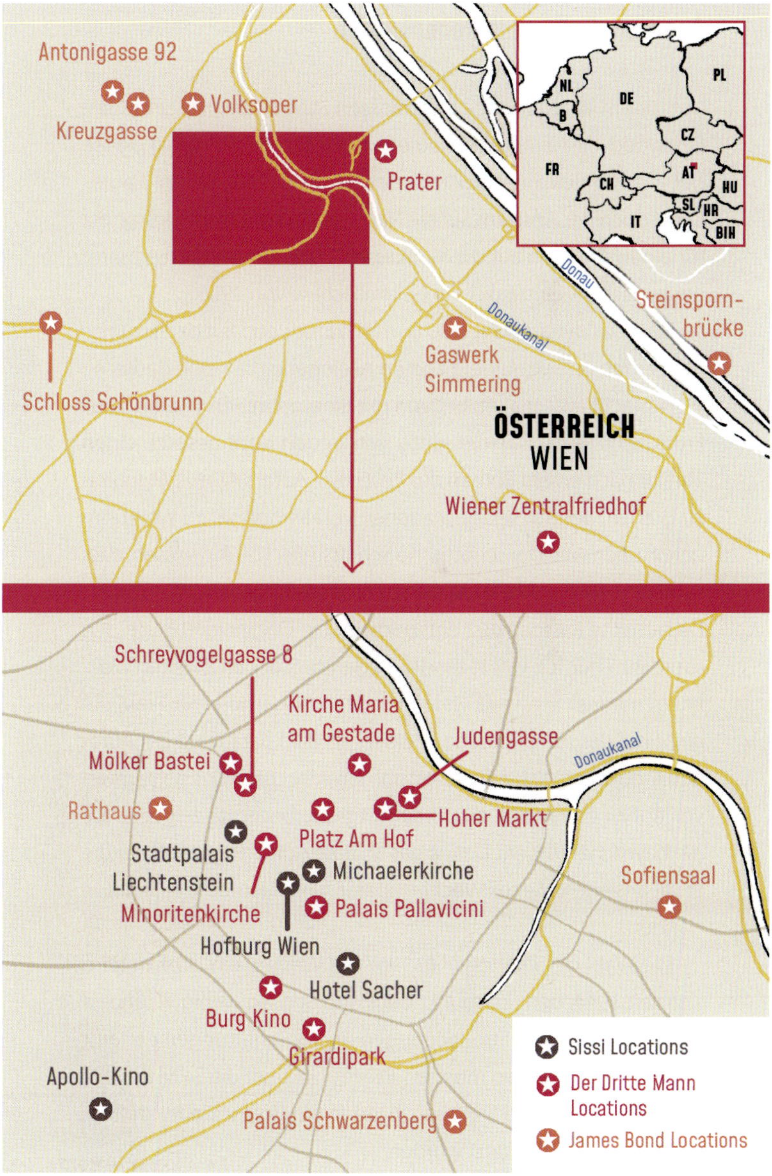
Antonigasse 92
Kreuzgasse
Volksoper
Prater
NL
B
DE
PL
CZ
FR
CH
AT
HU
SL
HR
IT
BIH
Donau
Donaukanal
Steinsporn-
brücke
Gaswerk
Simmering
Schloss Schönbrunn
ÖSTERREICH
WIEN
Wiener Zentralfriedhof
Schreyvogelgasse 8
Kirche Maria
am Gestade
Judengasse
Mölker Bastei
Rathaus
Hoher Markt
Platz Am Hof
Stadtpalais
Liechtenstein
Michaelerkirche
Palais Pallavicini
Minoritenkirche
Sofiensaal
Hofburg Wien
Hotel Sacher
Burg Kino
Girardipark
Apollo-Kino
Palais Schwarzenberg
Sissi Locations
Der Dritte Mann
Locations
James Bond Locations

Agenten-Sterben in Hohenwerfen

„An einem Wochenende beschlossen *Richard Burton* und Clint Eastwood, den Zweiten Weltkrieg zu gewinnen!" So wenig plausibel wie der Reklamespruch ist der ganze Knüller **Where Eagles Dare**, doch der Ansturm auf die Nazi-Feste sorgte nichtsdestotrotz für einen Ansturm auf die Kinokassen. „Agenten sterben einsam" erwies sich als einträglichste Geldmaschine von 1968.

Dass das dynamische Duo Burton & Eastwood auf der Burg Hohenwerfen im Salzburger Land im Alleingang die halbe deutsche Wehrmacht ausschaltet, begann mit einem simplen Telefonanruf. Produzent *Elliott Kastner* hatte sich in den Kopf gesetzt, einen Thriller nach einem Roman des Bestseller-Autors *Alistair MacLean* zu drehen, der mit seinen „Kanonen von Navarone" zu Weltruhm gekommen war. Der schottische Schriftsteller ließ ihn wissen, dass sämtliche Filmrechte zu all seinen Stoffen schon vergeben seien. Da bestellte Kastner kurz entschlossen ein Originaldrehbuch: „Ich sagte ihm nur, ich wollte eine aufregende Story im Zweiten Weltkrieg, mit viel Schweiß, vielen Hindernissen und einer Frau, die nicht nur das Anhängsel des Helden ist." Bald darauf lud der Autor den Producer in seine Schreibstube ein. MacLean wies geheimnisvoll auf einen Globus, durch ein Vergrößerungsglas zeigte er auf die bayrischen Alpen: „Das ist das Schloss Adler." Hier würde er die Story ansiedeln. Sechs Wochen später hielt Kastner sein Skript in Händen.

Die Wahl des Drehorts fiel 1967 auf Werfen, ein Dorf, in dem sich seit 1944, dem Zeitpunkt der Handlung, so wenig verändert hatte, dass lediglich Stromleitungen und Beschriftungen entfernt oder kaschiert werden mussten. Die Brücke über die Salzach steht bis heute an Ort und Stelle, auch wenn die Holzgeländer mittlerweile durch Eisen ersetzt wurden.

An der Freigebigkeit der MGM erfreuten sich alle, die sich im Messezelt gratis verpflegen ließen – auch wenn sie mit dem Film gar nichts zu tun hatten. „Die Bauern in Werfen waren völlig aus dem Häuschen, weil sie anscheinend nicht mehr zu arbeiten brauchten", erinnert sich ein Anwohner lebhaft. Sie erhielten einen Obolus für die Benutzung ihres Lands, wurden sogar bar dafür entschädigt, in einer kurzen Einstellung Milchkannen im Hintergrund zu platzieren. „Dafür tranken sie morgens schon Champagner!" Damit waren die Bauern in bester Gesellschaft mit dem trinkfesten Richard Burton. Burtons privater Fahrer weiß zu berichten, dass er auf Geheiß des Stars einen großen Vorrat Cognac mitführen musste, um ihm auf ein geheimes Signal hin eine Flasche auszuhändigen. Einmal verzögerte sich eine aufwändige Aufnahme, weil der Waliser schlicht zu betrunken war. Eastwood war unter Druck wegen anschließender Engagements, was die anfangs freundschaftliche Beziehung belastete. Berichten zufolge habe man Burton vor 10 Uhr morgens überhaupt nicht aus der Garderobe bekommen können.

Als ***Liz Taylor*** – die Eheleute hatten vertraglich ausgehandelt, dass Drehorte sie nicht mehr als eine Stunde Fahrzeit voneinander trennen durften – Werfen einen Besuch abstattete, sank Burtons Stimmung. Der Wirt des „Obauer" (Markt 46) – im Gästebuch finden sich die Signaturen der Stars – will gehört haben, wie Burton mit seiner theatralischen Shakespeare-Stimme lamentierte, dass sein Eheweib lediglich seinen Schnapskonsum überwachen wolle. Mehr Freude an Liz' Stippvisite hatte die Dorfjugend: Wer das epochemachende Ereignis verpasste, die „schönste Frau der Welt" vom gegenüberliegen Dach bei nicht zugezogenen Gardinen in der Badewanne zu beobachten, bekommt das bis zum heutigen Tag aufs Brot geschmiert. Explosiv war nicht nur die Beziehung des Glamour-Paars (Liz führte ihre legendären Diamanten gern den Einheimischen vor), sondern auch der Plot. Neben der Bahnstation wurde ein Lagerraum errichtet, den die Pyrotechniker stilvoll in Stücke sprengten – die Bevölkerung war angewiesen, die Fenster geöffnet zu halten, da der Luftdruck diese sonst eindrücken könnte. Für die Drehbuchstelle, in der eine Brücke einstürzen soll, während sie von deutschen Truppen überquert wird, kaufte die Produktion eine private, nicht mehr genutzte Brücke – nur um sie mit Getöse in die Luft zu jagen.

Werfen wurde nicht wegen seiner flexiblen Bevölkerung gewählt, sondern weil der Ort drehbuchgerecht im Schatten einer Burg liegt – Hohenwerfen, heute touristisch die „Erlebnisburg" genannt. Der Deal wäre allerdings fast im letzten Moment gescheitert. Der Art Director war schon dabei, die Fensterläden neu anzupinseln, als Bürger ihre Bedenken äußerten, eines der ältesten Schlösser Europas, 1077 vom Bischof von Salzburg erbaut, könnte durch die verantwortungslose Filmerei Schaden nehmen. Tatsächlich sah MacLeans Drehbuch praktisch die totale Zerstörung des „Alpenhauptquartiers des Nazi-Geheimdienstes" vor. Elliott Kastner hatte in einer mehrstündigen Konferenz Überzeugungsarbeit zu leisten und Versicherungen abzuschließen.

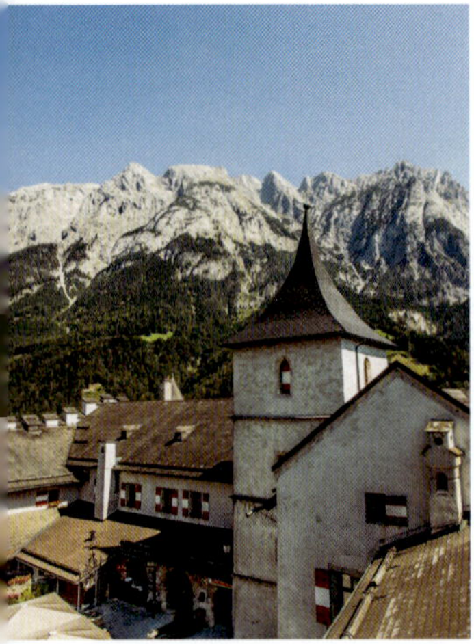

Die Trutzburg war bei weitem nicht so uneinnehmbar wie der Film dies suggeriert. Kunstvolle Matte-Paintings

• Burg Hohenwerfen •

Burgstraße 2, 5450 Werfen
www.salzburg-burgen.at/de/burg-hohenwerfen
Führungen, mit Falknerei

und kaum wahrnehmbare Schnitte auf ein 18 Meter hohes, in den englischen Elstree-Studios in Borehamwood nachgebautes Modell der Burg, ließen das Publikum nicht nur im Glauben, die Festung liege auf einem Alpengipfel, sondern sei nur durch eine Bergbahn erreichbar. Tatsächlich führt eine einfach begehbare Straße von Werfen bis zum Burgtor. Damals mussten Schneepflüge diesen Weg jeden Morgen freischaufeln. Die Drehzeit war beschränkt, während des Winters zeigte sich die Sonne nur sechs Stunden. Mit der Crew wurde vereinbart, die Mittagspause auszulassen. Ein Catering Service teilte rund um die Uhr belegte Brote und Suppe aus.

Bis heute sind Eisengriffe zu sehen, die auf einer Außenseite in die Wand der Burg getrieben wurden – hier seilten sich die alliierten Agenten ab. Der „Funkraum", in dem die Spione einen Piloten ausschalten, ist tatsächlich die Toilette. Ein Schneesturm wusch dem Helikopter – ein augenscheinlicher Anachronismus im Handlungsjahr 1944 – die frische Bemalung ab. Als ein deutscher technischer Berater auf zahlreiche historische Fehler aufmerksam machte,

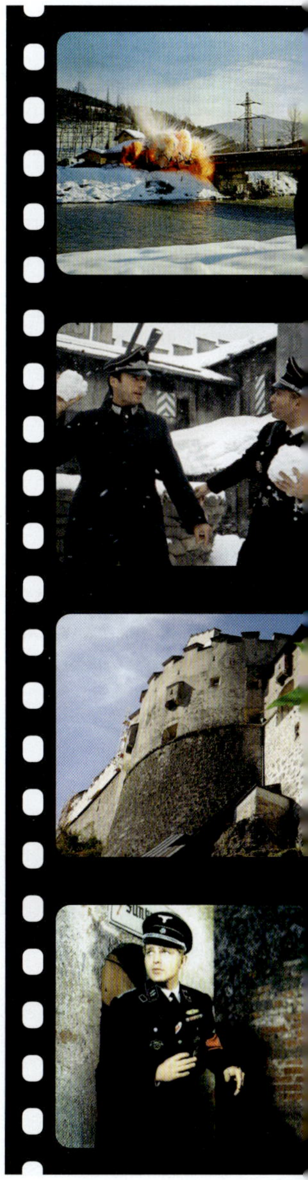

1: Explosive Dreharbeiten an der Salzach. 2: Schneeballschlacht während der Dreharbeiten im Innenhof der Erlebnisburg. 3: Die Kletterhaken für Stunts wurden im äußeren Gemäuer der Burg angebracht. 4: Im Film der Funkraum, für die Touristen die Toilette. →

wies der Regisseur ihm die Tür: Man war schließlich nicht so weit gereist, um einen Dokumentarfilm zu machen!

Das Wetterpech hielt an. Die schweren Militärfahrzeuge verwandelten weißen Schnee umgehend in braunen Matsch, weshalb über 1000 Tonnen jungfräulicher Schnee von den Bergen heruntergekarrt werden musste. Als im Mai der Schnee schmolz, besprühte die österreichische Feuerwehr mit Löschschläuchen die Bäume mit weißem Schaum. Zudem wurden 11 Tonnen Salz ausgeworfen. Ein nächtliches Gewitter wusch das Salz in den Fluss. Die Bauern strengten eine Sammelklage an, weil die Kühe vom Wasser Durchfall bekamen und keine Milch mehr gaben. Gerüchten zufolge ließ sich die MGM dies 60.000 Dollar kosten.

Von Werfen aus zog die 324 Mann starke Mannschaft ins Dorf Lofer um, wo das „Gasthaus zum Wilden Hirschen" als Frühstückspension Villa Egger bis heute zu finden ist (das rustikale Gebäude diente auch als Garderobe und Schminkraum). Der Ort hatte seine Filmtauglichkeit bereits durch deutsche Heimatfilme bewiesen

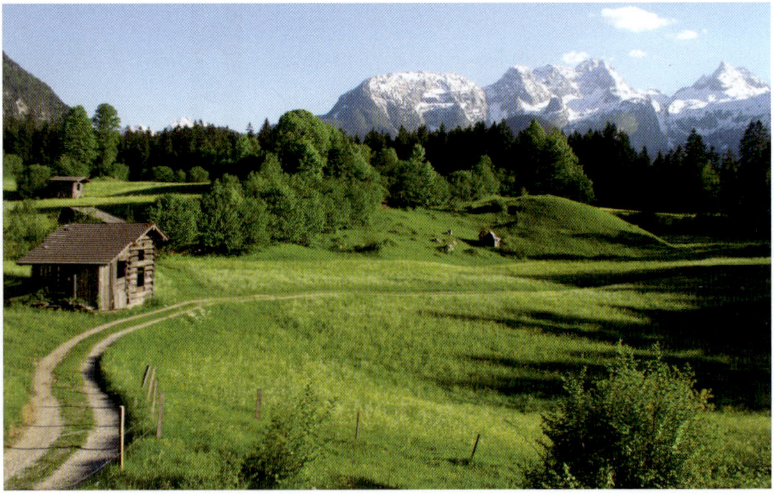

↑ Auf dem Jakobsweg pilgern auch die Fans nach Lofer, wo das „Gasthaus zum Wilden Hirschen" bis heute in Form einer Frühstückspension zu finden ist.

und sollte in späteren Jahren noch als Drehort der Lederhosenfilme zu zweifelhafter Berühmtheit kommen.

Die Stars frühstückten in der Pension „Villa Egger", zu k.-u.-k.-Zeiten eine Gendarmerie. Heute kann dort im „Clint Eastwood Zimmer" genächtigt werden. Liz nannte das Engagement ihres Gatten „Easy Money", leicht verdientes Geld, und Burton selbst hatte seinen Kindern versprochen, doch auch einmal einen Film zu drehen, der ihnen Spaß machen würde. In Wirklichkeit leisteten die Doubles einen Großteil der Arbeit. Eastwood pflegte den Film später scherzhaft „Doubles sterben einsam" zu nennen, weil insgesamt 60 Stuntmen gut beschäftigt waren. An der Spitze der Kaskadeure stand der legendäre Stuntman ***Yakima Canutt***, im selben Jahr mit dem Ehrenoscar für seine Verdienste um die Sicherheit dieses waghalsigen Handwerks ausgezeichnet. Trotz seiner Mitwirkung riskierten die Doubles Kopf und Kragen. Ein Stuntman handelte sich drei Tage im Krankenhaus ein, als er stilecht aus einem Burgfenster fiel. Sein Sturz sollte durch die üblichen Matratzen gebremst werden. Man verfügte jedoch nur über Strohmatratzen und während der Nacht war das feuchte Stroh gefroren.

Bei Ebensee hatte Canutt eine „pittoreske Bergbahn" gefunden, die Feuerkogelseilbahn. Ganze anderthalb Fahrtstunden von der Burg entfernt wurden hier die Sequenzen gedreht, in denen die einsamen Agenten auf der Seilbahnkabine zur Burg hinauffahren. „Ein Cable Car ist schon etwas anderes als eine Postkutsche", griente der altgediente Western-Haudegen.

Man hatte noch erwogen, eine echte Seilbahn zum Schloss hinauf zu bauen – ein Plan, der jedoch schnell verworfen wurde, als der erste Kostenvoranschlag eintraf. Die Feuerkogelseilbahn reichte voll und ganz für das Vorhaben aus: Da die Kabel der Bahn im Nebel verschwinden, war die Illusion perfekt. Die Doubles von Burton und Eastwood waren mitunter Windstärken von 80 Stun-

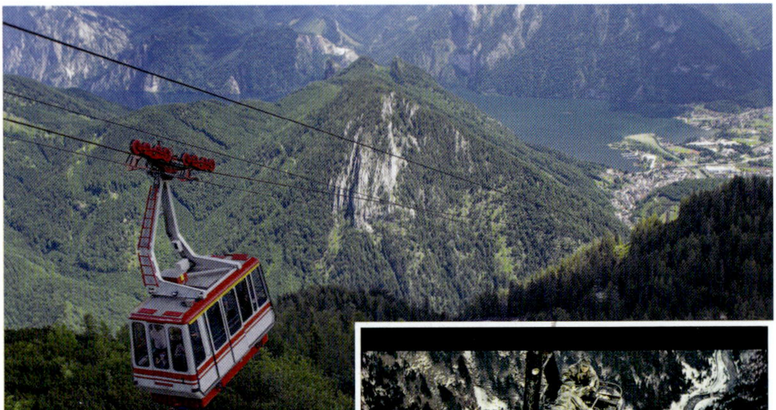

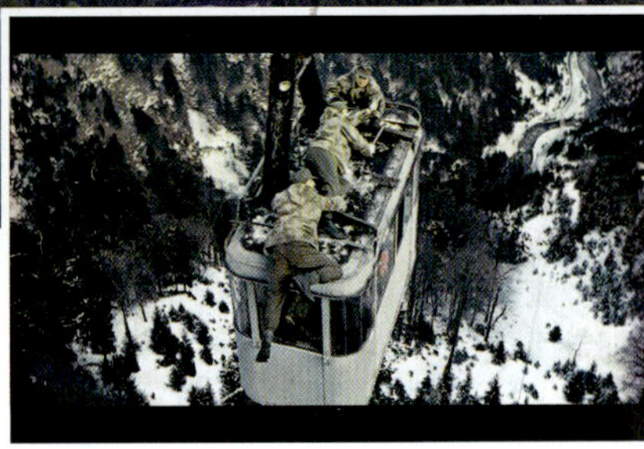

Von der Feuerkogelseilbahn springen Stuntmen in den extra aufgestauten Langbathbach.

denkilometern ausgesetzt. Canutt wollte den verbissenen Kampf auf dem Dach der Kabine mit einem nebenher fliegenden Helikopter filmen, doch das Risiko wollte kein Pilot eingehen und die Bergbahnbetreiber hätten dies ohnehin nicht erlaubt.

Wegen des Schneemangels konnten die Flugaufnahmen nicht auf dem Fliegerhorst Fiala Fernbrugg in Aigen im Ennstal fertig gedreht werden. Canutt wich auf den Schweizer Flugplatz von Samedan (Engadin Airport) aus, der selbst von erfahrenen Piloten aufgrund seiner tückischen Winde gefürchtet wird. Scharfe Windböen erfassten die französischen Fallschirmspringer, einer der Männer blieb hilflos in einer Tanne hängen, in einem anderen Take öffnete sich ein Fallschirm nicht – der Springer rettete sich durch den Notschirm – und bei einer komplexen Aufnahme stürzte ein Hubschrauberpilot ab, glücklicherweise in den weichen Schnee.

Das Flugzeug vom Typ Ju-52 konnte bei der Schweizer Luftwaffe geliehen werden. Der Kommandant trug die Winter-Camouflage mit den Kennzeichen der deutschen Luftwaffe selbst auf (der Flieger behielt das weiß-graue Tarnmuster ein volles Jahrzehnt), ließ es sich dafür aber nicht nehmen, die Ju-52 vor der Kamera zu pilotieren. Die „Tante Ju", wie sie im Volksmund genannt wird, hatte im Film **Valkyrie** (Operation Walküre, 2008) im Auftrag von ***Tom Cruise*** noch einmal einen prominenten Auftritt. Leider endet die Geschichte des Flugzeugs mit der Kennung D-2600 tragisch: Am 4. August 2018 stürzte die Maschine bei einem privaten Flug in den Alpen ab, alle 20 Insassen fanden den Tod.

Als Burton die erste Fassung vorgeführt bekam, wandte er sich zum Regisseur um: „An das meiste kann ich mich nicht erinnern, aber ich bin ziemlich gut, nicht wahr?" Während der Film geschnitten wurde, schrieb MacLean sein Skript zum Roman um, der noch vor dem Film herauskam – weshalb bis heute viele glauben, es handle sich um die Romanverfilmung. „Ich war ein Idiot", sagte Kastner später, „ich hätte mir die Hälfte der Rechte sichern sollen." Auch MacLean hatte mit Alkoholsucht zu kämpfen. Er liegt begraben auf einem stillen Dorffriedhof bei Céligny am Genfer See. Ironischerweise neben Richard Burton.

Mit dem Aufräumen nach der Schlacht hatten es die Filmemacher nicht so. Das Wrack des Wagens, das an der Straße zwischen Hallein und Ebenau in die Schlucht gestoßen wurde (unterhalb des Wiestalkraftwerks), erinnerte jahrelang an die turbulenten Dreharbeiten. Vier Monate nach der letzten Klappe stellte ein österreichischer Bauer der Produktion die Rechnung für seine Aufräumarbeiten aus. Er hatte seine Almhütte zur Verfügung gestellt und während sechs Tagen hatte die Crew aus hunderten von Styroporbechern heißen Tee getrunken – die allesamt im Schnee verschwanden. Bis sie im Frühling wieder zum Vorschein kamen.

1965 hatte Hollywood Salzburg besetzt: Fast zeitgleich nutzten zwei Großproduktionen, „Sound of Music" und „The Great Race", die telegene Residenzstadt der Bischöfe. Doch während das allseits beliebte Musical tatsächlich im Salzburg des Jahres 1938 spielt und bis heute als offizieller Botschafter für seine Schönheiten gilt, macht die Super-Klamotte um ein Oldtimer-Rennen in einer Stadt namens „Potzdorf" im ebenso fiktiven „Königreich Karpanien" Halt.

Salzburg und „Potzdorf": ein- und dasselbe

„Meine Lieder, meine Träume", wie The Sound of Music im Deutschen heißt, erreichte weltweit phänomenale 1,2 Milliarden Zuschauer. Das Einspielergebnis des „großen Rennens", das „rund um die Welt" führte (The Great Race, 1965), blieb dagegen auf der Strecke. Der populäre Film um die Trapp-Familie ist weiterhinein wahrer Touristen-Treiber für Österreichs viertgrößte Stadt. Der verklärende Blick auf die letzten sonnigen Tage vor Ausbruch des Weltkriegs hat auch den Blick des Auslands auf Österreich geprägt. Gleich die erste Einstellung der frischen *Julie Andrews*, wie sie sich auf einer Heide vor dem Fuschlsee dreht und den Ohrwurm „The Hills are alive with the Sound of Music" singt, wurde unzählige Male zitiert und parodiert. Die Wiese heißt offiziell Mehlweg, inoffiziell längst „Julie Andrews Meadow" und liegt südlich von Salzburg, im deutschen Marktschellenberg. Während der Flugaufnahme warf der Wind der Heli-

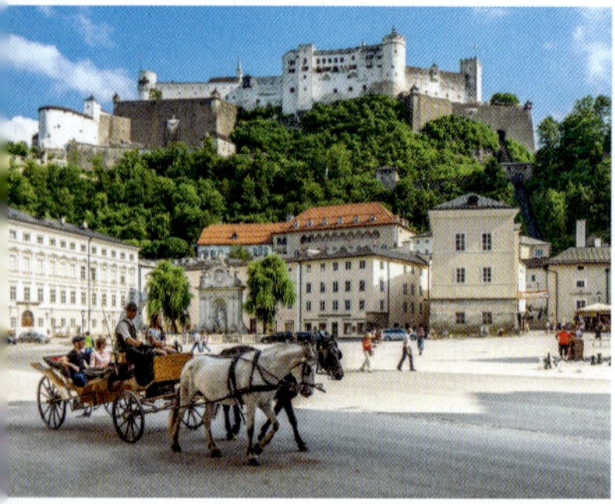

↑ Der „Sound of Music" wird in Salzburg zum Klingeln von Kassen.

kopter-Rotoren Julie Andrews mehrmals um, bevor die berühmte Einstellung im Kasten war. Die genaue Stelle liegt auf einem privaten Grundstück und ist nicht mehr länger frei zugänglich.

Man könnte die Verfilmung des Musicals von Rodgers und Hammerstein als konsequente Fortführung der österreichischen Heimatfilme der 1950er-Jahre verstehen: In den Bergen ist die Luft rein, sind die Menschen unverdorben. Der Film war so wirkungsvoll, dass in England während des Kalten Kriegs für den Fall eines Nuklearangriffs in einem Atombunker ein Kino eingerichtet wurde, das dazu vorgesehen war, für 100 Tage ununterbrochen „The Sound of Music" spielen zu können. Wie nachhaltig das Feelgood-Movie ist, zeigen die Touristenzahlen, die sich in Salzburg auf fest etablierten Rundreisen zu den Drehorten führen lassen. Zu besichtigen ist der Mirabellgarten im Schloss Mirabell, wo der Evergreen „Do-Re-Mi" geträllert wird. Das Edelweißlied wird in der Felsenreitschule zum Besten gegeben, einem der bedeutendsten Salzburger Konzerthäuser (Hofstallgasse 1). Am Anfang des Films kommt Julie Andrews aus der Benediktinerinnenabtei Nonnberg, bevor sie in der Villa des Barons – Schloss Leopoldskron – ihre neue Heimat findet. Dort musste Regisseur ***Robert Wise*** die „Trapp-Kinder", die in ihren Drehpausen „Do-Re-Mi" lärmten, einmal zur Ruhe gemahnen: „Ich muss euch daran erinnern, dass wir hier einen Film machen!" Wenn Wise für einen Hintergrund nach einer Naturschönheit suchte, brauchte er nur einen Assistenten anzuweisen: „I want a beauty lake". Im Salzkammergut fanden sich ja mehr als genug Seen. Etwa den Mondsee, wo Julie ihren Baron heiratet. Die Basilika St. Michael (am Wredeplatz in Mondsee) wirbt als „Sound of Music Wedding Church" für sich. Wahre Fans geben sich vor diesem Altar das Ja-Wort.

Teilweise filmten die Macher der beiden Super-Produktionen in Überlänge sogar an denselben Orten. Das Wasserschloss Anif,

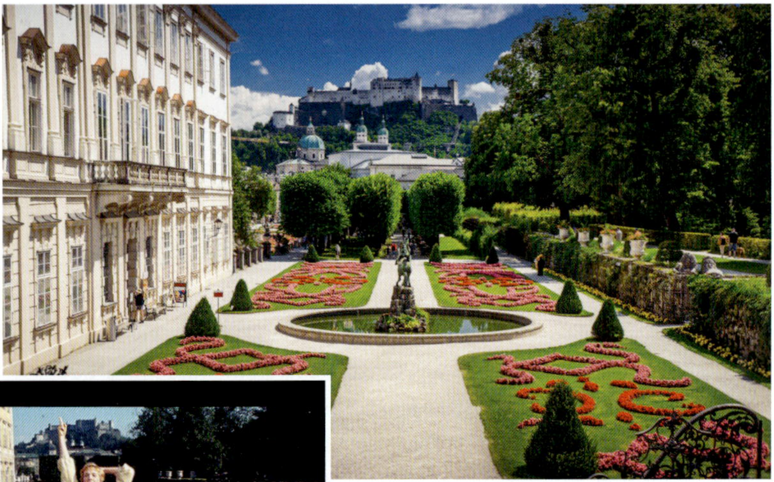

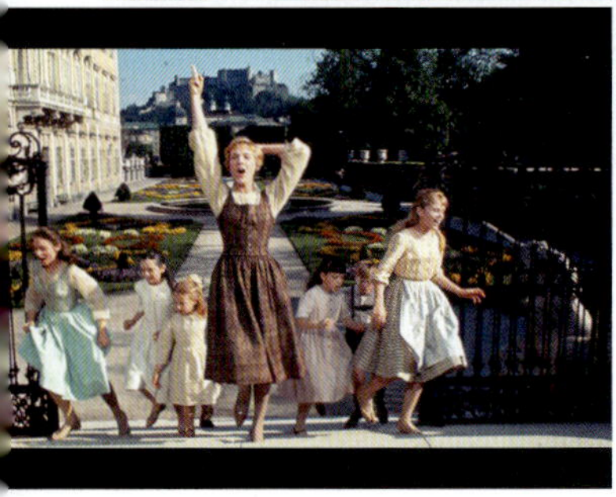

Im Mirabellgarten singen die Trapp-Kinder den Ohrwurm „I have confidence in me".

am südlichen Stadtrand von Salzburg, war in „Sound of Music" zu sehen, hatte seinen dramatischsten Auftritt aber im „Great Race". Hier durchquert *Tony Curtis* den Burggraben, um *Natalie Wood* aus den Klauen des sinistren Grafen zu retten. Damit war das fotogene Schloss am künstlich angelegten Weiher noch nicht abgedreht: In den Jahren darauf folgten **The Odessa File** (Die Akte Odessa) mit *Jon Voight*, **The Slipper and the Rose** (Cinderellas silberner Schuh) mit *Richard Chamberlain* und *Heinz Rühmann* ermittelte als Pater Brown in **Er kann's nicht lassen**.

Blake Edwards, der erfolgsverwöhnte Pink-Panther-Regisseur, durfte für „The Great Race", die bis dahin teuerste Komödie aller Zeiten, 12 Millionen Dollar verpulvern. Dabei dürfte nebst epischen Tortenschlachten und dem Totalschaden mehrerer Oldtimer die farbenprächtige Salzburger Kulisse noch am günstigsten zu Buche geschlagen haben. Edwards rückt das Panorama der Festung Hohensalzburg ins Bild, wenn die Rennwagen in „Potzdorf" einfahren. „Der große Leslie" wird vor den Eingangsarkaden auf dem Domplatz, vor dem Salzburger Dom, von der Bevölkerung gefeiert. Und in der köstlichen Krönungsszene des falschen Prinzen Hapnik (***Jack Lemmon*** in einer Doppelrolle) ist das Domportal zu erkennen. Das prächtige Schloss Kleßheim in Wals-Siezenheim diente passenderweise als Residenz des Kronprinzen, hat es doch in seiner langen Geschichte viele Staatsempfänge gesehen. Heute ist das Barockschloss zum Casino umfunktioniert. Wo wohl sogar noch höhere Summen als Blake Edwards' Gesamtbudget verspielt werden.

REISETIPP

James Bond ist Österreich-Fan geblieben: In Spectre (2015) enttarnt 007 in Sölden das „Ice Q", Österreichs höchstgelegenes Haubenrestaurant, als futuristisches Zentrum der Terrorgruppe. Erreichbar durch die Gaislachkogl-Bergbahn, die ebenfalls Drehort war. Auf über 3000 Metern über dem Meeresspiegel haben die Osttiroler dem Geheimagenten ein Denkmal gesetzt: Gleich neben dem Gourmet-Restaurant trieben sie mit beträchtlichem Aufwand eine Höhle in den Berggipfel, wo nun die permanente Installation „007 Elements" zu finden ist. Herzstück der Ausstellung ist die Spezialkonstruktion des Flugzeugs, das Bond im Dorf Obertilliach durch eine (eigens dafür aufgebaute) Scheune steuerte (die „Bond-Wiese" ist dort am oberen Teil der Dorfstraße zu finden). Wer vom Gaislachkogl die Ski-Abfahrt zur Gletscherstraße nimmt, entdeckt am Pistenrand zwei Range Rover, die von der Stuntcrew in leicht lädiertem Zustand hinterlassen wurden. Während des Drehs residierte ein Teil der Crew im „Designhotel Bergland" in Sölden (Dorfstraße 114). Für 007-Darsteller *Daniel Craig* war die „Gipfelsuite" reserviert.

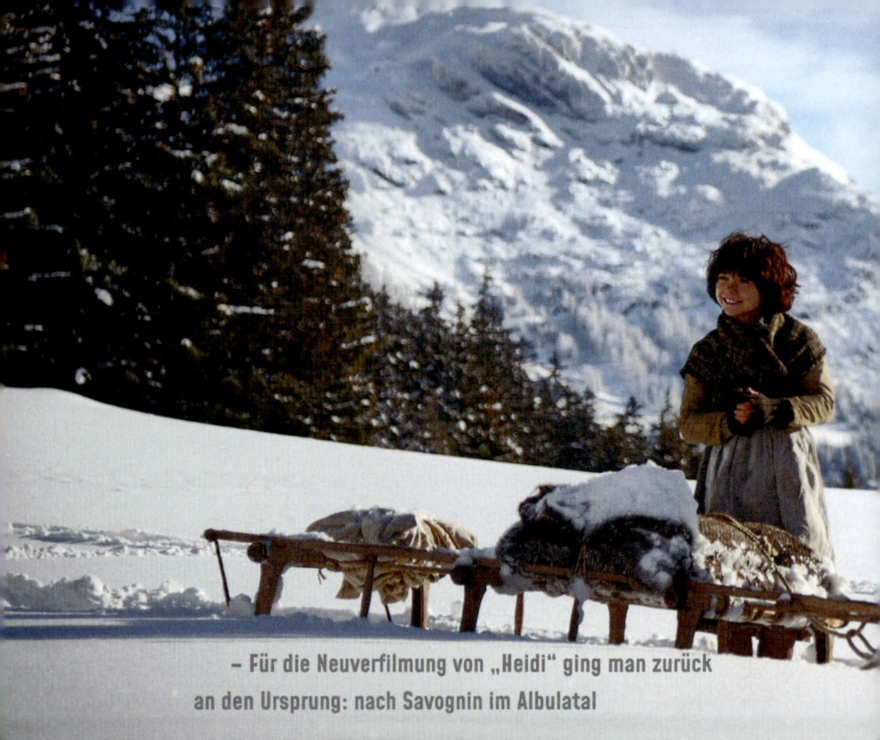

– Für die Neuverfilmung von „Heidi“ ging man zurück an den Ursprung: nach Savognin im Albulatal

Schweiz

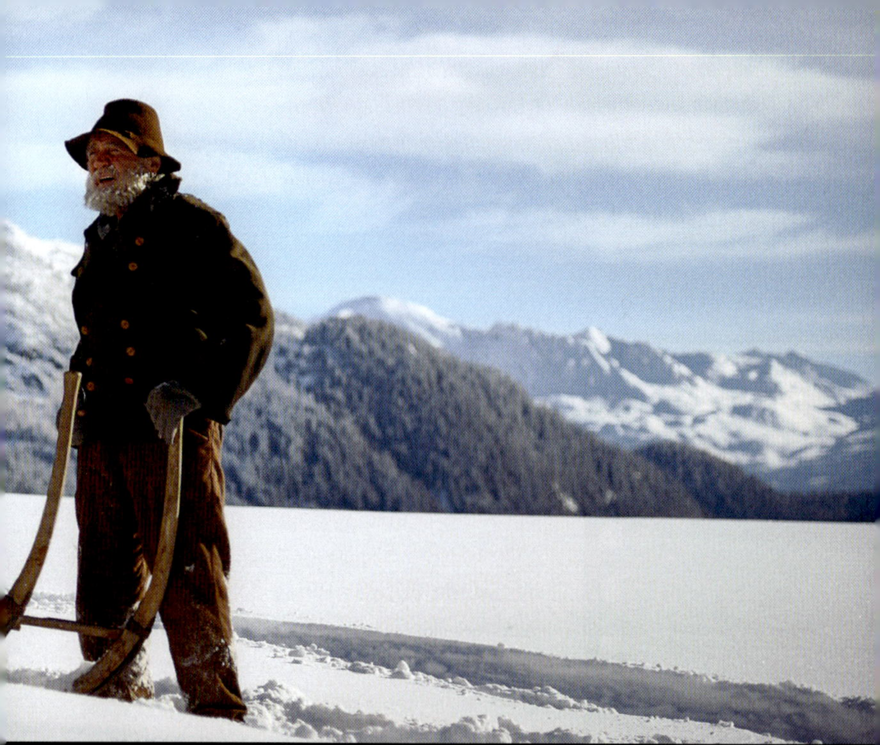

4

Wenn sich Schweizer Tourismus mit Schweizer Mythos verbindet, kommt „Heidi" heraus. Wo das richtige „Heidi-Dorf" liegen soll, darüber streiten sich die Tourismusverbände. Gemäß Roman wäre das Maienfeld. Geht es nach den Filmemachern, ist es Latsch.

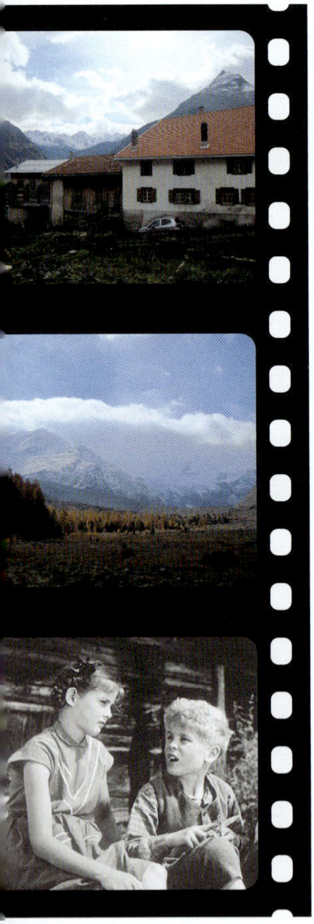

Die Marke „Heidi"

Ein Kuraufenthalt in Bad Ragaz und der Besuch im „Dörfli" Maienfeld inspirierten Johanna Spyri zur Romanfigur des Waisenkinds, das heutzutage gerne von zahlreichen Tourismusverbänden adoptiert werden würde. Auch als Filmstoff bot sich der Weltbesteller geradezu an, um aus dem Alpen-Szenario Profit zu schlagen. Obwohl die erste Verfilmung von 1937, mit Kinderstar *Shirley Temple* in der Titelrolle, noch vor aufgemalten Kulissen im Hollywood-Studio entstand. Es sollte bis 1952 dauern, dass der Impuls für eine Verfilmung aus der Schweiz selbst kam: Die in Finanznöte geratene Praesens-Film suchte nach einem schnell realisierbaren Projekt: Volksnah und billig sollte es sein. Natürlich – Heidi! Maienfeld

← 1: Latsch war erst Kulisse für Heidi, dann für Sean Connery, dann erneut für Heidi. 2: Ein cooler Filmstar: der Morteratschgletscher. 3: Fremdenverkehrstauglich: „Heidi und Peter".

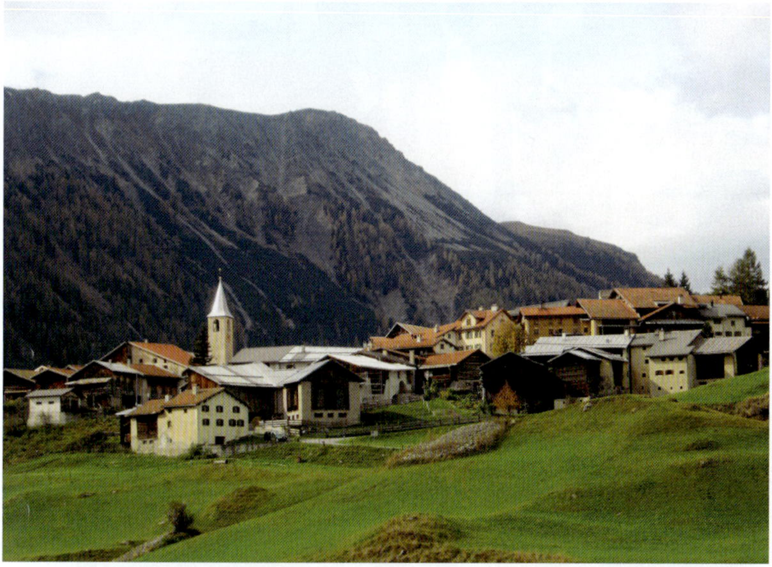

Für die Leinwand ist das Dörfchen Latsch, oberhalb von Bergün, das „Heidi-Dorf". ↑
1982 legte Fred Zinnemann beim Dorfeingang einen Friedhof an.

hatte sich seit den Erzählungen von Johanna Spyri bereits zu stark verändert, darum wich man nach Bergün aus.

Ein Rundwanderweg führt von Stuls zum Drehort Falein, hoch über Filisur, gesäumt mit Schautafeln, die Wissenswertes zu den Heidi-Filmen erzählen. Die „Heidihütte" kann von außen besichtigt werden. Frankfurt stand als Drehort nicht zur Verfügung, weil die Trümmer des Weltkriegs das Bild verstellten – man behalf sich mit Basel als Ersatz. Der Erfolg von „Heidi" zog zwei Jahre darauf die Fortsetzung **Heidi und Peter** nach sich – die Sturmsequenz mit der Überschwemmung des „Dörfli" entstand in den Münchner Bavaria-Studios. Der Morteratschgletscher kam zu einem seiner ersten Filmauftritte. Vor allem aber empfahl sich das Dorf Latsch sogar für Hollywood als Filmkulisse.

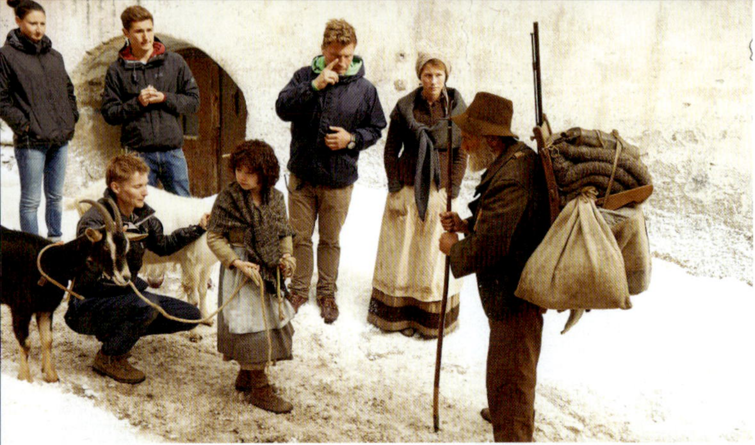

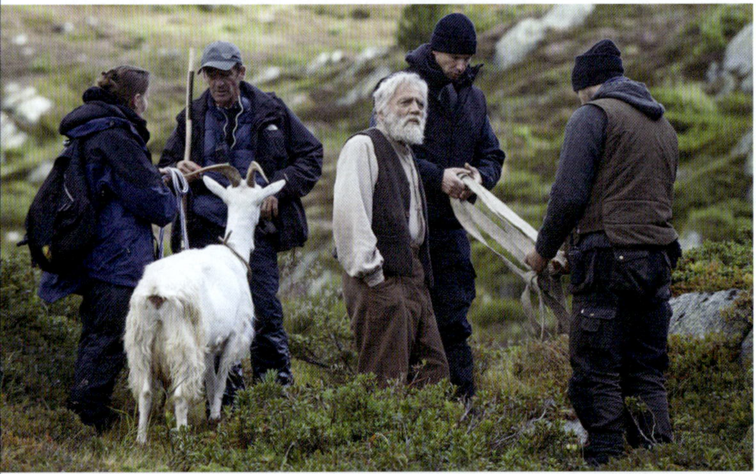

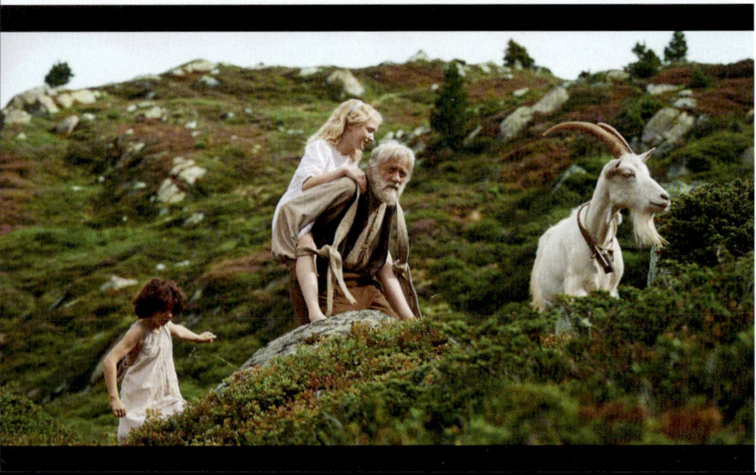

Gesucht: die „richtige Gletscherspalte“

Der Österreicher *Fred Zinnemann* hatte in Hollywood Klassiker wie „High Noon“ geschaffen. Als anerkannter Filmemacher wanderte er ferienhalber im Gebiet von Pontresina. „Als ich mir die Gletscher ansah, überkam mich der Gedanke, dass daraus ein guter Film zu machen sein müsste.“ Auch erinnerte er sich an eine hiesige Legende, dass eine Leiche in perfekt konserviertem Zustand aus einer Gletscherspalte geborgen wurde. Zinnemann kehrte mehrmals nach Pontresina zurück, um logistische Fragen abzuklären und Bewilligungen einzuholen, da die Dreharbeiten den Tourismusverkehr stören würden. Dann ließ er 1982 für **Five Days One Summer** (Am Rande des Abgrunds) eine Schweizer Kulisse errichten, die schweizerischer war als das Original. Die Filmsets, die im Val Roseg und auf der Diavolezza gebaut wurden – ein komplettes Hotel und eine SAC-Hütte nach Vorbild des Schweizer Alpen-Clubs – wirken so authentisch, dass der Film heute selbst die Einheimischen zu täuschen vermag. Erst Stefan Zürcher, durch die 007-Filme als Location Scout zur Berühmtheit geworden, konnte Aufschluss geben: Die so originalgetreuen Bauten waren eine Illusion aus Gips und Mörtel, das Werk des französischen Produktionsdesigners Willy Holt. Echt und ursprünglich war – und ist – Latsch. Der Bergort im oberen Albulatal erlaubt den Blick in die Schweizer Vergangenheit. Einzig der Friedhof beim Dorfeingang wurde künstlich angelegt. Die Macher der Heidi-Version von 2015, in der *Bruno Ganz* den „Alm-Öhi“ gab, erwählten erneut Latsch zum „Heidi-Dörfli“.

Zinnemann hatte für die Bergsteiger-Sequenzen Kletterer von Weltklasse versammelt, „fröhliche Exzentriker, die gern mal ein Gläschen trinken“. Sein Hauptdarsteller *Sean Connery* absolvierte in der Schweiz einen zweiwöchigen Bergsteigerkurs. In den vier

← 1: In Latsch hat es soeben Kunstschnee geschneit. 2: Bruno Ganz wartet in Sufers geduldig auf seinen Almöhi-Einsatz. 3: Heidi, Klara, der Almöhi und die Geiss: Aufstieg zum Drehort in Sufers.

Monaten Drehzeit verbesserte der Schotte allerdings vor allem sein Golf-Handicap, nachdem er in Samedan einen geeigneten Golfplatz entdeckt hatte. „Ich wollte", so Zinnemann, „die Berge nicht nur als Hintergrund einsetzen, sondern wie echte Charaktere." Daher war ihm auch die Wahl der Gletscherspalte so wichtig wie das Casting eines Stars: „Wir haben uns überall in der Gegend Spalten angesehen." Die „richtige" Spalte war dann auf dem Morteratschgletscher gefunden. Nach seiner persönlichen Vorstellung von Glück befragt, hatte Fred Zinnemann seinerzeit geantwortet: „Auf dem Matterhorn zu sitzen und mich zu fragen, wie ich je wieder runterkommen soll." „Five Days One Summer" besiegelte seine Karriere. 30 Jahre zuvor hatte sie mit einem anderen Schweizer Film Fahrt aufgenommen. Die Zürcher Praesens-Film hatte Zinnemann für **The Search** (Die Gezeichneten) verpflichtet. Erstmals sollte sich das Nachkriegskino der KZ-Opfer annehmen. Zinnemann kam nach Klosters, um mit Drehbuchautor ***Peter Viertel*** zu arbeiten, der bereits für Hitchcock geschrieben hatte. Dem Ruf des Lebemanns Viertel folgten damals zahlreiche Stars nach Klosters, was das Dorf für eine Zeitlang zum „Hollywood on the Rocks" erhob. Treffpunkt der Filmelite war die legendäre Bar des Hotels Chesa Grischuna, Bahnhofstraße 12 (wo Gene Kelly auf den Tischen getanzt haben soll). Viertel selbst heiratete in Klosters 1960 Filmschauspielerin ***Deborah Kerr.*** Als nun aber der Schweizer Produzent die erste Fassung des Scriptautors umschrieb (und ihm sogar verbot, den Begriff „Endlösung" zu verwenden), legte Viertel die Arbeit entrüstet nieder. Zinnemanns Besuch in Klosters war allerdings nicht ganz umsonst. Denn Viertel stellte dem Regisseur einen jungen Schauspieler vor, der dem Filmpublikum noch gänzlich unbekannt war (sein Debüt, „Red River", war noch nicht veröffentlicht): ***Montgomery Clift***. Zinnemann verpflichtete den charismatischen Monty auf der Stelle. Im April 1947 landete er unerkannt in Zürich, wo die Innenaufnahmen stattfinden würden. Zinnemanns Frau Renée brachte ihn im Hotel „Storchen" unter. Das Fünf-Sterne-Hotel steht am Weinplatz direkt an der Limmat. Um sich auf die Rolle als einfacher Soldat vorzubereiten, trainierte Monty in Uniform in einer Kaserne außerhalb Zürichs mit einer Armeeeinheit. Insbesondere eignete sich dieser Method Actor der ersten Stunde die typische „soldatische Gangart" an. Das Resultat heimste zahlreiche Preise ein und machte Clift zum Filmstar. Davor wurde Zinnemann allerdings häufig gefragt: „Wo haben Sie nur einen Soldaten gefunden, der schauspielern kann?"

Tour de Suisse mit Charles Bronson

1978 brauchte *Charles Bronson* in der Wahl seiner Filmstoffe nicht mehr wählerisch zu sein – sie brachten alle Geld ein. Ein Moneymaker ohne weiteren Anspruch war auch **Love and Bullets** (Ein Mann räumt auf), in dem er sich mit seiner Ehefrau und Dauerpartnerin im Film, *Jill Ireland*, auf die Flucht vor der Mafia begibt. Touristisch ist diese wilde Hatz durch die Schweiz nicht uninteressant, wenn man über die künstlerischen Freiheiten hinwegsehen kann, die der Film sich in puncto Geografie nimmt.

Eine Verfolgungsjagd führt von Stalden nach Brig hinunter – in Brig fährt Bronson seinen Wagen auf die Südrampe der Autoverladestation der Bern-Lötschberg-Simplon-Bahn nach Kandersteg. An der Endstation des Nordportals steht für den französischen Stuntman Rémy Julienne ein eindrucksvoller Autocrash auf dem Programm:

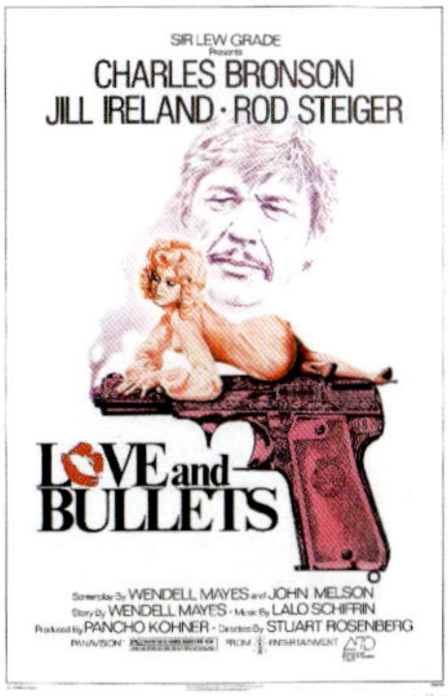

Typischer Bronson-Reißer mit untypischen Locations: „Love and Bullets" spielt nicht in urbaner, sondern ländlicher Gegend.

Er fährt den Wagen von der Rampe durch die Umzäunung einer Trafostation, wo das Auto umgehend in Flammen aufgeht.

Am Bahnhof Stalden-Saas im Kanton Wallis besteigt Bronson den Pendelzug Brig-Zermatt. Die Kamera darf in dem Wintersportort die Aussicht aufs Matterhorn ausgiebig genießen, bevor die Verfolgten im „Monte Rosa" (Bahnhofstraße 80) einchecken, dem historischen High-end Hotel im Stil der Belle Époque. Der damalige Kassenmagnet stellte erfreut fest, dass er auf der örtlichen Post seine Ansichtskarten verschicken konnte, ohne dass ihn jemand um ein Autogramm gebeten hätte. „Das ist mir noch nie passiert – fantastisch!"

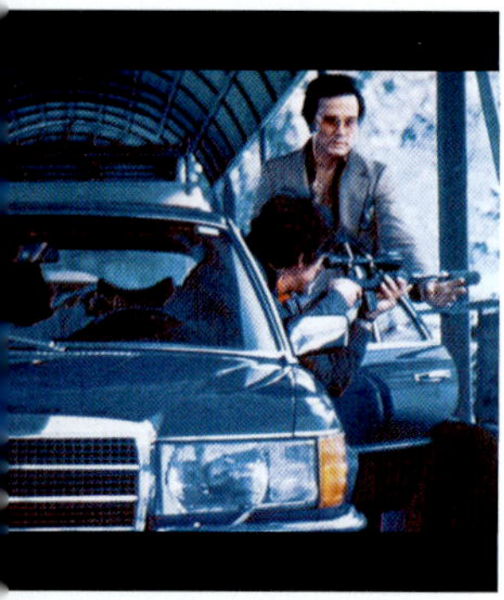

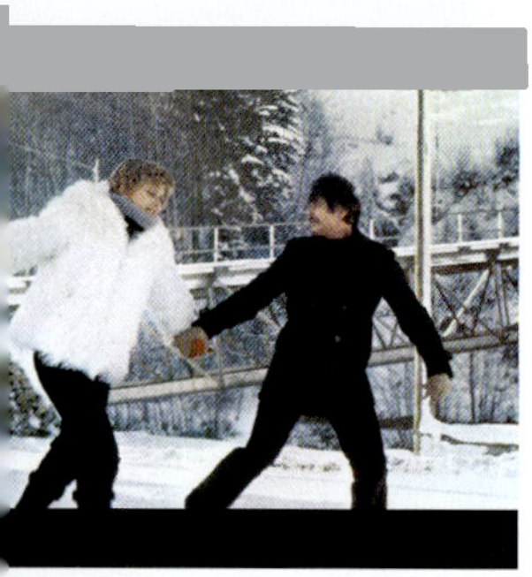

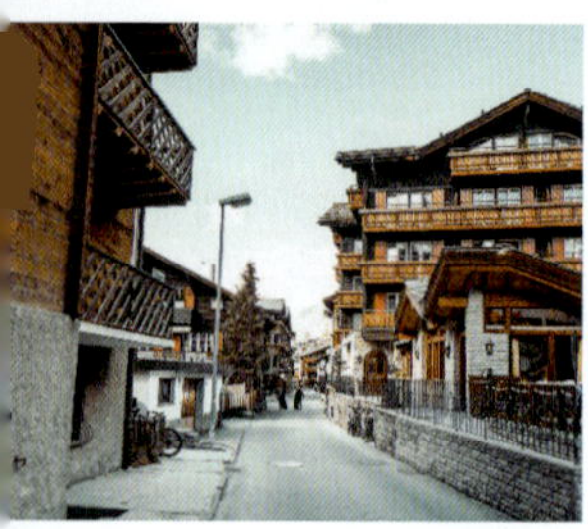

Charles und Jill verbringen eine romantische Nacht in einer Almhütte, die am Fußweg von Zermatt nach Furi liegt, entlang der Zen Steckenstraße. Gemäß Drehbuch sollte auch sie in Flammen aufgehen, doch die Zermatter legten ihr Veto ein – so dass sie da noch immer steht. Danach führt die Fluchtroute von der Station Riffelalp mit der Gornergrat Bahn zur Bergstation Furgg-Trockener Steg. Die Stars reisen offenbar mit einem Schweizer General-Abo, denn gleich darauf nehmen sie die Niesenbahn, die Standseilbahn im Berner Oberland. Von der Talstation Mülenen aus führt die Fahrt über das beliebte Fotomotiv der Kanderbrücke. Endlich kommen die Flüchtenden an der Seepromenade von Montreux an, wo das

↑ 1: Charles Bronson fährt seinen Fluchtwagen in Kandersteg auf die Lötschbergbahn ...
2: ... und sorgt am Nordportal mit einer Explosion dafür, dass es Jill Ireland nicht kalt wird ...
3: ... bevor er sich als Ruhepause einen Bummel durch Zermatts Gassen gönnt.

„Hôtel de Londres", heute nicht mehr existent, auf sie wartet. Unnötig zu erwähnen, dass das friedliche Ausflugsziel am Genfer See bald Schauplatz von Mord und Totschlag ist. Auf der Jakobstreppe in Montreux erledigt der Actionheld seine Verfolger mittels eines selbst gebastelten Blasrohrs. Die nächtliche Szenerie der Grand-Rue eignet sich ausgezeichnet für das gegenseitige Beschatten unter Agenten. An dieser Straße liegt auch der inzwischen geschlossene „White Horse Pub", einer der ältesten englischen Pubs der Schweiz und beliebter Treffpunkt der Bronson-Crew.

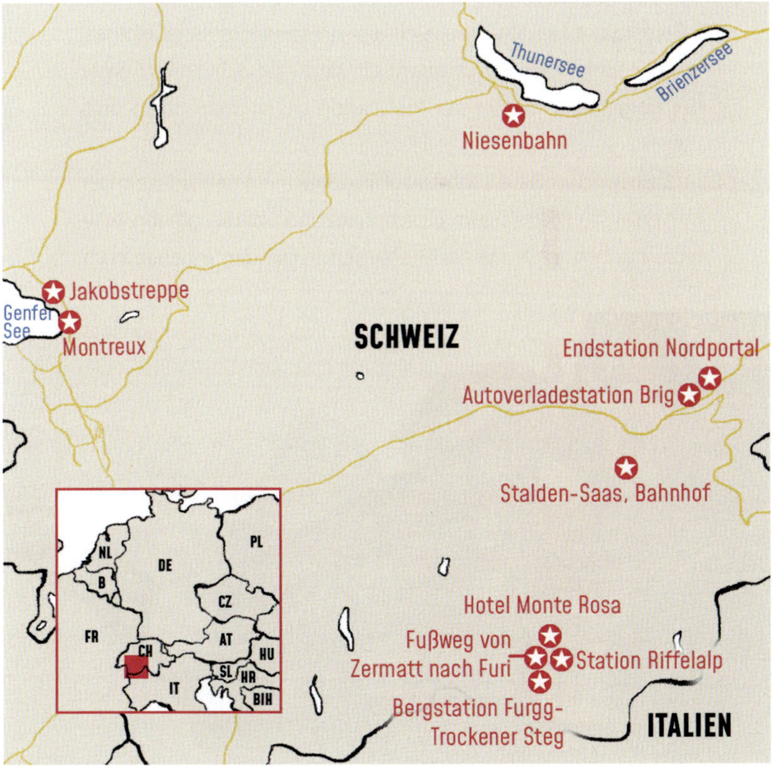

Clints Kletterpartie

Lange bevor Bollywood das Berner Oberland entdeckte und zum Ersatz-Kashmir machte, hatte *Clint Eastwood* sein zugekniffenes Auge auf die Kleine Scheidegg geworfen. Mit einem Eispickel statt seiner 44er Magnum nahm er sich 1975 vor, in The Eiger Sanction (Im Auftrag des Drachens) die berüchtigte Nordwand des Eigers zu besiegen. Beinahe wäre es umgekehrt gekommen. Als Regisseur und Hauptdarsteller in Personalunion hatte er beschlossen, nicht an Pappmaché-Bergen zu klettern, sondern am echten Granit. „Ich dachte, der ist verrückt", sagte einer der angeheuerten Profi-Bergsteiger. Heute erfreut sich der Streifen eines Kult-Gefolges, weil die Szenen am Berg authentisch sind – tatsächlich kam einer der Bergsteiger früh in der Produktion durch Steinschlag ums Leben.

Eastwood wollte erschüttert abbrechen – eine Abordnung der Universal Studios reiste im Eiltempo an und überzeugte ihn, weiterzumachen. Er setzte die Dreharbeiten mit den Innenaufnah-

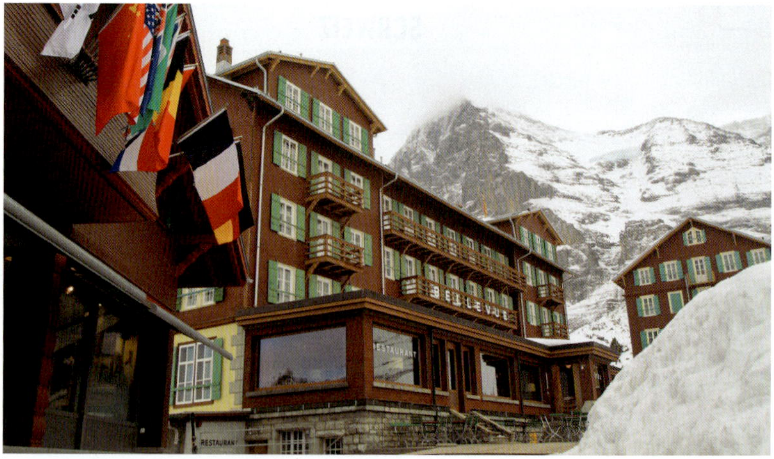

↑ Das „Bellevue des Alpes" war Ausgangspunkt der historischen Erstbesteigung des Eigers und Hauptquartier der Eastwood-Crew.

men im geschichtsträchtigen Hotel fort. Das „Bellevue des Alpes" auf der Kleinen Scheidegg war seit jeher Ausgangspunkt von Eigerbesteigungen. Der Salon, der im Film als Besprechungsraum dient, ist unverändert (sämtliche Interieurs gehen auf die 1920er-Jahre zurück). In diesen vier Wänden trafen im Laufe der Jahrzehnte zahlreiche Seilschaften (auch die Erstbesteigung mit Heinrich Harrer startete von hier aus) ihre schicksalhaften Entscheidungen, wann der Gipfel in Angriff genommen wird. Die Aufnahmen in „The Eiger Sanction" sind so gefährlich wie sie aussehen. Die Schweizer Flugrettung flog die Schauspieler jeweils im Helikopter zu einer Stelle an der Westflanke der Wand, wo sie an einer Winde abgeseilt wurden – bis man sie am Ende des Drehtags wieder ausflog. Als die Schauspieler vom Nebel auf dem berüchtigten Eisfeld in der Nordwand eingeschlossen wurden, war ein kanadischer Profi zur Stelle, um einen Iglu-Unterschlupf zu bauen. Der aufregendste Moment ist die Szene, in der Eastwood hilflos über dem Abgrund vor dem Tunnelfenster baumelt – erreichbar durch die Jungfraubahn, die seit 1912 durch den Eigerfels führt. Die Bergsteiger zollten ihm Respekt: „Er war kein Hollywood-Dilettant."

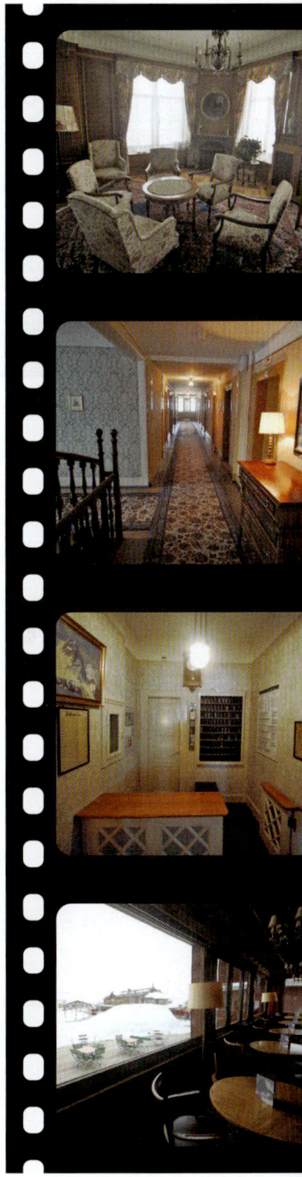

1: Im heute noch genauso erhaltenen Salon lässt Eastwood die Planungsszene spielen. 2: Auf dem stillen Korridor kommt es zum Techtelmechtel mit dem Geheimagenten. 3: Am Empfang trug Clint Eastwood sich ein – in der Filmhandlung wie auch als Gast. 4: Vom Sitzplatz aus entdeckt Eastwood einen Agenten des „Drachen". →

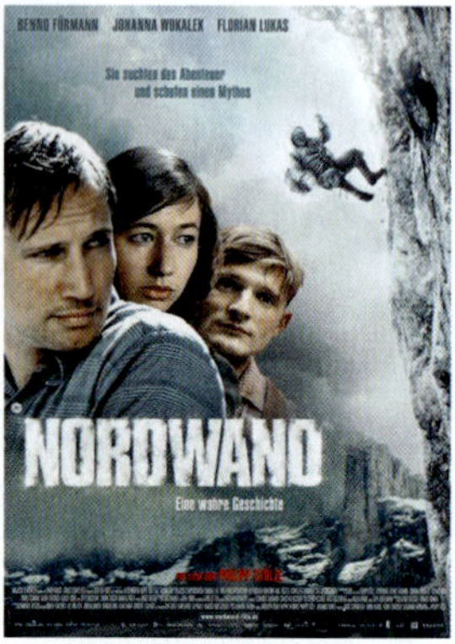

↑ Auch für „Nordwand", den Film um den gescheiterten Erstbesteigungsversuch von 1936, wurde im „Bellevue des Alpes" gedreht.

Der Actionreißer beginnt in Zürich, wo der feindliche Agent noch einen Kaffee auf dem Bauschänzli einnehmen darf – bevor Eastwood ihn höchstpersönlich aus dem obersten Stock des Hauses an der Kirchgasse befördert, direkt neben dem berühmten Großmünster. Der Unglücksvogel kracht durchs Vordach des Restaurants „Karl der Große", an der Kirchgasse 14, direkt in den Sitzbereich der Touristen.

Die Terrasse hinter dem Hotel Bellevue wurde nur für den Film angebaut. Von hier aus wurden durchs Fernglas die Fortschritte – respektive Rückschritte – der Seilschaft beobachtet. 2011 wurde auch **Nordwand** mit ***Benno Fürmann*** in den Scheidegg-Hotels gedreht, im selben Jahr, als das Berghaus als „Historisches Hotel des Jahres" ausgezeichnet wurde.

Kult um „Ueli"

Mitte der 1950er-Jahre entstanden die Verfilmungen der Romane um Uli den Knecht des Schweizer Schriftstellers Jeremias Gotthelf (1797–1854). Sie werden bis heute als höchste Errungenschaften des helvetischen Kinos verehrt. **Uli der Knecht** und die Fortsetzung **Uli der Pächter** wurden auch in Deutschland (die Darsteller synchronisierten sich selbst) positiv aufgenommen. Den Löwenanteil der Drehorte erhielt das Emmental im Kanton Bern, wo Gotthelf auch die Romane angesiedelt hatte. Innenaufnahmen wurden im damaligen Zürcher Rosenhof-Studio gemacht (allerdings mussten lediglich fünf Bauten erstellt werden). Regisseur ***Franz Schnyder*** ließ zwei über 100-jährige Bauernhöfe in Eggiwil und Brechershäusern bei Wynigen filmgerecht vorbereiten: Ziegel wurden durch Schindeln ersetzt, der Betonboden durch flache Steine verdeckt. Auch die Telefonmasten mussten weichen, sie waren „zu Gotthelfs Zeiten“ fehl am Platz. Das Herzstück der Saga um den liebenswerten Jungbauern ist sein Bauernhof, die „Glungge“. Schnyder ließ sich von einem Bekannten einen geeigneten Landwirtschaftsbetrieb zeigen, als sein Blick auf den Nachbarhof fiel – an der kurzen Straße zwischen Wynigen und Rüedisbach, im Weiler Brechershäusern – und so kam der 1681 erbaute Hof zu filmischen Ehren. Obschon als Filmdenkmal verehrt, wird er bis heute als Bauernhof bewirtschaftet. Der Landwirt nennt die unangemeldeten Besucher, die mit großen Augen seine Stallungen betrachten, die „Glungge-Gucker“.

Gotthelf-Nostalgikern sei der Besuch des Gasthofs „Kreuz“ in Sumiswald, Marktgasse 9, ans Herz gelegt. Im eindrucksvollen Saal (ehrenhalber „Gotthelf-Saal“ genannt) wurde im hochdramatischen Finale des zweiten Teils die „Glungge“ versteigert, und auch die Gotthelf-Verfilmungen **Die Käserei in der Vehfreude** und **Geld und**

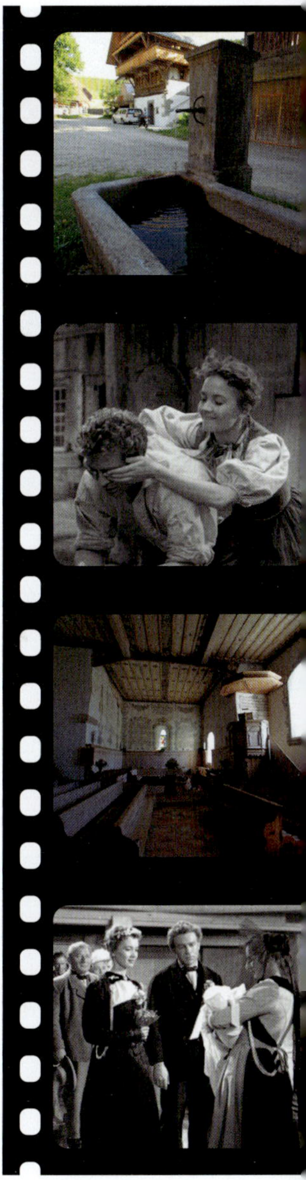

1: Am Brunnen der „Glungge“ ... 2: ... wird Hannes Schmidhauser von Lilo Pulver überrascht. 3: In der historischen Würzbrunnenkirche ... 4: ... lassen Uli und Vreneli im zweiten Teil ihr Kind taufen.

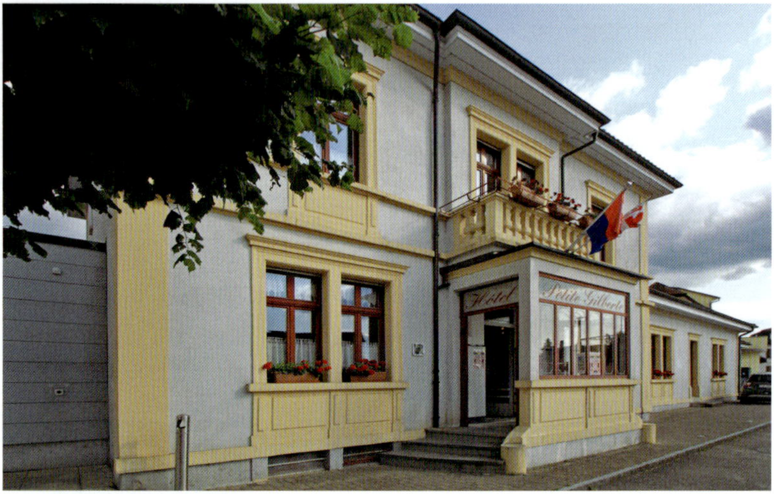

↑ Hier stand die Wiege der geistigen Landesverteidigung: Im Hotel in Courgenay wirtete die echte Gilberte wie auch ihre Filmdarstellerin.

Geist kamen am „Kreuz" nicht vorbei. Seit 1000 Jahren wird in der reich verzierten Würzbrunnenkirche bei Röthenbach gebetet. „Heiliger Boden" ist das Kirchlein für die Gotthelf-Anhänger, seit „Ueli" hier ***Lilo Pulver*** geheiratet hat. Heute nennt man das Gotteshaus die „Gotthelf-Kirche".

Die Wiege der geistigen Landesverteidigung steht im jurassischen Courgenay. Dort wurde das Hotel am Bahnhof während des Ersten Weltkriegs zum Soldatenheim, als eine junge Dame namens Gilberte zahllose Soldaten bewirtete. Die schwärmerische Verehrung der Soldatenmutter gipfelte 1941 in der Verfilmung **Gilberte de Courgenay**, die Franz Schnyder vor Ort drehte und ihre Darstellerin ***Anne-Marie Blanc*** zur Grand Dame des Schweizer Films machte. Vor einiger Zeit konnte die geschichtsreiche Herberge vor der Abrissbirne gerettet werden; sie hört nun auf den Namen der historischen Kultfigur, „La Petite Gilberte Courgeney", an der Rue de Petite-Gilberte 2.

Spurensuche am helllichten Tag

Man kann fragen, wen man will: Jeder erinnert sich schaudernd, wie *Gert Fröbe* mit Puppe und Pralinen ein Kind in den Wald lockt. Schon der Titel bereitet bis heute Unbehagen: Es geschah am hellichten Tag. Die Spur des Mörders führte *Heinz Rühmann* 1958 ins Bündnerland. Jetzt folgen die Fans der Dürrenmatt-Verfilmung ihrerseits Rühmanns Fährte in den Kanton Graubünden.

„Kirsch!" Das bestellt sich der bekannte welsche Charakterdarsteller *Michel Simon* im „Löwen". Er hat im Fürstenwald oberhalb von Chur die Mädchenleiche entdeckt – und braucht nun dringend einen Schnaps im zürcherischen Bonstetten an der Dorfstraße 41, eine Distanz, die der Film natürlich verschweigt. In der damaligen Dorfkneipe wurde eine lange Sequenz mit Schauspielern aufgenommen, die auch dem deutschen Publikum aus Schweizer Exportschlagern bekannt waren: *Heinrich Gretler*, der Alm-Öhi der „Heidi"-Reihe oder *Emil Hegetschweiler* aus „Uli der Knecht". Und angehende deutsche Stars sind auch auszumachen, wie der spätere „Alte", *Siegfried Lowitz*, noch ganz jung.

An der Tankstelle suchte der schwitzende Koloss Fröbe sich sein nächstes Opfer aus. Doch der Tankwart ist der verdeckt ermittelnde Kommissar Rühmann. Nicht als der „kleine Mann von der Straße", als der er in unbeschwerteren Zeiten in Lustspielen wie „Die Drei von der Tankstelle" aufgetreten war. „Es geschah am hellichten Tag" sollte das Publikum nicht belustigen, sondern belehren, und zwar über Sittlichkeitsverbrecher. Die Katholische Filmkritik hielt dann auch mutig fest: „Ein Schweizer Kriminalfilm, der nützliche Warnungen für Eltern und Erzieher enthält." Benzin gibt es sechs Jahrzehnte später an der Deutschen Straße Nr. 10, der Landstraße bei Trimmis, noch immer nicht. Dafür Alpkäse und frische Eier vom Bauern. Denn die berühmte Tankstelle war schon immer ein Bauernhof. Die Filmemacher haben ihn mit falschen Benzinpumpen und einem Vordach aus Sperrholz in eine Zapfstelle der belgischen Firma „Socal Purfina" verwandelt. Während Rühmann in seinem beheizten Wohnwagen ausruhte, nahm Gert Fröbe in der guten Stube der Bauernfamilie das Sofa in Beschlag.

Die anderen Drehorte sind bemerkenswert unverändert. In der Churer Altstadt findet sich an der Oberen Plessurstraße die Adresse des permanent transpirierenden Kindermörders. Das Haus macht noch heute einen düsteren Eindruck. Was wohl der Grund ist, dass die schweizerisch-deutsch-spanische Co-Produktion sich genau diesen unheilvoll wirkenden Bau ausgesucht hat. Rühmann folgt der Fährte des Kriminellen auf der Straße nach Süden, von seinem Polizeiposten an der Kasernenstraße 29 in Zürich bis nach Chur. Er überquert zu dramatischer Musik die Tardisbrücke, damals ein eindrucksvoller Eisenbau, 2004 durch eine Neukonstruktion ersetzt. In Trimmis hält er an, weil er die kleine Annemarie entdeckt – den perfekten Köder. Hier plätschert am Marktplatz noch immer munter der Brunnen, der für diese Begegnung als Hintergrund diente, und die Bündner Holzhäuser an der Obergass-Adresse (etwa das prächtige Chalet an der Kreuzung zum Müliweg) sind zwar unterdessen renoviert, aber nicht umgebaut worden.

Nach der Aufführung bei den Berliner Filmfestspielen hielt „Die Welt" fest: „Die Schweiz hat gezeigt, wie man das abge-

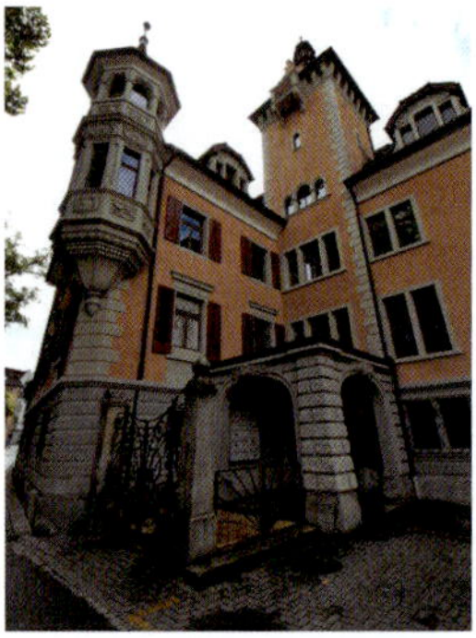

↑ Markantes Gebäude in der Churer Altstadt: die Adresse des Mörders.

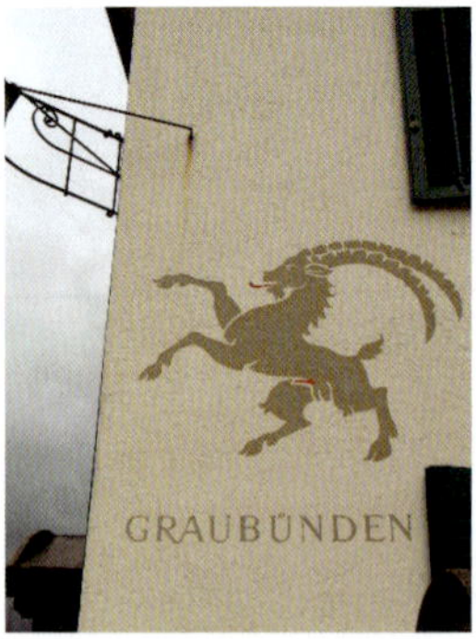

↑ Das Kantonswappen am Haus bei der Tardisbrücke bringt Ermittler Rühmann auf die richtige Fährte.

graste Feld des gehobenen Kriminalfilms immer noch neu und besonders bestellen kann." Tatsächlich: „Es geschah am hellichten Tag" hat einen bleibenden Eindruck hinterlassen. Darum halten an der „Tankstelle" noch immer Fans.

Spielbergs Brüder

In der letzten Episode der zehnteiligen **Band of Brothers**-Serie (Wir waren wie Brüder, 2001) marschiert die siegreiche US-Armee in Berchtesgaden ein. Als Nazi-Hochburg dient der urige Dorfkern von Unterseen und auf dem stillgelegten Militärflugplatz bei Interlaken wurde ein Army-Camp (mit aus Holz geschnittenen Flugzeug-Silhouetten) errichtet. Vor diesem Hintergrund wurde das Baseball-Spiel der „Easy Company" gezeigt, das die epische TV-Serie beschließt. Die Einnahme von Hitlers Kehlsteinhaus, dem „Eagle's Nest", wurde am Grimselpass in Szene gesetzt (und der „Adlerhorst" nachträglich am Computer eingesetzt). Das Grandhotel Giessbach bei Brienz steht im Film für das Hauptquartier der Amerikaner – nicht der erste und nicht der letzte Filmauftritt des 1875 eröffneten, schmucken Hauses direkt an den Giessbachfällen. Seither stand dort *Daniel Day-Lewis* für **Phantom Thread** (Der seidene Faden, 2017) vor der Kamera.

007: In 20 Locations durch die Schweiz

Am Ende von **Skyfall** beleuchtet ein Feuer gespenstisch einen Grabstein mit der Inschrift „Monique Delacroix": James Bonds Mutter. Gestorben ausgerechnet beim Skiunfall in der Schweiz. Ihr reales Vorbild war Monique Panchaud de Bottens. Ian Fleming traf sie als junger Diplomat in Genf – sie blieb die große, aber unerfüllte Liebe des 007-Erfinders. Zeit seines Lebens kehrte der Schriftsteller immer wieder zurück in die Schweiz, um weltbekannte Zeitgenossen zu treffen, dem Alpinsport zu frönen und seiner Verflossenen nachzutrauern (er löste die Verlobung auf Druck seiner Familie). In seinen Romanen ließ er die Eidgenossen als Verwalter dubioser Vermögen auftreten, die Schweiz stellte er als Paradies für Spione dar. Wenn in den Verfilmungen die Welt am Abgrund steht, dann meist auf dem Gipfel eines Schweizer Bergs.

„Goldfinger" (1973)

Location 1: Mit **Goldfinger** begann die besondere Liaison der Filmemacher mit Helvetien. Der Aston Martin DB5 verfolgt die Luxuskarosse seines Gegenspielers und taucht zuerst in Genf auf der Rue de Lausanne auf (beim Botanischen Garten).

Location 2: Durch das Wunder des Filmschnitts befindet sich Bond, damals noch Sean Connery, in der nächsten Einstellung bereits auf dem hochalpinen Furkapass. Der silbergraue Aston Martin ist zu sehen, wie er das Dorf Realp im Kanton Uri verlässt.

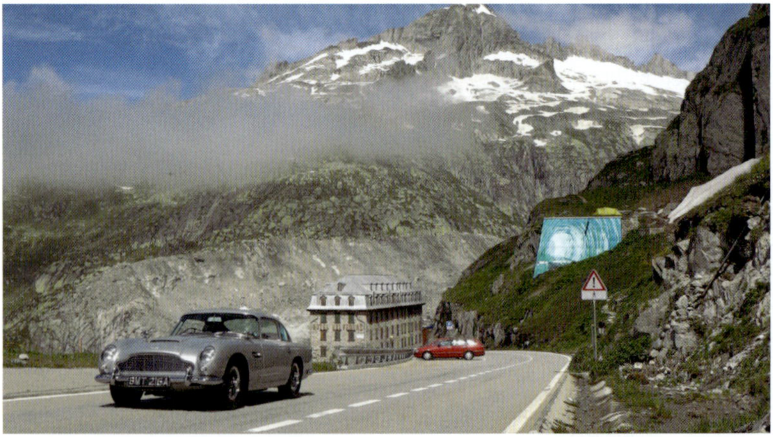

↑ Steht noch immer an der dramatischen Kehre am Furka-Pass, auch wenn der Rhonegletscher geschrumpft ist: das 1882 errichtete Hotel Belvédère.

☆ Location 3: Goldfingers Weg führt am Rhonegletscher und dem bekannten Hotel „Belvédère" vorbei. 1962 reichte der Gletscher um ein ganzes Stück weiter ins Tal herunter.

☆ Location 4: Bond entgeht auf dem Furkapass in der Haarnadelkurve bei Kilometermarke 49 um Haaresbreite dem Schuss aus einem Scharfschützengewehr (Achtung, die Wintersperre des Furkapasses beginnt früh).

☆ Location 5: 007 bringt das erste Gimmick seines Geheimagenten-Vehikels zum Einsatz, den legendären Reifen-Schredder, eine Erfindung von „Q", dem Tüftler des britischen Geheimdiensts. Die Einstellung, wie der britische Luxuswagen damit den weißen Mustang zum Halten zwingt, wurde auf der Furkastraße zwischen Realp und Zumdorf gedreht (wo die Straße über die Reuss führt).

☆ Location 6: Bond lässt seine Beifahrerin an der Tankstelle „Aurora" in Andermatt aussteigen. Nachdem diese jahrelang eine Pilgerstätte für Bond-Fans war, wurde sie vor einiger Zeit trotz des Widerstands der Fangemeinde zurückgebaut. Immerhin: Man hat dafür gesorgt, dass die Einfahrt an der Gotthardstraße zum Hotel Aurora weiterhin wirkt wie eine Tankstelle, obwohl dort ebenso wenig Sprit zu bekommen ist wie bei Heinz Rühmanns Tankstelle.

☆ Location 7: In Andermatt, wo heute ein Supermillionär ein Alpen-Ressort aus dem Boden stampft, logierte damals die Goldfinger-Filmcrew. Connery nächtigte im Hotel „Bergidyll", Gotthardstraße 39. In Zimmer 21, so will es die lokale Legende, soll Sean dann in seinen Drehpausen mit dem Zimmermädchen gleich noch Überstunden als Verführer gemacht haben.

☆ Location 8: Bond beobachtet, wie Gert Fröbe in seiner Fabrik ankommt. Im Roman lebt Gauner Goldfinger im Waadtländer Städtchen Coppet – wo Ian Fleming im Jahr 1931 tatsächlich wohnte. Für sein filmisches Domizil wählten die Produzenten die international im Flugzeugbau aktiven Pilatuswerke an der Ennetbürgerstraße 101 im luzernischen Stans aus (am Südfuß des Bürgenstocks). Connerys Ausblick auf die Werkhallen ist von diesem Hügel aus bis heute unverändert.

„On Her Majesty's Secret Service" (Im Geheimdienst Ihrer Majestät, 1969)

☆ Location 9: Die Idee zur Alpenfestung eines weiteren größenwahnsinnigen Gangsters kam Fleming während seiner Weihnachtsferien im Engadin, im Hotel „Kronenhof und Bellavista" in Pontresina. Sein Einfall, Blofeld auf einer Bergspitze logieren zu lassen, stellte die Filmemacher freilich vor ein großes logistisches Problem. Es war für den Schweizer Tourismus und für die 007-Macher ein wahrer Glücksfall, dass just 1967 ein Bergrestaurant in den Berner Alpen geplant war, auf dem fast 3000 m hohen Schilthorn. Die Produzenten finanzierten den ambitionierten Bau mit und durften dadurch architektonisch eingreifen (so legten sie etwa einen Helikopter-Landeplatz an). Die Aargauer Firma „De Sede" lieferte die Möbel fürs Interieur, und Bond-Freunde können sich bis heute daran erfreuen, auf dem „Piz Gloria" Teile des Filmsets in Augenschein zu nehmen. So ist die Verkleidung des Treppenaufgangs unschwer wiederzuerkennen, und an prominenter Stelle hängt Blofelds „Familienwappen". Dank einer cleveren Vertragsklausel hat die Schilthornbahn das Recht, mit 007 Werbung zu machen – einen solchen Deal sind die Bond-Produzenten kaum je wieder eingegangen.

☆ Location 10: James Bond, jetzt gespielt von *George Lazenby*, wird am Bahnhof Lauterbrunnen im Pferde-

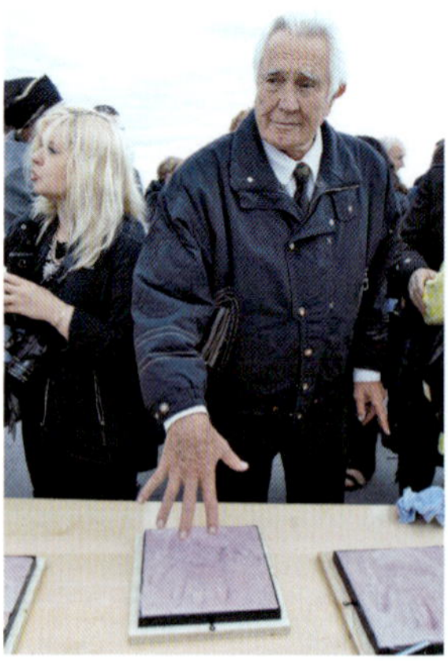

↑ George Lazenby hinterlässt 2015 bei der Einweihung des „Walk of Fame" seinen Handabdruck.

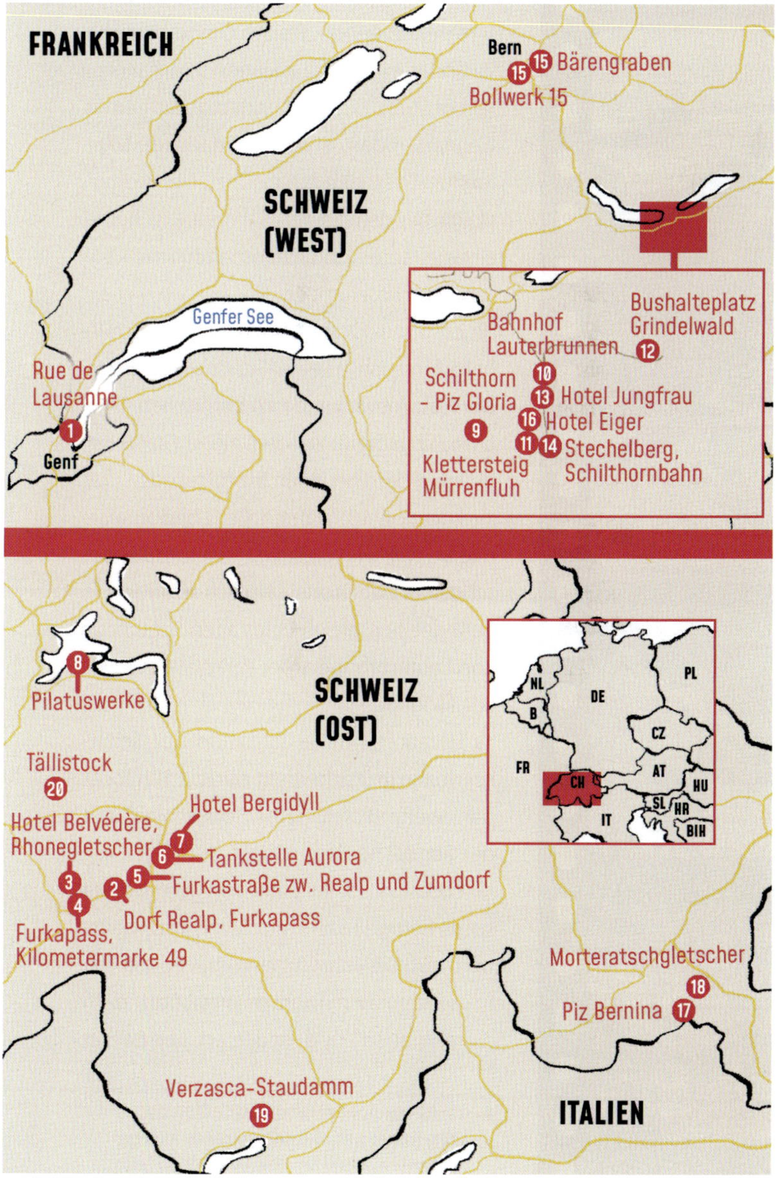
FRANKREICH
Bern
15 Bärengraben
15 Bollwerk 15
SCHWEIZ (WEST)
Genfer See
Rue de Lausanne
1
Genf
Bushalteplatz Grindelwald
12
Bahnhof Lauterbrunnen
10
Schilthorn - Piz Gloria
9
13 Hotel Jungfrau
16 Hotel Eiger
11
14 Stechelberg, Schilthornbahn
Klettersteig Mürrenfluh
8
Pilatuswerke
SCHWEIZ (OST)
Tällistock
20
Hotel Bergidyll
Hotel Belvédère, Rhonegletscher
7
6 Tankstelle Aurora
5 Furkastraße zw. Realp und Zumdorf
3
2
4
Dorf Realp, Furkapass
Furkapass, Kilometermarke 49
NL
DE
PL
B
CZ
FR
AT
CH
HU
SL
HR
IT
BIH
Morteratschgletscher
18
Piz Bernina
17
Verzasca-Staudamm
19
ITALIEN

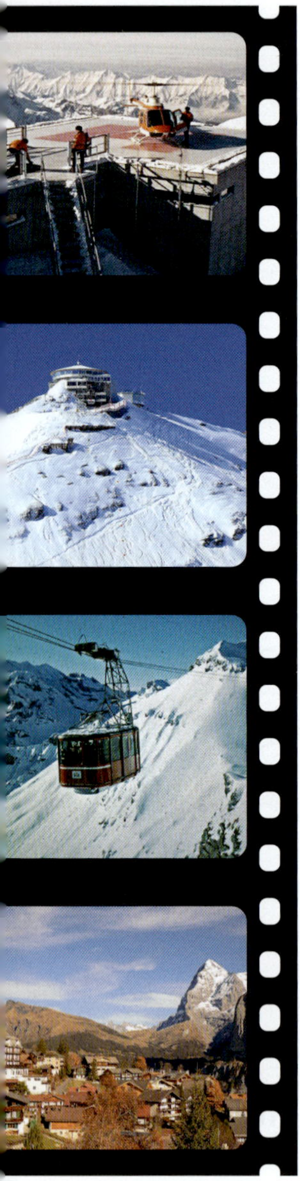

schlitten abgeholt. Bis auf einige bauliche Veränderungen ist die Station so erhalten.

☆ Location 11: Bond entledigt sich eines Gegners, indem er ihn die markante Mürrenfluh-Felsspalte hinabstürzt. Der Klettersteig über dem Lauterbrunnental ist heute eine gefragte – und lebensgefährliche – Location für Basejumper.

☆ Location 12: Bonds Flucht vom Schilthorn führt ihn zu einer Schlittschuh-Bahn. Der Eiskarneval wurde im bernischen Grindelwald gedreht: Vor dem Hotel Grand Regina, auf dem heutigen Bushalteplatz.

☆ Location 13: Während er London alarmieren will, wird 007 in der Telefonzelle beschossen. Der Tatort ist einfach zu finden: Er befindet sich gleich beim alten Schulhaus von Lauterbrunnen, der Parkplatz des Hotels Jungfrau.

☆ Location 14: Die Talstation der Schilthornbahn in Stechelberg wird zur Filmlocation, wenn Blofeld seine „Todesengel" mit der Gondel herunterschickt.

☆ Location 15: In einer ruhigen Minute sucht George Lazenby in Bern ein Anwaltsbüro auf. Die Fahrt führt vorbei an der damals populären Touristenattraktion, dem „Bärengraben" und endet an der Berner

← 1: Auf Wunsch der Bond-Produzenten wurde auf dem Schilthorn ein Helikopter-Landeplatz angelegt, der heute als Aussichtsterrasse dient. 2: Telly Savalas nennt als Blofeld den ganzen Piz Gloria sein eigen. 3: Blofelds „Todesengel" mit der Seilbahn auf dem Weg zur Talstation. 4: Mürren mit Blick auf den Eiger – hier kamen Cast und Crew während der Dreharbeiten unter.

Adresse Bollwerk 15. Bond stiehlt geheime Unterlagen und übergibt seine Beute auf dem Balkon im 4. Stock des Hotels „Schweizerhof", am Bahnhofplatz 11.

☆ Location 16: Cast und Crew lebte im nur per Seilbahn erreichbaren Kurort Mürren. Lazenby war, seinem Status entsprechend, im „Grand-Hotel", am Hohmättli an bester Lage, untergebracht (das mittlerweile mit ungewisser Zukunft zu machen musste), Bösewicht *Telly Savalas* im „Jungfrau", während Regisseur *Peter Hunt* im Chalet „Uhu" und Bond-Girl *Diana Rigg* im Chalet „Am Rauft", alle nahe beieinander wohnten. In der „Tächi-Bar" des Berghotels „Eiger" in Mürren hängt ein Dankschreiben der Bond-Produzenten. Auf die Verbrüderung mit der Dorfbevölkerung und vielleicht auch auf den reichlichen Alkoholausschank auf Kosten der 007-Produzenten ist zurückzuführen, das in Mürren heute noch Nachkommen jener lebhaften Drehtage leben. Die „Bond-Babys", wie sie im Volksmund genannt werden.

„The Spy Who Loved Me" (Der Spion der mich liebte, 1977)

☆ Location 17: *Willy Bogner* besorgte die Ski-Aufnahmen der spektakulären Pre-Title-Sequenz: Bonds Stuntman rast am Piz Bernina, dem Südhang des Bernina-Massivs auf 3000 Metern Höhe, über die Piste (der anschließende Fallschirm-Stunt wurde jedoch am kanadischen Asgard Peak aufgenommen).

„A View to a Kill" (Im Angesicht des Todes, 1985)

☆ Location 18: Bond, jetzt gespielt von *Roger Moore*, entflieht russischen Häschern in Sibirien auf Skiern – tatsächlich wurde wiederum im Kanton Graubünden gedreht, auf dem Morteratschgletscher (der auch Drehort des Sean-Connery-Streifens „Five Days One Summer" war). Roger Moores Wahlheimat war Crans-Montana im Kanton Wallis.

„Goldeneye" (1995)

☆ Location 19: 007, nunmehr gespielt von *Pierce Brosnan*, riskiert den Bungee-Weltrekord von einer russischen Staumauer. Erneut doubelt die Schweiz für Sibirien: Am Verzasca-Staudamm im Kanton Tessin kann jeder, der den Adrenalin-Kick des Super-Agenten spüren will, den „James-Bond-Sprung" am Gummiseil wagen.

☆ Location 20: Auf der Flucht aus „Sibirien" stürzt 007 auf seinem Motorrad über eine Klippe, nur um im Flug in ein Flugzeug umzusteigen: Diese waghalsige Sequenz wurde am Tällistock aufgenommen, einmal mehr im Berner Oberland.

Weitere Filmorte in der Schweiz

Der Bachalpsee liegt offiziell bei Grindelwald. In den Köpfen der Star-Wars-Fans allerdings in einer Galaxie weit, weit entfernt. Um den Heimatplaneten von Prinzessin Leia am Computer entstehen zu lassen, wurden für Episode III – Revenge of the Sith (Die Rache der Sith, 2005) Aufnahmen des echten Bergpanoramas mit fiktiven Elementen gemischt. Darum sieht Alderaan ein bisschen nach Oberländer Bergwelt aus.

In der Literaturverfilmung Night Train to Lisbon (Nachtzug nach Lissabon, 2013) begegnet *Jeremy Irons* einer geheimnisvollen Frau, die sich von der Kirchenfeldbrücke in Bern stürzen will.

Für die Verfilmung von Stieg Larssons The Girl with the Dragon Tattoo (Verblendung, 2011) wurde im Dolder Grand gedreht, dem Luxushotel auf den Hügeln über Zürich (Kurhausstraße 65), insbesondere in der „Masina Suite". Davor war die Adresse den Stars vor allem von Presseterminen bekannt: In diesen Suiten fanden unzählige Interviews statt. Das nicht weniger bekannte Zürcher „Baur au Lac", Talstraße 1 in Zürich, wurde immer wieder von

Alfred Hitchcock aufgesucht; er soll die Weinkarte mit 800 Flaschen zu nutzen gewusst haben.

Als Rentner, die in **Youth** (Ewige Jugend) ihren Urlaub 2015 in einem Sanatorium in den Schweizer Bergen verbringen, nehmen *Michael Caine* und *Harvey Keitel* die Gastfreundschaft der Bündner Hotels gleich doppelt in Anspruch: Die Innenaufnahmen des Spas wurden im Waldhaus-Hotel in Flims, an der Via dil Parc 3, aufgenommen, die Außenaufnahmen hingegen beim Berghotel Schatzalp, an der Promenade 65 in Davos.

Sowohl innen wie auch außen gedreht wurde das Beausite Park Hotel in Wengen für **Downhill Racer** (Schussfahrt). Filme über Skirennfahrer waren selten, und genau das hatte sich *Robert Redford* 1968 in den Kopf gesetzt. Im Hotel am Sträßchen Wengi brachte Trainer *Gene Hackman* das amerikanische Ski-Team während des Lauberhorn-Rennens unter. Auf der Piste gelangen für damalige Verhältnisse spektakuläre Einstellungen. Unweit des Hotels im autofreien Ort, am Waldbort, wurde eine Außenaufnahme an einem damals noch in Betrieb stehenden Skilift gedreht. Erst spät bemerkte die Redford-Produktion, dass im selben Zeitfenster ganz in der Nähe die 007-Macher am Schilthorn zu Gange waren. Alpine Crews wurden Mangelware (und die Bond-Produzenten zahlten besser). Redford hatte sich persönlich um Willy Bogners Dienste bemüht, aber auch der hatte schon bei 007 angeheuert.

Das Zürcher Limmatquai erhielt 2009 Besuch von *Matt Damon:* Als **The Informant** (Der Informant) überquerte er die Gemüsebrücke (Rathausbrücke) zum Rathaus. Damon war in der Schweiz kein Unbekannter: In **Syriana** (2005) sitzt er auf einer Parkbank in Genf, vor dem „Hotel President Wilson" (Quai Wilson 47). Allerdings wurde diese Bank nicht ganz so berühmt wie die Sitzgelegenheit aus „Good Will Hunting", die sich im Stadtpark von Boston großer Beliebtheit erfreut.

Weitere Adressen für Cinephile in Helvetien

Audreys Garten

Audrey Hepburn hatte als Kind den Krieg in Holland miterlebt und sehnte sich nach friedvollen Orten. Für einige Zeit lebte sie auf dem Bürgenstock, dem Zentralschweizer Berg, 500 Meter über dem Vierwaldstättersee, wo später auch *Sophia Loren* ein Haus besaß. Audrey wählte für ihre Heirat mit *Mel Ferrer* die kleine Kapelle auf dem Bürgenstock, in einem Wäldchen an der Bürgenstockstraße. Gefeiert wurde unweit davon, am 24. September 1954, im Bürgenstock Resort (das mittlerweile einem ambitionierten Neubau gewichen ist). Auch im Nobelkurort Gstaad besaß das Ehepaar – wie viele Prominenten jener Zeit – ein Chalet. Sie kehrten gern im „Olden" an der Promenade 35 ein. Doch die rastlose Audrey fand ihren Seelenfrieden erst Mitte der 1960er-Jahre. „Mein ganzes Leben wollte ich Geld verdienen, um ein eigenes Zuhause zu haben. Ich träumte davon, ein Haus auf dem Land zu besitzen, mit einem Garten und Obstbäumen." Ihr Wunsch ging im französischsprachigen Tolochenaz in Erfüllung. Mitte der 1960er-Jahre fand sie im Landhaus „La Paisible" ihr Zuhause. An der Route de Lully 35 zog sie sich immer mehr aus dem Showbusiness zurück und erntete die Früchte – nicht ihres Ruhms, sondern jene in ihrem Garten. Audreys ehemaliges Heim ist in Privatbesitz, eine Plakette erinnert an die frühere Besitzerin. Sie liegt begraben auf dem Dorffriedhof ihrer Wahlheimat. In unmittelbarer Nähe stand ein kurzlebiges Museum, das die Hepburn-Familie nicht weiter unterstützte, als die Ausbeutung des Namens zu befürchten war. Auf dem Dorfplatz von Tolochenaz erinnert eine Statue an die berühmte Einwohnerin.

Nachbar *Yul Brynner* war ein häufiger Gast in „La Paisible", er besaß ein Anwesen bei Chanivaz direkt am Genfersee. Als die US-

Steuerbehörden 1964 eine Rechnung über zwei Millionen präsentierten, erklärte Brynner sich zum Schweizer. Das ist teils Brynnersche Erfindung, teils Wahrheit. Tatsächlich besaß er das Bürgerrecht seines Schweizer Vaters, in der Gemeinde Möriken-Wildegg, wo heute der „Yul-Brynner-Platz" davon Zeugnis ablegt.

Bonvivant ***David Niven*** hatte es sich in Chateau-d'Oex bequem gemacht, von wo aus er seine Jet-Set-Kumpane in Gstaad leicht erreichen konnte. Niven fühlte sich dem Ort im Kanton Waadt verbunden und galt als leicht zugänglich. Seiner Paraderolle des Phileas Fogg wegen, des Weltenbummlers aus „In 80 Tagen um die Welt", übernahm er 1979 das Patronat des jährlichen Heißluftballon-Festivals, das weiterhin den weltbekannten Langstreckenwettbewerb namens „David-Niven-Cup" durchführt. Die Quintessenz des britischen Gentlemans starb am 29. Juli 1983 in seinem Chalet (er nannte es seinen „Schweizer Kuckuck"), heute in Privatbesitz, und ist auf dem örtlichen Friedhof begraben. Die Straße wurde ihm zu Ehren in Chemin David Niven umbenannt.

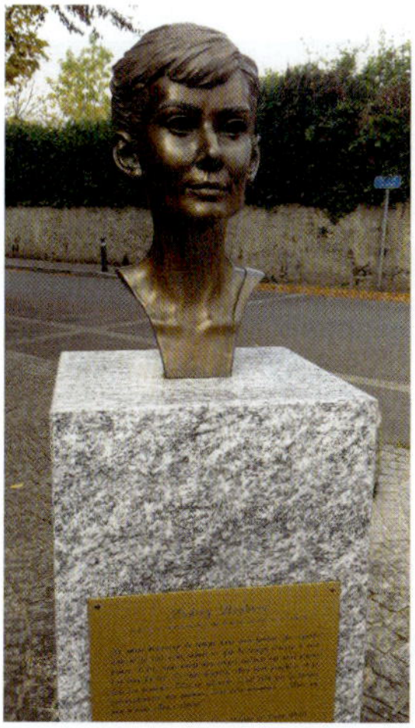

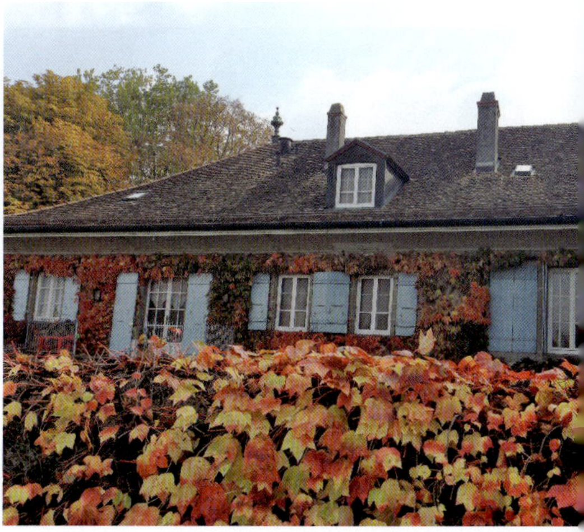

Eine Büste erinnert an die berühmte Einwohnerin von Tolochenaz. ↑

In den 1960er Jahren fand Audrey Hepburn in diesem Landhaus ihr Zuhause. ↑

Charlies Refugium

„An den Scheidewegen des Lebens stehen keine Wegweiser." Sein eigenes Zitat hatte für *Charlie Chaplin* nie mehr Gültigkeit als am 18. September 1952: An diesem Tag verweigerten ihm die USA, die seit 40 Jahren seine Heimat waren, die Wiedereinreise. Als Opfer der Kommunisten-Hetzjagd fand Charlie sein letztes Refugium, einen Flecken Erde oberhalb des Genfer Sees, mit Sicht auf die Savoyeralpen, ein 1840 im neoklassischen Stil errichtetes Herrenhaus: Manoir du Ban. Nach seinem Tod 1977 blieb es jahrzehntelang ungenutzt. Jetzt erklingt aus dem einst selbstgewählten Exil am Genfersee wieder Gelächter. „Chaplin's World" erfüllt den eigenen Anspruch als „perfekte Erinnerungsstätte". Die lange Planungs- und Bauzeit hätte dem Perfektionisten Chaplin Spaß gemacht. „So kam es, dass wir nun im Dorf Corsier lebten", schrieb der Hausherr seinerzeit, „das 1350 Einwohner hat." Seinen Nachbarn beschert er nun posthum ein Vielfaches dieser Anzahl. Der Themenpark lockt jährlich Zehntausende an. Fast wird dabei vergessen, dass das Manoir du Ban einmal auch Drehort war, 1992, in

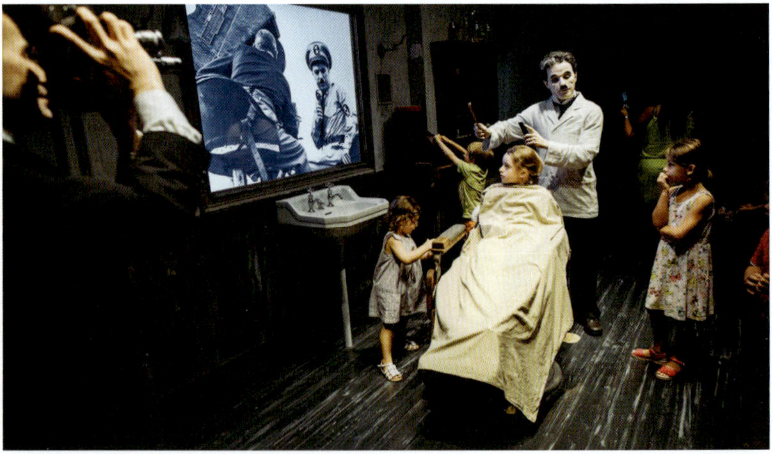

↑ Detailgetreu nachgestellte Filmszenen in Lebensgröße.

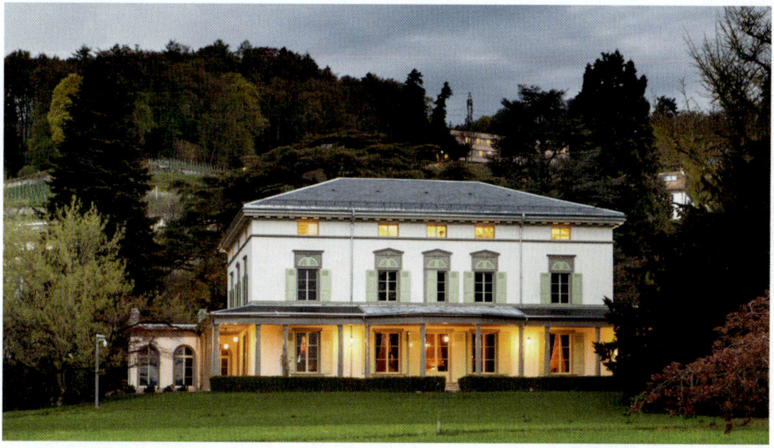

Charlie Chaplins selbstgewähltes Exil: Manoir du Ban. ↑

der Filmbiografie **Chaplin**. *Robert Downey jr.* zog als altgewordenes Genie just auf Charlies Lieblingsplatz, der Terrasse vor dem Haus, die Bilanz seines Lebens. Chaplin selbst schrieb über diese besondere Stelle: „Von solchem Glück erfüllt, sitze ich manchmal bei Sonnenuntergang draußen auf unserer Terrasse und blicke über den weiten, grünen Rasen zum fernen See hinunter und darüber hinaus auf die Zuversicht einflößenden Berge, und in dieser Stimmung denke ich an nichts und freue mich ihrer großartigen Gelassenheit."

• Chaplin's World •

Route de Fenil 2, 1804 Corsier sur Vevey

www.chaplinsworld.com

Besichtigung auch mit Führung möglich,

mit Restaurant „The Tramp"

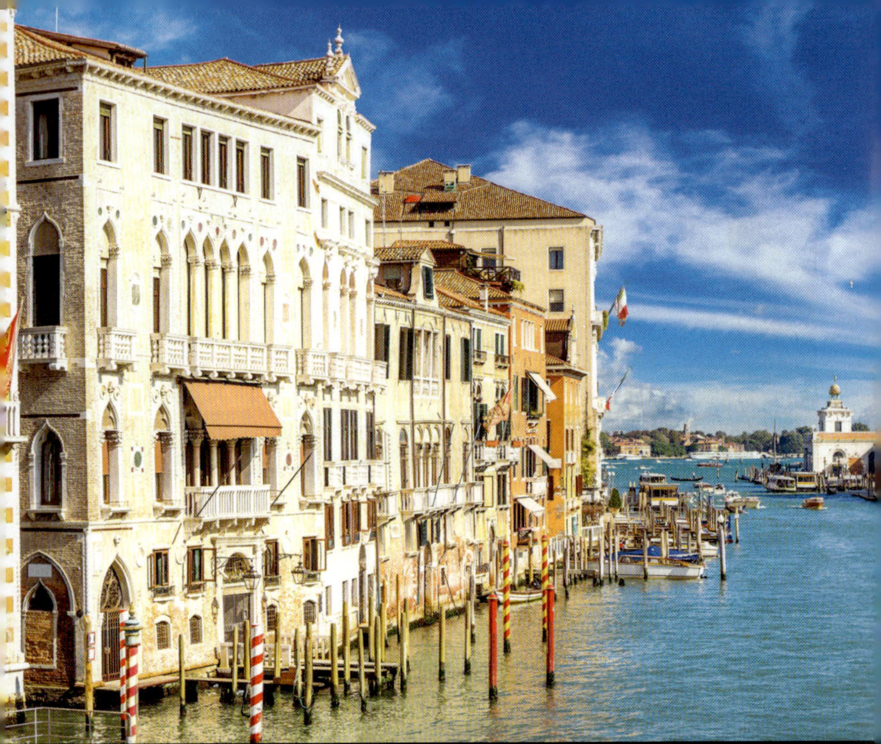

Italien

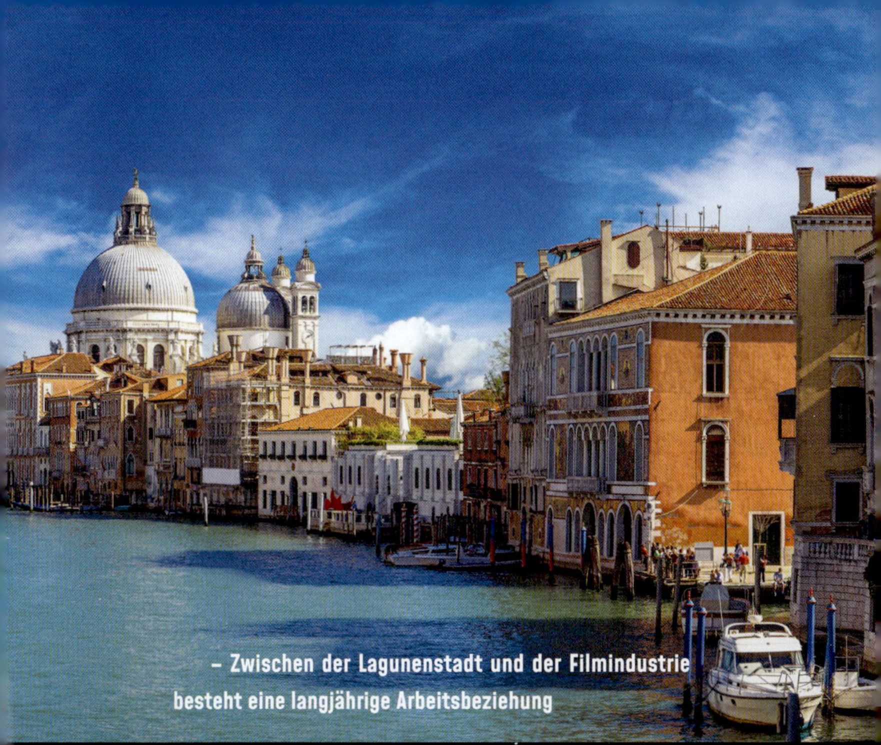
– Zwischen der Lagunenstadt und der Filmindustrie
besteht eine langjährige Arbeitsbeziehung

Rom lädt seine Kinohelden zu Dolce Vita ein. Nur hier darf eine Prinzessin sich unters gewöhnliche Volk mischen; nur hier konnte Charlton Heston das Wagenrennen gewinnen und Chuck Norris ein einziges Mal verlieren. Doch in Italien ist für Cinephile mehr zu die entdecken als die Drehorte in der Ewigen Stadt. Etwa die Kleinstadt von Don Camillo.

Hollywood am Tiber

Auch wenn *Jean-Paul Belmondo* in seiner Autobiografie zu seiner Schande zugeben muss, am ersten Drehtag Cinecittà nicht auf Anhieb gefunden zu haben: Die Filmstudios an der Via Tuscolana im Südosten Roms sind eigentlich nicht zu verfehlen. Was auf Italienisch schlicht „Filmstadt" heißt, klingt wie Musik in den Ohren von Cineasten. Auch wenn sich anfangs ein paar faschistische Misstöne in die Melodie mischten. Eröffnet wurde der Studiokomplex am 28. April 1937 von Benito Mussolini. Ebenso wie seine Verbündeten in Deutschland, die die dortige Filmindustrie unter ihre Kontrolle brachten, hatte der italienische Diktator die Wirkung der Propagandamaschine erkannt. Nach Ende des Zweiten Weltkriegs richtete die US-Militärverwaltung in den Filmhallen ein Lager für die Unterbringung von 30.000 Menschen ein, die während des Krieges verschleppt worden waren. Die große Zeit der Sandalenfilme, mit denen Filmfans Cinecittà bis heute verbinden, brach in den 1950er-Jahren an. Insgesamt schuf Italiens Kulissenstadt über 250 Großproduktionen, allein 60 davon wurden von der griechischen Mythologie oder der Bibel inspiriert, weitere 40 spielten zur Zeit des römischen Weltreichs. Cinecittà kann besichtigt werden, man sollte sich aber bewusst sein, dass Kulissen nach Belieben auf- und wieder abgebaut werden – man bekommt also vor allem leere Hallen zu sehen. Wie Münchens Bavaria hat das römische Studio dem Besucher den Innenraumnachbau eines U-Boots zu bieten, in diesem Fall die **U-571**, aus dem gleichnamigen Kriegsfilm aus dem Jahr 2000 mit ***Matthew McConaughey***.

Die Touristenführung legt besonderen Wert auf das Domizil von Lokalmatador ***Federico Fellini***, das direkt neben den Studios lag und ebenfalls betreten werden kann. Fellini drehte gern in Halle 5. Kein Wunder, sie ist nicht nur die größte am Ort, sondern war damals die größte Europas. Für seinen Film **La Dolce Vita** (Das süße Leben, 1960) ließ er hier die Via Veneto nachbauen, Spielplatz der Paparazzi. Im richtigen Leben lauerten die Sensationsreporter genau an jener Straße dann abends den Stars auf, sobald diese ihren Feierabend genießen wollten.

Die Paparazzi bekamen alle Hände voll zu tun, als Hollywood, angelockt von günstigen Produktionsbedingungen, vor allem exotische Filmplots an den Tiber verlegte. Die amerikanischen Stars profitierten von Steuernachlässen, wenn sie eine bestimmte Zeit außer Landes verbrachten. Als die MGM 1950 wieder einmal den teuersten Film aller Zeiten drehte, den mit 6 Millionen veranschlagten **Quo Vadis** (fast eine Dekade später würde „Ben Hur" dieses Budget verdoppeln), wurde der Via Appia ein Facelifting verpasst: Wie zu Neros Zeiten war der Straßenrand von Statuen römischer Gottheiten gesäumt und für die Streitwagen wurde das

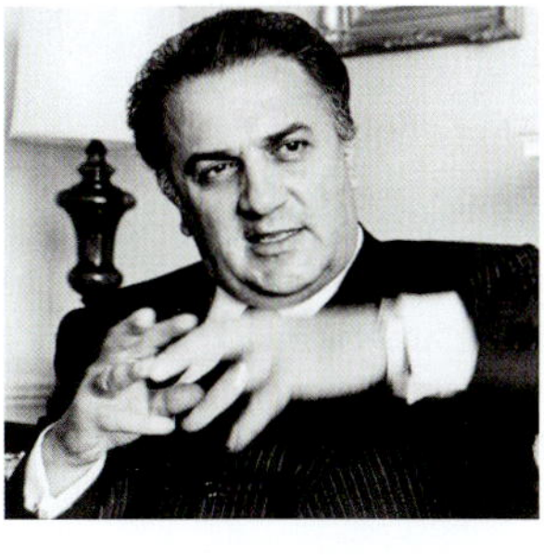

Federico Fellini nannte Halle 5 sein zweites Zuhause. ↑

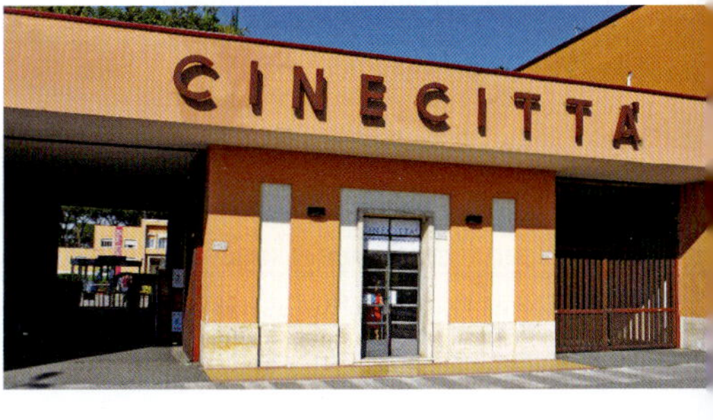

Cinecittà war erst die Heimat der Faschisten, dann der Allierten und schließlich der internationalen Filmproduzenten. ↑

gesamte Pflaster mit Sand bedeckt. Cinecittà hatte sich in einen Tierpark verwandelt: 63 Löwen, sieben Bullen, 450 Pferde, zwei zahme Geparden, nicht zu vergessen die zehn Schweine, die auf einem Altar geopfert wurden. Und unter den zahllosen Statisten die noch namenlose *Sophia Loren.* Hollywood-Beau *Robert Taylor,* der „Mann mit dem perfekten Profil", wurde gar dem Papst vorgestellt. Der Pontius lächelte: „Ah, ja, Sie sehen aus wie ein Römer." Taylor lief als römischer Feldherr ein halbes Jahr lang mit einer Eisenplatte vor der Brust herum, „die fast so viel wog wie ich selbst".

Die Feuersbrunst, die in „Quo Vadis" Rom verzehrt, wurde angefacht vom Kaiser Nero, unnachahmlich dargestellt von *Peter Ustinov.* Folgende Anekdote ist zu schön, um sie an dieser Stelle nicht anzubringen: Als Ustinov viele Jahre später dem Autor dieses Buches für ein TV-Interview zur Verfügung stand, platzierte ihn der Kameramann vor einem prasselnden Kaminfeuer. Während des Gesprächs brannte das Feuer nieder und der Kameramann unterbrach kurzerhand die Aufnahme – ein No-Go, weswegen manch anderen Star konsterniert gewesen wäre – um die Glut zu schüren. Ustinov, nicht umsonst berühmt für seine geistreichen Bonmots, bemerkte: „Das ist das erste Mal seit Quo Vadis, dass das Feuer wichtiger ist als ich."

Die Höhlen der Lepra-Kranken

Nur ein Film war noch kolossaler: Ben Hur sparte nicht mit Superlativen. Schon Jahre vor den Dreharbeiten eröffnete die MGM ein Casting-Büro in Rom, um die mehr als 50.000 benötigten Personen anzuheuern. In den Studios verköstigte ein „High Speed Restaurant" in Spitzenzeiten 25.000 Statisten innerhalb von 20 Minuten – die Italiener machten Bekanntschaft mit amerikanischem Fast Food! 300 Kulissen wurden gebaut, darunter das größte je gebaute Filmset, im „Hinterhof" von Cinecittà: die Arena für das Wagenrennen. Verbaut wurden eine Million Pfund Gips und 400.000 Kilometer Metallrohre, von den Stränden wurden 40.000 Tonnen weißer Sand herangeschafft. Fünf Stockwerke hoch war die Rennbahn. Was von „Ben Hur“ übrigblieb? Spätestens seit dem großen Studiobrand von 2007: nichts mehr. Unverrückbar jedoch sind die Höhlen von Salone, im Film der Zufluchtsort der Leprakranken. Diese bizarren Felsformationen, südöstlich der Kreuzung von Via di Salone und Via delle Case Rosse (GPS N 41.924970, E 12.629782), wurden in mehreren Sandalenfilmen filmisch ausgebeutet. Die „Nazareth“-Szenen, in denen *Charlton Heston* auf Christus trifft, entstanden in den Bergen bei Arcinazzo Romano, 80 km östlich von Rom, nahe der Stadt Fiuggi.

1997 musste Italiens Traumfabrik durch die Regierung privatisiert werden. Nach der umfangreichen Sanierung kamen die Amerikaner wieder: *Martin Scorsese* ließ für Gangs of New York einen New Yorker Straßenzug entstehen, gefolgt von *Mel Gibsons* Passion Christi. Doch an die großen Zeiten kann Italiens Filmwirtschaft nicht mehr anknüpfen. Heute ist die Holding-Gesellschaft im Besitz des Ministeriums für Wirtschaft und Finanzen.

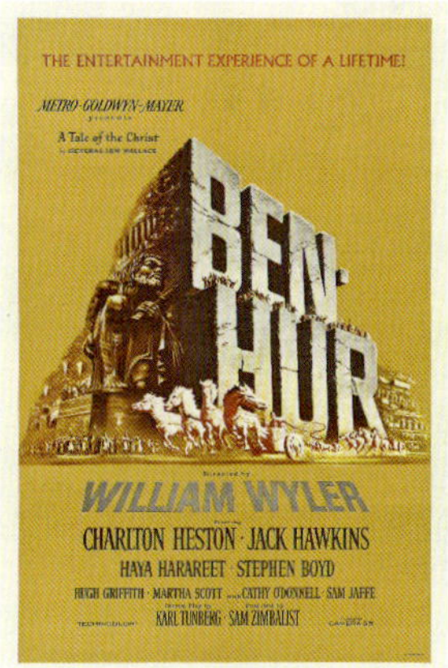

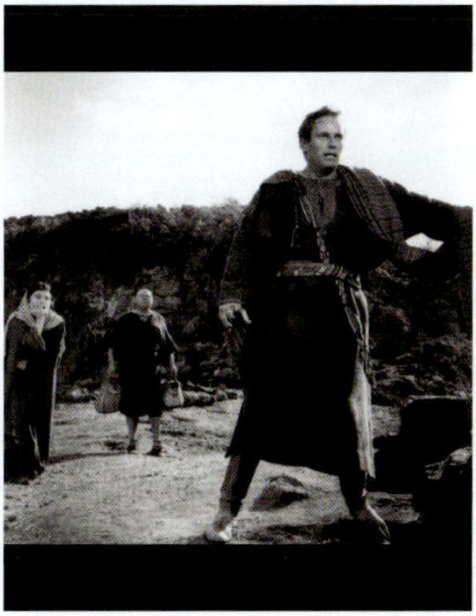

Zuflucht für Lepra-Kranke: Charlton Heston in den Höhlen von Salone. ↑

Im Ballkleid in den Brunnen

Wer Filmgeschichte berühren will, sollte diese in den Straßen der Ewigen Stadt suchen. Oder gleich darin baden, im Wasser des Trevi-Brunnens: Hier kam 1960 *Anita Ekbergs* Moment für die Ewigkeit. „Marcello, come here!", rief sie *Marcello Mastroianni* zu, während sie zum Wasserfall des römischen Aquädukts watete. Dieses Bild der sinnlichen Schönheit, im Ballkleid im Brunnen, findet sich an jedem Postkartenständer der Stadt. Der barocke Brunnen war schon vorher bekannt: Frank Sinatra besang ihn 1954 mit Three Coins in the Fountain. Im gleichnamigen Film werfen drei amerikanische Sekretärinnen, auf ihrer Suche nach Amore, drei Münzen ins Brunnenwasser. Der Mythos, man werde durch diese Handlung dereinst nach Rom zurückkehren, hält sich bis heute. Die Silberlinge sind übrigens gemäß römischem Gerichtsurteil „öffentliches Gut", dürfen also auch wieder herausgefischt werden.

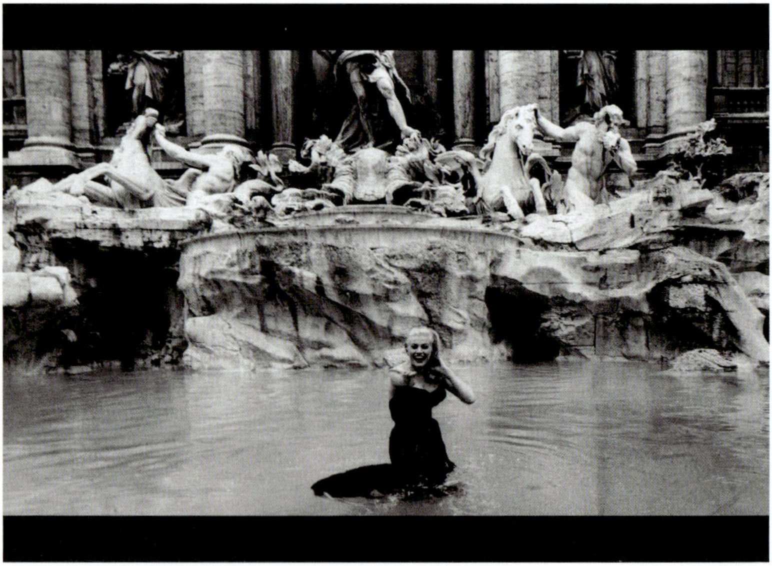

↑ Unsterblich durch nur eine Szene: Anita Ekberg im Trevi-Brunnen.

„Roman Holiday“

Ein einziger Film etablierte Rom als europäische Feriendestination schlechthin: **Roman Holiday**, der besser als der deutsche Titel „Ein Herz und eine Krone“ ausdrückt, worum es geht: Königliche Ferien in Rom! Der Evergreen lancierte zwei Weltstars: den italienischen Motorroller, die Vespa – und ***Audrey Hepburn.*** Regisseur ***William Wyler***, der später in Rom noch „Ben Hur“ inszenieren würde, hatte eine komplett Unbekannte für die Rolle der weltfremden Prinzessin gecastet. Von dieser gertenschlanken Dame, dem Gegenteil des damals üppigen Starlets, sollte ***Billy Wilder*** sagen: „Sie wird den Busen noch aus der Mode bringen.“ Jedem am Set war klar, dass diese Anfängerin das Publikum bezaubern würde. Auch dem eigentlichen Star des Streifens, ***Gregory Peck***. Der rief seinen Agenten an und verlangte eine Änderung des vertraglich vereinbarten Billings, das ihm im Vorspann und auf den Plakaten alleinige Nennung über dem Titel zusicherte: Audreys Name sollte neben seinem genannt werden. „Ich bin smart genug zu wissen, dass dieses Mädchen gleich in ihrem ersten Film den Oscar gewinnen wird und will nicht wie ein verdammter Trottel dastehen, wenn ihr Name nicht neben meinem steht!“ Peck sollte Recht behalten. Im Film wohnt Pecks Figur an der Via Margutta Nummer 51 (Nummer 100 war ebenfalls eine Fellini-Adresse, hier lebte er mit Giulietta Masina). Pecks Familie war in einer Villa untergebracht, 30 Kilometer außerhalb und komplett mit Indoor-Wasserfall versehen; er selbst hatte ein Zimmer im Hotel „Hassler Roma“ an der Piazza della Trinità dei Monti 6 (was Gerüchte über Affären nährte), nahe der „Spanischen Treppe“. Kaum ein Rom-

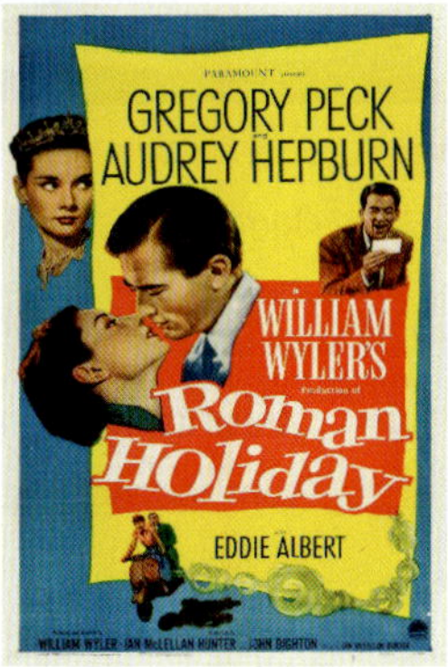

Auf dem Plakat erhielt Debütantin Audrey Star-Billing. ↑

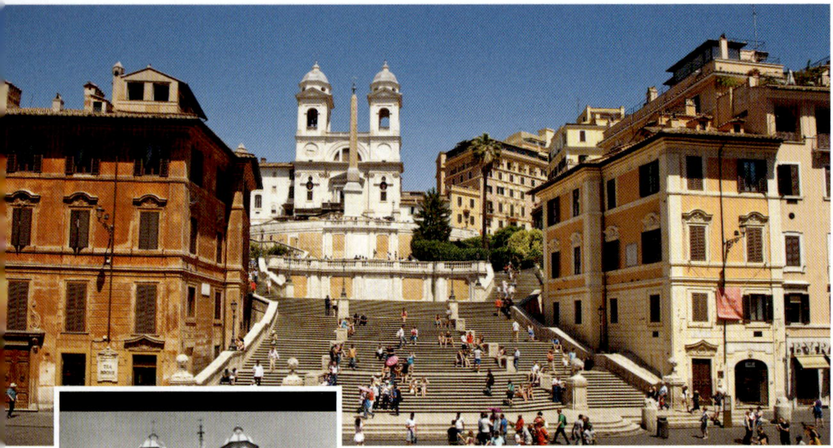

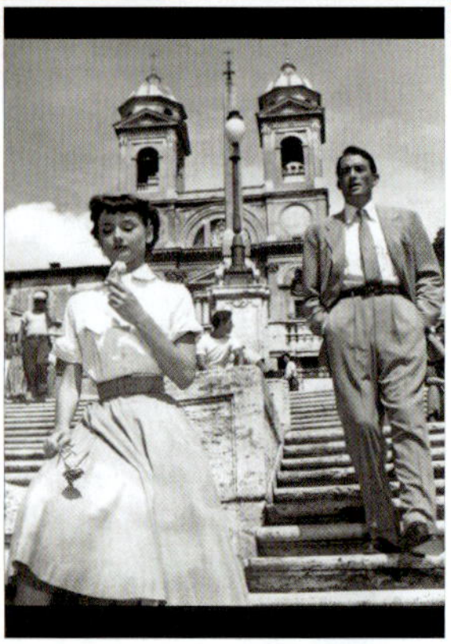

Auf der Spanischen Treppe stieg Audrey Hepburn zu Weltruhm empor.

Film verpasst die Gelegenheit, diese berühmten Stufen ins Bild zu rücken. Hier genoss Audrey als Prinzessin ein Gelato, am Fuß der Treppe führte *Matt Damon* als **talentierter Mr. Ripley** im Café Dinelli mal wieder Böses im Schilde. Das Terrassen-Café an der Piazza di Spagna existiert allerdings nicht – es wurde zu diesem Zweck vor der dortigen Boutique aufgebaut.

„Mund der Wahrheit"

Naheliegend, dass die italienische Küche in Rom-Filmen eine große Rolle spielt. In **Eat Pray Love** erhebt *Julia Roberts* einen Teller Spaghetti im Ristorante Santa Lucia (Largo Febo 12) zum kulinarischen Hochgenuss (ihre Filmfigur wohnte gleich nebenan, an der Via dei Portoghesi, Nummer 7).

Beim Trevi-Brunnen gleich um die Ecke, an der Via della Stamperia 85 (heute ein Lederwaren-Shop), ließ Prinzessin Audrey sich vom italienischen Coiffeur die Haare zu einem reizenden Bob schneiden. Die Szene aus „Roman Holiday", an die sich jedermann erinnert – und was noch heute viele dazu bewegt, die Kirche Santa Maria in Cosmedin (Piazza della Bocca della Verità 18) aufzusuchen – ist der „Mund der Wahrheit". Der Legende nach wird Lügnern die Hand abgebissen, wenn sie in diese Öffnung gesteckt wird. Und Peck erschrickt die Prinzessin fast zu Tode, indem er ihr genau das vorspielt. Eigentlich hätte William Wyler (er trug den Spitznamen „90-Take-Wyler", weil er erst mit der neunzigsten Aufnahme zufrieden war) für die Hauptrolle *Cary Grant* vorgezogen. Peck hat sein Leben lang lamentiert: „Jedes Komödienskript, das ich bekomme, trägt bereits die Fingerabdrücke von Cary Grant." Peck mag sich mit „Roman Holiday" darüber hinweggetröstet haben, dass ihm davor eine große Rom-Rolle versagt blieb: Er war für die Hauptrolle in „Quo Vadis" vorgesehen, die dann dem Mann mit dem noch perfekteren Profil zufiel.

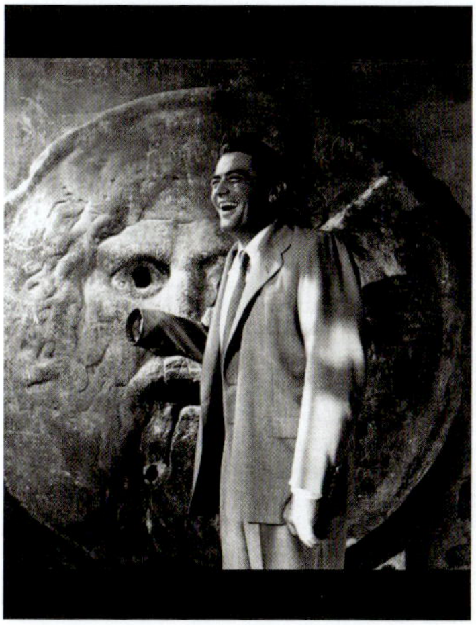

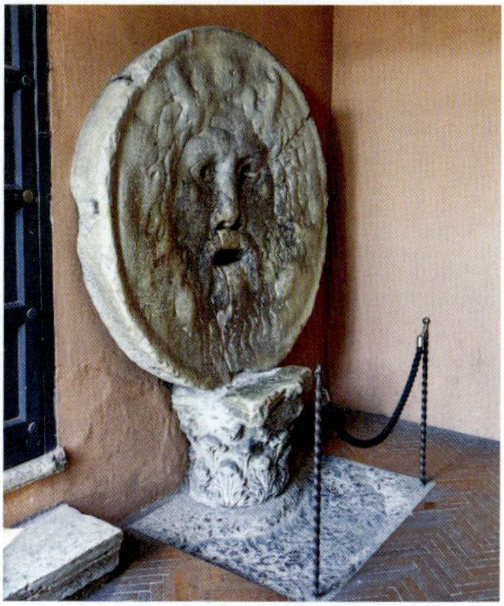

Lügner wie Gregory Peck … ↑

… bekommen vom Mund der Wahrheit die Hand abgebissen. ↑

Kolossaler Kampf

Das Kolosseum dient meist als Establishing Shot, als „etablierende Aufnahme" macht das Wahrzeichen der Stadt dem Publikum den Handlungsort auf den ersten Blick klar. Ein Film nutzt das Colosseo für seinen ursprünglichen Zweck, als Austragungsort brutaler Zweikämpfe: In Way of the Dragon („Die Todeskralle schlägt wieder zu" ist einer der deutschen Titel) treten die Martial-Arts-Ikonen *Bruce Lee* und *Chuck Norris* in den Ruinen gegeneinander an. Tatsächlich wurde 1972 lediglich die knallharte Begegnung der beiden im größten geschlossenen Bau der römischen Antike aufgenommen – das eigentliche Duell wurde in den Studios von Hongkong ausgefochten, vor einer großen Fotografie der Arena, was auch fürs ungeübte Auge leicht durchschaubar ist. Doch sehenswert ist allemal, wie der ansonsten als unbesiegbar geltende Chuck Norris unter den Fußtritten und Handkanten-Schlägen von Meister Bruce Lee einknickt.

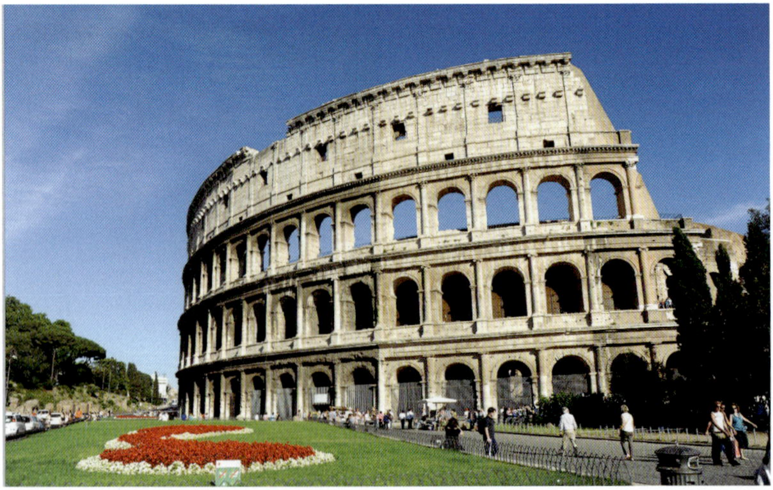

↑ Verlierer war Chuck Norris nur ein einziges Mal: im Kolosseum.

007 und Professor Langdon

Die Ewige Stadt ist nicht nur Schauplatz für die Helden der Antike, auch die Helden der Moderne finden in Italiens Hauptstadt die ideale Kulisse: James Bond in seiner Reinkarnation als *Daniel Craig* und Dan Browns Romanfigur, Professor Langdon, verkörpert durch *Tom Hanks*, fanden den Weg nach Rom.

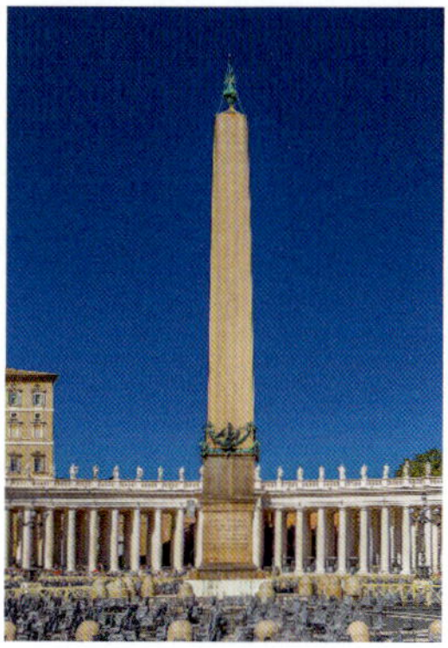

Tom Hanks folgt auf der Schnitzeljagd vom Obelisken auf dem Petersplatz ... ↑

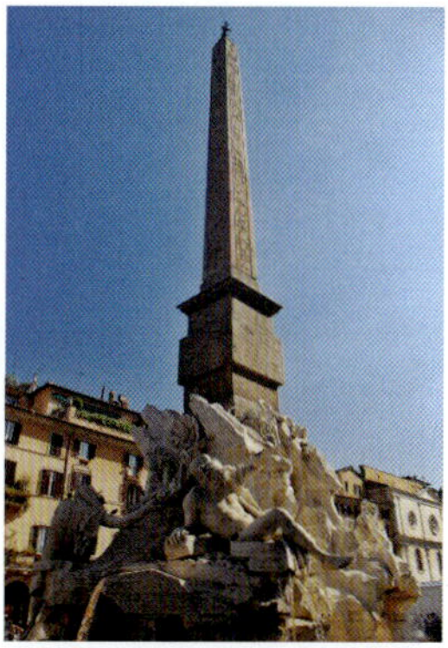

... den Hinweisen bis zum Brunnen auf der Piazza Navona. ↑

Für den Hintergrund einer Beerdigung in Spectre diente 2015 das Museo della Civiltà Romana an der Piazza Giovanni Agnelli (leider nicht ohne weiteres zu begehen). Von hier folgt 007 der schönen *Monica Bellucci* bis zu ihrem Domizil, der Villa di Fiorano, an der Via Appia Antica 400, wo er umgehend zwei Agenten liquidiert. 2009 hetzte Tom Hanks in Angels and Demons auf einer Schnitzeljagd quer durch die Stadt, wie ein Tourist mit knappem Zeitplan. Er folgt dem „Pfad der Erleuchtung" zu den finsteren „Illuminati": Vom ägyptischen Obelisken des Petersplatzes zur Chigi Kapelle in der Kirche Santa Maria del Popolo (Piazza del Popolo 12); weitere Hinweise enthüllt er in der Kirche Santa Maria della Vittoria und beim zentralen Brunnen auf der Piazza Navona, dem Fontana dei Quattro Fiumi, bis er schließlich auf das Hauptquartier der Kirchenverschwörer stößt: die Engelsburg, das Castel Sant'Angelo (Lungotevere Castello, 50) auf der Westseite des Tiber. Fehlen darf beim Blitzbesuch auch das Pantheon an der Piazza della Rotondo nicht. Seine Kuppel ist – gemessen am Innendurchmesser – die größte der Welt und lieh sein Alleinstellungsmerkmal bereits **Ocean's Twelve** (2004) und **The Belly of an Architect** (Der Bauch des Architekten, 1987). Wer es etwas gemütlicher machen will als Tom Hanks, bucht die „Illuminati"-Stadtführung.

• Pantheon di Roma •

Piazza della Rotonda, 00186 Roma RM

www.pantheonroma.com

Führunge, Audio Guides und Mobile App

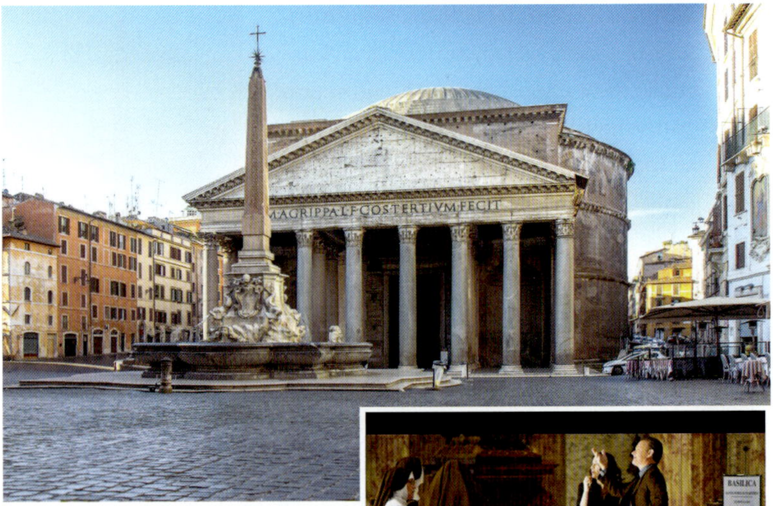

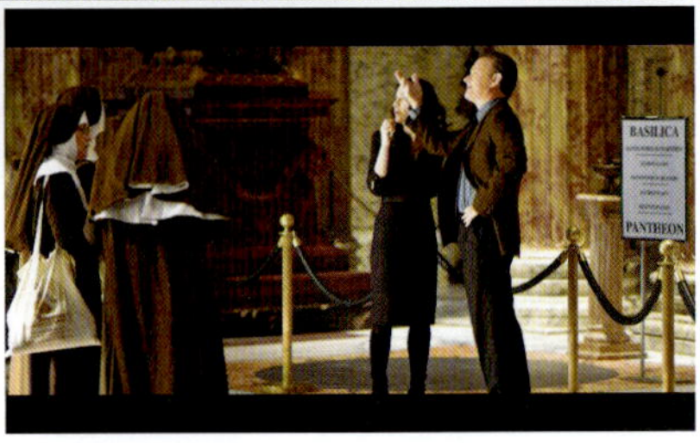

Tom Hanks sucht im Pantheon nach „Engeln und Dämonen".

„Ah, Venedig!"

Die Filmfestspiele von Venedig gehen aufs Jahr 1932 zurück, als auf der Terrasse des Hotels „Excelsior" der erste Film gezeigt wurde. Bis die Lagunenstadt sich auch als Filmdrehort einen Namen machte, sollten allerdings viele Jahre ins Land ziehen. Der Auftakt zur venezianischen Filmgeschichte fällt mit dem Beginn des Massentourismus zusammen. Das Jahr ist 1955, die Kaffeepreise auf dem Markusplatz sind noch einigermaßen vernünftig und *Katharine Hepburn* spielt in Summertime (Traum meines Lebens) erstmals eine alte Jungfer – eine Rolle, auf die sie nach diesem Film abonniert war. Sie lernt den glutäugigen Südländer *Rossano Brazzi* kennen (der damit im internationalen Film ebenfalls auf dieses Rollenfach festgelegt wurde). Die beiden lernen sich auf dem Markusplatz kennen, im damaligen Caffè Chioggia. Da kaum jemand mit der Geografie der Lagunenstadt vertraut war, konnte Regisseur *David Lean* sich künstlerische Freiheiten erlauben und die Figuren im Schnitt kreuz und quer durch Venedig springen lassen. Katharine Hepburn wohnt in der Pensione Fiorini (an der Rio dei Bareteri, wo allerdings nur der Eingang aufgenommen wurde), die Aussicht von der Terrasse, die für diesen imposanten Kamerawinkel eigens gebaut wurde, zeigt aber einen völlig anderen Stadtteil. Mehrere Crewmitglieder wohnten in der Pensione Accademia (Fondamenta Bollani 1058). „Wir drehten in sehr engen Gassen, die Lichteinstrahlung veränderte sich in Minutenschnelle", erinnerte sich Hepburn in ihrer Autobiografie. Perfektionist Lean verlangte rote Kelchgläser, die nirgends aufzutreiben waren. Glücklicherweise gilt Murano, eine der über 100 Inseln in der Adria-Lagune, als „Glasbläserinsel", und so konnte Lean das Glas seinen Vorstellungen entsprechend in Auftrag geben. „Summertime" beginnt und endet mit der Ankunft und Abfahrt des Zuges an der Bahnstation

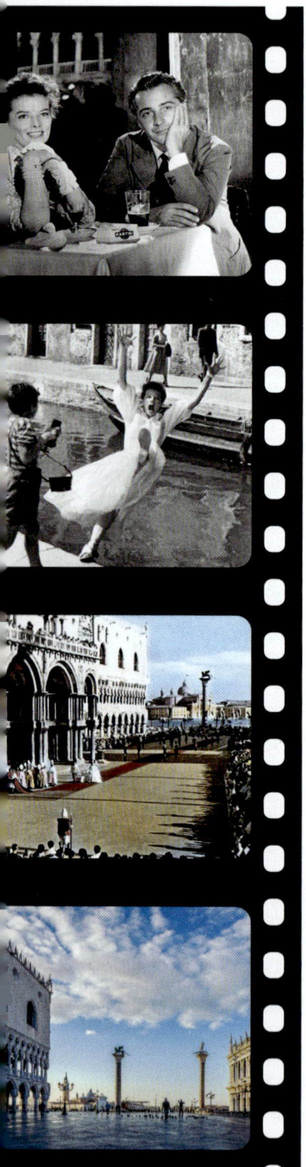

Stazione di Venezia Santa Lucia. Dem Welterfolg des sentimentalen Ferienfilms, der die Paläste aus Gotik und Renaissance von ihrer besten Seite zeigte, wird zugeschrieben, den Tourismus in Venedig in den Folgejahren verdoppelt zu haben. Obwohl wir die zeitgenössische Filmreklame „Hepburn … wie du sie noch nie gesehen hast. Venedig … wie du es noch nie gesehen hast" noch immer wörtlich nehmen dürfen.

„Viva la Mamma!"

Nur zwei Jahre später zog es „Sissi" nach Venetien. Dem letzten Teil, **Schicksalsjahre einer Kaiserin**, gelingt ein dramatischer Abschluss auf dem Markusplatz: *Karlheinz Böhm* und *Romy Schneider* schreiten auf einem roten Teppich auf den Markusdom zu, mit seinen byzantinischen Mosaiken, zum demonstrativen Schweigen der feindlich gestimmten Venezianer. Bis Sissis kleine Tochter auf sie zugeht, die Kaiserin aus der Rolle fällt und dem Kind entgegenläuft. Das erweicht das italienische Volk und die Anwesenden feuern sie mit „Viva la Mamma!"-Rufen an. Mit ebenso viel Herz ebneten die Sissi-Filme dem deutschsprachigen Film den Weg in die internationalen Kinos.

← 1: Katharine Hepburn, als der Café auf dem Markusplatz noch bezahlbar war. 2: Katharine Hepburn fällt bei der Ponte Barnaba in den Kanal. 3: Karlheinz Böhm und Romy Schneider erobern in der letzten Szene der Sissi-Trilogie auf dem Markusplatz die Herzen der Venezier. 4: Der Markusplatz heute.

Gondeln, die Trauer tragen

Der schaurige Don't Look Now verzichtete 1973 auf die üblichen Postkarten-Klischees und nutzte die mysteriöse Stimmung der bodenlosen Kanäle und halb versunkenen Gotteshäuser. Im Horrorkultfilm mit dem treffenden deutschen Titel „Wenn die Gondeln Trauer tragen" bleibt ein beunruhigendes Venedig in morbider Erinnerung. *Donald Sutherland* und *Julie Christie* wohnen im Hotel „Gabrielli Sandwirth" (Riva degli Schiavoni 4110) während sie die Kirche San Nicolò dei Mendicoli (Campo, Calle S. Nicolò 1907) restaurieren sollen. Das Finale mit Gänsehaut-Garantie spielt sich im Palazzo Grimani in Castello (Ramo Grimani 4858A) ab: Der Renaissance-Palast wurde nach 27-jährigen Renovationsarbeiten wiedereröffnet und enthält heute einige vortreffliche Kunstobjekte.

„Kein typischer Tag"

Es war nur eine Frage der Zeit, bis James Bond Venedig für furiose Verfolgungsjagden entdeckte. Seine erste Stippvisite fand schon 1963 statt, in From Russia with Love (Liebesgrüße aus Moskau). Allerdings war die Schlussszene, in der *Sean Connery* unter der Seufzerbrücke durchgondelt, ganz augenscheinlich mittels Rück-

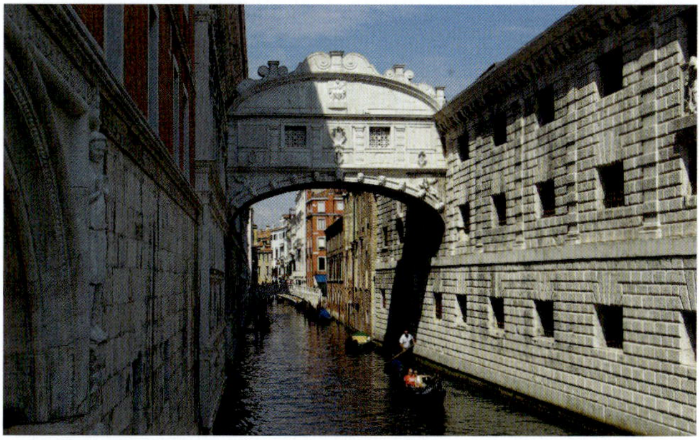

Die Seufzerbrücke wurde für „Liebesgrüße aus Moskau" nur im Studio rückprojeziert. ↑

projektion im Studio gemacht. Wirklich in Venedig angekommen war 007 erst 1979, in Form von *Roger Moore.* Es war die Bond-Ära der verspielten technischen Gadgets. Der Geheimagent fährt in Moonraker ein Luftkissenboot von der Anlegestelle aus quer über den Markusplatz. „Für Venedig kein typischer Tag", resümierte Moore in seinen Memoiren. Weil die linke Seite sich schneller aufblies als die rechte, kippte die „Bondola" den Star vier Mal in den Hafen von Venedig. Sehr zur Freude der Zuschauer. Der Markusplatz konnte nicht vollständig gesperrt werden – weshalb Moore den Requisiteur um die Installation einer Hupe bat, mit der er Touristen aus dem Weg scheuchen könnte. Manchmal gingen die Requisiteure nach Meinung des britischen Gentlemans zu weit: Etwa, als sie sich bei den Blumenspenden einer echten Beerdigung bedienten, um einen Film-Sarg zu schmücken. Als während einer Aufnahme sämtliche Glocken Venedigs zu läuten begannen, tat Regisseur *Lewis Gilbert*, was Regisseure am besten können: Ärgerlich die Anweisung geben, den Lärm sofort zu stoppen. Sein Hauptdarsteller klärte ihn freundlich auf: Der Papst war soeben verstorben! Roger Moore empfiehlt übrigens das „Locanda Cipriani", Piazza Santa Fosca 29 auf Torcello, für einen Lunch, denn dort wird sein Lieblingsessen serviert, Black Squid, schwarzer Octopus. „Harry's Bar" an der Calle Vallaresso 1323 war eine ebenso häufig frequentierte Quelle, nicht nur für geschüttelte Wodka-Martinis. Die Cocktailbar wurde in den 1950ern vom Jetset entdeckt. Der trinkfeste Hemingway verewigte sie im Roman „Über den Fluss und in die Wälder".

Indy auf Hepburns Spuren

Nur ein Leinwandheld kann James Bond das Wasser reichen: Indiana Jones. Regisseur *Steven Spielberg* hatte den Produktionsplanern eingeschärft: „Ich möchte während der Touristensaison nicht mal in die Nähe von Venedig kommen!" Am Ende ließ sich für **Indiana Jones and the Last Crusade** (Indiana Jones und der letzte Kreuzzug) kein anderer Termin als August 1988 finden. Spielberg hatte alle Szenen am Canal Grande an einem einzigen Vormittag abzudrehen – von 7 Uhr morgens bis Mittag. Dass der peitschenschwingende Archäologe ein Rätsel in der Chiesa di San Barnaba (Dorsoduro, 2771) zu lösen hatte, dürfte kein Zufall gewesen sein. Spielberg ist ein bekennender Bewunderer von David Lean. Und der ließ Katharine Hepburn in „Summertime" just an derselben Stelle rückwärts in den Kanal fallen (sie zog sich dabei eine Bindehautentzündung zu, die sie den Rest ihres Lebens plagte). Bei Spielberg ist es Indiana Jones, der an derselben Stelle pitschnass aus den Tiefen der Katakomben steigt und überrascht ausruft: „Ah, Venedig!" *Harrison Ford* hat viel Interviewzeit in seinem Leben damit zugebracht, Fragenden zu erklären: „Nein, dort gibt es kein Loch!"

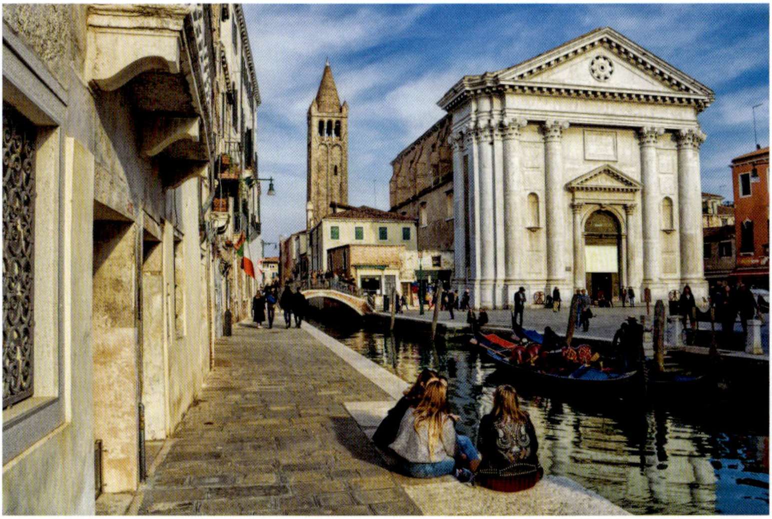

„Dort gibt es kein Loch": Chiesa di San Barnaba. ↑

Luxus-Hotels als Nebendarsteller

Lean, der „Summertime" als sein Lieblingswerk bezeichnete, wohnte damals im „Hotel Gritti Palace" (Campo Santa Maria del Giglio) direkt am Canal Grande, in dem nach ihm eine ganze Reihe namhafter Gäste abstiegen, darunter Roger Moore während des Moonraker-Drehs. Es ist in *Woody Allens* Everyone Says I Love You (1996) zu sehen, wo er Julia Roberts trifft (tatsächlich wohnen sie in der „Hemingway Suite" des Hotels). Indiana Jones hingegen bevorzugt im Film das „Danieli" (Riva degli Schiavoni 4196), genauso wie James Bond. 2010 muss *Johnny Depp* in The Tourist im 5-Sterne-Hotel aus dem 14. Jahrhundert auf der Couch übernachten.

Alles möglich im Grand Hotel

Bedeutende Filmrollen spielte das „Grand Hotel des Bains" am Lido (Lungomare Guglielmo Marconi 17). Schriftsteller Thomas Mann war Stammgast und siedelte darum seinen „Tod im Venedig" hier an. *Luchino Visconti* ließ es sich nicht nehmen, die Verfilmung Death in Venice 1971 gleich im Hotel umzusetzen. Doch das Grand Hotel konnte praktisch jedes Hotel der Welt darstellen: In Once Upon a Time in America (Es war einmal in Amerika) drehte *Sergio Leone* 1984 im großen Ballsaal die anrührende Szene, in der *Robert De Niro* das ganze Restaurant – irgendwo in Manhattan – für die große Liebe seines Lebens mietet. Und für The English Patient (Der englische Patient, 1996) verwandelte sich das 1900 errichtete Gebäude für Regisseur *Anthony Minghella* ergebenst in das „Shep-

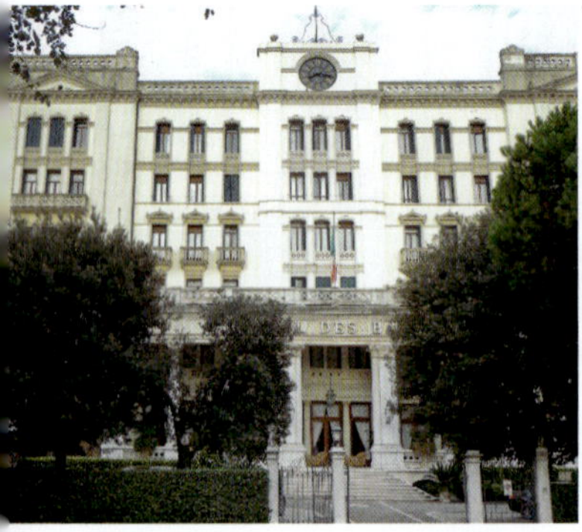

↑ Steht seit Jahren leer: das Grand Hotel des Bains.

heard Hotel" in Kairo. Leider wurde das historische Hotel am Lido geschlossen, verkauft und soll, wenn die letzte Planung korrekt ist, zu Luxusapartments umgestaltet werden.

Manchmal genügen selbst Venedigs Luxus-Hotels den Vorstellungen der Filmemacher nicht. Als Daniel Craig in **Casino Royale** Venedig entgegensegelt und am Markusplatz anlegt, da kennt dieser Genießer alter Schule natürlich die Adresse des „Cipriani". Doch das Hotel gleicht im Film von innen eher einem altehrwürdigen Museum. Ist es auch! Die Innenaufnahme wurde in Prags Nationalmuseum gemacht.

In der Region Venetiens kommt der Shakespeare-Kenner nicht an Verona vorbei. Nicht nur, weil das gotische Haus an der Via Cappello 23 – und insbesondere sein romantischer Balkon, der wie gemacht ist für Liebesschwüre – den Schriftsteller zu „Romeo und Julia" inspiriert haben soll. Sondern auch, weil im „Haus der Julia" (Casa di Giulietta) die Kostüme der Schauspieler von der bekannten Verfilmung von 1968 ausgestellt sind. Allerdings hat *Franco Zeffirelli* **Romeo and Juliet** gar nicht in Verona gedreht. Sondern im mittelalterlichen Städtchen Gubbio.

Die Arena von Verona, an der Piazza Bra, ist eines der besterhaltenen römischen Amphitheater und oft Schauplatz von hochklassigen Opernaufführungen. 1961 jedoch ließ der italienische Sensationsproduzent *Dino De Laurentiis* noch einmal Gladiatoren auf Leben und Tod gegeneinander antreten. Dafür wurden die Mauern mit zusätzlichen Aufbauten versehen und die Ränge mit 5000 Statisten besetzt. Im aufwändigen Kolossalfilm **Barabbas** trifft Titelheld *Anthony Quinn* auf einen besonders blutrünstigen *Jack Palance*. Gekämpft wurde aber auch hinter diesen steinernen Kulissen: Quinn erwies sich – wie er in seiner Biografie selbst zugibt – als Diva, als er nach einer eigenen Garderobiere verlangte. Und diese gleich selbst wählte, indem er auf eine ausnehmend schöne

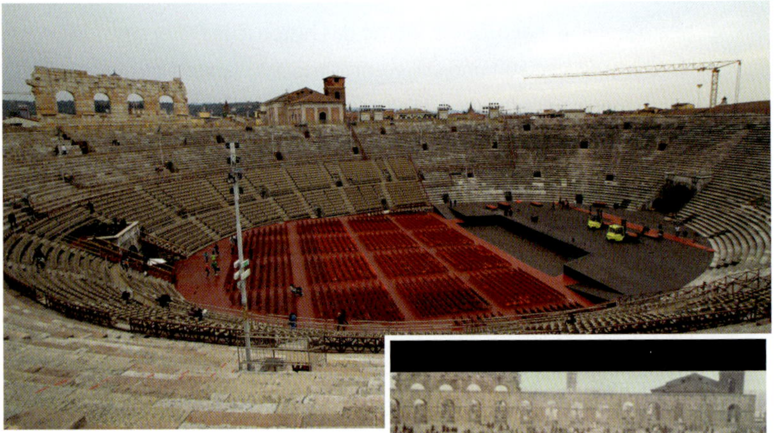

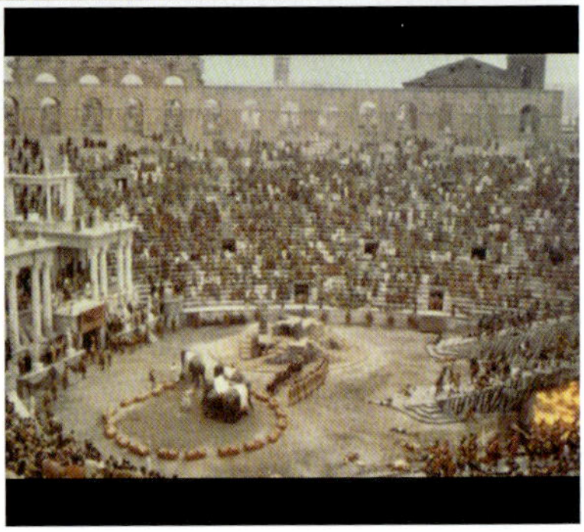

In der Arena Verona, heute Aufführungsort von Kulturveranstaltungen, kämpfte Anthony Quinn um seine Privilegien als Filmstar.

Frau in der Menge zeigte. Er bekam seinen Willen – und damit gleich seine nächste Ehefrau (was seiner aktuellen Gattin eher wenig passte, weshalb sie Verona umgehend verließ).

Die Perle der Dolomiten

Cortina d'Ampezzo in den italienischen Dolomiten genoss einst den Ruf eines mondänen Wintersportorts und erlebte als Drehort die Geburt der Filmfigur Inspektor Clouseau ebenso wie das Ende der turbulenten Burton/Taylor-Ehe.

Während der napoleonischen Kriege wurde Ampezzo 1809 von französischen Truppen besetzt und 1813 von den Österrei-

Höhepunkt mancher Filmsequenz: die „Fünf Türme" der Felsformation Cinque Torri.

chern zurückerobert. Das war nicht das letzte Mal, dass das friedliche 6000-Seelen-Dörfchen im Mittelpunkt von Eroberungen stehen sollte.

Der Name „Cortina d'Ampezzo" wurde schon 1918 der Filmwelt geläufig, als der legendäre *Erich von Stroheim* die Handlung von **Blinde Ehemänner** dort ansiedelte. Allerdings war die Stadt im Studio rekonstruiert. Jahre später wagten sich die Bergfilmer an die echten Dolomiten. Und mit ihnen kam *Luis Trenker*. **Berge in Flammen** (1931) und **Flucht in die Dolomiten** (1955) drehte er zwischen den Nadeln der Cinque Torri. Als ab den 1950er-Jahren italienische Stars wie *Gina Lollobrigida* und Sophia Loren ihre Ferien quasi „zuhause" verbrachten, da war es endgültig um Cortina geschehen: Es avancierte neben Gstaad zum angesagtesten Treffpunkt des Jetsets. In den 1960er-Jahren benannte der Autohersteller Ford sogar seinen Ford Cortina nach dem Ort, „der Eleganz widerspiegelt". Ernest Hemingway blieb gleich eine Weile. Wenn er nicht im Hotel Concordia an der Corso Italia 28 logierte (und an „Über den Fluss und in die Wälder" schrieb), mietete er die Villa Aprile, damals ein Berghaus am Stadtrand (wo er sich die Kurzgeschichte „Out of Season" ausdachte). Im „Caffè La Genzianella" (damals das Café vis-à-vis des Hotels de la Poste, Piazza Roma 14) kehrte „Hem" nach dem Skifahren ein. Vielleicht erfand er als Cocktail-Kenner dabei gleich den „Après Ski".

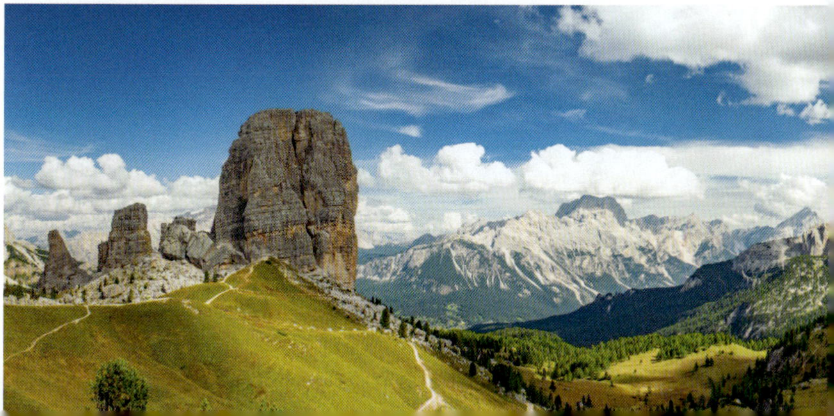

Der rosarote Panther

1963 schließlich wurde in Cortina der Film gedreht, der bis in unsere Tage die mondäne Lebenslust der Sixties wiederspiegelt: Pink Panther. Die Kriminalkomödie kombinierte das Flair verschneiter Straßen mit dem Verwöhnservice der Luxushotels. Peter Ustinov hatte seine Mitwirkung in letzter Minute abgesagt und sein Ersatz *Peter Sellers* erfand die Figur des unbeholfenen Inspektor Clouseau quasi aus dem Stand. *Robert Wagner* schreibt in seinen Memoiren: „Regisseur *Blake Edwards* wollte ja von Anfang an Peter Sellers. Und dann begannen die beiden, den Charakter des Clouseau zu erfinden – es war reine Magie!" *David Niven* blieb ein Tag in besonderer Erinnerung, wovon er in seiner Biografie „The Moon's a Balloon" berichtet: Weil er in einer Sequenz einen erfahrenen Skifahrer darstellen sollte, verordnete man ihm Skilektionen. Auf dem Gipfel herrschten (wenigstens in Nivens Erinnerung) 35 Grad unter Null. Plötzlich verspürte er zwischen seinen Beinen nur

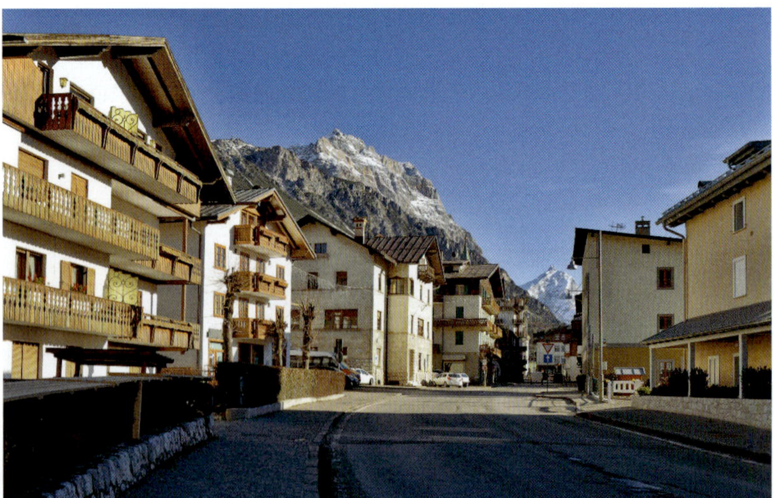

↑ Berufsexzentriker wie Frank Sinatra und Richard Burton machten die Straßen von Cortina unsicher.

noch Eiseskälte. Was ihn befürchten ließ, sein bester Freund sei den Erfrierungstod gestorben. Niven fuhr im Karacho ins Tal herunter. Dort waren ihm im „Hotel de la Poste" (die Hotelbar war auch eine von Hemingways beliebten „Quellen") drei Italiener behilflich, sein bestes Stück in einem Glas Brandy zu reanimieren. Während dieses Prozesses betrat ein Gast die Toilette und auf die Frage, was in Gottes Namen David Niven da tue, stieß dieser unter Schmerzen hervor: „Ich pisse Brandy!" Robert Wagner hat die Episode in seiner Biografie „Pieces of My Heart" leicht anders in Erinnerung: Herein kam ein Herr in Uniform und Niven erwiderte dessen erstaunten Blick mit der Aussage: „Ich gebe ihm stets von Zeit zu Zeit einen kleinen Schluck." Wie auch immer dieser Brandy David Niven gerettet hat – die Episode ist eine Legende von Cortina. Kulisse der Hotelszenen des „Rosaroten Panthers" war das „Grand Hotel Cristallo" an der Via Rinaldo Menardi. Ein Jahr darauf mietete Berufsexzentriker *Frank Sinatra* das gesamte Hotel für die Dauer der Dreharbeiten von Von Ryan's Express. Einer weiteren lokalen Legende nach fiel der Hotelportier in Ohnmacht, als Schauspieler *Brad Dexter* noch in Uniform in seiner Rolle als SS-Soldat eincheckte. „Colonel Von Ryan's Express", so der deutsche Titel, bezeichnet einen Eisenbahnzug voller Kriegsflüchtlinge. Gedreht wurde auf den Eisenbahnstrecken im Ampezzo-Tal.

Scheidung auf Italienisch

Was 1963 in Ischia begonnen hatte, sollte zehn Jahre darauf in Cortina d'Ampezzo enden: die aufsehenerregendste Liebesbeziehung des Jahrhunderts. 1973 zogen die berühmtesten Eheleute der Welt, *Liz Taylor* und *Richard Burton*, im ersten Haus am Platz ein, dem „Miramonti Majestic Grand Hotel", Località Peziè 103, wo sie gleich zehn Zimmer in Beschlag nahmen. Ihre Entourage bestand aus Verwandten, Botengängern, 30 Koffern und Liz Taylors

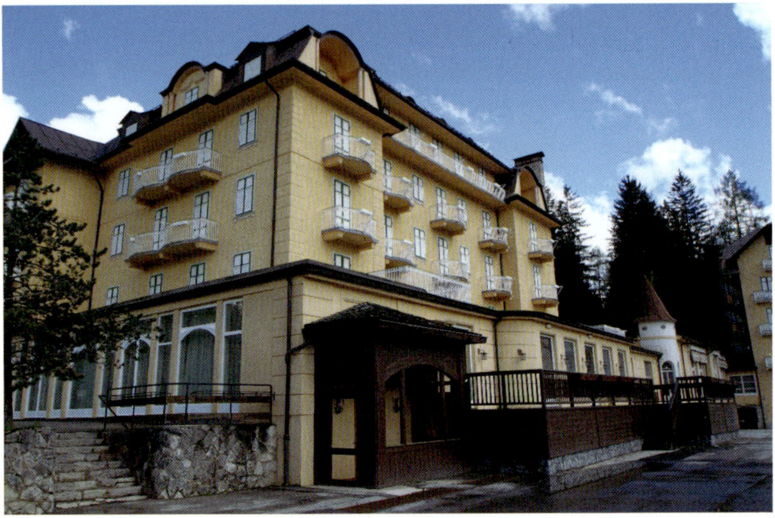

↑ Das „Miramonti", Schlusspunkt der Ehe Burton-Taylor.

kostbaren Juwelen, die den Sicherheitsbeamten schlaflose Nächte bereiteten. Während Burton trinkend im Hotel herumhing, drehte Liz im Miramonti den Film Ash Wednesday (Die Rivalin). „Burton brodelte am Rand vor sich hin", erinnerte sich Produzent *Dominick Dunne*, der vom Paar „gleichzeitig fasziniert wie genervt" war. Das Paar, einen ständigen Ehe- und Wettstreit im Saufen austragend, führte sich gleich mit einer schrecklichen Eifersuchtsszene ein. Burton beschuldigte Liz, das Drehbuch wörtlich zu nehmen und eine Affäre mit ihrem jungen Co-Star zu betreiben, dem Deutschen *Helmut Berger*. Richard wetterte auch gegen den Film: „Mir gefällt die Vorstellung nicht, dass du so etwas produzierst. Damit repräsentierst du den schlimmsten Menschenschlag." Regisseur *Larry Peerce* hatte seine eigenen Sorgen. Er realisierte, dass Liz den Champagner aus Magnumflaschen trank, weshalb ihr weltbekanntes Gesicht – es war für die Drehzeit mit einer Million Dollar versichert – bald aufgedunsen war. „Ihr Gewicht schwankte von Woche zu Woche“, erinnerte sich Peerce. Sie versteckten Elizabeths Pillen; ihr Medikamentenkonsum war mittlerweile besorgniserregend. Dazu kamen die Verzögerungen. Mal erschien Taylor zwei Stunden zu spät für eine Szene mit *Henry Fonda*, ein anderes Mal kam sie gar nicht mehr und schließlich lag Liz mit Masern eine Woche im Bett. Währenddessen sammelte Burton, der vielleicht großartigste Schauspieler seiner Generation, die Hundehaufen im Hotel auf, die ihre exotischen Hunde hinterließen. Fazit des Produzenten: Während des Aufenthalts im Fünf-Sterne-Hotel habe sich das sagenhafteste Paar des Planeten „entliebt“. Im Jahr darauf ließen sie sich scheiden. Um ein Jahr später erneut zu heiraten. Und sich nochmals zu trennen. Ganz kamen sie nie voneinander los.

Bond im Eiskanal

1981 zog dann ein weiterer hochrangiger Gast ins Miramonti: James Bond. Roger Moore wohnte während der Dreharbeiten auch gleich im viktorianischen Hotel, das in die Filmhandlung einbezogen wurde. Im Film **For Your Eyes Only** ist Bonds Zimmernummer die 300; der Balkon, auf dem der Geheimagent zu sehen ist, gehört aber tatsächlich zu Zimmer 108. Die Crew des 12. Bond-Abenteuers drehte außerdem waghalsige Szenen auf den Sporteinrichtungen, die von der Winterolympiade 1956 stammten – dem olympischen Eisstadion, Via Alberto Bonacossa 1, und insbesondere der Sprungschanze namens „Trampolino Italia“, Località Zuel di Sotto.

Im winterlichen Dorfzentrum, im Schatten der Kirche, deren markantes Geläute die Melodie des „Big Ben“ wiedergibt, sollte 007 gemäß Drehbuch von einem Motorradfahrer angegriffen werden. Doch der milde Winter hatte den Schnee schmelzen lassen. 25 Lastwagen karrten das kostbare Weiß von den Bergen herab.

Als es einmal tatsächlich schneite, holte Regisseur *John Glen* das Kamerateam früh aus den Betten, um wenigstens eine Aufnahme des „verschneiten" Wintersportorts einzufangen. „Auf das Wetter ist einfach kein Verlass", resümierte Roger Moore in seiner Biografie „My Word is My Bond". Für Stuntman *Paolo Rigon* wurde der deutsche Titel „In tödlicher Mission" bitterer Ernst. Bond sollte auf Skiern einem Motorradfahrer im Eiskanal entkommen, in dem ein Rennbob hinunterrast. Die 007-Szenen wurden während der Viererbob-WM aufgenommen, weshalb nur frühmorgens und am späten Nachmittag gedreht werden konnte. Das riskante Unterfangen wurde von Ski-Kameramann *Willy Bogner* aufgenommen. Es war bereits zu Beinaheunfällen gekommen: Sowohl Bonds Double als auch der Kaskadeur auf dem Motorrad flogen aus der Bahn. Am 17. Februar 1981 brach der Bobfahrer Paolo Rigon sich das Genick: Der 23-Jährige war der vorderste Mann im Bob, als er mit einem Baum kollidierte. Es war die letzte Aufnahme, die am letzten Tag der sechswöchigen Dreharbeiten noch in den Kasten sollte. Regisseur John Glen schreibt in seiner Biografie „For My Eyes

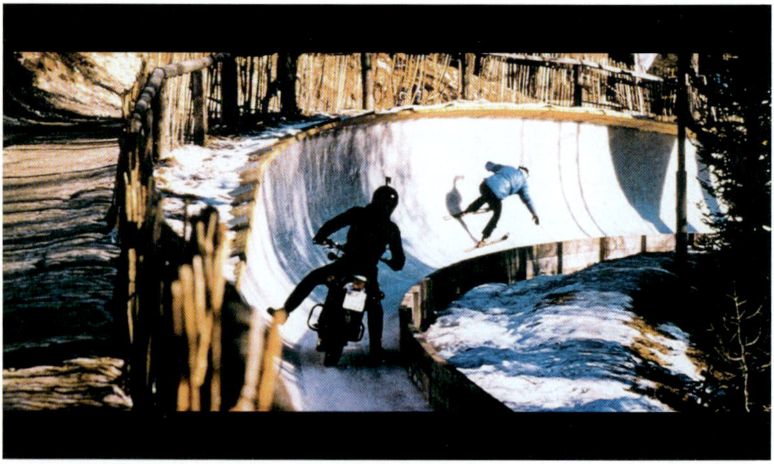

↑ Bond im Eiskanal: Die Bobbahn ist heute der Natur überlassen.

Only": „Wie viele Vorsichtsmaßnahmen man auch trifft, wenn man Hochgeschwindigkeitsaktionen dreht, passieren Unfälle." Die italienischen Behörden beschlagnahmten das Filmmaterial. Die Untersuchung dauerte fast ein Jahr. Selbst der Regisseur durfte es nicht sehen, „und ich wollte das auch gar nicht", sagte Glen.

Die ehemalige Bob-Piste ist heute von Unkraut überwuchert und im Dickicht kaum zu finden. Auch der Ort selbst kam anschließend in die Jahre. Die Olympiabewerbung für 1988 war erfolglos und Cortina büßte seinen Ruf als Hotspot des Jetsets ein. Seit Cortina jedoch den Zuschlag des Olympischen Komitees für die Austragung der Winterspiele 2026 erhalten hat, blüht der Ort nun förmlich wieder auf. Und noch immer kommen die Drehequipen. Zuletzt war 2012 *Claudia Cardinale* da, die schon im „Pink Panther" mitgewirkt hatte. Für sie war **Der stille Berg** ein lang erwartetes Wiedersehen mit Cortina d'Ampezzo.

Wer von Cortina weiter südlich Richtung Triest vorstößt, trifft auf die vielleicht ungewöhnlichste aller Filmlocations: Venzone. Ungewöhnlich, weil man in diesem Grenzort im Alpental in der Location der Hemingway-Verfilmung **A Farewell to Arms** (In einem anderen Land, 1957) steht – und doch nicht. Denn gut 20 Jahre nach dem Film, im Jahr 1976, wurde Venzone von einem Erdbeben fast nahezu ausgelöscht. Doch statt neu zu bauen, setzten die Bürger den lückenlosen Wiederaufbau aus den bestehenden Steinen durch. Wer die „Altstadt" mit Film-Stills vergleicht, wird keinen Unterschied feststellen. Eine schier unglaubliche bauliche Leistung, hinter der sich das Melodrama mit *Rock Hudson* eher bescheiden ausnimmt.

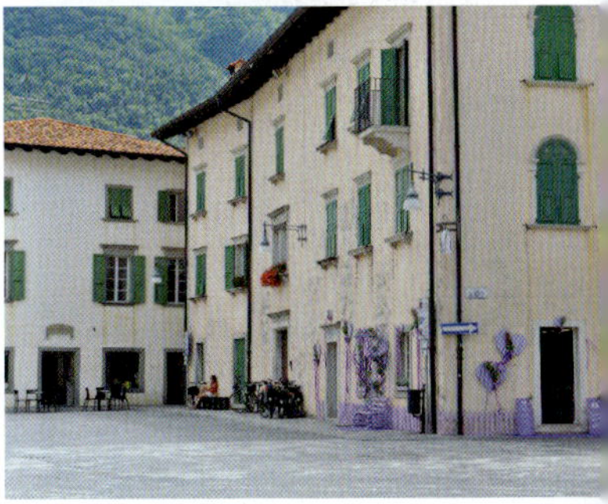

Venzone – wieder aufgebaut. ↑

Selbst einem Spaghetti-Western konnten die verschneiten Dolomiten das ideale Kolorit bieten: Kult-Regisseur *Sergio Corbucci* drehte 1968 seinen **Il Grande Silenzio**, wahrscheinlich besser bekannt als „Leichen pflastern seinen Weg", in der unwirtlichen Berglandschaft, die gut mit *Klaus Kinskis* Brutalitäten korrespondierte. Ein Jahr vor Corbucci hatten die dräuenden Gipfel die transsilvanischen Alpen dargestellt: *Roman Polański* tauchte für **The Fearless Vampire Killers** (Tanz der Vampire) die Seiser Alm in schauriges Mondlicht. Das Hotel „Ritsch" an der Saltria 16 war um das leibliche Wohl der Darsteller besorgt und stellte Räume für die Garderobieren zur Verfügung. Nicht weit davon, in St. Ulrich, diente das alte Hotel „Mezdi" als Kulisse für die Sequenzen mit der verängstigen Dorfbevölkerung (wo heute die „Adler Mountain Lodge" steht). Das bildgewaltige Tierdrama **Der Bär** spielt in Britisch-Kolumbien, wurde von Frankreichs Top-Regisseur *Jean-Jacques Annaud* allerdings ebenso in den Dolomiten umgesetzt und selbst *Sylvester Stallone* kletterte in **Cliffhanger** nicht in den Rocky Mountains, sondern auf dem Monte Cristallo Massiv. Die 27 Meter lange Hängebrücke „Ponte Cristallo", Schauplatz eines furiosen, wenn auch wenig glaubwürdigen Höhepunkts, ist ein Anziehungspunkt für erfahrene Klettersteigfreunde.

Nach Kräften geklettert wird auch im Film **Everest**: Die Tricktechniker der 3D-Großproduktion machten uns 2015 Glauben, die fatale, auf wahren Ereignissen beruhende Kletterpartie sei in den tibetischen Ber-

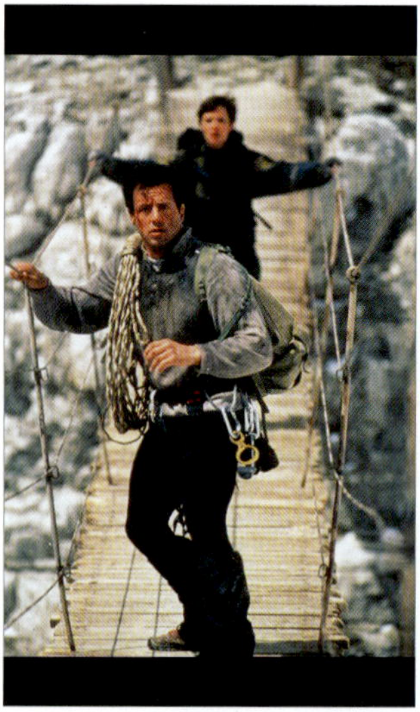

↑ Gleich stürzt Sylvester Stallone an der Ponte Cristallo ab.

gen aufgenommen. Tatsächlich befand sich die Equipe 6800 Kilometer vom Himalaja entfernt, im Südtiroler Schnalstal. Die Stars *Jake Gyllenhaal* und *Josh Brolin* logierten im Hotel „Goldene Rose" an der Certosa 29 in Karthaus. Gleich daneben, in der ehemaligen Klosteranlage, schließt eine Museumsausstellung diese Dreharbeiten mit ein. Die Küche der „Goldenen Rose" besorgte auch das Catering am Hauptdrehort Kurzras.

Kann der Jesus von Brescello sprechen?

„Eine kleine Welt. Ein Landstädtchen. Irgendwo in Oberitalien." So führte die Erzählerstimme in die Don-Camillo-Filme ein. Die Heimat des launigen Priesters liegt nicht irgendwo. Sondern in der Bassa, in der Region Emilia-Romagna, genauer: in Brescello. Eine Stadt zwischen Parma-Schinken – und alten Film-Schinken.

Als wäre es das Lourdes der Filmgeschichte, begeben sich 50.000 Touristen jährlich auf Pilgerfahrt zur Kirche am Dorfplatz, wo der hemdsärmelige Priester persönlich mit Jesus sprach. In den Schaufenstern baumeln die Schinken und wie immer, wenn ein Ort einmal den touristischen Gegenwert seiner kulturellen Erbschaft erkannt hat, übertreibt man es ein bisschen. Die zwei Streithähne zieren das Etikett einer regionalen roten Cuvée und überhaupt kleben Camillo und Peppone auf jedem Kaufartikel, ob genießbar oder nicht. An der Piazza liegt das „Caffè Peppone" (Piazza Giacomo Matteotti 1A), vis-à-vis nennt sich die Konkurrenz nach Camillo und das neueste Gasthaus am Ort ist das, Sie haben es erraten, „Hotel Don Camillo" (Via Strada della Cisa 60). Im gratis ausgehändigten Ortsplan sind die Pilgerstätten alle verzeichnet, sowie an filmhistorischen Gebäuden Hinweisschilder gut sichtbar angebracht.

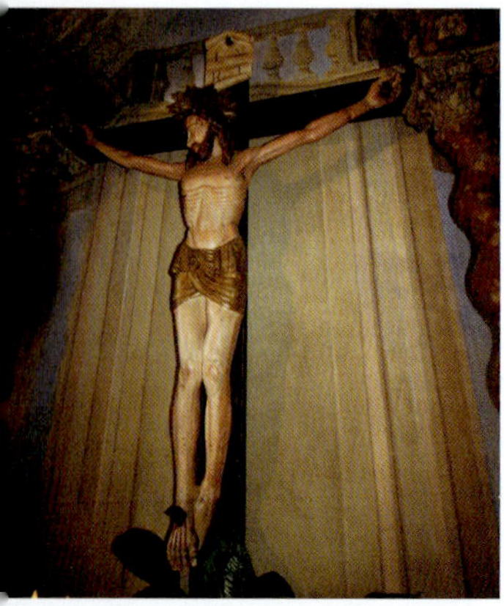

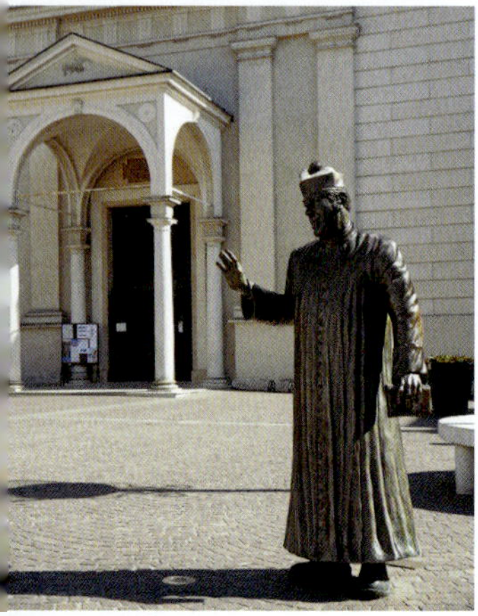

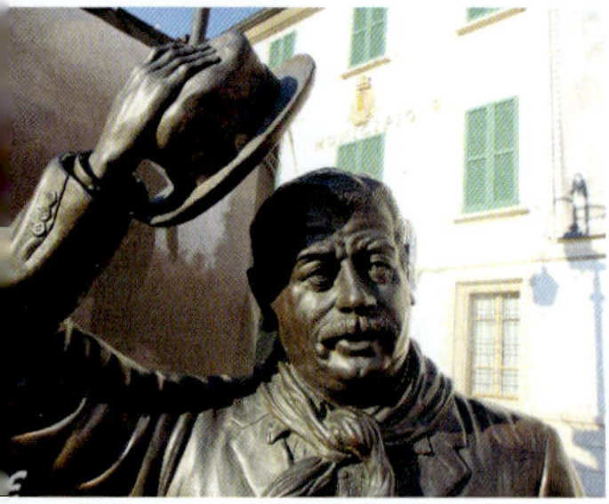

Für die Region, die sich seinerzeit nur von dem ernährte, was der Boden hergab, sind die fünf Filme bis heute das Manna vom Himmel. Auf der Piazza Giacomo Matteotti ist *Fernandel* in Bronze gegossen, winkend, mit dem Gebetbuch in der Hand. Auf der anderen Seite des Platzes steht die Figur des feisten Bürgermeisters, *Gino Cervis* Ebenbild, mit dem Parteiblatt der Kommunisten (die „L'Unità") in der Jackentasche, seinen ewigen Gegenspieler grüßend. Dass sich Politik und Religion hier in Form von Rat- und Gotteshaus direkt gegenüberstehen, war ausschlaggebend, dass Brescello 1951 zum Drehort auserkoren wurde – diese dramaturgische Voraussetzung konnten andere Dörfer in der Po-Ebene nicht erfüllen.

Alle in Brescello wissen alles von Don Camillo. Etwa, dass Fernandel ein Charmeur war, dem die Bresceller Mädchen nicht widerstehen konnten. Die alten Männer, die in Erinnerungen schwelgen, waren zum Zeitpunkt der Dreharbeiten junge Kerle, die sich dem ausdrücklichen Befehl der kommunistischen Partei widersetzten, die Dreharbeiten zu boykottieren. Das Tagesgehalt eines Statisten war besser als der Wochenlohn des Landarbeiters, da konnte

↑ 1: Camillos Kreuz: gesegnetes Filmrequisit. 2: Das bronzene Abbild von Fernandel (Don Camillo) winkt vor der Kirche ... 3: ... seinem ewigen Gegenspieler Gino Cervi (Bürgermeister Peppone) vor dem Rathaus zu.

die Kommunistische Partei noch so gegen die Verunglimpfung roter Ideale wettern.

Im Ortsmuseum an der Via De Amicis 2 – passenderweise ein ehemaliges Kloster – sind Requisiten zu bewundern, etwa die Gewehre, mit denen Camillo sich bei drohendem Ungemach im Kirchturm verbarrikadierte. Und die Fahrräder, auf denen der Geistliche und der Bürgermeister sich ein Radrennen lieferten – das im Übrigen im Nachbarort Boretto gedreht wurde, ebenso wie alle Szenen, die am Po spielen. Der Filmschnitt suggeriert, dass Brescello an den Ufern von Italiens größtem Fluss liegt, doch Brescello behält den Ruhm für sich allein. Der Bummelzug fährt noch immer zwischen den Orten hin und her und an seinen Bahnsteigen nahm die Kamera – auch sie ein Museumsstück – manch tränenreichen Abschied auf. Die Lokomotive steht herausgeputzt im Parco Guareschi, der dem Autor der Vorlage gewidmet ist, Giovannino Guareschi. Die heruntergekommenen Bahnhofsgebäude

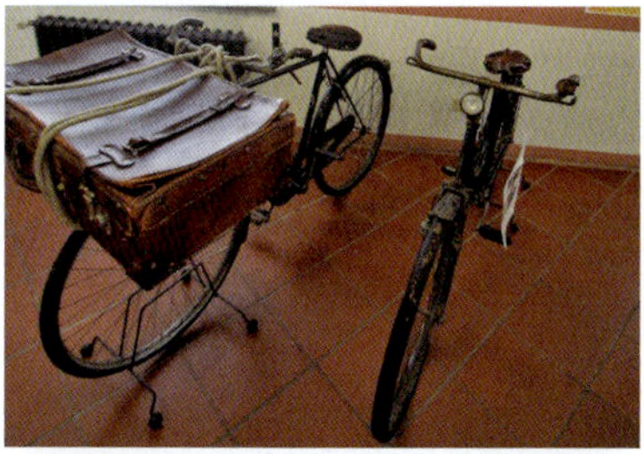

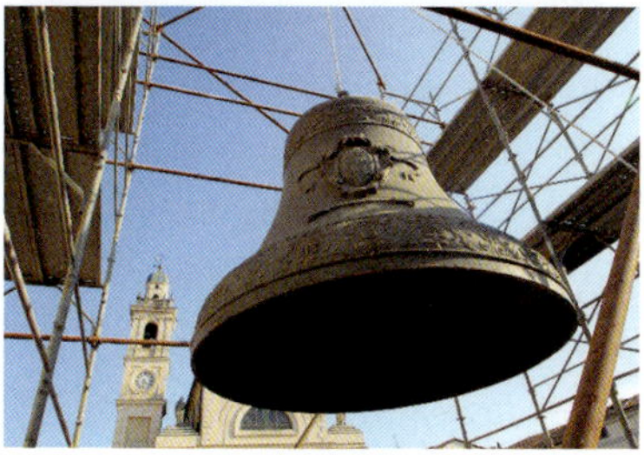

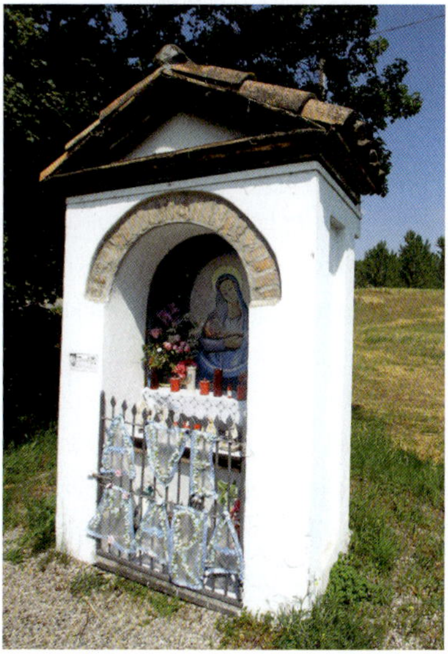

1: Fahrräder als Museumsobjekte. 2: Die Glocke aus Pappmaché. 3: Der Schrein der kleinen „Madonna von Borghetto" steht auch heute noch. ↑

sind in privaten Händen und zwischen den Gleisen picken Hühner Körner auf. Tatsächlich scheint die Kommune nur aus seinem romantischen Kern zu bestehen. Ein paar Schritte weiter finden sich zugenagelte Häuser. Selbst die schmiedeeisernen Tore der Volksschule an der Via Roma (wo Peppone seine Prüfung nachholen musste) sind zugekettet und ausgerechnet das „Casa del Popolo", das von den Kommunisten propagierte „Haus des Volkes" (es ist in der Via Panizzi noch immer so beschriftet), ist eine Ruine. Was hingegen nicht wie in der Filmhandlung vorgesehen abgerissen wurde, ist der Schrein der kleinen „Madonna von Borghetto". Die Mutter Gottes wacht über die Kreuzung an der Bundesstraße 62.

In den schattigen Arkaden der Via Giglioli hängt, fast wie ein Parma-Schinken, die Kirchenglocke, mit der die Roten in „Hochwürden Don Camillo" das Glockenmonopol der Kirche brechen wollten. Dass die Hinterlassenschaft im lauen Lüftchen sachte hin und her schwingt, verrät ihre Herstellung aus Pappmaché. Aus demselben Material bestand auch der Vorbau, den die Kulissenbauer der Chiesa di Santa Maria Nascente verpassten (von allen nur „Don Camillos Kirche" genannt, an der Via S. Maria 2). Als der Erfolg nach einer Fortsetzung verlangte, stifteten die Produzenten den Anbau in echt. Die Bewohnerin von Don Camillos Pfarrhaus (an der Ecke Via Costituente/Via S. Marcellino) kann Besuchern erklären, wo denn Camillos hübscher Laubengang geblieben ist, der so telegen ins Bild gerückt wurde: „Der war aus Karton!"

Ein profanes Requisit jedoch ist zur beinahe schon heiligen Reliquie geworden: das Herzstück dieses Kults, das Kruzifix mit dem Gekreuzigten, an den Don Camillo sich in Notlagen wandte. Das Zwiegespräch mit Jesus war dem Klerus schon in der Buchvorlage ein blasphemischer Dorn im Auge. Und der Katholische Filmdienst, die inoffizielle Zensurstelle, schrieb ebenso wie die Evangelische Filmbeobachtung noch gegen das Filmwerk an, lange nachdem es sein weltweites Publikum gefunden hatte. „Es waren insgesamt fünf Kreuze", klärt der Guide im Ortsmuseum den überraschenden Umstand auf, dass sich die italienisch, die französisch und die deutsch synchronisierte Fassung unterscheiden. Je nachdem, in welchem Land Don Camillo aufgeführt wurde, fanden sich mehr oder eben weniger Dialoge mit Jesus und in manchen Fassungen änderte der Gekreuzigte dabei seinen Gesichtsausdruck. „Die anderen vier Kreuze wurden ein Raub der Flammen beim großen Brand der Cinecittà-Studios."

Dieser Jesus hat sein Gesicht im Schmerz abgewandt, kirschrote Blutperlen laufen ihm von der Dornenkrone in die Stirn. Ursprünglich war der Heiland über dem Altar angebracht, doch das Interesse des Fremdenverkehrs am Messias erwies sich als zu groß für den Kirchenbetrieb, so dass das Kreuz nun im linken Seitenraum der Kirche steht. Die Kontroverse der Huldigung einer Filmrequisite konnte mit der Segnung des Kreuzes umgangen werden – es steht damit ganz offiziell in Kirchendiensten. Die Touristen steuern den Raum zielsicher an, machen ein Selfie mit Jesus, lauschen in die Stille hinein – spricht er? Vielleicht ist in Brescello ja die Art Begeisterung für Jesus zu sehen, die sich der Vatikan noch in anderen Gotteshäusern wünschen würde. Mit Sicherheit lässt sich sagen, dass die Strahlkraft der Filmwerke die literarische Vorlage Guareschis in den Schatten gestellt hat. Er schlug die Nennung seines Namens als Mitautor der Drehbücher aus, weil die Endfassungen so wenig mit seiner Vision übereinstimmten. Der streitbare Autor hielt anfangs selbst Fernandel für eine Fehlbesetzung, musste dann aber erleben, wie der Franzose mit seinem Pferdelachen dem italienischen Dorfpfarrer ein unvergessliches Gesicht verlieh. „Und so können hier Dinge geschehen" – mit diesen Worten entließ der Erzähler das Publikum jeweils zurück in die Wirklichkeit, „die nirgendwo in der Welt möglich sind."

Mörder lieben Ischia

In Ischias Buchten versenkt ein talentierter Mörder namens Ripley seine Opfer. Bisher in schon zwei Verfilmungen. Und einmal wäre im Hafen beinahe Liz Taylors Karriere untergangen.

Ausgerechnet die sonnige Insel im Golf von Neapel zieht lichtscheue Elemente an. Die verborgenen Meerbusen bewahren ihre mörderischen Geheimnisse. Obwohl der Tatort „Mongibello" eine reine Erfindung ist und der Fantasie der Buchautorin Patricia Highsmith entspringt, wählten die Filmemacher von „Nur die Sonne war Zeuge" (**Plein Soleil**) mit *Alain Delon* und des Remakes „The Talented Mr. Ripley" mit Matt Damon doch beide Male Ischia.

Highsmith nannte die erste Verfilmung „very beautiful to the eye". Es ist nicht überliefert, ob sie damit die Schönheiten der Filmlocation gemeint hat oder den Darsteller ihres Mister Ripley, in diesem Film eher ein Monsieur Ripley: Alain Delon. Dass den Zuschauern 40 Jahre später nicht gleich auf den ersten Blick auffällt, dass Matt Damon und Alain Delon auf derselben Insel ihr Unwesen treiben, liegt daran, dass *René Clément* 1960 vor allem am Südzipfel der Insel filmte. Das Fischerdorf Sant'Angelo mit seinen

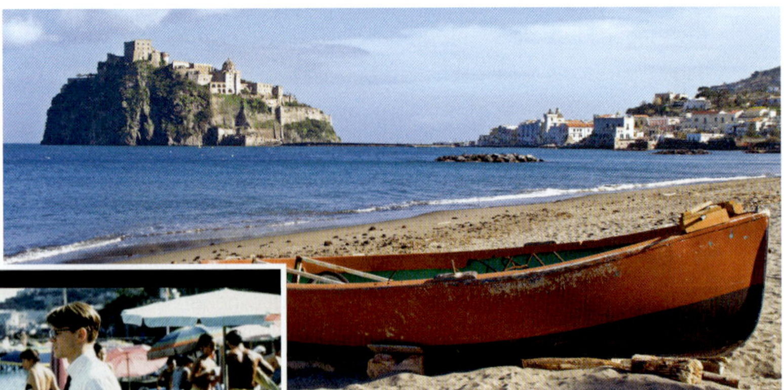

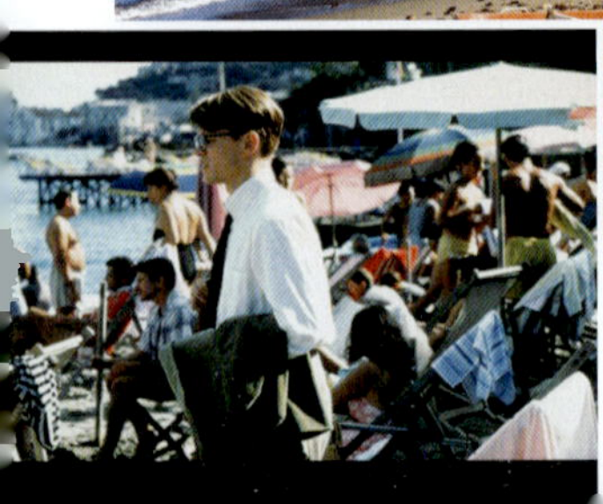

↑ Ischias Wahrzeichen: Castello Aragonese.

← Matt Damon am Strand Bagno Antonio.

steil gepflasterten Straßen war sein Hauptdrehort. Aufnahmen in Ischia Ponte ergeben durch den Schnitt den Eindruck, dass sich die ganze Handlung in Sant'Angelo abspielt. Der Felsen, der die Wellen vor dem fotogenen Hafen von Sant'Angelo abhält, wird auch vom „Roten Korsaren" umschifft. In Ischia Ponte wohnt der dämonische Monsieur Delon in einem Haus mit Treppe an der Via Luigi Mazzella, der Hauptstraße des Dorfs. In der Filmversion von 1999 liegt das extravagante Feriendomizil von ***Jude Law*** nur einen Steinwurf davon entfernt, an der Strandpromenande Lungomare Aragonese. Fast ganz vor Blicken geschützt, hebt sich der moderne Bau stark von Ischias uralten, bunt bemalten Häusern ab. Dort findet sich auch das Bagno Antonio, ein privater Strand an der Promenade, wo Matt Damon sich Jude Law – seinem späteren Opfer – vorstellt. Interessant: Regisseur Anthony Minghella wählte für das Remake dieselbe Saison wie sein Vorgänger, Spätsommer bis November. Dann riecht die dichtbewachsene Insel intensiv nach überreifen Datteln und Feigen.

„Bestechend fotografiert", hatte das Lexikon des Internationalen Films schon über das Original geurteilt. Allerdings ist es in Ischia kaum möglich, die Kamera an den falschen Ort zu stellen: Das Meer wirkt wie ein Lichtverstärker und die Bauten sind fast so fotogen wie die Männer in den Hauptrollen. Musste der erste Film noch auf die homoerotischen Anspielungen des Buchs verzichten, so durfte das moderne Remake schon viel freizügiger sein.

Piraten des Mittelmeers

Wenn Matt Damon in Ischia Ponte ankommt, dem östlichen Zipfel der Insel, ragt im Hintergrund das Castello Aragonese auf, ein Traummotiv für jeden Kameramann. Dass einem die Burg auf dem Felsen bekannt vorkommt, hat vor allem einen Grund: den „roten Korsaren", den bonbon-bunten Piratenfilm von 1952. Die Burg

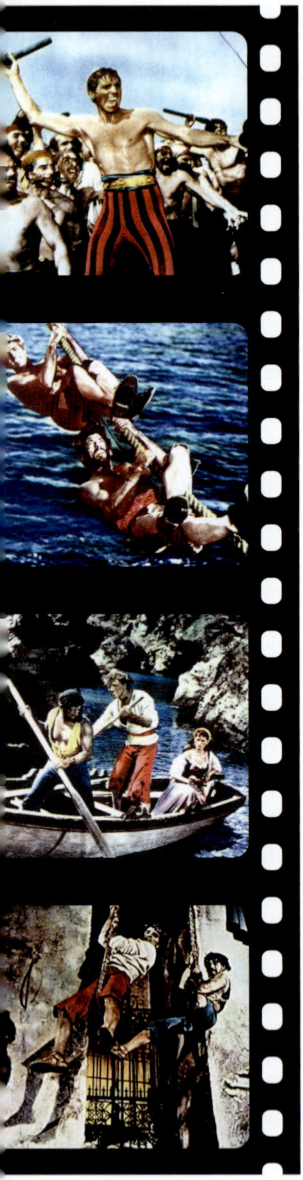

wird im Film zur Festung der bösen Besatzer, die von den Piraten unter Beschuss genommen wird. Das fürstliche Castello wurde im Laufe der Geschichte tatsächlich von vielen Eroberern eingenommen. Heute wird es nur noch von Touristen erstürmt.

Mit The Crimson Pirate begründete *Burt Lancaster* nicht nur die Filmtradition auf Ischia, sondern auch seine eigene, lebenslange Liebesbeziehung mit Italien. Das Mittelmeer zog den athletischen Filmstar magisch an. Mit dem „Leoparden" (Il Gattopardo, 1963), unter der Regie des Italieners *Luchino Visconti*, spielte er dann sogar einen sizilianischen Aristokraten (am Drehort Palermo). Viele Jahre hatte Burt den Schlüssel zu einem Appartement direkt am Trevi-Brunnen in Rom.

„Der Rote Korsar" wiederum kam zustande, weil Anfang der 1950er-Jahre Steuervergünstigungen in Europa lockten. Während des Weltkriegs eingefrorene Bankkonten durften für Filmproduktionen aufgetaut werden. Der italienische Publizist Angelo Rizzoli erkannte das touristische Potential. Um die Fischerinsel in einen Touristenmag-

← 1: „Der rote Korsar" war die erste große Fimproduktion auf der Insel im Golf von Neapel. 2: Burt Lancaster und Nick Cravat klettern mit artistischem Können durch die Takelage. 3: Die Flucht im Ruderboot – gefilmt in einem malerischen Riff. 4: Lancaster und Cravat absolvierten alle Stunts selbst. Die Jugendfreunde waren vor der Leinwandkarriere als Artistenduo im Zirkus aufgetreten.

neten zu verwandeln, lockte er Promis vom Festland, aus Politik, Wirtschaft – und bald auch aus dem Kino. Da Ischia über heiße Quellen verfügt, galten die Thermen schon bald als Hotspot der Hollywood-Stars. An einem schönen Tag konnte man John Wayne in kurzer Hose vor dem „Regina Isabella" (Piazza Santa Restituta, 1, 80076 Lacco Ameno) antreffen, eine Art frühes Wellness-Hotel, das sein Alter heute nicht mehr verbergen kann. Im Hotel „La Reginella", ebenfalls in Lacco Ameno, an der Corso Angelo Rizzoli, kamen Filmgrößen wie William Holden in Ferienlaune und selbst der sonst so formelle Hitchcock war in Freizeitkluft unterwegs. Seit 2003 das Ischia Film Festival ins Leben gerufen wurde, konnte man im „Rive Droite", direkt am Hafen, an der Via Porto 53, auch Tom Cruise mit der damaligen Gemahlin Nicole Kidman beim entspannten Dinieren zusehen. Und in Forio hatte sich eine Künstlerkolonie aus Schriftstellern und Komponisten angesiedelt. Kein Vergleich mit dem Anblick, der sich Burt Lancaster 1952 bot, „bevor überhaupt jemand von dieser Insel gehört hatte": Damals war Ischia geradezu primitiv, ohne Flugplatz, ohne fließendes Wasser, mit nur einer ausgebauten Straße, und die 25 Telefonmasten stellten um 8 Uhr abends den Betrieb ein. Im Riff, das malerisch vor dem heutigen Hotel „Delfini" (Via Nuova Cartaromana, 68) liegt, wurde Lancasters Flucht im Ruderboot aufgenommen und den brüchigen mittelalterlichen Rundturm von Forio erklimmt er ebenso mühelos.

Für den ehemaligen Zirkusartisten Lancaster war die Korsarenfregatte das ideale Star-Vehikel, um seine sportlichen Qualitäten zur Schau zu stellen. Die vergnügliche Freibeuter-Travestie (von der die Piraten in „Fluch der Karibik" Jahre später großzügig Gags borgten – etwa wie sich in einem umgedrehten Ruderboot atmen lässt) machte Lancaster und Ischia zu globalen Superstars. Dass der Film in der Karibik spielt, tat nichts zur Sache.

Der nächste erinnerungswürdige Film – wenn auch weniger wegen des Filminhalts als vielmehr wegen seiner Hauptdarstellerin – wurde 1957 aufgenommen. Romy Schneider spielte hier nach den Sissi-Erfolgen als Scampolo erneut mit Leichtigkeit ein junges Mädchen in ihrem Alter. „Scampolo ist ungeheuer temperamentvoll", notierte sie in Vorfreude auf die Reise in ihrem Tagebuch, „und so etwas habe ich noch nie gespielt. Obwohl ich ein ganz armes Mädchen bin, das zu niemandem gehört und als Fremdenführerin seine Lire verdienen muss." Ein kleiner Kniff der Produzenten, in der kaum wahrnehmbaren Handlung die Highlights der Insel ins Bild zu rücken. Dass wenig im Kunstlicht des Ateliers und viel unter der echten Sonne von Italien gedreht wurde, dürfte mit ein Grund für die Rastlose gewesen sein, das Rollenangebot anzunehmen. Eine Szene spielt in der „Coco-Bar" in Ischia Porto (Ponte Aragonese, 1) wo noch heute die besten Meeresfrüchte zu bekommen sind. Romy erlebte damals ihre Romanze mit Alain Delon und tritt in dessen Ripley-Film spaßeshalber in einer Gastrolle auf.

Avanti, Avanti!

Eine Leiche ist auch der Auslöser für die Handlung von Avanti, Avanti!: Im August 1972 soll Millionär *Jack Lemmon* die Leiche seines Vaters abholen. Er kommt am selben Hafen an, wo Scampolos Schiff ankerte, an der Via Porto. Hier sorgen die aus Neapel einlaufenden Fähren für Überschwemmungen der neapolitanischen Restaurants direkt am Kai, was niemanden zu stören scheint. Genau diese unbekümmerte Lebensart soll der gestresste Geschäftsmann lernen. Lemmon wird herausfinden, dass sein Vater eine langjährige Affäre auf Ischia unterhielt. Im Oeuvre von Komödien-Spezialist Billy Wilder nimmt „Avanti, Avanti!" zwar keinen Ehrenplatz ein, ihm als Europäer lag der Streifen allerdings am Herzen.

„Ich habe den Film in Italien gedreht, ich wollte einen europäischen Film machen! Man konnte riechen, dass er in Italien gedreht war." Für Wilder-Verhältnisse bleibt der Film harmlos, das Nacktbaden und Jack Lemmons blanker Hintern sind noch das Gewagteste, wenn der „Ami" nicht nur seine Badehose, sondern auch seinen Puritanismus verliert.

Wilder sagte über seinen Produktionsausstatter Ferdinando Scarfiotti: „Er war kein wirklicher Designer. Er fand die Locations. Er konnte gar nicht bauen. Wenn man ein Hotel brauchte, musste er erst eins finden." „Gefunden" hat der findige Produktionsdesigner auch die herrliche Location der Kapelle, in der Lemmon den tiefgekühlten Leichnam abholt: Die „Chiesa del Soccorso" in Forio (Via del Soccorso), die Kinogängern natürlich bekannt vorkam. Sie war eine der Stationen von Touristenführerin Romy Schneider. Lemmons Hotel und den Leuchtturm sucht man allerdings auf Ischia vergeblich – der Turm steht auf Capri, das Hotel „Excelsior Vittoria"

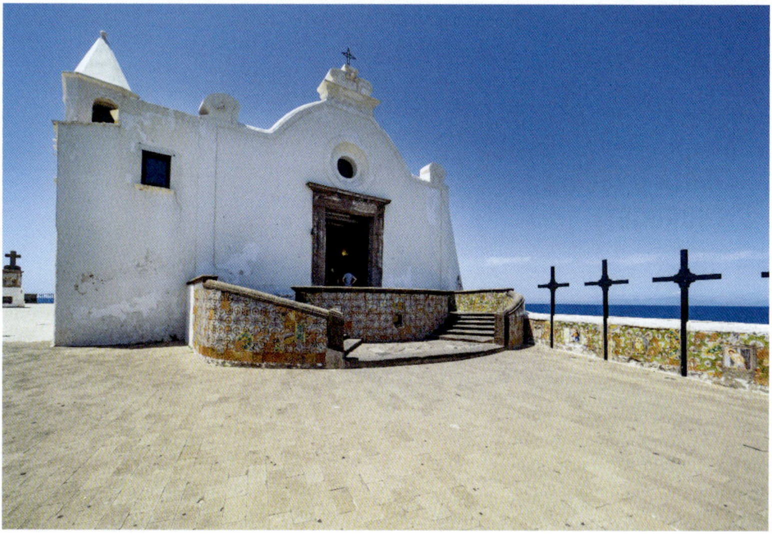

Zwischenhalt für Romy Schneider, Leichenhalle für Jack Lemmon: die Chiesa del Soccorso. ↑

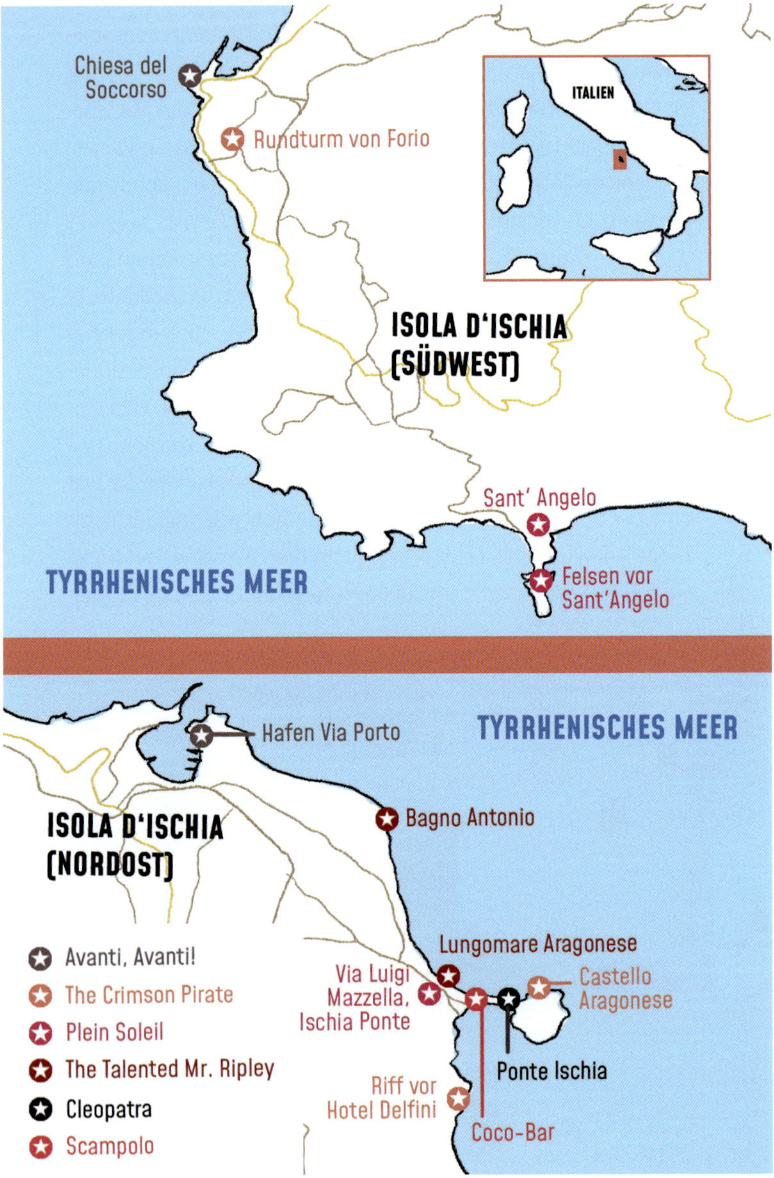
Chiesa del Soccorso
Rundturm von Forio
ITALIEN
ISOLA D'ISCHIA (SÜDWEST)
Sant' Angelo
Felsen vor Sant'Angelo
TYRRHENISCHES MEER
Hafen Via Porto
TYRRHENISCHES MEER
Bagno Antonio
ISOLA D'ISCHIA (NORDOST)
Lungomare Aragonese
Via Luigi Mazzella, Ischia Ponte
Castello Aragonese
Ponte Ischia
Riff vor Hotel Delfini
Coco-Bar
Avanti, Avanti!
The Crimson Pirate
Plein Soleil
The Talented Mr. Ripley
Cleopatra
Scampolo

in Neapel. Wilder bedauerte, sich nicht weiter vorgewagt zu haben. „Wenn der Sohn entdeckt hätte, dass der Vater eine schwule Liaison gehabt hätte – das wäre dann ein wirklich mutiger Film geworden!" Für homoerotische Enthüllungen musste das Publikum noch auf Mister Ripley warten.

„Liz und Dick"

Der größte Sex-Skandal, den Ischia – und bis dahin wohl die Welt – je erlebte, kam im Juni 1962. Der Kolossalschinken **Cleopatra** besiegelte das Schicksal der wohl stürmischsten Liebesaffäre des letzten Jahrhunderts: „Liz und Dick" wurden zur Marke, zum Medienereignis. Elizabeth Taylor und Richard Burton hatten sich in Toga und Tunika kennengelernt. Als der Historienfilm den Drehplatz Ischia erreichte, hatte der Gigantismus der 10-monatigen Dreharbeiten bereits ungekannte Ausmaße angenommen. Der Realität gewordene Alptraum aller Finanziers sollte schon bald den zweifelhaften Titel „teuerster Film aller Zeiten" tragen (seine 44 Millionen entsprächen etwa heutigen 300 Millionen Dollar). Geld wurde, wie sich ein hoher Produzent der 20th Century Fox ausdrückte, „wie im Klo runtergespült". Am überdimensionierten Set vor dem Castello Aragonese sollten die Kameras die Seeschlacht bei Actium einfangen. Bei Ponte Ischia wurde auch aufwändig auf Film gebannt, wie die Luxus-Barke der ägyptischen Königin anlegt. Obwohl für das Studio die bare Existenz auf dem Spiel stand, hatten die Hauptdarsteller anderes im Sinn. Liz und Dick waren beide verheiratet, hatten Familien, als sie sich hemmungslos vor der Welt ihrem Liebesrausch hingaben. Sie spielten ihre Rollen als Cleopatra und Antonius nicht nur – sie lebten sie. In den Bäumen vor ihrem Liebesnest aus rosa Marmor, einer Villa an Roms Via Appia, hingen die Papparazzi wie Äpfel von den Ästen, um das erste Bild zu schießen, das die Affäre beweisen würde.

Kaum, dass die Hubschrauber auf Ischia aufgesetzt hatten, mieteten sich die Turteltäubchen eine Yacht und gondelten vor der mediterranen Küste, eine Flottille kleiner Boote mit sensationshungrigen Fotografen in ihrem Kielwasser. Einem Fotografen mit gutem Teleobjektiv gelang schließlich der Schuss: Die beiden räkeln sich auf dem Bug, Zigarettenschachteln zu ihren Füßen; sie im gestreiften Badeanzug, ihre dunkle Mähne bildet einen scharfen Kontrast zum blendenden Weiß der Yacht, er liegt vor ihr. Ganz ineinander versunken – und doch gut sichtbar. Sie küssen sich, das Bild geht um die Welt, Ischia wird zum Tollhaus. Das Foto ist die Initialzündung für die später üblich gewordene Verletzung der Privatsphäre durch die Medien. „Le Scandale" wird zum geflügelten Wort – Burton hat den Begriff selbst geprägt. Selbst der Vatikan gibt seinen Senf dazu, verurteilt Elizabeths „erotisches Vagabundieren". Im US-Kongress wird beraten, ob man den beiden als unerwünschte Personen die Wiedereinreise in die USA untersagen solle. Befürchtet wurde nichts weniger als die moralische Entgleisung der ganzen Nation. Die heißen Tage auf Ischia waren zusätzlich beste Reklame fürs lauschige Inselparadies.

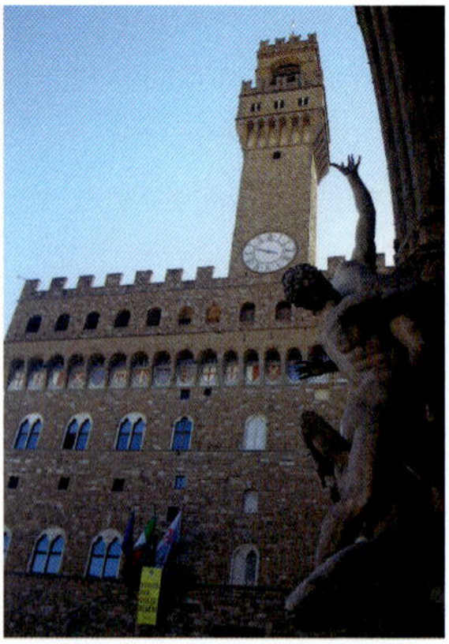

↑ Palazzo Vecchio

Florenz: Mehr als ein Monster

Seit dem Dan Brown-Bestseller Inferno und der Verfilmung von 2016 hat die Zahl der Filmtouristen an den Schauplätzen in Florenz explosionsartig zugenommen. Die Besucherzahlen des Palazzo Vecchio sollen um das Doppelte angestiegen sein, berichtet die örtliche Tourismusbehörde händereibend. Dabei stand die größte Stadt der Toskana dem Filmtourismus anfangs skeptisch gegenüber.

Der majestätische Palazzo Vecchio, der heute als Rathaus von Florenz dient und 1299–1314 erbaut wurde, prägt mit seiner Turmsilhouette nicht nur die Skyline der Stadt – sondern auch mehr als einen Hollywood-Film. Am undankbarsten war die Rolle des toskanischen Palasts wohl, als er in seinen prunkvollen Sälen Hannibal Lecter, den Serienmörder, beherbergte. Regisseur ***Ridley Scott*** kehrte unmittelbar nach **Gladiator** nach Italien zurück und nutzte für **Hannibal** nahezu 100 Drehorte in und um Florenz. Die vielleicht schrecklichste Szene des Thrillers – der keinen Mangel an solchen hat – ereignet sich, wenn ***Anthony Hopkins***, der hier zum zweiten Mal in die Haut des Psychokillers schlüpft, einen Polizeikommissar aus dem Fenster im Saal der Lilien stößt. Nicht, ohne ihm vorher den Bauch aufzuschlitzen. Was auf der Piazza della Signoria eine ziemliche Schweinerei anrichtet. Die Filmemacher berufen sich dabei auf einen Mordfall, der sich vor hunderten von Jahren unter ähnlich grässlichen Umständen ereignete.

Florenzer Politiker hatten erfolglos versucht, den Dreharbeiten Einhalt zu gebieten. Aus Angst, der Ruf des blutrünstigen – aber von einer weltweiten Fangemeinde hochverehrten – Hannibal könnte sich auf das Image der Stadt übertragen. Die Mehrheitspartei befürchtete, der Film könnte Fanatiker auf der Suche nach „morbiden Thrills und vulgärem Horror" anlocken. Insgeheim war den Stadtvätern unwohl beim Gedanken, „Hannibal" könnte die Erinnerung an die Ritualmorde des „Monsters von Florenz" Ende der 1960er- bis Mitte der 80er-Jahre wecken, einem italienischen Jack the Ripper. Tatsächlich lehnte der Autor der Romanvorlage, Thomas Harris, „seine" Hannibal-Taten lose an diese Metzeleien an. Letztlich erteilte die Stadt die Dreherlaubnis, sodass am 8. Mai 2000 die Kameras anliefen. Unter anderem am Mercato Nuovo,

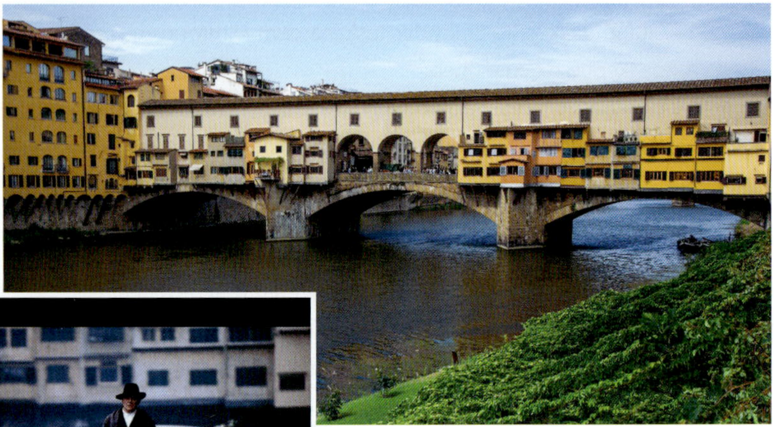

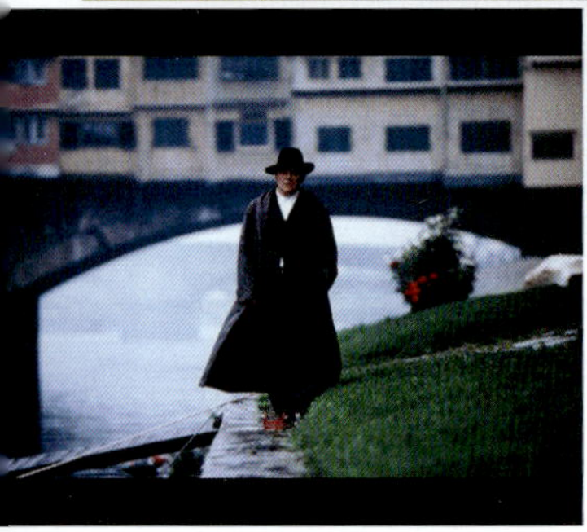

An der Ponte Vecchio sorgt Hannibal the Cannibal für blutige Momente.

wo Hannibal einen Dieb absticht und daraufhin blutige Hände am Porcellino-Brunnen gewaschen werden, wo das Wasser aus dem Maul einer Wildschwein-Skulptur fließt.

Weitere wichtige Drehplätze waren die Bibliothek des Palazzo Capponi an der Via de' Bardi 36 (wo Hannibal ein Doppelleben als Kurator führt), die Drogerie Santa Maria Novella an der Via della Scala (wo Hannibal ein Parfum für Clarice mischen lässt) und das „Caffè Rivoire", wo der Kommissar an der Piazza della Signoria den Serienmörder beschattet. Hannibal „the Cannibal" trieb sein Unwesen zudem auf der Ponte Vecchio, der mittelalterlichen Brücke mit modernen Touristen-Preisen, die schon 1976 in einem Psychothriller zu sehen war, **Obsession** (Schwarzer Engel), von ***Brian De Palma***. Der schönste Blick auf eine der ältesten Brücken mit Segmentbögen bietet sich aus Zimmer 414 im „Hotel degli Orafi", Lugarno degli Archibusieri 4. Von hier genoss man im britischen A Room with a View von 1985 amoralische Aussichten. Doch auch Regisseur *James Ivory* hat ein bisschen geschummelt und das „Zimmer mit Aussicht" aus den Blickwinkeln dreier verschiedener Standorte in Florenz zusammengesetzt.

Noch mehr Filmorte in Italien

In seiner Oscar-Rolle als „Gladiator" reitet *Russell Crowe* im gestreckten Galopp, um seine Familie in der Toskana vor den Häschern des römischen Kaisers zu erreichen. Vielleicht kommt er deshalb zu spät, weil er – wie dem kundigen Filmfan ins Auge fällt – einen Umweg über die filmerprobten Alabama Hills in Nord-Kalifornien nimmt. Schließlich erreicht er auf seinem zu Recht erschöpften Pferd San Quirico d'Orcia, in der Provinz Siena. Die toskanische Region ist bekannt für ihre ungewöhnlichen Portalanlagen. Die Heimadresse des Gladiators, der Frau und Kind ermordet vorfinden muss, ist ein altes Bauernhaus auf einem Hügel vor Pienza. Die Farm „Terrapille" der Familie Mangiavacchi bietet einen der schönsten Aussichten auf das Val d'Orcia (Podere Terrapille, 80). Eines der beliebtesten Fotomotive der Toskana, die Kapelle der Madonna di Vitaleta, steht, nahe der Gemeinde San Quirico d'Orcia, in einem Weizenfeld und ist im Film zu sehen, wenn der sterbende Gladiator seine Hand über den Weizen streichen lässt.

Die Stadt Pienza ist auch das Setting von „The English Patient" (Der englische Patient). In der Abtei von Sant'Anna in Camprena pflegte 1996 Krankenschwester *Juliette Binoche* den Kriegsversehrten *Ralph Fiennes*. Die Szene, von der alle Kinozuschauer sprachen – in der Binoche von ihrem indischen Liebhaber an einem Seil zur Decke hochgezogen wird, um bei Fackellicht die Fresken

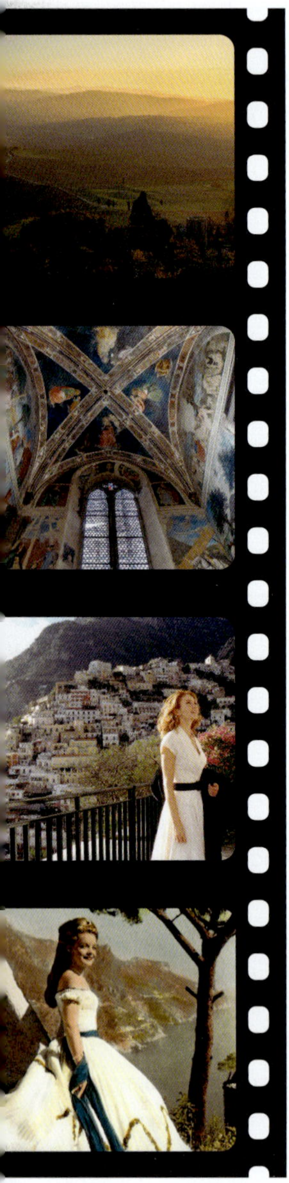

zu sehen (gemalt von Piero della Francesca, 1453–1466) – entstand in der Bacci-Kapelle in der Kirche von San Francesco in Arezzo (80 km von Florenz). Die in der Zwischenzeit restaurierten Fresken sind mit obligatorischer Reservierung zu besichtigen (aus Sicherheitsgründen beschränkt auf 25 Personen für 30 Minuten). Allerdings nicht wie im Film mit romantischem Flaschenzug.

2003 führte **Under the Tuscan Sun** (Unter der Sonne der Toskana) *Diane Lane* von Pienza in die Arme eines Liebhabers nach Positano, einer Ortschaft, die in die wildromantische Steilküste von Amalfi gehämmert ist. Sophia Loren darf sich hier Ehrenbürgerin nennen. Die Region südöstlich von Neapel, insbesondere der Ort Ravello, wurde schon früh von der Prominenz entdeckt: Hier ließen sich Richard Wagner und Schriftsteller Gore Vidal inspirieren. Letzterer nannte den Blick vom „Hotel Caruso" (Piazza S. Giovanni del Toro 2) den „schönsten der Welt". Roman Polański hat seinen italienischen Film **What?** (Was?) ebenfalls in der nach Zitronenbäumen duftenden Kleinstadt angesiedelt. Allerdings gerät dieser Streifen von 1972 besser in Vergessenheit. Besser gealtert ist **Beat the Devil** (Schach

← 1: Heimadresse des „Gladiators": Val d'Orcia. 2: Die Bacci-Kapelle des „englischen Patienten". 3: Diane Lane ist in Positano „Under the Toscan Sun". 4: Obwohl Sissi im Film zur Kur nach Griechenland muss, bleibt sie für die Dreharbeiten doch in Ravello an der Amalfi-Küste.

dem Teufel): Kaum zu glauben, dass Regisseur *John Huston* 1953 das prächtige Städtchen, von der UNESCO zum Weltkulturerbe erklärt, in Schwarzweiß drehte. Seine Gaunerkomödie war ohnehin eher eine Entschuldigung für einen ausgedehnten Italien-Urlaub seiner Stars *Humphrey Bogart* und Gina Lollobrigida. Das trinkfeste Duo Bogart-Huston machte das „Hotel Palumbo" unsicher (Via San Giovanni del Torro 16). Nach Huston nutzten weitere Regisseure die Villa Rufolo an der Piazza Duomo wegen ihrer Fernsicht aufs Tyrrhenische Meer. Schon bald darauf kurierte hier die sterbenskranke „Sissi" im dritten Teil der Trilogie ihre Tuberkulose. Die Wunderheilung tritt in Ravello ein, auch wenn es im Film heißt, das Klima Griechenlands sei dafür verantwortlich.

Die Vulkaninsel **Stromboli**, nördlich von Sizilien, war Schauplatz des gleichnamigen Films von 1950 und gleichzeitig der berüchtigten Affäre, die sogar den Heiligen Stuhl beschäftigte: *Ingrid Bergman* und der italienische Regisseur *Roberto Rossellini* sorgten mit ihrer stürmischen Liebe, für die sie ihre Familien aufgaben, für den bislang größten Skandal der Nachkriegszeit, der nur noch von Liz und Dick übertroffen werden konnte. In der Via San Vincenzo, nahe der Kirche der Ortschaft San Vincenzo auf Stromboli, steht ein kleines rotes Haus: Es war das Liebesnest der beiden. Ingrid Bergman blieb als Geächtete Hollywood jahrzehntelang fern.

Als Michelangelo bemalt Charlton Heston in **The Agony and the Ecstasy** (Michelangelo – Inferno und Extase, 1965) bis zur Erschöpfung die Decke der Sixtinischen Kapelle – natürlich nicht der echten, sondern die eines originalgetreuen Nachbaus in Cinecittà. Die Farbe, die dem besessenen Maler permanent ins Gesicht tropft, war tatsächlich Schokoladensauce. Nicht echt war auch der Petersplatz (eigentlich in Rom), denn der Historienfilm versucht zu zeigen, wie er im Jahr 1508 ausgesehen haben könnte – und so wurde er auf der Piazza del Popolo in Todi rekonstruiert.

Eine gute halbe Autostunde nördlich von Neapel liegt in Caserta der bourbonische Königspalast, dessen prunkvollen Korridore, besonders aber die prächtige Marmortreppe, in mehr als einem Film zu sehen sind: Hier logierte 1970 *Orson Welles* als Louis XVIII. in dem epischen Kriegsfilm **Waterloo**. Und in zwei Filmen wurde der barocke Bau als das Innere des Vatikans ausgegeben: in „Angels and Demons" (Illuminati) nach der Romanvorlage von Dan Brown und in **Mission: Impossible III** mit Tom Cruise. Auf denselben Stufen der UNESCO-Weltkulturstätte wandelten die Jedi-Ritter in **Star Wars: Episode I – Die dunkle Bedrohung** von 1999: In der fernen Galaxis verwandelte sich der Palast Caserta in den königlichen Sitz der Prinzessin von Naboo.

Und weil selbst ein Prunkpalast wie Caserta keine Terrasse mit Seeblick zu bieten hat, verlegten die Star-Wars-Macher die darauffolgende Episode vom **Angriff der Klonkrieger** (2002) an den Comer See, genau genommen in die Villa del Balbianello, auf der Spitze der Halbinsel Lavedo in Lenno: In diesem lauschigen Garten verlieben sich Anakin Skywalker und Prinzessin Padmé – allen Jedi-Warnungen zum Trotz. Dieselbe Villa ist Reiseziel von 007-Fans, wenn auch aus einem anderen Grund: An den Gestaden des Comer Sees durfte Daniel Craig sich 2006 in „Casino Royale" von seiner Folterszene erholen. Der eigentliche heilige Boden am Comer See ist für Bond-Anhänger aber die Villa La Gaeta in San Siro (Apartments können gemietet werden), denn hier sagte Daniel Craig erstmals die ikonische Vorstellungsformel auf: „Bond … James Bond". Weshalb die Fans das Haus längst in „James-Bond-Villa" umbenannt haben.

Der britische Geheimagent bleibt Italien gewogen: Im süditalienischen Matera wurden für einen Stunt in Bond-Nummer 25 30.000 Liter Coca-Cola auf der Straße ausgekippt. Europas Kulturhauptstadt 2019 empfahl sich mit seinen Höhlensiedlungen aus der Jungsteinzeit bislang vor allem mit Bibel-Verfilmungen für die Leinwand: Hier herrschte ***Richard Gere*** 1983 als **König David** über Jerusalem und hier ließ Mel Gibson in seinem radikalen „Passion of the Christ" 2004 den Christus kreuzigen.

• Reggia di Caserta •

Viale Douhet, 2/a, 81100 Caserta CE

www.reggiadicaserta.beniculturali.it

mit Königlichem Park und Englischem Garten

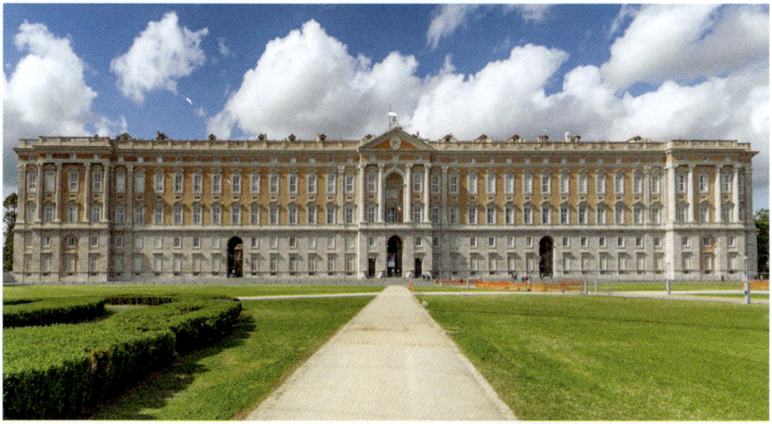

Im Königspalast von Caserta verlieben sich Kameramänner in die marmorne Treppe: In „Star Wars: Episode I – Die dunkle Bedrohung" liegt hier der königliche Sitz von Prinzessin Padmé Amidala.

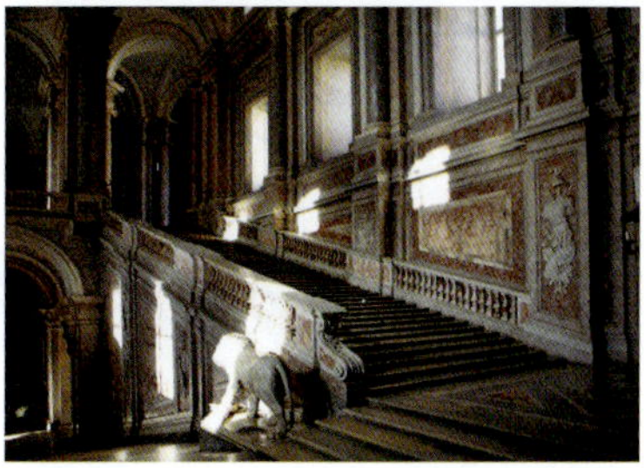

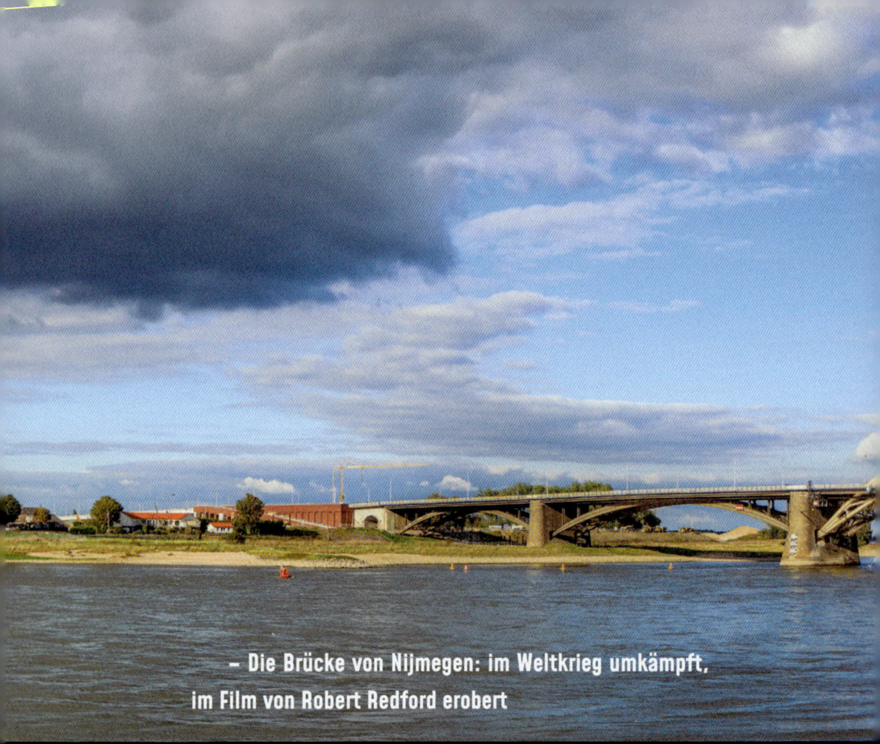

– Die Brücke von Nijmegen: im Weltkrieg umkämpft, im Film von Robert Redford erobert

Niederlande

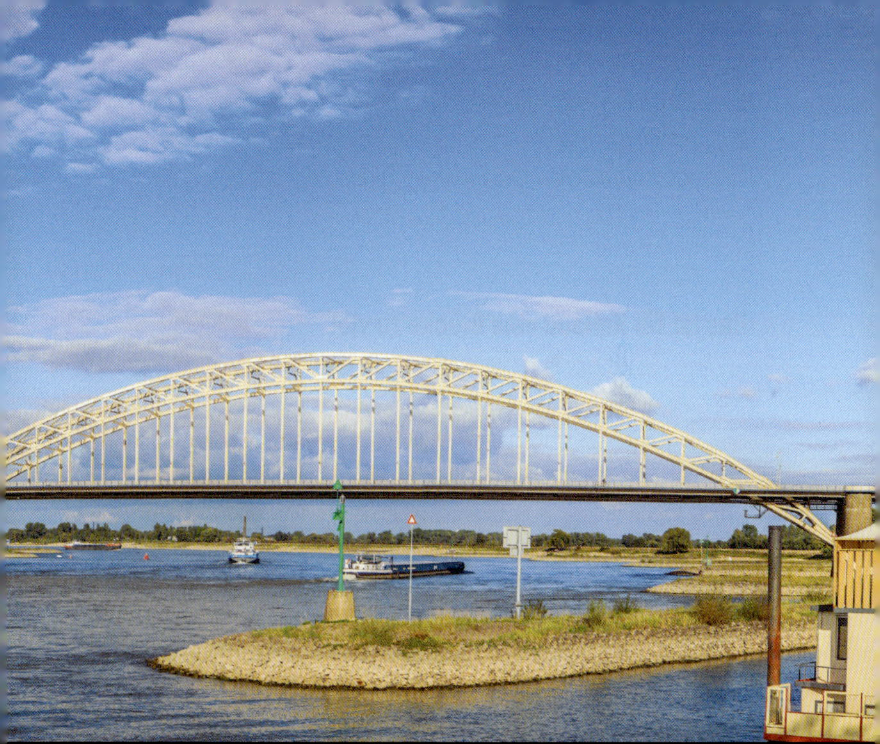

6

Die Niederlande machen ihrem Namen als flaches Land alle Ehre. Wo ein Viertel der Landesfläche unter dem Meeresspiegel liegt, kommt den Brücken eine besondere Bedeutung zu - nicht nur in historischer, auch in filmgeschichtlicher Hinsicht. Sean Connery kam deswegen gleich zweimal.

Das ist für Holland eine Brücke zu viel

1977 konnten die Holländer an jedem normalen Werktag eine Phalanx von Superstars durch ihre Straßen flanieren sehen. „Als wir einen Bummel durch Arnheims stille Straßen machten", so berichtet *Hardy Krüger* in seiner Biografie, „rieben sich die guten Bürger ungläubig ihre Augen." **A Bridge Too Far** (Die Brücke von Arnheim) war der letzte der superlativen Kriegsfilme mit der Erfolgsformel Stars + Spektakel. Da die Operation „Market Garden" – so der Name der Luftlandeoperation der Alliierten im September 1944 – an den originalen Kriegsschauplätzen verfilmt wurde, verbindet sich hier das historische mit dem filmhistorischen Interesse.

Der risikofreudige Produzent *Joseph E. Levine* verfolgte die Taktik von **Der längste Tag**, alle Rollen mit den angesagtesten Stars zu besetzen. Und genauso wie der Vorgänger basierte der Film auf den umfangreichen Recherchen des Kriegsberichterstatters Cornelius Ryan. Ryan lag sterbend im Krankenbett, als er Levine das Manuskript ans Herz legte. „Ich werde das verdammte Ding fertig schreiben und du wirst es verfilmen. Gottverdammt, ich sterbe jetzt noch nicht!" Er starb kurz nach der Veröffentlichung von „A Bridge Too Far" (sinngemäß „Eine Brücke zuviel"). Dass in „The Longest Day" ein alliierter Sieg zelebriert werden konnte, ist der wesentliche Unterschied zur „Brücke von Arnheim", der von einer fatal gescheiterten Mission handelt, dem „letzten deutschen Sieg im

Westen" – die militärische Niederlage passte 1977 ausgezeichnet in den Zeitgeist: Nach dem Vietnam-Krieg war das Ansehen des US-Militärs beschädigt, aber auch für andere NATO-Verbündete war die Zeit der unkritischen Heroisierung endgültig vorbei.

Gagen-Poker

Sean Connery nahm seine Zusage angesichts des heiklen Stoffs mehrmals zurück. Nachdem er schließlich für 350.000 Dollar unterzeichnet hatte, musste er in der Zeitung lesen, dass *Robert Redford* zwei Millionen bekam. Der Schotte beschwerte sich bitterlich. Levine zahlte nach. Der General Urquhart, den er porträtierte, hatte noch nie von dem 007-Darsteller gehört. Seine Frau hingegen war ganz aus dem Häuschen, dass ihr Mann von Connery verkörpert werden sollte. Der britische Offizier musste zugestehen: „Es gibt eine gewisse Ähnlichkeit, vor allem von hinten." *Michael Caine* stieß spät zum britischen Kontingent, und nur darum, weil er bei einer zufälligen Begegnung dem Regisseur *Richard Attenborough* klagte, dass „alle Welt in dem blöden Film mitspielt, bloß ich nicht!" Einige der Darsteller hatten selbst Militärdienst geleistet. Hardy Krüger war noch als 16-jähriger zur Waffen-SS eingezogen worden (als er sich weigerte, auf einen Spähtrupp der Amerikaner zu schießen, wurde er zum Tod verurteilt. Die Strafe wurde ausgesetzt. Schließlich konnte Krüger desertieren). *Dirk Bogarde* war an der Schlacht um Holland als Soldat beteiligt gewesen. „Ein seltsames Gefühl, nun darüber einen Film zu machen."

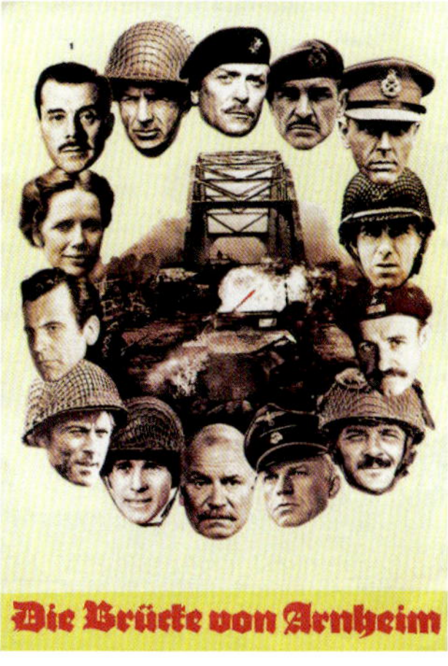

Trotz vieler bekannter Namen: im Mittelpunkt des Starreigens stand die Brücke von Arnheim – die tatsächlich die Brücke von Deventer ist. ↑

Kosten-Explosionen

Noch schwieriger als die Weltstars war das Kriegsgerät aufzutreiben. Produzent Levine fühlte sich „wie ein Staatssekretär", als er in den verschiedenen Verteidigungsministerien ein- und ausging, um das Material an der Quelle zu beschaffen. Die Luftlandung der Alliierten, eine groß angelegte Sequenz, wurde in den Heidefeldern um Arnhem (Arnheim) rekonstruiert, in den tatsächlichen Absprungzonen. Die Briten liehen eine Division Fallschirmjäger aus. Bei manchen der Männer handelte es sich um Söhne der Soldaten, die in jenem September 1944 an derselben Stelle gelandet waren. Da die britischen Horsa-Lastensegler nicht mehr existent waren, wurden zwölf Segelflugzeuge in einer verlassenen Fabrik in Deventer hergestellt: Stückpreis 35.000 Dollar. Um die Flugzeuge in die Luft zu bringen, holte Levine sich Piloten von Airlines, der Air Force und aus dem Ruhestand. Die Sequenz, die im Film den Beginn der Kampfhandlungen markiert, fasziniert die Flugzeug-

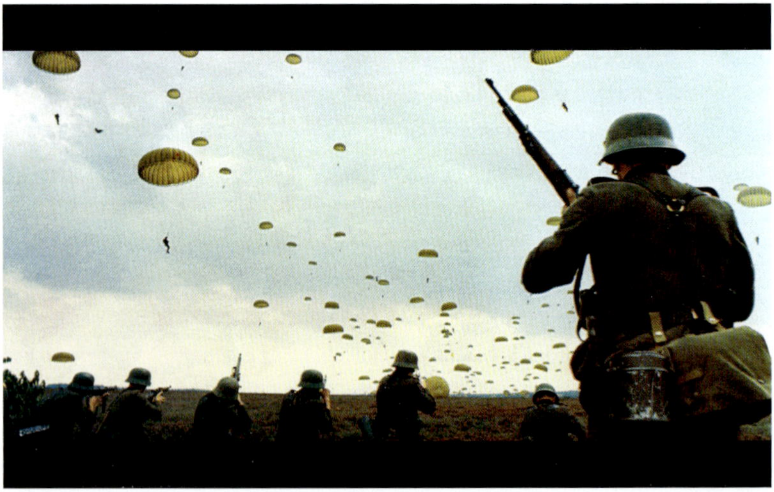

↑ Wie anno 1944: nachgestellt wird die größte Luftlandeaktion der Geschichte.

begeisterten bis heute, da Levine auch die Flotte der historischen C-47 Dakotas reaktivierte. 20 Kameras drehten, wie der menschliche Teppich an Fallschirmen zur Erde schwebte. Damit die Kameras sich nicht gegenseitig im Bild waren, wurden sie – fast wie zu Kriegszeiten – mit Strauchwerk getarnt.

Die Brücke von Deventer

Zwar wurde die im Krieg zerstörte Brücke von Arnheim schon 1946 neu errichtet. Doch die Stadt war unterdessen mit modernen Gebäuden zugebaut. Levine fand eine ähnliche Brücke 50 Kilometer entfernt, in Deventer (GPS N 52.24911, E 6.15806). Die Bevölkerung hatte ein Wörtchen mitzureden. Schließlich würde der Filmkrieg für sechs Monate ihren Alltag auf den Kopf stellen, und während um ihre Wilhelminabrücke gekämpft wurde, müssten sie

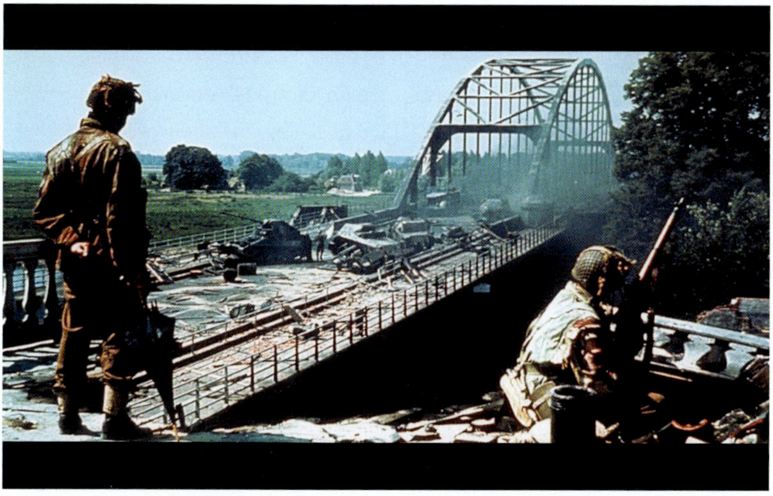

Die Schlacht um die „Brücke von Arnheim" wird auf der Brücke von Deventer geschlagen. ↑

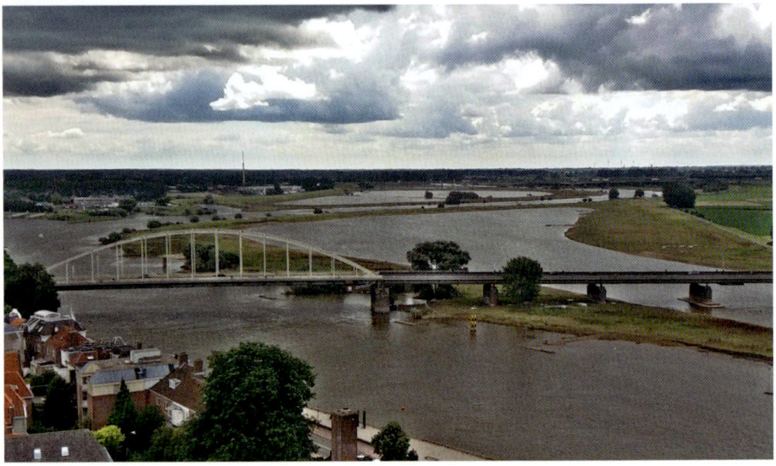

↑ Mit ihren 575 Metern Länge ist die Brücke von Deventer 26 Meter kürzer als die Brücke von Arnheim, die 1978 in „John Frost Brücke" umbenannt wurde.

einen eigens eingerichteten Fährbetrieb über die IJssel benutzen. Ganze 90 Prozent der Einwohner gaben ihre Einwilligung, und Deventer wurde zur Basis für das 300-köpfige Produktionsteam. Zeugen des Spektakels erinnern sich an einen Befehl durch ein Megafon an die zahllosen Komparsen, die im Kampfgebiet verstreut lagen: „Die Leichen müssen die Augen geschlossen halten!" Mitglieder der Königsfamilie zählten ebenso zu den interessierten Besuchern der mittelalterlichen Stadt wie Paparazzi aus aller Welt. Um eine Skandalstory zu fabrizieren, wurde in Redfords Hotelzimmer eine nackte Frau mit einem Geburtstagskuchen platziert.

Film geht vor

In den Städten Grave und Nijmegen (Nimwegen) wurde an den echten Brücken gedreht, die seinerzeit von den Alliierten eingenommen wurden. Im Fall von Grave handelt es sich nur um eine einzige Einstellung, in der die Panzer über die Brücke über die Maas rollen. Seit 2004 trägt sie den Namen John S. Thompson, nach dem Leutnant, der die Brücke unbeschädigt einnahm. Dagegen war auf der Waalbrücke (an der N325; s. Kapitelstartseite) von Nijmegen, damals eine der längsten Brücken Europas, eine aufwändigere Szenenfolge vorgesehen. Die Stadtväter hatten der Sperrung der vielbefahrenen Brücke über die Waal nach mehrmonatiger Verhandlung zugestimmt – für drei aufeinanderfolgende Sonntage. Die Ausdehnung der Drehzeit wurde zeitkritisch für Redfords Einsatz. Denn für jeden Tag Überstunden musste der Produzent ihm 125.000 Dollar berappen. Prinzessin Margriet ließ sich nicht entgehen, wie der blondgelockte Superstar ihre Brücke erobert. Fast auf den Tag genau 32 Jahre nach der heroischen Überquerung der Waal in Faltbooten wurde der Schiffsverkehr für die Aufnahmen aufgehalten. Der Protest von Hausbootbesitzern wurde von den Behörden abgewiesen – da kein Gesetz bekannt sei, das vor „drei Tagen voller Explosionen" schützt.

Deutsche Qualität

Der Produzent rühmte sich, dass jedes Ausrüstungsstück absolut echt und authentisch war. Ganz der Wahrheit entspricht das nicht. Deutsche Kampfpanzer waren kaum noch aufzutreiben. Einige wurden von privaten Sammlern zur Verfügung gestellt, bei anderen handelte es sich um umgebaute Leopard-Modelle der niederländischen Armee. Panzer, die sich im Hintergrund hielten, bestanden meist nur aus der äußeren Stahlschicht, im Innern angetrieben von einem Jeep. Der amerikanische Sherman war durch drei Originalmodelle vertreten – die restlichen Panzer waren Fiberglasmodelle, montiert auf Fahrgestelle von VW-Käfern.

Heiß begehrt waren noch ganz andere deutsche Maschinen. Hardy Krüger hatte auf Redfords Drängen aus München eine

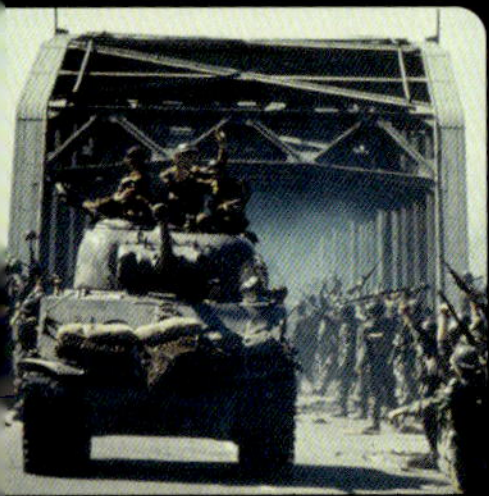

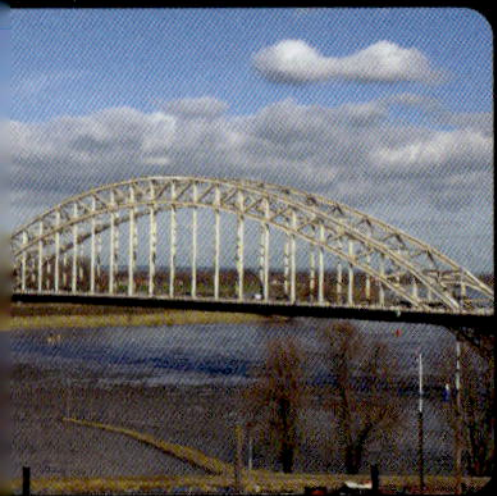

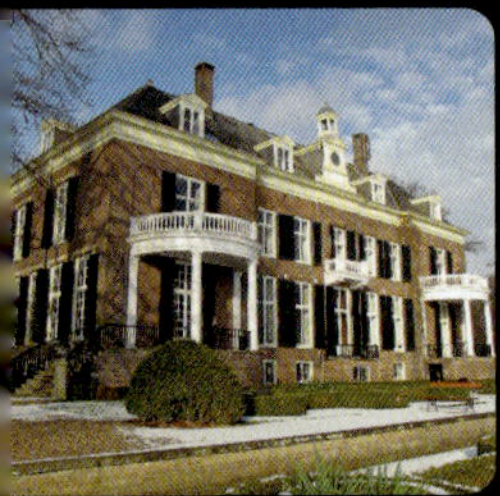

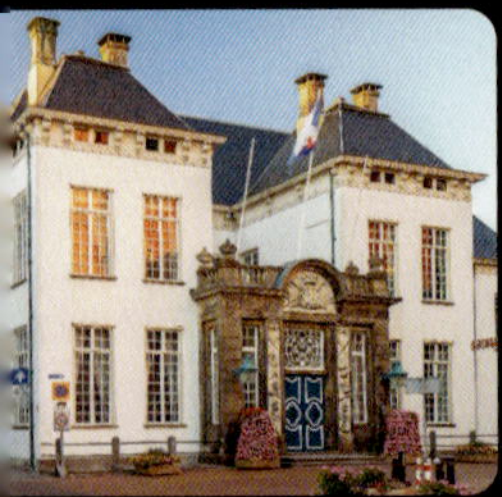

deutsche Kaffeemaschine mitzubringen. Redford bezeichnete sich selbst als die reinste Kaffeebohne. „Ich sage dir, diese Deutschen machen den besten Kaffeekocher auf der Welt!" Als Krüger darauf persönlich den deutschen Hersteller anrief und erklärte, die Maschine gehe an Robert Redford, glaubte man ihm kein Wort.

Maximilian Schell beobachtet den Überflug der Feinde auf der Terrasse des Huis Rhederoord in der Gemeinde Rheden (im Park des Estate Rhederoord, Parkweg 19 De Steeg). In *James Caans* großem Auftritt auf dem Schlachtfeld ist der Palthetoren bei Haarle (am Sprengenbergerweg) im Bild. *Liv Ullmann* und *Laurence Olivier* pflegen die Verwundeten in der Gemeinde Bronckhorst; Haus und Kirche wurden für den Film aufgebaut, da sie im Verlauf der Handlung zerstört werden. In Zutphen diente das alte Rathaus ('s-Gravenhof 1) als Stützpunkt der Wehrmacht. Die Widerstandskämpfer leben in Deventer an der Riikmanstraat 48. Eben-

← 1: Einnahme der Brücke von Grave. 2: Drei Tage gesperrt: die Brücke von Nijmegen. 3: Maximilian Schells Hauptquartiert: Huis Rhederoord. 4: Hauptquartier von Feldmarshall Von Rundstedt (Wolfgang Preiss): Rathaus von Zutphen.

falls in Deventer, auf dem Brink-Platz, wurde der Einmarsch der Truppen in Eindhoven in Szene gesetzt, unter Zuhilfenahme von 3000 Soldaten der niederländischen Armee. Viele der älteren Einwohner fühlten sich an den Tag ihrer Befreiung zurückversetzt. Die Brücke von Son (Son en Breugel bei Eindhoven) wird in die Luft gesprengt, bevor sie von ***Elliott Gould*** in der Rolle des Colonel Robert Stout eingenommen werden kann. Für diesen Effekt wurde eine Brückenattrappe bei Bussloo konstruiert. Sir Richard Attenborough wurde noch während der Produktion in den Ritterstand erhoben. Als er die intensive Filmarbeit nach 24 Monaten beendete, schlief er drei Tage am Stück.

REISETIPP

Vielleicht der sehenswerteste Schauplatz der Film- und Kriegshandlung ist das Hartenstein-Hotel in Oosterbeek. Während der Kampfhandlungen war es Hauptquartier der Briten (für den Film wurde in der Nähe von Deventer die Het Schol in Voorst genutzt). Heute ist es ein Kriegsmuseum, mit einer umfassenden Militaria-Sammlung und der preisgekrönten Installation „Airborne Experience", in der man in die Fußstapfen der Soldaten tritt.

• Airborne Museum Hartenstein •

Utrechtseweg 232, 6862 AZ Oosterbeek

www.airbornemuseum.nl

mit Shop und Café

James Bonds Brücke in Amsterdam

Wie immer verbinden sich bei der James-Bond-Reihe die Schauwerte eines Reisefilms mit Spannungselementen. In **Diamonds Are Forever** (Diamantenfieber, 1971) grenzt es schon an Ironie, dass in Amsterdam eine durch eine Gracht fahrende Reisegruppe sich die Sehenswürdigkeiten erklären lässt, während gleichzeitig eine alte Lady im Amstel-Kanal (parallel zu Josef Israëlskade) versenkt wird. Gedreht wurde bei der bekannten Magere Brug (Magere Brücke, engl. Skinny Bridge). Gleich darauf parkt Sean Connery seinen schnittigen Sportwagen an der Reguliersgracht 36, wo er im dritten Stock auf die aktuelle Bondine ***Jill St. John*** trifft.

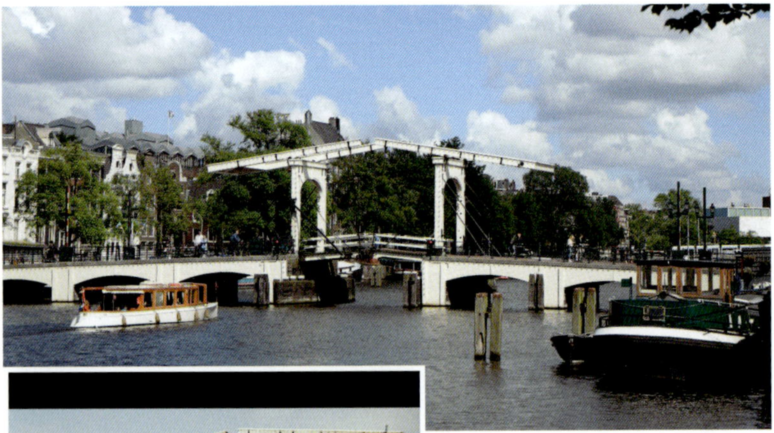

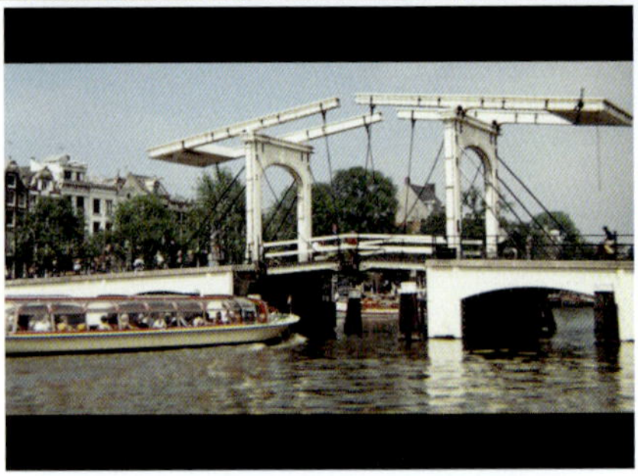

Keine normale Touristenfahrt: Mord an der Magere Brug über die Amstel. Die „Magere Brücke" ist eine der wenigen erhaltenen hölzernen Holländerbrücken.

George Clooneys Brücke

Damit haben Hollands Brücken als Filmschauplatz nicht ausgedient. Im Gaunerstück **Ocean's Twelve** planen 2004 ***George Clooney*** und ***Brad Pitt*** ihren nächsten Fischzug an der Amsterdamer Staalstraat-Brücke (Aluminiumbrug, über den Kloveniersburgwal zwischen Nieuwe Doelenstraat und Staalstraat). Während der drei Wochen Drehzeit spielten mehrere Szenen im Einkaufsviertel The 9 Streets: Am Heiligeweg treffen Clooney, Pitt und ***Matt Damon*** einen Informanten, ganz in der Nähe vom bekannten Dampkring-Coffeeshop (Ecke Handboogstraat), und im luxuriösen „Hotel Pulitzer" (an der Prinsengracht 323) steigt der FC Arsenal ab. Der etwas außerhalb gelegene Bahnhof von Haarlem wurde als Amsterdamer Hauptbahnhof ausgegeben. Das Filmteam sorgte für Unterbrechungen im niederländischen Zugverkehr, als versehentlich ein Stromausfall verursacht wurde. Fast, als hätte Meisterdieb George Clooney das so geplant.

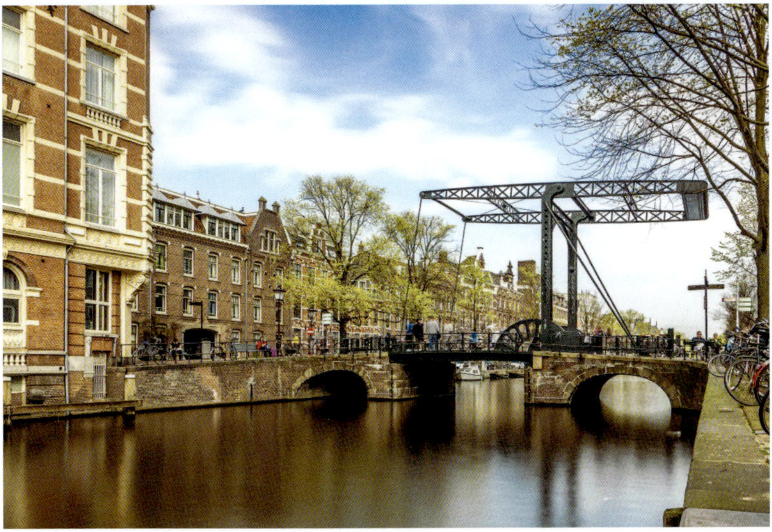

Auf der Aluminiumbrug planen George Clooney und Brad Pitt den nächsten Fischzug. ↑

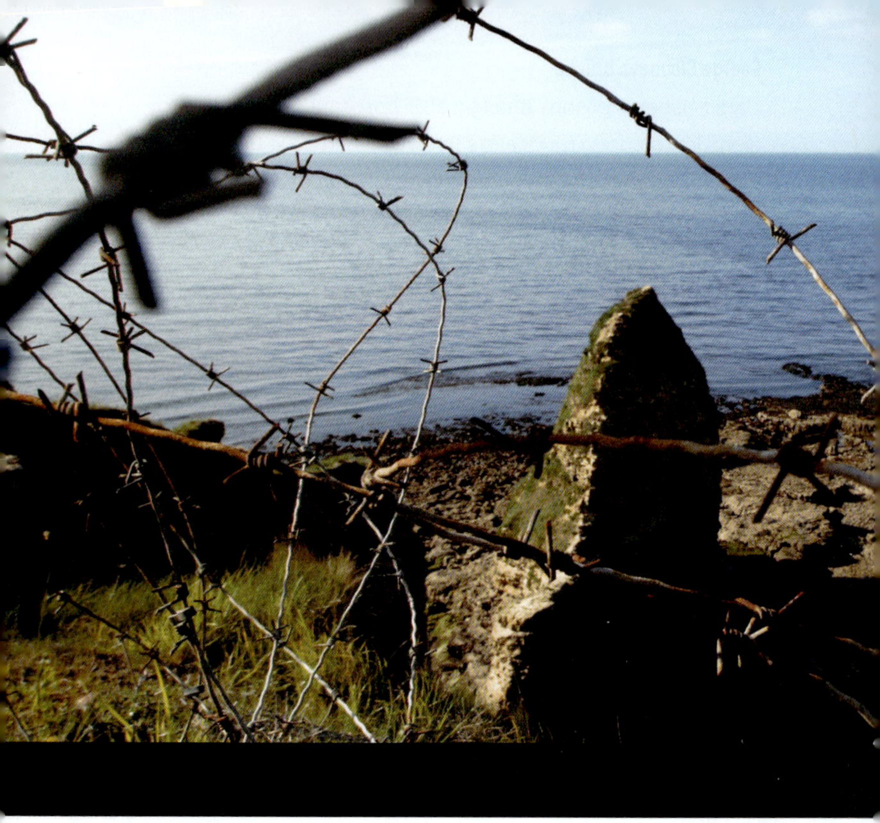

Frankreich

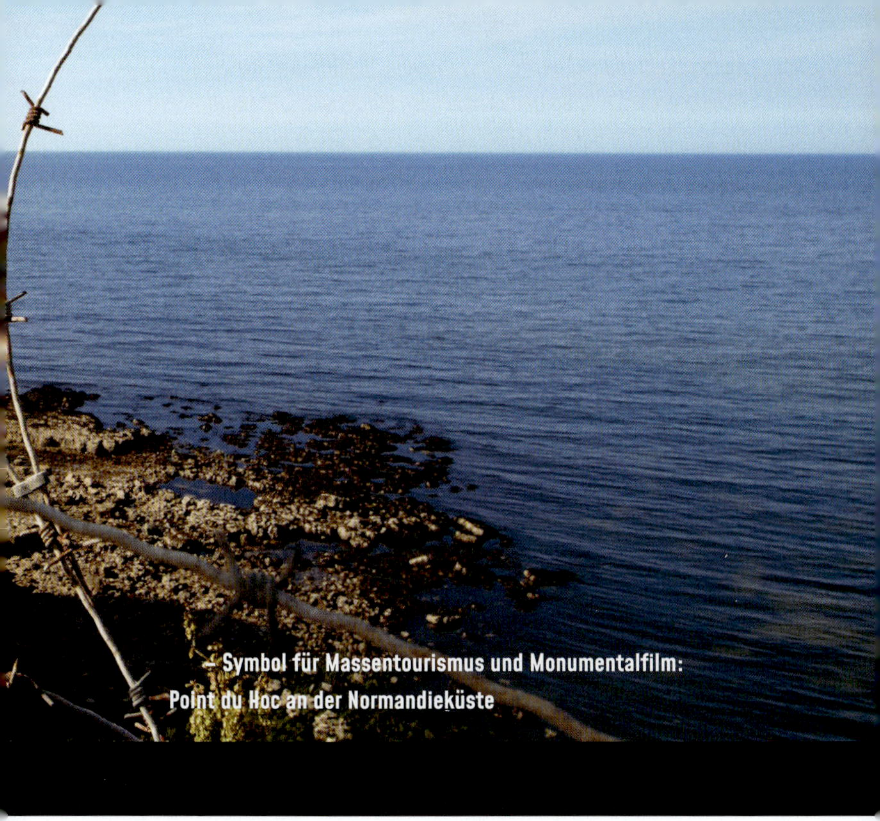

– Symbol für Massentourismus und Monumentalfilm: Point du Hoc an der Normandieküste

7

Mehr als ein Filmstar verfiel dem Zauber von Paris oder der Provence. Curd Jürgens und David Niven entdeckten Cap Ferrat für sich. Brigitte Bardot erschuf die Idee von Saint-Tropez. Audrey Hepburn war von Paris, der Stadt der Lichter, magnetisch angezogen. Und Grace Kelly blieb gleich für immer an der Côte d'Azur.

Suspense an der Riviera

Nach einem Film, der zur Gänze im Studio entstand – „Rear Window" (Das Fenster zum Hof) – lüftete ***Alfred Hitchcock*** richtig durch und drehte 1954 einen ganzen Film in La France. **To Catch a Thief** zählt zu den besten Genrevertretern des romantischen Thrillers. Der deutsche Titel „Über den Dächern von Nizza" verschweigt, dass Monte Carlo und Cannes ebenso Schauplätze sind.

Cary Grant stiehlt darin als agiler Juwelendieb – dem Altersunterschied von 25 Jahren zum Trotz – das Herz von ***Grace Kelly.*** Dafür machte Grants Ehefrau ihm während der Dreharbeiten das Leben mit Eifersüchteleien schwer, da Grace Kelly bei Filmpartnern nichts anbrennen ließ und die beiden vor der Kamera mehr als einen heißen Kuss auszutauschen hatten. Die Grants logierten im bekannten „Hôtel du Cap-Eden-Roc" (167–165 Boulevard J. F. Kennedy, Antibes), 30 Minuten von Cannes entfernt, während Kelly mit ihrem Liebhaber eine private Villa behauste. Die gesamte restliche Crew war im ersten Hotel am Platz in Cannes untergebracht, dem berühmten „Carlton" (58 Boulevard de la Croisette), das zugleich Filmschauplatz ist (und ansonsten das Zentrum der Croisette während des jährlichen Filmfestivals von Cannes). Selten wurde ein Hotel in einem Film so herausgestellt (**French Kiss** mit ***Meg Ryan*** und ***Kevin Kline*** spielte 1995 ebenso im „Carlton", blieb allerdings weniger in Erinnerung). Zimmer 623 wird heute als „Alfred Hitchcock Suite" geführt. Allerdings wurde in keinem der 343 Zimmer gedreht – die Zimmer 623 und 625 wurden „zu Hause" nachgebaut, in den Paramount-Studios. Die französische Regierung listet das Fünf-Sterne-Hotel mit seinen Marmorsäulen und der geschützten Belle-Époque-Fassade als Gebäude von historischer Wichtigkeit für die Grande Nation.

Der Film beginnt mit der Sicht – tatsächlich aus dem Hotelzimmer aufgenommen – auf die Promenade des Anglais in Nizza, als ein erster Juwelenraub entdeckt wird. Schnitt auf die Villa des Bijoux, an der Route de Saint-Jeannet 335, in der gleichnamigen Stadt: Hier wollte der Meisterdieb Cary Grant sich zur Ruhe setzen (ironischerweise hatte sich der Schauspieler tatsächlich aus dem Filmgeschäft zurückgezogen, bis Hitchcock ihn aus dem Ruhestand lockte).

Zur typischen hitchcockschen Verfolgungsjagd kommt es auf Nizzas Blumenmarkt, der traditionellerweise an der Cours Saleya

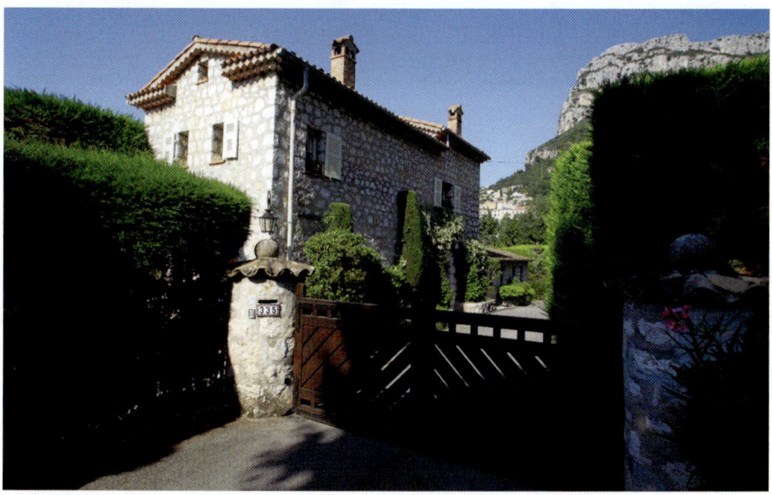

In dieses Haus in Saint-Jeannet hat sich Meisterdieb Cary Grant in „Über den Dächern von Nizza" in den Ruhestand zurückgezogen. ↑

stattfindet – eine Täuschung für den Filmfreund. Denn das Gedränge war den Filmemachern zu viel, so bauten sie ihren eigenen Blumenmarkt auf dem Boulevard Jean Jaurès.

Den richtigen Platz für das Picknick im Cabrio fand man hoch über Monaco, an der D53, an der Avenue des Combattants d'Afrique du Nord in Beausoleil. Gleich darauf lässt Grant sich von Kelly dabei erwischen, wie er das Dach des Châteaus de la Croix-des-Gardes (leider nicht zugänglich) für den nächsten Fischzug auskundschaftet, am Boulevard Leader 145 in Cannes. Die Beerdi-

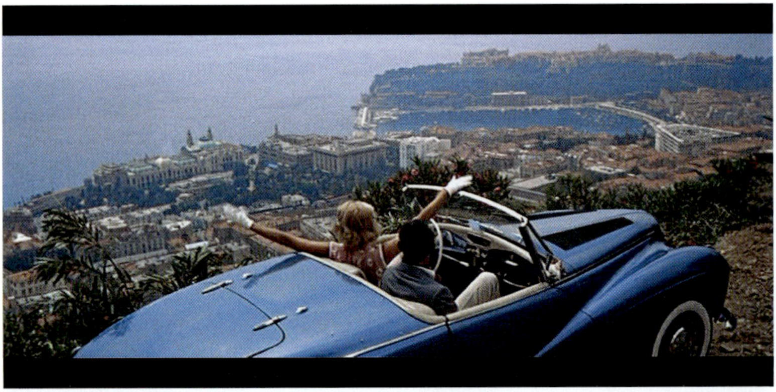

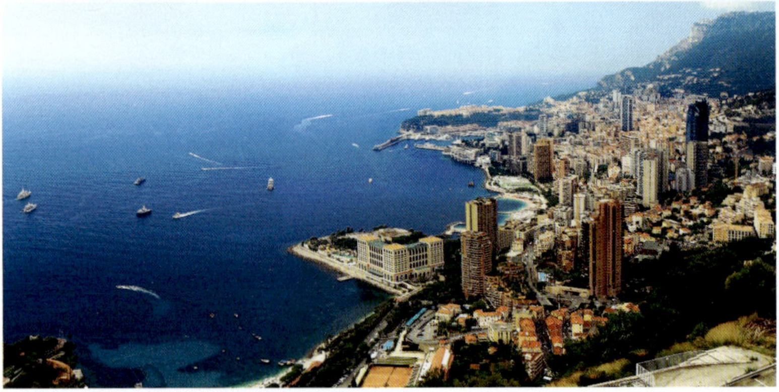

↑ Beste Aussicht für ein Picknick: Grace Kelly und Cary Grant parken bei Beausoleil.

gung eines fälschlich Verdächtigten wurde auf dem Friedhof von Cagnes-sur-Mer gedreht, mit seinen für die Region typischen in die Felswand gehauenen Terrassen, an der Avenue de Verdun.

Falsch ist das Gerücht, dass Grace Kelly während der Dreharbeiten ihren Traumprinzen kennenlernte und so zur Fürstin von Monaco wurde. Tatsächlich war sie im Jahr darauf während des Filmfestivals erneut im „Carlton", als die Zeitschrift „Paris Match" sie für eine Fotoreportage mit Rainier Grimaldi zusammenbrachte. Dabei hätte das schicksalhafte Treffen an jenem 5. April 1955 beinahe nicht stattgefunden. Wegen eines Streiks war in ganz Frankreich der Strom abgestellt, weswegen Kellys Föhn nicht funktionierte – in nasser Frisur wollte sie dem Regenten nicht vorgestellt werden. Nach der ganzen Aufregung kam schließlich der Prinz zu spät. Der Rest ist, wie man so schön sagt, Geschichte. Doch wer will, kann es als böses Omen werten, dass es noch auf dem Weg zum Palast zu einem Blechschaden kam. „Wie kann man überhaupt riskieren, auf solchen Straßen zu fahren?", rief Kelly aus. Sie sollte auf der tückischen Küstenstraße 1982 tödlich verunglücken. Die Autojagd in „To Catch a Thief" wurde teils an derselben Strecke, der Grande Corniche gedreht, auf dem Abschnitt Avenue de la Victoire, der durch La Turbie führt (und später Brennpunkt von „Ronin" werden sollte). Gracia Patricia und Rainier liegen Seite an Seite in Notre-Dame-Immaculée, der Kathedrale von Monaco.

Und Gott schuf ... Saint-Tropez

Et Dieu ... créa la femme hieß der Skandalfilm, mit dem Regisseur ***Roger Vadim*** den Jet-Set in Saint-Tropez ins Leben rief. In „Und immer lockt das Weib", so der deutsche Titel, lockte ***Brigitte Bardot*** im Bikini an den Strand Pampelonne. Der „Club 55" wurde dort für den Film erfunden und war dann real geworden. Er ist bis heute ein Promi-Treff. „BB" kurbelte den Boom zusätzlich an, als sich die streitbare Tierschützerin im Anwesen La Carrigue niederließ.

Der städtische Friedhof „Marin" (am Ende der Rue Cavaillon) kam nach diesem Streifen mit der jungen „BB" nochmals mit einer nicht weniger aparten Schauspielerin auf die Leinwand: Mit ***Romy Schneider*** in **La Piscine** (Der Swimming Pool), der die Gemüter des bürgerlichen Publikums 1969 erneut erhitzte. Für Roger Vadim hat sich der Kreis dort geschlossen: Er liegt auf demselben Friedhof begraben (Cimetière Marin de Saint-Tropez, Chemin des Graniers).

Der Filmruhm hat Saint-Tropez für immer verändert. Dass der Ort kaum mehr als ein Fischerdorf war, daran erinnert noch das Kopfsteinpflaster im Viertel La Ponche. Im alten Hafen, dem Vieux Port, mit seinen hoffnungslos überteuerten Preisen liegen mehr Yachten als Fischerboote vor Anker. Unzertrennlich verbunden ist der kleine Mittelmeerhafen jedoch mit einem französischen Polizisten, dem Gendarmen Cruchot, der in der komischen Filmhandlung bereits mit den Auswüchsen des Tourismus und den modernen Nudisten-Stränden zu kämpfen hat. Im einträglichsten französi-

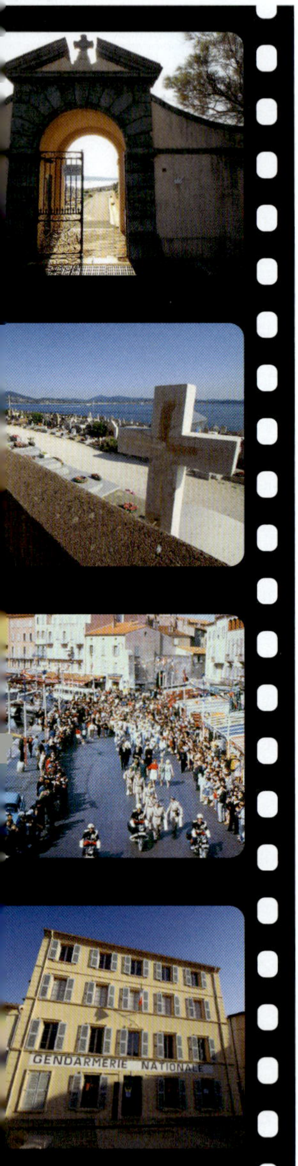

← 1, 2: Ein Friedhof mit Meerblick: der Cimitière Marin de Saint-Tropez war Schauplatz von „Und immer lockt das Weib" und „Der Swimmingpool". 3: Die Gendarmen am Hafen von Saint-Tropez. 4: Die Gendarmerie von Saint-Tropez: Zu Zeiten der Dreharbeiten eine echte Polizeistation, ist das Gebäude heute als Museum gleichzeitig den wahren Polizisten wie auch dem bekanntesten Gendarmen, Louis de Funès, gewidmet.

schen Film von 1964, **Le Gendarme de St. Tropez** (Der Gendarm von Saint-Tropez), fand ***Louis de Funès*** 50-jährig endlich zu seiner Paraderolle. In insgesamt sechs Gendarm-Filmen war das Gebäude am Place Blanqui der Ausgangsort seiner Kapriolen, die „Gendarmerie Nationale", von 1879 bis 2003 tatsächlich die örtliche Polizeistation. Indem hier nun das „Musée de la Gendarmerie et du Cinéma" beheimatet ist, sind die Themen Polizei und Komödie in Saint-Tropez wohl für immer eins geworden.

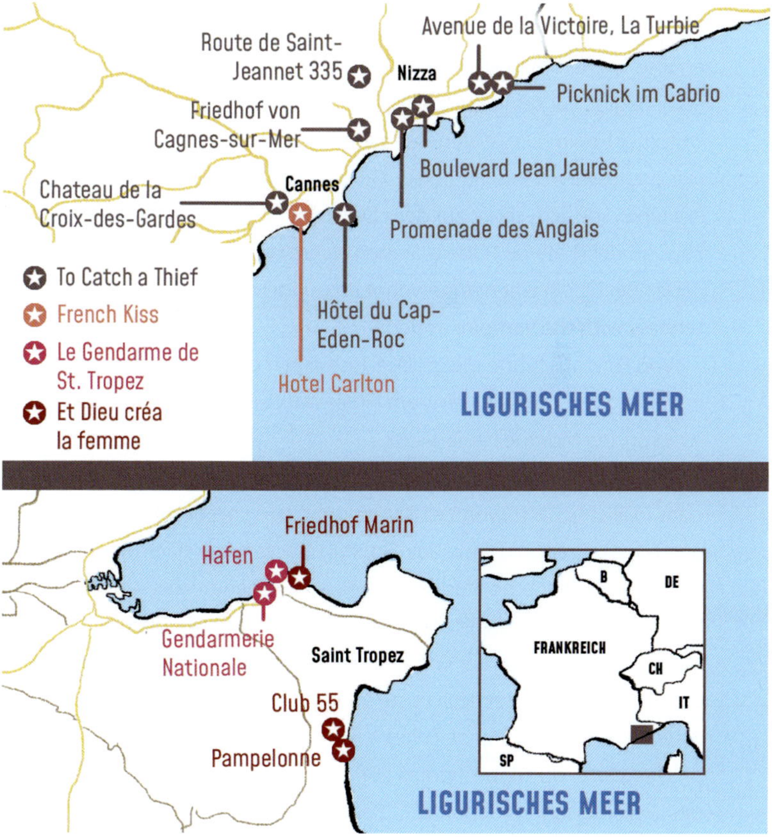

Die große Sause durch Burgund

Bis „Titanic" ins Kino kam, war **La Grande Vadrouille** der einträglichste Film, der je in französischen Lichtspielhäusern Francs einspielte – und zwar eine Menge. Im Deutschen abwechselnd „Drei Bruchpiloten in Paris" und „Die große Sause" genannt, zeigte diese befreiende Komödie von 1966 wie man die deutsche Besatzung ins Lächerliche zieht – und das nur 20 Jahre nach Kriegsende.

An der Seite von Volksschauspieler ***Bourvil*** gab Louis de Funès den Dirigenten der Pariser Nationaloper, der sich wider Willen mit englischen Fallschirmspringern auf eine Flucht quer durch Frankreich begibt. Für seine Szenen mit dem Orchester hatte de Funès Unterricht beim Dirigenten des Nationalorchesters genommen. Der erfolgsverwöhnte Regisseur ***Gérard Oury*** durfte nicht nur in der Oper, sondern sogar auf dem Dach des geschichtsträchtigen Baus an der Place de l'Opéra drehen (Jahre später sollte dieselbe Lobby der Opéra einen ungewohnt schaurigen Schauplatz für **Interview with the Vampire** abgeben).

Von Paris aus führte die große Sause durch die Täler Burgunds, in der Region Lozère, bis hin zum Finale auf dem Kalkplateau von Aveyron, bei Montpellier-le-Vieux.

Die Franzosen stehen den amerikanischen Filmkollegen übrigens in Nichts nach, wenn es darum geht, den Location-Suchenden zu verwirren. Im Film radeln Bourvil und de Funès nach Meursault durchs steinerne Stadttor, wo eine täuschend echte – aber falsche – Ortstafel angebracht war. Es handelt sich um die Porte Neuve in Vézelay, wo der Großteil der Ortsaufnahmen stattfand und die Stars im „Hotel de la Poste et du Lion d'Or" untergebracht waren (Place du Champ de Foire).

Das „Hotel du Globe", wo es zur urkomischen Verwechslung der Hotelbetten zwischen der Résistance und den Besatzern kommt, sucht man in beiden Orten vergeblich – dafür stand das Café de la Paix in Noyers-sur-Serein, das heute nicht mehr existiert – es stand gegenüber der heutigen Crédit-Agricole-Bank.

In Meursault schließlich wurde an der Place de l'Hôtel de Ville die große Feuerwehraktion gefilmt – bis heute informiert eine Tafel am Gebäude, das die deutsche Ortskommandatur darstellte, ausdrücklich, dass im damaligen Rathaus selbst keine Aufnahmen gedreht wurden. Man wurde der vielen Touristen, die danach fragten, schließlich überdrüssig.

Ourys Kamera fing auch das eindrucksvolle Hôtel-Dieu in Beaune ein (Rue de l'Hôtel Dieu). Im ehemaligen, 1443 gegründeten Krankenhaus greifen die Nonnen – sie sind offenbar fester Bestandteil der Filme von Louis de Funès – den Flüchtenden unter die Arme.

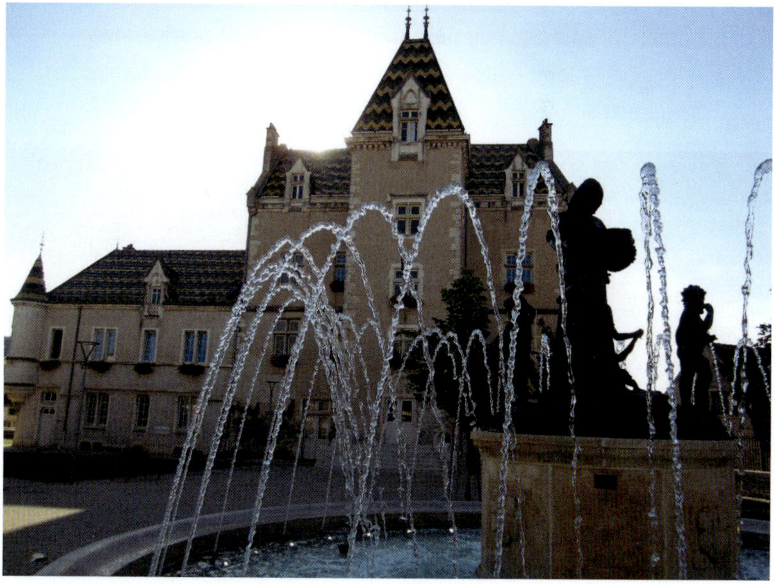

Meursault: Drehort von „La Grande Vadrouille", ↑
Frankreichs erfolgreichster Spielfilm aller Zeiten.

In der Nähe des Aérodrome in Mende (Aérodrome de Mende - Brenoux, GPS N 44.506632, E 3.528376) lassen sich gegenwärtig noch immer die rostenden Autowracks bestaunen, die in der Schlussszene unseren Helden das Entkommen ermöglichten, weil die Aufnahme, in der das Fluchtfahrzeug in den Abgrund stürzt, zweimal gedreht wurde.

„La Grande Vadrouille" machte den 1,64 Meter kleinen Gernegroß des französischen Films zum Großverdiener, weil er sich in weiser Voraussicht eine Gewinnbeteiligung gesichert hatte. Insgesamt sahen 13 Millionen Franzosen den Film. „Die Produzenten ärgerten sich über meine Gage", freute sich de Funès, „ich habe ihre Gesichter gesehen, und ich kenne mich mit Gesichtern aus!" Damit erfüllte er sich den Herzenswunsch, Schlossbesitzer zu werden. Auf Schloss Clermont züchtete er – ausgerechnet der „Sausebraus", im Film stets ein Nervenbündel – mit unendlicher Geduld seine Rosen. Seine orangefarbene Rose ist noch heute unter dem Namen „La Rose de Louis de Funès" zu erstehen. Er wurde unweit seines geliebten Châteaus de Clermont in Le Cellier bei Nantes beigesetzt.

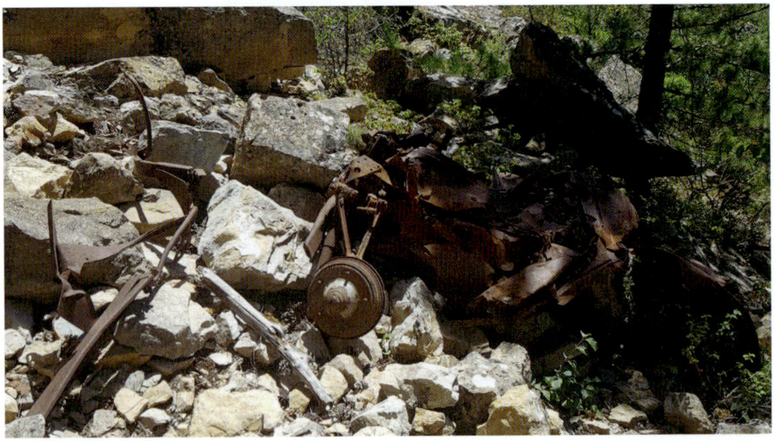

↑ Über 50 Jahre nach den Dreharbeiten: das Wrack des Autos, das die Segelflugzeuge in der „Großen Sause" über den Abgrund beförderte, liegt noch immer an diesem Abhang bei Mende.

Superschurken als Schlossbesitzer

Nicht nur kleingewachsene Komödianten, auch größenwahnsinnige Superschurken machten französische Schlösser zu ihrem Domizil. Im 1560 erbauten Chantilly (60 km nördlich von Paris) heckt in **A View to a Kill** (Im Angesicht des Todes, 1985) einmal mehr ein Bond-Bösewicht den Plan zur Weltherrschaft aus. Der Fürst und Pferdefreund Louis Henri de Bourbon glaubte unbeirrbar daran, als Pferd wiedergeboren zu werden, weshalb der Reitstall die Dimensionen eines Palastes hat – ein Umstand, den das ***Roger-Moore***-Abenteuer ins Skript einbaut.

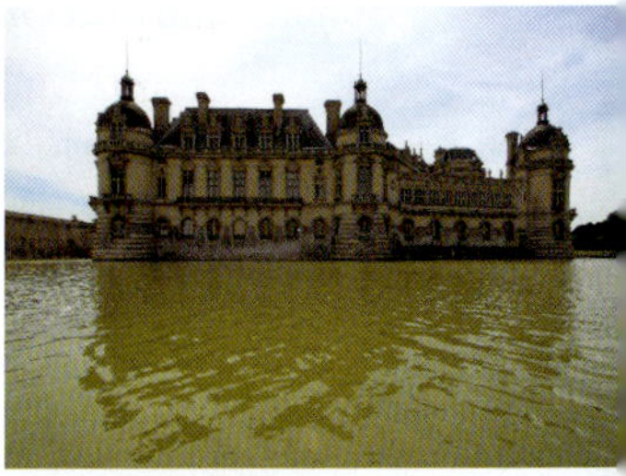

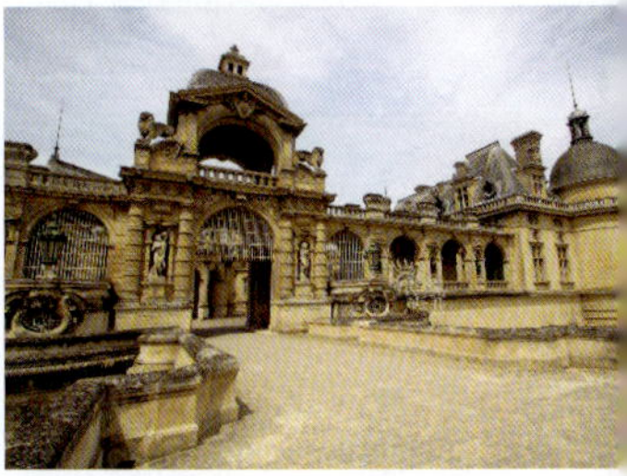

Schloss Chantilly: Drehort der Filme „007: A View to a Kill" und „The Longest Day".

Schloss, Park und Gestüt von Chantilly sind für Besucher täglich geöffnet. Im Kriegsfilm **The Longest Day** (Der längste Tag, 1962) war dies Rommels Hauptquartier: Im Innenhof setzte der deutsche Regisseur ***Bernhard Wicki*** in Szene, wie der Feldmarschall den fatalen Planungsfehler begeht, am Tag der Invasion nach Hause zu fahren. Als Richard Nixon bei seinem Staatsbesuch 1969 Chantilly zu sehen bekam, wollte er wissen: „Warum hat man mich siebenmal nach Versailles geführt und niemals hierher?"

Nicht ganz so hübsch, aber für 007-Filmnarren dennoch eine wichtige Adresse im Dorf Chantilly: die Tankstelle der BP. Hier wird der beliebte ***Patrick Macnee*** ein Opfer der mörderischen ***Grace Jones***, als er den Rolls Royce durch die Waschanlage an der Avenue du Maréchal Joffre fährt.

Bonds Gegner scheinen eine besondere Vorliebe für französische Herrenhäuser zu haben: In **Thunderball** (Feuerball, 1965) bedient sich ***Sean Connery*** eines Jetpacks, um vor seinen Häschern aus dem Chateau d'Anet zu fliehen (nordöstlich von Dreux, westlich von Paris, GPS N 48.858143 E 1.438672).

Schokolade statt Anis

In der Bourgogne ist ein kleiner Ort mit rund 300 Einwohnern die beste Anlaufstelle für Anis-Bonbons. Seit dem Jahr 2000 ist Flavigny-sur-Ozerain auch bekannt für Schokolade. Die gab es allerdings nur im Kino. ***Lasse Hallström*** verfilmte im mittelalterlichen Dorfkern – klassifiziert als eines der „plus beaux villages de France" – die Romanze **Chocolat**. Ein Schulbeispiel dafür, wie unmerklich

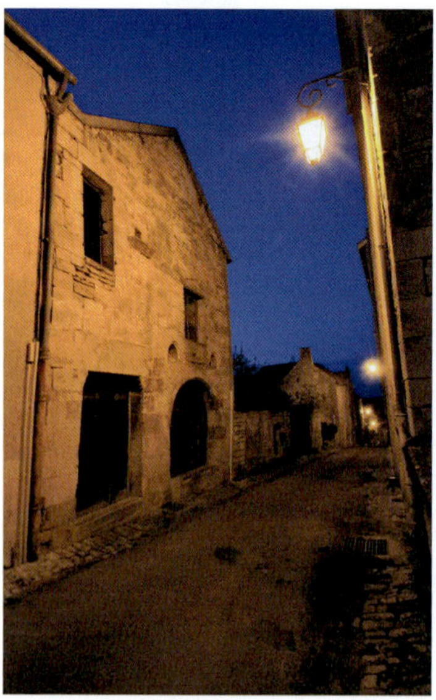

↑ Flavigny: die Chocolaterie aus „Chocolat".

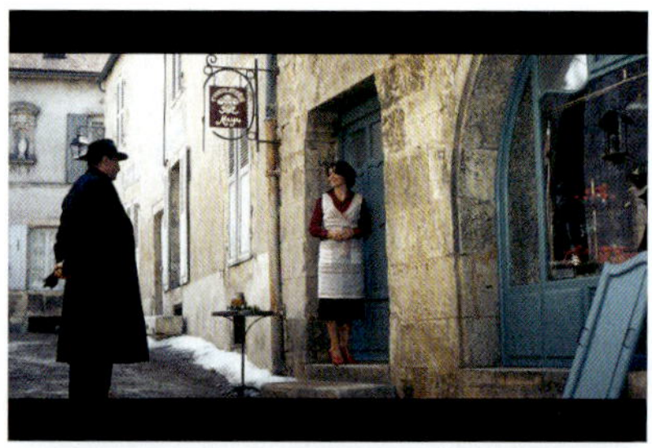

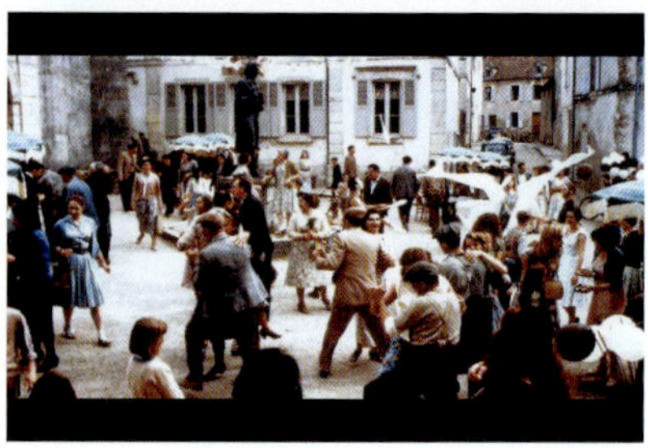

↑ Im mittelalterlichen Dorfkern eröffnete Juliette Binoche ihre Chocolaterie.

zwischen Studio (das Innere von ***Juliette Binoches*** Chocolaterie) und Drehort (der Außenbereich des Ladens, mit der Kirche Saint-Genest im Hintergrund) geschnitten wird, ist der Kirchplatz in der Dorfmitte. Die Häuser aus dem 13. Jahrhundert mit ihren befestigten Toren sind für Geschichtsinteressierte wohl ebenso eine Augenweide wie ***Johnny Depp*** für das weibliche Publikum, der in dieser Rolle sogar sein Gitarrenspiel einbringt. Die Fabrik, die die berühmten „Anis de Flavigny" herstellt, befindet sich an der Rue de l'Abbaye in der ehemaligen Benediktiner-Abtei Saint-Pierre.

Zug um Zug in Acquigny

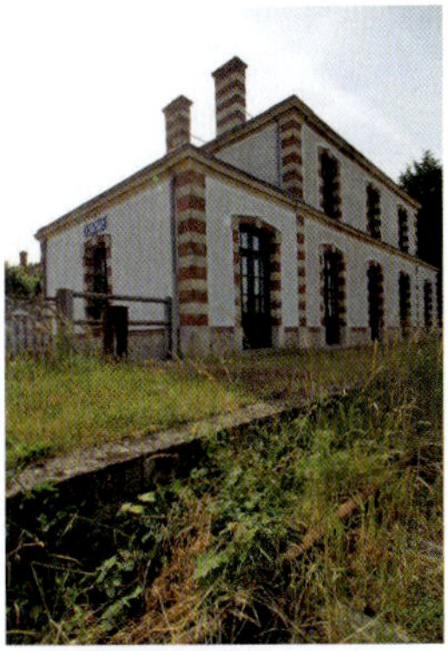

Die verschlafene Gemeinde Acquigny im Département Eure hält für Filmfreunde eine exquisite cineastische Überraschung bereit. Am schon lange stillgelegten Bahnhof in der Dorfmitte, dessen Gleise von Unkraut überwuchert sind, stehen eigentümliche Straßenschilder. „Kommandant von Groß-Paris" und andere militärische Wegweiser, die nach dem Dreh behalten wurden, führen zum Drehort eines der spektakulärsten – und nachdenklichsten – Kriegsfilme der Dekade: **The Train** (Der Zug, 1964) stellte die Frage, ob Kunstwerke Menschenleben wert sind. Als die Alliierten anrückten, flohen die Nazis mit einem Zug voll unersetzlicher französischer Gemälde. Der Kunstraub im großen Stil basiert auf wahren Ereignissen.

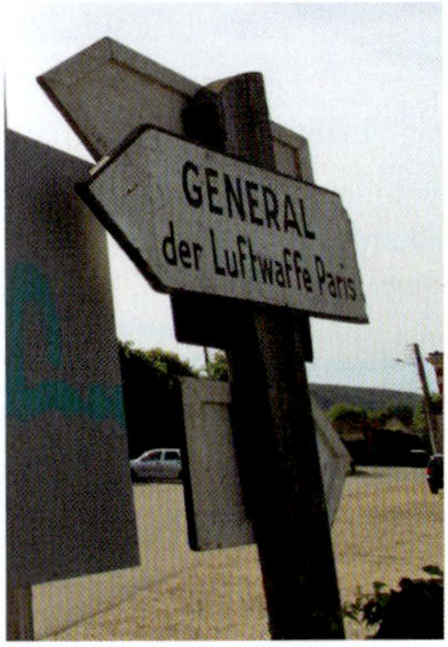

1: Hier wurde der Zug umgeleitet: Bahnhof von Acquigny. ↑
2: Andenken an die Dreharbeiten: militärische Wegweiser.

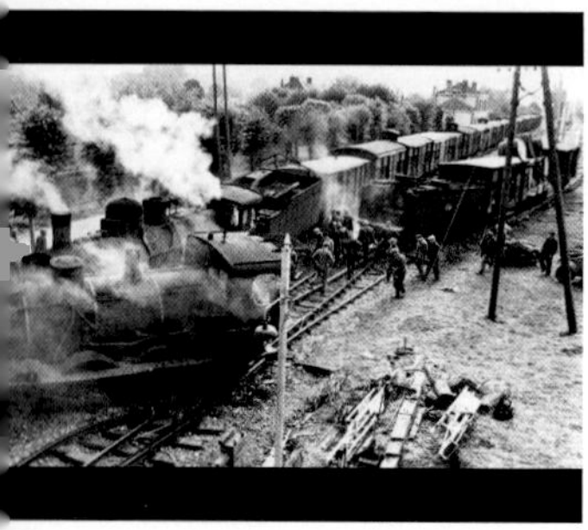

Zugkollision mitten im Dorf: „The Train".

Die 1500 Einwohner von Acquigny, eine blühende Tourismusregion, zeigen berechtigten Stolz, Heimat des ***Burt-Lancaster***-Klassikers zu sein – Dutzende von Fotohinweisen säumen die Gleise, erinnern daran, dass (mit voller Kooperation der französischen Behörden) Stahlkolosse mitten im Dorf aufeinanderprallten. Als ein Zugführer zu viel Gas gab, geriet die 70-Tonnen-Lok außer Kontrolle, Lancaster rannte um sein Leben, das Ungetüm krachte in die Kamera – und sorgte damit für die unglaublichste Aufnahme des gesamten Films. Regisseur ***John Frankenheimer*** nannte sie „One of the greatest shots ever done". Solche logistischen Monstren niederzuringen dauerte länger als geplant – Lancaster verbrachte schließlich ein ganzes Jahr in Frankreich – so dass abgebrochen werden musste, als der Winter kam. Was jemand zur Bemerkung veranlasste, „bei etwas genauerer Planung wäre aufgefallen, dass der Winter in Frankreich jedes Jahr kommt." Als die Bäume wieder Blätter trugen und es im März endlich weitergehen sollte, verrenkte sich Lancaster an seinem freien Tag auf dem Golfplatz das Knie. Frankenheimer schrieb das Drehbuch so um, dass er eine Kugel ins Bein abbekommt und durch den Rest seiner Szenen humpeln kann. Obwohl der Actionstreifen ihm mehr sportliches als schauspielerisches Talent abrang, nahm Lancaster die Rolle eines französischen Widerstandskämpfers doch sehr ernst. Sagte sein Co-Star ***Jeanne Moreau***: „Bevor er einen Aschenbecher zur Hand nimmt, diskutiert er vorher ein oder zwei Stunden über die Beweggründe. Da bekommt man schon Lust zu sagen: Nimm jetzt gefälligst den Aschenbecher und halt den Mund!" Da der Film ganz in dokumentarischem Schwarzweiß gehalten ist – einer der letzten überhaupt, die auf Farbe verzichteten – wird der Filmfan an der Rue de Pacy, die entlang der Eure verläuft und wo weitere Kriegsszenen aufgenommen wurden, von der Farbpalette der Natur überrascht sein.

Wikinger in der Bretagne

Der farbenprächtige Abenteuerfilm **The Vikings** (Die Wikinger, 1958) verdankte seine Wirkung nicht zuletzt den norwegischen Handlungsorten: Atemberaubend schön läuft die Flotte der Drachenschiffe aus dem Hardangerfjord aus. Doch das norwegische Wetter war selten kooperativ. Als sich Sorgenfalten auf dem ohnehin schon prägnanten Gesicht des Produzenten ***Kirk Douglas*** abzeichneten, fragte er einen jungen Einheimischen: „Regnet es denn immer in Norwegen?" Worauf dieser die Schulter zuckte: „Ich weiß nicht, ich bin erst 18 Jahre alt." Für das große Gemetzel zum Filmende zog Douglas unter die Sonne der nordbretonischen Küste um, wo im Fort la Latte die schöne ***Janet Leigh*** gefangen gehalten wird. Die Burg thront auf einer Landzunge am Eingang der

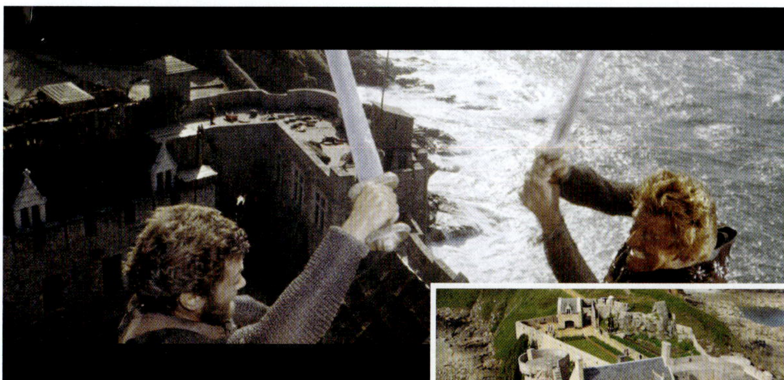

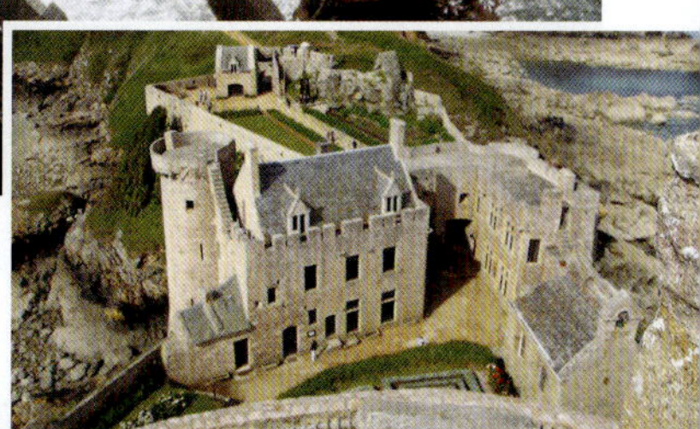

Tony Curtis und Kirk Douglas lassen die Schwerter auf dem Turm von Fort La Latte klingen. ⮥

Baye de la Fresnaye, als wäre sie für die Filmkamera erbaut worden. Schwertergeklirr hallte in diesen Mauern nicht das erste Mal wider: 1597 war die Festung schon einmal zerstört und dann 1690 wiedererrichtet worden. Zuoberst auf dem Turm kommt es zum Kampf auf Leben und Tod zwischen ***Tony Curtis*** und Douglas – wobei letzterer, tödlich getroffen, seinen Gott Odin anruft. Einer der populärsten Filme von 1958.

McQueen und Le Mans

Nicht in derselben Publikumsgunst stand 1971 **Le Mans**, der Film um das legendäre 24-Stunden-Rennen. ***Steve McQueen*** war der Motor des Unternehmens, ihm ging es um die PS, der Plot war eine Minimallösung, das Resultat ein Totalschaden an der Kinokasse. In den letzten Jahren hat sich diese Amour Fou des Hobby-Rennfahrers aber zu einem respektablen Kultfilm für Freunde des Motorsports gemausert. Die Strecke von Le Mans kann – sofern nicht gerade wie in jedem Juni das Rennen stattfindet – besichtigt und stellenweise befahren werden. Die Tribünen des „Circuit des 24

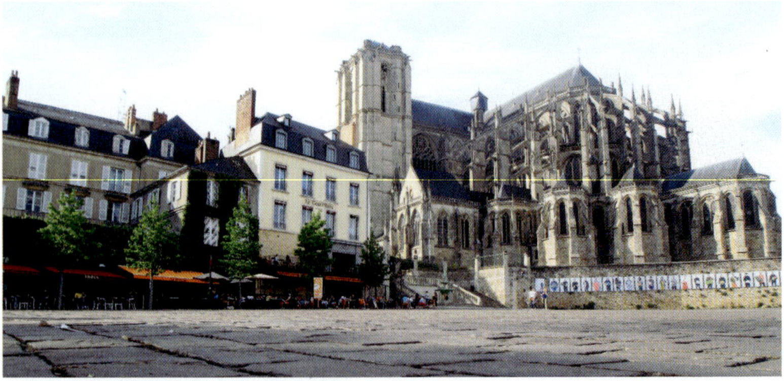

↑ Die Kathedrale Saint-Julien du Mans ist die einzige Location von „Le Mans" abseits der Rennpiste.

Heures" liegen an der D139. Die einzigen Szenen, die neben der Rennstrecke gedreht wurden: An der Kreuzung von D92 und D139 (GPS N 47.935638, E 0.207834) rollt McQueen in seinem Porsche Richtung Le Mans und cruist vor der Kathedrale Saint-Julien du Mans. Ein Kulturdenkmal ist McQueen heute auf jeden Fall selbst. Im Museum, wo die Boliden der Gewinner geparkt sind, nimmt der Filmstar unter den Fahrern eine eigene Ecke ein. Auch die Uhrenmarke Heuer hat ihm viel zu verdanken. Der Star wollte im Film so aussehen wie der Schweizer Rennfahrer Jo Siffert, der ihm gerne einen weißen Overall überließ. McQueen war die quadratische Uhr, eine „Monaco", am Handgelenk des jungen Draufgängers nicht entgangen. So einen Chronographen wollte er auch! Eine der Uhren, die dann für Nahaufnahmen verwendet wurden, erzielte 2012 auf einer Auktion 650.000 Dollar. Während der Dreharbeiten wohnte der „King of Cool" stilgerecht im Château Lornay (in Privatbesitz), in den Weinfeldern von Viré-en-Champagne, theoretisch eine 45-Minuten-Fahrt bis zur Rennstrekke, was McQueen unterboten haben dürfte. Die Familie McQueen hatte allerdings wenig Freude am Domizil aus dem 14. Jh., als mitten in der Nacht Fledermäuse durchs Schlafzimmer flatterten.

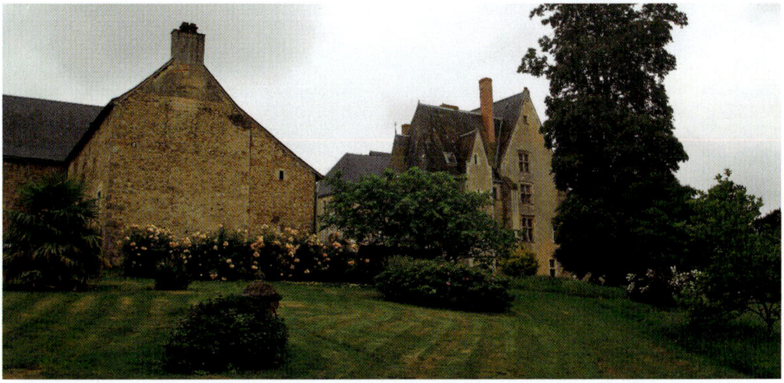

Die Familie von Superstar McQueen hatte das Chateau Lornay für sich, während die Filmcrew im Hotel Ricordeau in Loue untergebracht war. ↑

Pariser Architektur

Filmfreunde werden damit einverstanden sein, dass der Pont de Bir-Hakeim (GPS N 48.855651, E 2.287564) unter Denkmalschutz steht: Die Brücke über die Seine in Paris ist Treffpunkt von ***Marlon Brando*** und ***Maria Schneider*** im **Last Tango in Paris** (Der letzte Tango in Paris, 1972). Im außergewöhnlichen **Inception** von 2010 erklärt an derselben Stelle ***Leonardo DiCaprio***, wie sich im Traum die Pariser Architektur auf den Kopf stellen lässt. „Ronin" bleibt hingegen nicht stehen, um den Bau zu bewundern: Da wird in der Autojagd einfach drüber weggeflitzt.

Noch ein einleuchtendes Beispiel dafür, warum Filmemacher Pariser Originaldrehorte schätzen: das „Bistrot La Renaissance" an der Rue Championnet 112. Dort fand ***Quentin Tarantino*** für **Inglorious Basterds** 2009 den perfekten Begegnungsort für die französische Widerstandskämpferin und den Nazi Fredrick Zoller (***Daniel Brühl***). Tarantino hat das Café allerdings nicht entdeckt – der Regisseur ***Claude Chabrol*** war schon vor ihm da, 1984 mit **Le Sang des autres** (Das Blut der Anderen).

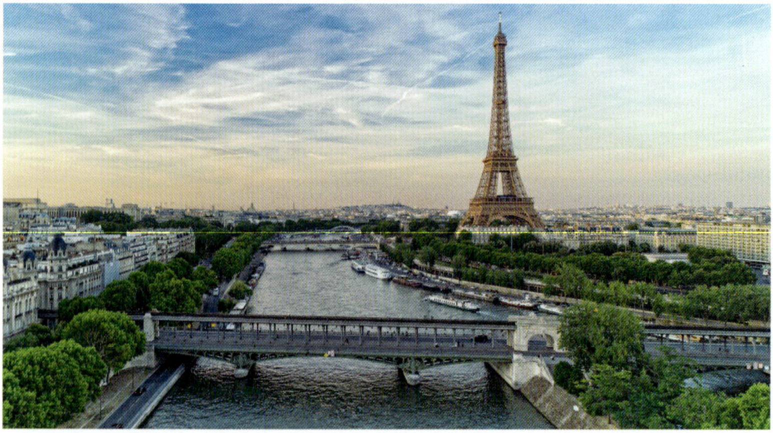

↑ Der Pont de Bir-Hakeim war nicht nur in „Ronin" zu sehen: Auch die Filmemacher von „Der letzte Tango in Paris" und „Inception" bedienten sich dieser Kulisse.

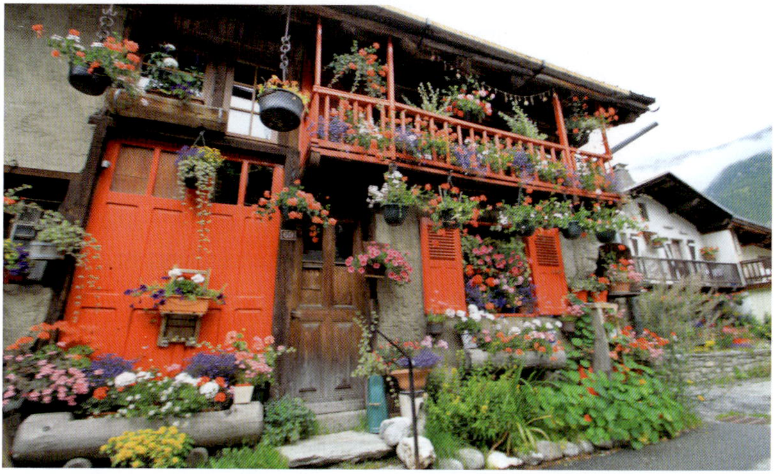

Hübsche Location des Bergsteigerfilms „The Mountain" in der Gemeinde Le Tour. ↑

Berge der Versuchung

Hereafter (Das Leben danach, 2010), ist nicht nur ein interessantes Mystery-Drama von ***Clint Eastwood***, sondern auch ein gutes Beispiel dafür, was ein findiger Location Scout ausmacht. Im Drehbuch ist die Rede von einem Schweizer Hospiz, wo Menschen mit Nahtoderfahrungen untersucht werden. Im Schatten des Montblanc, beim Wintersportort Chamonix, endete die Suche des Location Scouts: Gewählt wurde im Ort Le Planet ein überzeugender weißer Bau auf weiter Wiese, der sich bei näherer Betrachtung als einfaches Appartementhaus herausstellt und früher ein Belle Epoque Hotel war. Eastwood wohnte während der kurzen Drehzeit im Hôtel Hameau Albert 1er, an der Route du Bouchet 38, und erklärte Reportern pflichtschuldigst: „I love Chamonix!"

Bedeutend länger verblieb die Crew von **The Mountain** (Berg der Versuchung, 1956) in Chamonix. Drei Monate dauerte es, das

Bergsteigerdrama mit ***Spencer Tracy*** auf Film zu bannen, basierend auf der Katastrophe der Air India, die 1950 in den Bergen zerschellte. Hauptlocation war die kleine Gemeinde Le Tour, nicht weit von Chamonix entfernt. In den urtümlichen Gassen gleich hinter der katholischen Kirche fanden die Kameras ausreichend Motive. Die Straßenkreuzung, an der Tracy als Schafhirte an der Chemin de Tréléchamps seine Herde zum Brunnen führt, ist auf den Karten als „La Boerne" verzeichnet. Das im Hintergrund stehende Holzhaus ist heute die rustikale „Auberge la Boerne".

Die Seilbahn Téléphérique de l'Aiguille du Midi, 1955 zu Beginn der Dreharbeiten gerade erst eröffnet, führt von Chamonix auf die Felsspitze. An jenem ersten Drehtag auf dem Aiguille du Midi, dem 3842 Meter hoher Vorposten des Mont-Blancs, sprang die Seilbahn aus der Führung. „Wir alle glaubten, wir würden mehrere hundert Meter in den Abgrund stürzen", erinnert sich ***Robert Wagner***, der Tracys Bruder spielt. Während der Rettungsaktion starrte Tracy stumm in den Abgrund. Nicht weniger als „die furchtvollste Erfahrung meines Lebens" nannte Wagner das Ereignis in seiner Biografie. Und die Beinahe-Katastrophe hatte am selben Abend ein Nachspiel: Tracy – ein Trinker, der monatelang trocken bleiben konnte – hatte sich an der örtlichen Bar volllaufen lassen. Als ein Streit mit dem Barkeeper eskalierte, trug Wagner eine Schnittwunde davon, die für die kommenden Szenen kaschiert wurde.

„Cham" – so nennen die Einwohner ihr mondänes Skidorf – war 1924 Gastgeber der ersten Winter-Olympiade. Und 1999 von **The World is Not Enough**, dem 007-Streifen mit dem deutschen Titel „Die Welt ist nicht genug". ***Pierce Brosnan*** und ***Sophie Marceau*** schießen auf Skiern über die Gletscher von Argentière: Die dortige Piste trägt darum jetzt den Kosenamen „James Bond Trail".

Große Liebe zu Leuchttürmen

Nach dem Sensationserfolg mit „Amélie" kollaborierten Regisseur ***Jean-Pierre Jeunet*** und sein Star ***Audrey Tautou*** erneut in **Un long dimanche de fiançailles** (Mathilde – eine große Liebe, 2004). Große Teile wurden im bretonischen Département du Finistère aufgenommen; das bretonische Dorf, in dem die Liebenden sich als Kinder kennenlernen, ist Locronan. Einer von mehreren Leuchttürmen, die im bildgewaltigen Drama zu sehen sind, steht in Penmarch: Im Phare d'Eckmühl gelang Jeunet die rührende Aufnahme, wie der junge Verliebte seine behinderte Freundin die Stufen des 65 Meter hohen Turms hinaufträgt. „Mathilde" baut noch eine weitere Sehenswürdigkeit als Handlungsort ein: In der Auberge Ravoux, 52 Rue du Général de Gaulle, in Auvers-sur-Oise, macht sich Audrey auf die Spurensuche nach ihrem im Krieg verschollenen Verlobten. Worauf der Film keinen Bezug nimmt: Die Herberge ist bekannt als „Maison Van Gogh" – hier verbrachte der Maler seine letzten 70 Tage, bevor er seinem Leben ein Ende setzte.

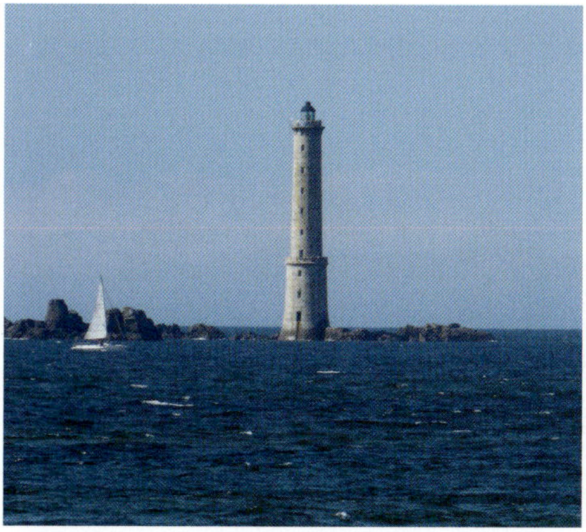

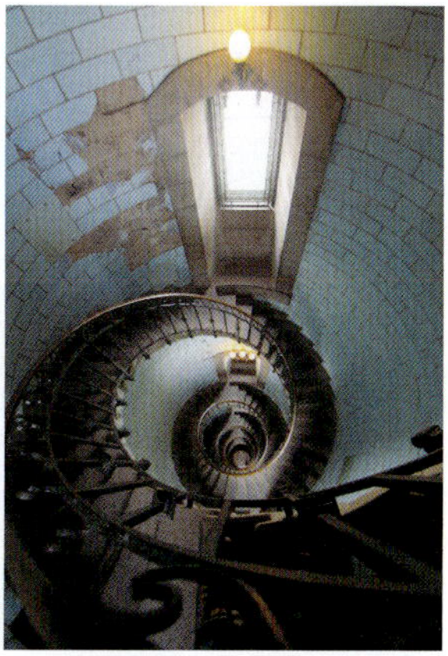

Zwei Leuchttürme für eine Szene: Für die Außenaufnahme des Leuchtturms ↑ diente der Phare des Héaux de Bréhat (1) in der Gemeinde Tréguier, die Innenaufnahme wiederum entstand im Phare d'Eckmühl (2).

Vincent in Arles

Die Provence ist voll mit Lebensstationen von Vincent van Gogh. Und voll mit Drehorten der Filmbiografie **Lust for Life**, in den deutschen Kinos 1956 als „Ein Leben in Leidenschaft" beworben. Das Besondere daran: Der Filmliebhaber steht an derselben Stelle, wo Kirk Douglas den flämischen Maler verkörperte und an derselben Stelle, wo dieser wiederum ein Bild malte. Dem Star ging es nicht anders: „Es war fast unheimlich, auf der Brücke zu stehen, die er gemalt hat, in dem gelben Haus in Arles oder in Les Beaux. In Auvers-sur-Oise lag ich in dem Bett in dem kleinen Zimmer über der Bar, in dem er gelebt hat. Ich sah aus dem Fenster und sah das, was er gesehen und gemalt hat."

Eindrucksvoll ist daher in doppelter Hinsicht der Besuch des Motivs der Brücke von Langlois, am Kanal von Arles. „Als ich die Straße hinunterging", erinnerte sich der Hauptdarsteller, „bekreuzigten sich einige der älteren Einwohner, die van Gogh noch gekannt hatten: Il est retourné!"

Douglas empfand als schmerzlich, in der Nervenanstalt von Saint-Rémy zu drehen, „in dem Garten zu stehen, dessen Zypres-

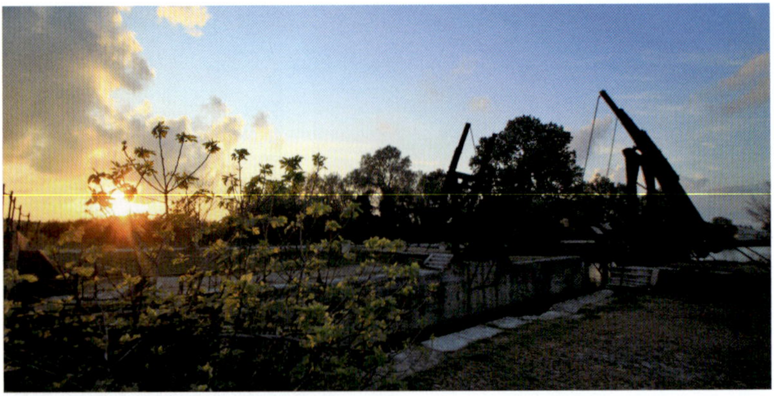

↑ Arles: die Brücke diente in „Lust for Life" als Drehort …

sen er gemalt hatte, wie sie sich flammenähnlich gen Himmel recken." Und es war „furchtbar, auf der Wiese zu stehen, wo er sein letztes Bild gemalt hatte." Dafür hatte der Schauspieler, ein Sohn jüdisch-russischer Einwanderer, sich beigebracht, die Krähen auf dem Weizenfeld im Stil von van Gogh malen zu können. Mit der Waffe in der Hand lehnte Douglas sich bei Auvers-sur-Oise gegen denselben Baumstamm, wo van Gogh gefunden wurde, in den Weizenfeldern hinter der Kirche. „Es war der quälendste Film, den ich je gemacht habe." Regisseur ***Vincente Minnelli*** stellte seine Kamera auch im „Nachtcafé" auf, dem „Café de la Gare" am Place Lamartine in Arles, und vor dem Café Terrace auf dem Place du Forum, wo das bekannte Gemälde „Caféterrasse am Abend" entstand (das heute Café van Gogh heißt).

Dasselbe Café Van Gogh wird in John Frankenheimers **Ronin** von 1998 zum bloßen Hintergrund. Im Thriller von 1998 jagen sich Berufsverbrecher zwischen den römischen Ruinen und den Lavendelfeldern der Provence gegenseitig einen ominösen Koffer ab. Höhepunkt ist das Feuergefecht, das sich ***Robert De Niro*** und ***Jean Reno*** mit ***Stellan Skarsgård*** im römischen Amphitheater (Rond-Point des Arènes 1) liefern, 90 vor Chr. in Arles errichtet. Der melancholische

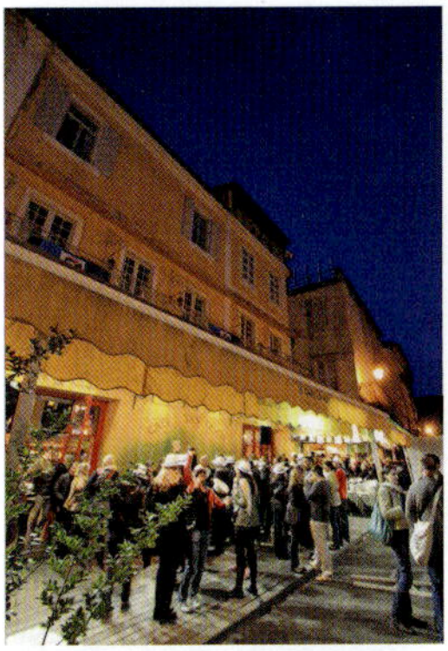

... ebenso wie ↑ das berühmte Café ...

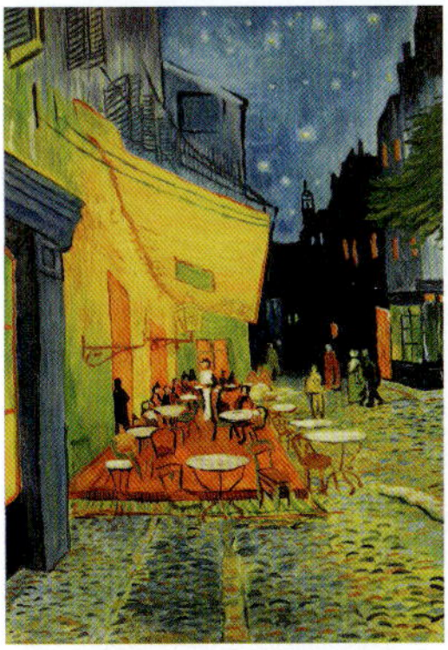

... das auf Van Goghs Bild ↑ so aussieht.

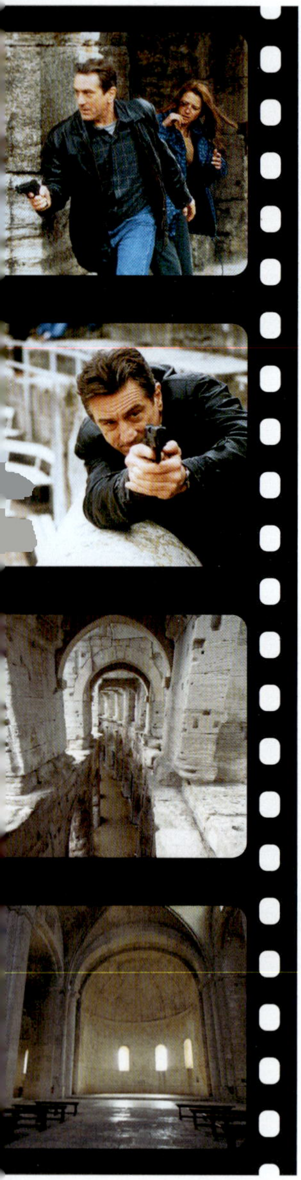

Krimi beginnt und endet an der Treppe der Rue Drevet in Paris, wo sich die Gangster treffen und am Ende wieder verabschieden (die Bar war allerdings ein Studiobau). Zur furiosen Schießerei bei Nacht kommt es an der Pont Alexandre III, wo De Niro im Brückenbogen einen Scharfschützen aufs Korn nimmt. Danach verlagert sich die flotte Handlung an die Côte d'Azur, wo der Koffer bis zum Hôtel Barrière Le Majestic in Cannes (Boulevard de la Croisette 10) verfolgt wird. In Nizza schließlich, genauer: auf dem Place Saint-François, werden die schweren Waffen ausgepackt. In einem der wenigen ruhigen Momente lauscht De Niro in Nizza dem Kirchenchor vor der Kathedrale Sainte-Réparate.

Van Gogh hat seine Staffelei auch bei der Abbaye de Montmajour (an der D17 kurz vor Arles, in Fontvieille) aufgestellt, die dann 1970, jedoch in einem anderen Zusammenhang, auf Filmleinwand gebannt wurde. Im starbestückten Historienfilm **The Lion in Winter** (Der Löwe im Winter) ordnet der alte König ***Peter O'Toole*** mit seiner Königin ***Katharine Hepburn*** die Thronfolge. In der Schlussszene entschwindet die Oscarpreisträgerin drehbuchgemäß auf einem Schiff. Da das Kloster aus dem 10. Jahrhundert nicht an einem Fluss liegt, wurde die Produktion für diese Einstellung 15 Kilome-

↑ 1, 2: Method Acting im Amphitheater von Arles: Söldner Robert DeNiro ist kein normaler Tourist. 3: Das Amphitheater aus „Ronin" ist für Touristen zu besichtigen. 4: Das Kloster Montmajour aus „The Lion in Winter".

ter nach Norden verlegt, zum Château de Tarascon an der Rhone. Der „Löwe" markierte das Filmdebüt des jungen ***Anthony Hopkins***, der allerdings von ***Laurence Olivier*** nur aus seinem Theaterkontrakt entlassen wurde, nachdem Peter O'Toole persönlich insistiert hatte. Nichtsdestotrotz warf O'Toole den Jungschauspielern – unter ihnen auch ***Timothy Dalton*** – den Fehdehandschuh hin: „Ich werde jede eurer Szenen stehlen. Stoppt mich, wenn Ihr könnt!"

Zwei Audreys in Paris

Paris ist wie geschaffen für das Genre der Romantic Comedy und bis zum Jahr 2001 gab es für Paris nur eine einzige Prinzessin dieses Genres: ***Audrey Hepburn***. Dann folgte mit Audrey Tautou eine ebenso rehäugige wie bezaubernde Thronfolgerin.

Die Liebesaffäre zwischen Audrey Hepburn und Paris beginnt im Hôtel Ritz, am Place Vendôme. In **Love in the Afternoon** (Ariane – Liebe am Nachmittag, 1957) steigt sie ***Gary Cooper*** hinterher. Der wird von ***Maurice Chevalier*** von der Colonne Vendôme ausspioniert, dem Turm mit der Napoleon-Statue vor dem Ritz.

Das 1898 eröffnete Hôtel Ritz besitzt mehr als touristische Bedeutung. Als die deutsche Besatzung vertrieben war, kehrte Ernest Hemingway unverzüglich in der Hotelbar ein, um eine Flasche Cognac zu „befreien". ***John Wayne*** ließ sich selten Details über amouröse Abenteuer entlocken, doch nach seinem „besten Sex" gefragt, kam es wie aus der Pistole geschossen: „Auf der Treppe des Ritz, mit Marlene Dietrich!" Und als ***John Huston*** **Quo Vadis** castete, ließ er die schönsten Frauen in Abständen von 30 Minuten auf seine Suite kommen. Nach einigen Tagen bemerkte er, dass das französische Personal sich tiefer und tiefer verbeugte – sie wussten nicht, dass die schönen Damen lediglich vorsprachen!

Auch *Tom Hanks* nächtigt im **Da Vinci Code** trotz seines schmalen Professorengehalts im teuersten Hotel der Stadt.

„Liebe am Nachmittag" war für seine Zeit gewagt. Ein älterer Herr und eine junge Dame – und Audrey wirkte in jedem Film jungfräulich – das war selbst für einen ***Billy Wilder***, der es liebte, die Zensoren zu ärgern, recht frivol. Wenn sie an der Hotelfassade im 3. Stock herumkraxelt, ist das natürlich im Atelier nachgebaut (einschließlich voll funktionsfähigem Aufzug). „Wir hätten den Film genauso gut in Hollywood machen können", brummte Cooper, als er dafür in die Studios de Boulogne musste. Audrey lebt an der Rue Malebranche 17. Für die Ruderbootszene kopierte Wilder das Bild „Déjeuner sur l'herbe" von Manet, gefilmt auf dem Teich des Châteaus de Vitry bei Gambais. Die Aufnahme wurde von Moskitos, Smog und Flugzeuglärm geplagt. In der Pariser Oper, der Opéra National de Paris, platzierte Wilder 960 Statisten in Abendgarderobe. Audrey hatte für diese Szene gelernt, das Cello überzeugend zu spielen. Die herzzerreißende Abschiedsszene – mit unerwartetem Happy End – kommt am Gare de Lyon. Sechs Jahre später drehte Billy Wilder eine frivole Komödie, die das Flair von Paris perfekt einzufangen schien: **Irma La Douce**. Doch dieses Mal baute er das Rotlicht-Milieu komplett in Hollywood nach. Einzige Ausnahmen waren die Hochzeit in der Église Saint-Étienne-du-Mont am Place Sainte-Geneviève und die Szene, in der ***Jack Lemmon*** seinen Doppelgänger an der Pont Royal beseitigt.

Audrey Hepburn dagegen war der Stadt der Liebe verfallen. 1963 drehte sie gleich zwei Filme nacheinander: **Charade** im Herbst und **Paris When It Sizzles** (Zusammen in Paris) im darauffolgenden Sommer. In letzterem ist das Feinkostrestaurant „La Grande Cascade", an der Carrefour de Longchamp, eine erinnerungswürdige Location: Im glitzernden Gartenrestaurant im Park Bois de Boulogne diniert sie mit ***William Holden*** (es war später auch Schauplatz von **Belle de Jour** mit *Catherine Deneuve*). Gleich daneben jagt Holden sie durch den künstlichen Wasserfall; die beleuchtete Grotte ist tatsächlich begehbar. William Holden war unglücklich in Audrey verliebt, was seinen Alkoholkonsum noch verstärkte – er musste sich in der Mitte des Drehs einem Entzug unterziehen. Zur Schluss-Szene am Place du Trocadéro war er wieder präsent.

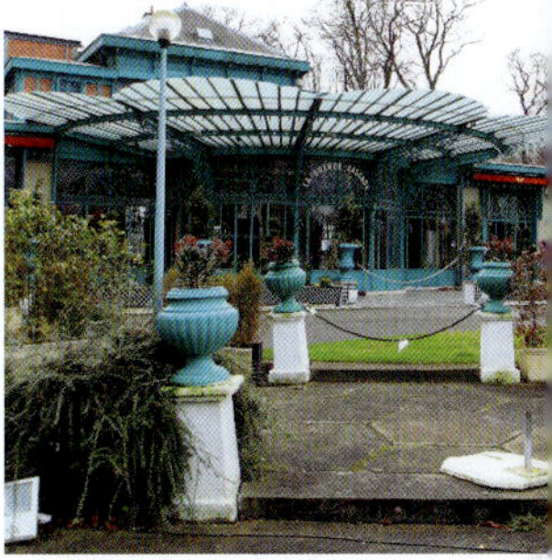

Im Bois de Boulogne diniert Audrey Hepburn im „La Grande Cascade" mit William Holden ...

Ein besonderer Drehort verbindet „Paris When it Sizzles" mit „Charade": das Puppentheater im Jardin des Champs Élysées. Das traditionelle Kasperle-Spiel hat eine lange Tradition – und eine Filmgeschichte. Auch in „La Grande Vadrouille", um nur ein Beispiel zu nennen, war es Bestandteil der Handlung: Hier verbergen sich die Franzosen vor den deutschen Besatzern. Als leichtfüßiger Thriller führt „Charade" zur Kathedrale von Notre-Dame de Paris, wo Audrey Cary Grant ihr Eis aufs Hemd schmiert, direkt vor der Pont au Double. Ironisch für Location-Suchende: Der Dialog dreht sich darum, dass *Gene Kelly* an derselben Stelle in **An American in Paris** aufgetreten sei – wo der doch im Studio gemacht wurde.

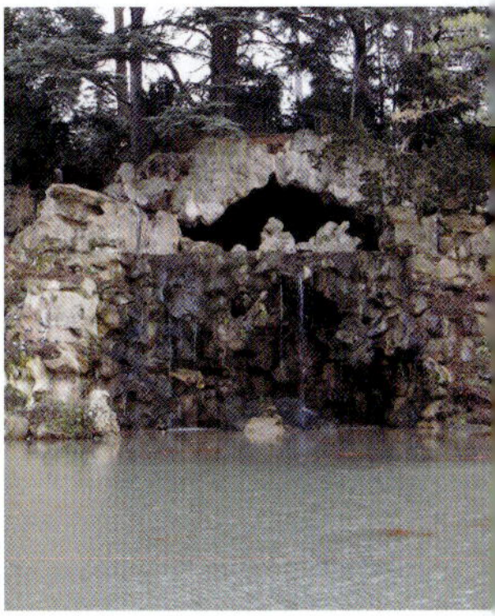

... bevor er sie gleich daneben durch die Grotte mit künstlichem Wasserfall jagt. Holden stellte Hepburn auch privat nach.

Zum Filmbeginn findet Audrey ihr Wohnhaus an der Avenue Velasquez 7 verlassen vor (es beherbergt das Musée Cernuschi, ein Museum asiatischer Kunst). Der

Briefmarken-Markt, wo das große Geheimnis enthüllt wird, dass sich – Achtung, Spoiler – das gesuchte Vermögen in Briefmarken verbirgt, wird weiterhin an der Avenue Gabriel durchgeführt. Das Hotel, in dem sich ein großer Teil des labyrinthartigen Plots abspielt, heißt im Film „St. Jacques" – was Generationen von Drehortsuchern verwirrt hat. Insbesondere, da das echte „St. Jacques" tatsächlich mit „Charade" Werbung betreibt! Das wirkliche Hotel war das „Hotel Maxim", an der Rue Censier 28. Gleich in der Nähe ist das Straßencafé, wo Audrey sich flirtend zu einem verdutzten Touristen setzt: heute eine Pizzeria an der Rue Monge 107. Um die Verwirrung für Location-Touristen perfekt zu machen, wurde an der Rue Censier auch ein falsches Metro-Schild „Saint-Jacques" angebracht. Die echte Metro-Station, in der Audrey sich vor dem Mörder versteckt, ist „Varenne" am Boulevard des Invalides. Audrey, noch immer auf der Flucht, verlässt die Metro bei der Station „Palais Royal". Der Ausgang wurde im Jahr 2000 mit einem Kunstwerk veredelt, der „Kiosque des noctambules".

Die finale Konfrontation zwischen Audrey und – Spoiler-Alarm – ***Walter Matthau***, der sich überraschend als Täter herausstellt, findet in den Kolonnaden am Jardin du Palais Royal ihre passende Kulisse. Versuchen Sie nicht, die Säulen abzuzählen – ein raffinierter Produktionsdesigner hat den Steinträgern nachgemachte hinzugefügt, um das Labyrinth noch undurchdringlicher erscheinen zu lassen. Der Platz ist für mysteriöse Treffen bei Nacht so gut geeignet, dass der **Marathon Man** (Der Marathon-Mann, 1976) sich einige Jahre darauf ebenfalls hier einfand.

Von hier flüchtet sich die Schauspielerin in die Comédie-Française an der Rue de Richelieu, 1680 von Louis XIV ins Leben gerufen. Und hier spielt der Film nochmals eine Charade mit dem Location-Suchenden: Zwar sehen wir Audrey ins staatliche Theater stürmen, doch ist das Innere tatsächlich das Marigny-Theater –

das sich gleich neben dem eingangs erwähnten Puppentheater befindet.

Schon 1965 spielte Audrey einmal mehr an der Seite ihres besten Co-Stars: Paris. In **How to Steal a Million** (Wie klaut man eine Million), von ***William Wyler*** mit leichter Hand inszeniert, trägt sie auch als Kunstdiebin wie gewohnt die Kostüme von Givenchy. Ausgeraubt wird das Musée Carnavalet (Rue des Francs Bourgeois). Den Plan schmieden Peter O'Toole und Audrey auf der Parkbank beim Springbrunnen am Rond-point des Champs-Élysées.

In die Handlung inkoporiert wird das „Maxim's" (Rue Royale 3), wo Audrey sich der Avancen des aufdringlichen ***Eli Wallach*** erwehren muss. Heute ist das legendäre Restaurant teilweise Museum. Seine Jugendstileinrichtung ist als „Monument historique" eingestuft. Audreys letzter Paris-Film endet da, wo ihr Flirt mit der Stadt der Lichter begann: beim Ritz. Peter O'Toole schleudert einen Bumerang aus dem Fenster, der um die Colonne Vendôme kreist.

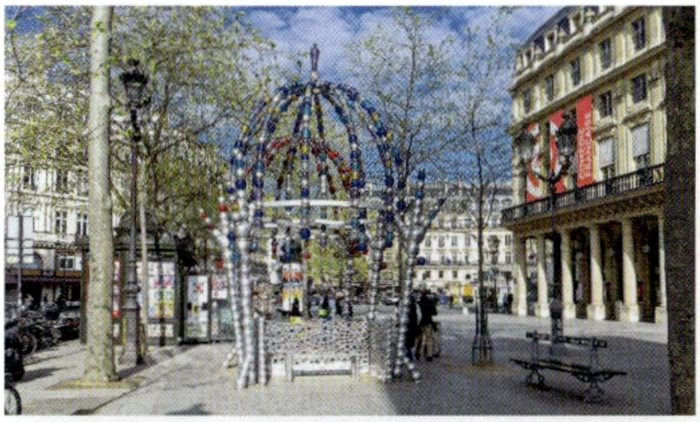

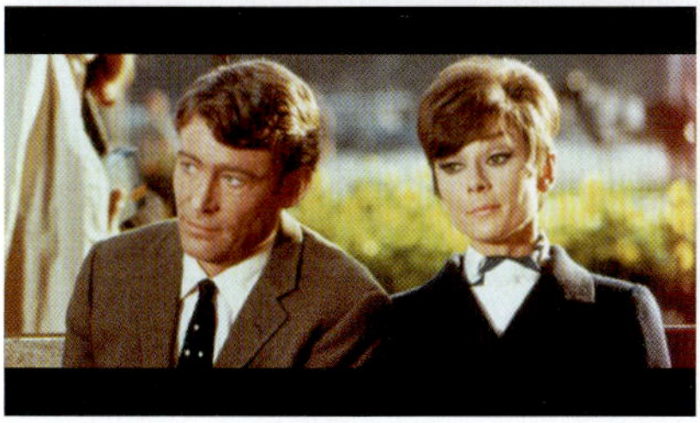

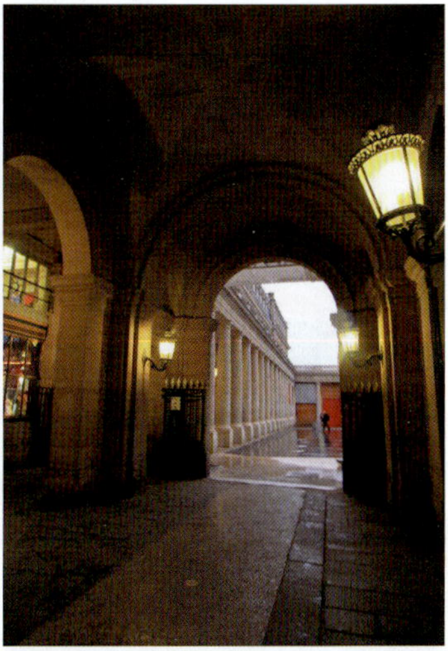

1: Metro als Zufluchtsort: Station „Palais Royal", jetzt mit Kunst verziert. 2: Audrey Hepburn und Peter O'Toole: Ganoven-Brainstorming am Rond-Point des Champs-Élysées. 3: In den Kolonnaden am Jardin du Palais Royal entpuppt sich Walter Matthau als Täter.

Amélie de Montmartre

2001 wurde aus der französischen Hauptstadt die „fabelhafte Welt der Amélie". Nach dem Überraschungserfolg von **Le fabuleux destin d'Amélie Poulain** zeigten fernöstliche Reiseagenturen plötzlich kein Interesse mehr an den übrigen Stadtteilen – Touristen aus Asien wollten nur noch Amélies Paris sehen! 198.000 Yen kostete das Amélie-Paket, um sich der pfiffigen Französin auf die Fersen zu heften. Die Neuentdeckung Audrey Tautou bescherte den Kinos Besucherrekorde und hielt sich auch in deutschen Kinos ungewöhnlich lange. Amélie hatte das Sacré-Cœur-Quartier verzaubert. Daheim ist sie an der Rue des Trois Frères numéro 56 (Apartment 4a), sie kauft ihr Gemüse gleich hinterm Haus, bei „Au Marché de la Butte". Ein Muss für den Amélie-Fan ist das „Café des 2 Moulins", an der Rue Lepic 15, wo sie als Serviererin arbeitet. Die Toilette ist bedeutend kleiner als in der Erinnerung und wahrlich nicht geeignet für einen Liebesakt wie jenen im Film. An der Dop-

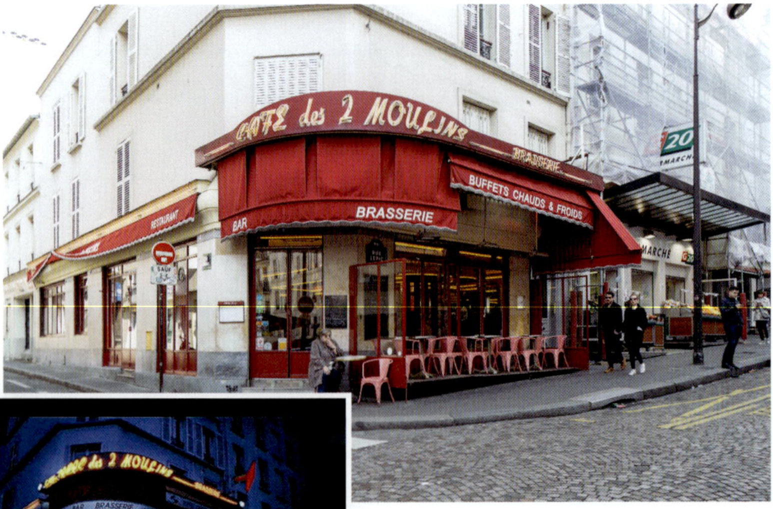

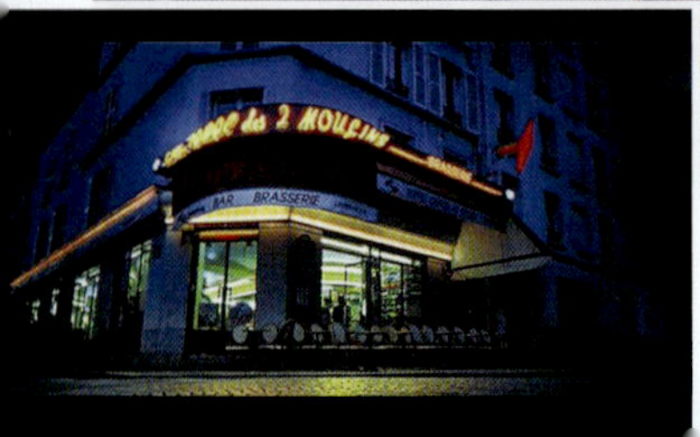

Im Café des Deux Moulins kellnerte die liebreizende Amélie auch in den Innenaufnahmen.

peltreppe des Metro-Bahnhofs Lamarck-Caulaincourt erklärt sie dem blinden Mann, was in der Welt vorgeht. Wenn Amélie Poulain die große Stadt erkundet, nimmt sie die U-Bahn an der Station Abbesses.

Die Treppe der Sacré-Cœur ist wichtiger Bestandteil der Handlung, denn hier narrt Amélie ihren Geliebten mit Rätseln. Die weißen Stufen waren schon oft im Kino zu sehen. Einmal stand hier Marlon Brando (mit blondgefärbten Haaren!) als verblendeter Nazi in **The Young Lions** (Die jungen Löwen, 1958) stramm, ein anderes Mal rollte ***Jean-Paul Belmondo*** als **L'Animal** (Ein irrer Typ, 1977) eine Limousine direkt in den Brunnen auf der Treppenmitte. Und Professor Fate fährt seine Höllenmaschine in **The Great Race** (Das große Rennen rund um die Welt, 1965), auf der Suche nach einer Abkürzung, holpernd dieselben Stufen hinunter.

Amélies mysteriöser Freund arbeitet im „Palace Video". Wer in Pigalle am Boulevard de Clichy 37 vorbeischaut, stellt schnell fest, dass es sich um einen echten Sex-Laden handelt (seither umbe-

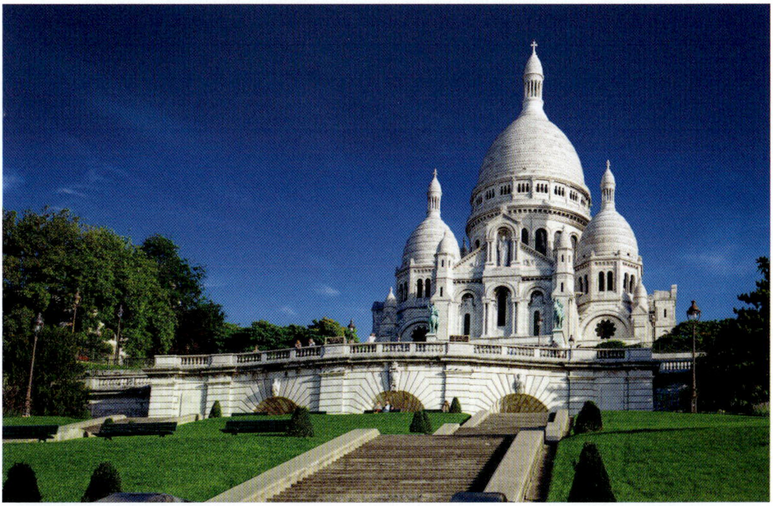

Oft gefilmte Location: die Stufen zur Sacré-Cœur. ↑

nannt in „Toys Palace"). Er liegt in unmittelbarer Nähe des „Moulin Rouge". Das gleichnamige Musical mit Nicole Kidman von 2001 entstand in den australischen Studios, doch 1952 hatte John Huston noch die Möglichkeit, direkt beim legendären Nachtclub zu drehen. Sein Biopic **Moulin Rouge** setzt dem Maler Toulouse-Lautrec ein filmisches Denkmal. Um Lautrecs Pinselführung in den Nahaufnahmen glaubhaft darzustellen, hatte Huston einen berüchtigten Lautrec-Fälscher angeheuert. An diesen Vorgängen war Pablo Picasso so interessiert, dass er in einem kleinen Hotel gegenüber eine ganze Etage mietete, um beim Dreh Zaungast spielen zu können. Die Zeit auf 1890 zurückzudrehen, erwies sich als nicht gerade einfach. Als Huston für eine Sequenz Pferdegespanne auffahren ließ, mussten 30 Gendarmen einen ganzen Block vor dem Restaurant „Les Deux Magots" am Place Saint-Germain des Prés absperren. Die gallischen Autofahrer ließen sich das nicht bieten und veranstalteten ein so lautes Hupkonzert, dass die Schauspieler ihren eigenen Dialog nicht mehr hören konnten. Huston, der sich selten um überrissene Spesenrechnungen scherte, buchte als „Garderoben" für seine Stars Zimmer im Hotel Ritz.

„Normandie – tatsächlich Normandie ..."

„Wenn wir schon lange tot und vergessen sind": So beschreibt ***Rod Steiger*** in „The Longest Day" (Der Längste Tag) die historische Bedeutung des 6. Juni 1944. Tatsächlich ist der Invasionstag unvergessen. Eine bedeutende Erinnerungshilfe ist der epochale Film, der 1961 entstand.

Darryl F. Zanuck hatte sich freiwillig ins Exil nach Paris begeben. Die Tage der Studiomogule von Hollywood waren gezählt. Der zigarrenkauende Producer brauchte einen Hit, um sich selbst neu zu erfinden. Als flamboyanter Studiochef war er für eine ganze Reihe Klassiker verantwortlich gewesen, befürchtete nun aber, seinen „Touch" für Erfolgsfilme verloren zu haben. Jetzt setzte er alle Hoffnungen in einen Tatsachenbericht, den er für 75.000 Dollar optioniert hatte: „The Longest Day", die detaillierte Recherche des Kriegsberichterstatters Cornelius Ryan über sämtliche Vorkommnisse am Tag der Invasion. Wo immer möglich wollte der Produzent den D-Day an Originalschauplätzen nachstellen – ein Unternehmen, dessen logistische Schwierigkeiten unlösbar schienen. Doch Zanuck – von dem das Zitat „Don't say yes before I finished talking" stammen soll, ließ auch ein „Nein" als Antwort nicht gelten. Er rekrutierte Filmstars in Kompaniestärke: 42 internationale Berühmtheiten sollten selbst in Kleinstrollen auftreten.

DFZ – wie er sich in aller Kürze gern nennen ließ – bestimmte das Malherbe Hotel in Caen zum Hauptquartier (das einst namhafte Gasthaus an der Rue du 11 Novembre wurde später zum schmucklosen Apartmenthaus, das inzwischen dauerhaft

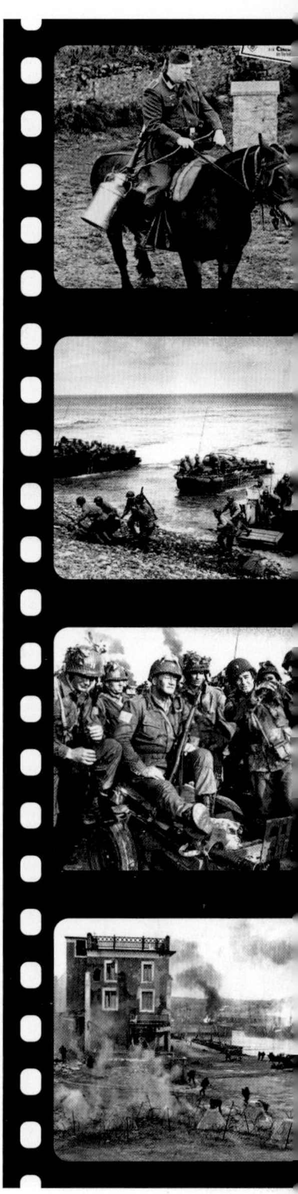

1: In der Nähe von Colleville reitet Gert Fröbe auf der Rue de la Mer jeden Morgen an der Honorine des Pertes vorbei – bis er am 6. Juni den Schreck seines Lebens erlebt. →
2: Drehen am echten Kriegsschauplatz: die Landungsboote erreichen den Küstenfelsen Pointe du Hoc.
3: John Wayne sucht den Weg nach Sainte-Mère-Eglise.
4: Das ganze Hafenstädtchen Port-en-Bessin wurde für die spektakuläre Luftaufnahme evakuiert.

geschlossen ist). Von hier aus dirigierte der „General", so Zanucks verdienter Spitzname, eine Armee von Technikern und fünf Regisseure, die während 10 Monaten in 31 Locations insgesamt 66 Stunden Film belichten sollten. Im „Malherbe" richtete er einen Projektionsraum ein, wo er seinen Stars ihre Aufnahmen vorführte.

Heute ist die 100 Kilometer lange Normandieküste jeden Juni Treffpunkt von Geschichtsinteressierten und sogenannten Reenactors, die in originalgetreuen Uniformen paradieren. Konvois altgedienter Militärfahrzeuge sind tagelang unterwegs und an runden Jahrestagen legen Staatsoberhäupter Kränze bei den Kreuzen der Gefallenen nieder. In Colleville-sur-Mer liegt der größte amerikanische Soldatenfriedhof Europas: Im Meer der Grabsteine von 9387 Soldaten begann und endete 1998 ***Steven Spielbergs* Saving Private Ryan** (Der Soldat James Ryan).

Unnötig zu erwähnen, dass der D-Day für den Tourismus eine beachtliche Bedeutung hat. Die Tarnnamen der Landungsab-

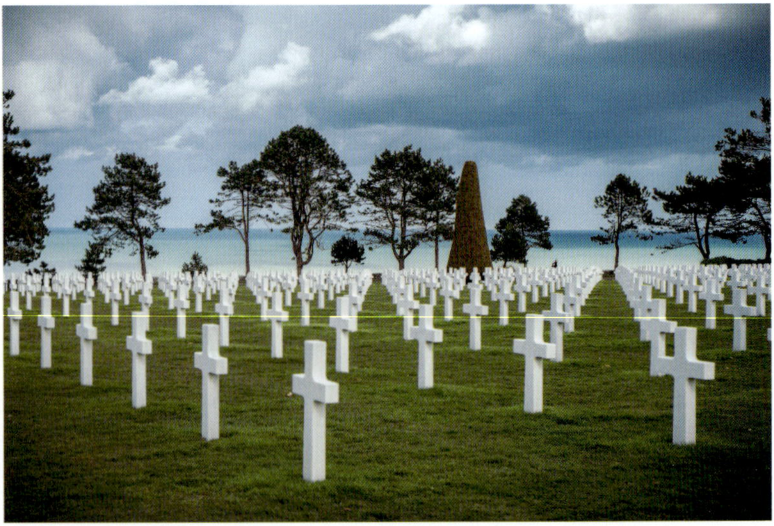

↑ Soldatenfriedhof Colleville-sur-Mer: Das Kreuz von Captain Miller (Tom Hanks) in „Saving Private Ryan" war ein Requisit. Der in „The Longest Day" von Henry Fonda dargestellte General Theodore Roosevelt Jr. ist hier bestattet.

schnitte Omaha, Utah, Sword, Gold und Juno sind in den Sprachgebrauch übergegangen und auf Karten und Wegweisern verzeichnet. 1961 jedoch, nur 15 Jahre nach dem Angriff, waren die Bunker von Unkraut überwuchert, einsturzgefährdet. Damals wurde das „Débarquement", wie die Franzosen ihre Befreiung nennen, noch nicht zelebriert, waren Museen eine Seltenheit und Denkmäler harrten ihrer Enthüllung (von denen noch immer neue aufgestellt werden: Nach der von ihm produzierten Serie „Band of Brothers" stiftete Tom Hanks der „Easy Company" einen Gedenkstein) . An den Schauplätzen der „Operation Overlord" sind die Grenzen von Kriegsgeschehen und Filmgeschichte fließend.

Ingesamt ließ DFZ es sich 800.000 Dollar kosten, Hitlers Atlantikwall in seinen früheren Zustand zurückzuversetzen. An der Pointe du Hoc (s. Kapitelstartseite), jenem schroffen Küstenfelsen, der von den US-Rangers unter Beschuss bezwungen werden musste, erhielt DFZ die Erlaubnis, das Gelände mit Flammenwerfern zurück in ein Schlachtfeld zu verwandeln. Die Widerstandsnester, die in dieser beklemmenden Sequenz von den seinerzeit heißesten Teenie-Schwärmen ***Paul Anka***, ***Tommy Sands*** und ***Fabian*** gestürmt werden, sind noch dieselben, heute zusätzlich durch Stahlkonstruktionen vor dem Zerfall geschützt. Entlang der gesamten Küste sind solche Schauplätze deutlich ausgeschildert.

Noch vor dem offiziellen Drehstart nutzte DFZ die Gelegenheit, dass die 6. Flotte der Navy Landungsmanöver auf Korsika durchführte. Der Produktionsdesigner ließ in aller Eile einige Strandhindernisse bauen, so dass die Cinemascope-Kameras die Truppenbewegungen auf dem Plage de Lotu beim korsischen Saint-Florent als Landung auf „Omaha Beach" ausgeben konnten.

Landungsboote, Schlachtschiffe und Truppen – all das konnte DFZ durch seine Kontakte zu den Streitkräften organisieren. Er hatte als junger Freiwilliger den Ersten Weltkrieg durchgemacht und als Colonel im Zweiten gedient. Nun nutzte er jede ihm bekannte Hintertür ins Pentagon. Charles De Gaulle überstellte ihm 1000 Spezialisten, die er aus dem Algerienkrieg abzog. Dass Zanuck die Infanterie des halben US-Heers rekrutierte, hatte ein Nachspiel. Denn die Sowjets errichten just in dem Moment die Berliner Mauer, als die dringend benötigten Amerikaner für DFZ ins Feld zogen. Der US-Senat ordnete eine Untersuchung an. Mit dem Resultat, dass nach dem „längsten Tag" der Zugriff von Hollywood auf militärische Hardware und personelle Ressourcen stark eingeschränkt wurde.

Die Geschützbatterie von Longue-sur-mer – sie ist dem Dorf vorgelagert, die Mündungen richten sich bis heute auf den Angriff von See her (von der D514 aus erreichbar) – ist im Originalzustand erhalten und wird im Film mehrfach genutzt. Der mächtigste Bunker dieser Kette, den Ärmelkanal überblickend, ist im Film der Befehlsstand des deutschen Majors Pluskat (***Hans-Christian Blech***), der die Invasionsflotte als Erster entdeckt. Die Produktionsdesigner trugen nicht nur frische Camouflage-Farbe auf, sie mussten

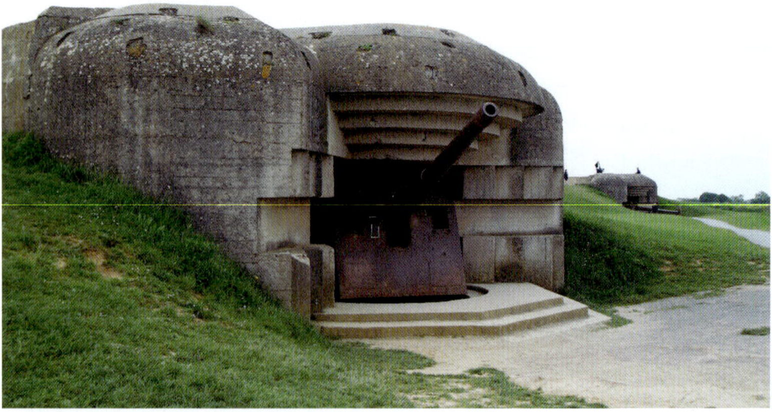

↑ Die Geschützbatterie von Longue-sur-mer war Zanuck zu Diensten.

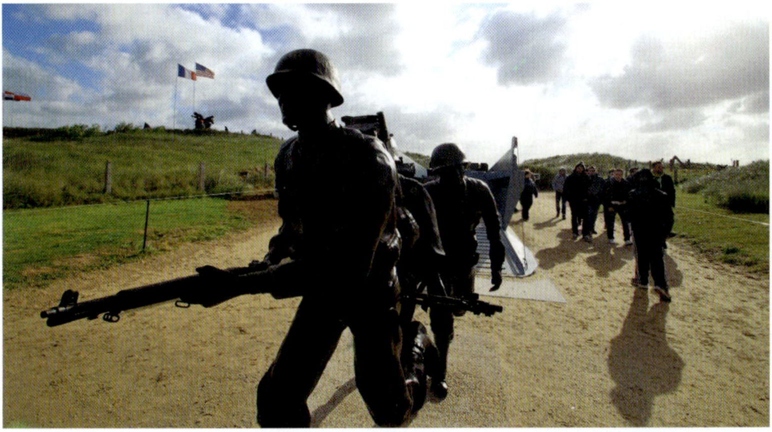

Eines von zahlreichen Monumenten: Im Museum am Utah Beach führten Tom Hanks und Steven Spielberg für die Veteranen die Premiere von „Band of Brothers“ auf. ↑

auch die Kugellöcher in den Mauern auffüllen, die der Angriff hinterlassen hatte.

Am „Utah Beach“ (bei Sainte-Marie-du-Mont) ist im „Musée du Débarquement“ eine der größten Ausstellungen zu sehen. Auf der Sanddüne direkt daneben gab ***Henry Fonda*** den Befehl zum Vorstoß – an der Stelle, wo nunmehr eine Statue an diese Entscheidung erinnert.

• *Musée du Débarquement de Utah Beach* •

La Madeleine, 50480 Sainte-Marie-du-Mont

www.utah-beach.com

Führungen, Workshops

und Veranstaltungen

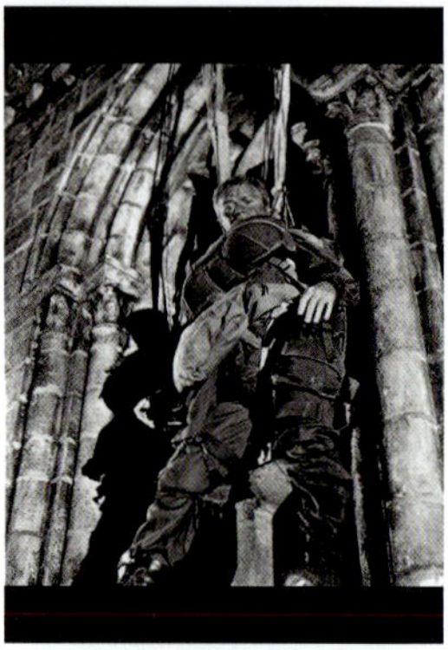

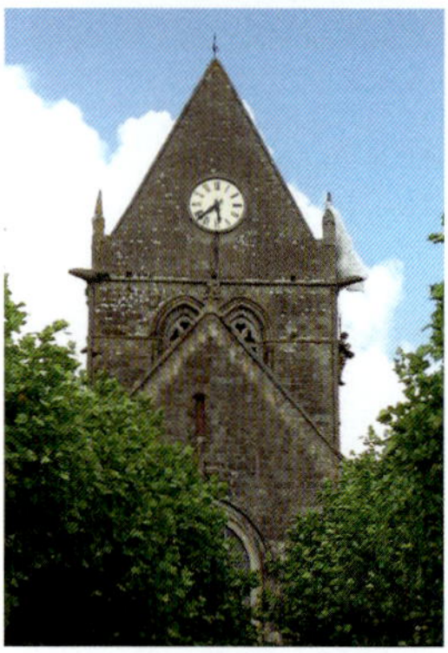

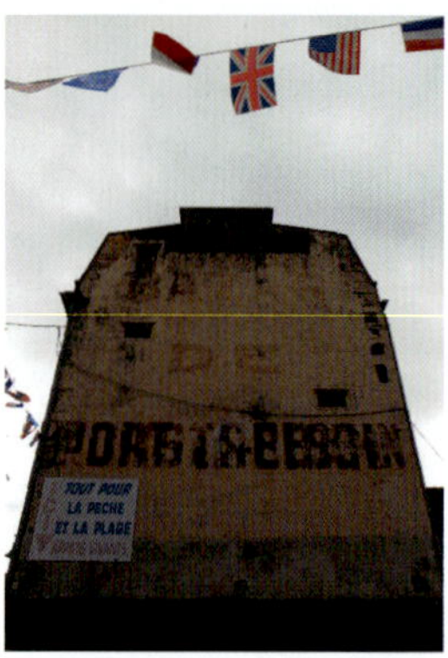

Das normannische Dorf Sainte-Mère-Église war von strategischer Wichtigkeit und entsprechend heftig umkämpft. Die Verfilmung hat weltberühmt gemacht, wie der Fallschirmjäger (***Red Buttons***) am Kirchturm hängen bleibt. Seither ziert an jedem Jahrestag eine lebensgroße Figur das Kirchdach in der Ortsmitte. Das Innere des Gotteshauses, wo der französische Charakterdarsteller ***Jean-Louis Barrault*** eine Predigt von der Kanzel hielt, ist unverändert. In einer groß angelegten Rekonstruktion des Massakers auf dem Dorfplatz landen Fallschirmspringer direkt vor den Mündungen der Deutschen. Als die Komparsen in Feldgrau aufmarschierten, musste die aufgebrachte französische Dorfbevölkerung beruhigt werden: „Das sind alles nur Statisten!" Bald nach dem Film eröffnete in St.-Mère-Église in Sichtweite des Kirchturms das „Airborne Museum", das in Europa seinesgleichen sucht: Es stellt den Absprung in Lebensgröße dar.

Das malerische Hafenstädtchen Port-en-Bessin-Huppain doubelte für Ouistreham. Es wurde für die Dauer von zwei Wochen evakuiert (!), als die Erstürmung und Explosion des Casinos aufgenommen wurde. Als

← 1: Red Buttons am Kirchturm. 2: Der Kirchturm von Sainte-Mère-Église: An jedem Jubiläum hängt der Fallschirmjäger am Dach. 3: An diesem Haus in Port-en-Bessin kommt die Filmfarbe wieder durch.

Muschelzüchter sich beschwerten, dass Zanucks Truppen ihre Krabbengründe zerstören, drohte De Gaulle höchstpersönlich, sie für den Mangel an Nationalstolz büßen zu lassen. Um dem Betrachter klar zu machen, dass die Aktion sich in „Ouistreham“ abspielt, wurde eine Fassade an der Hafenpromenade großflächig mit „Bazar de Ouistreham“ beschrieben. Amüsant, dass nach all den Jahren diese Buchstaben unter einer nachlässig aufgetragenen Farbschicht wieder hervortreten.

An der „Pegasusbrücke“ über den Caen-Kanal musste der britische Star ***Richard Todd*** ein starkes Déja-vu verspürt haben. Er war selbst Teilnehmer der Operation in Bénouville gewesen und spielte nun die Rolle seines damaligen Vorgesetzten, John Howard. Todd spendete die Ausrüstung, die er am D-Day trug, dem Café Gondrée (Avenue du Commandant Kieffer 12), direkt an der Brücke, wo sie bis heute stolz präsentiert wird. Das Café erlangte nationale Berühmtheit als „erstes befreites Haus von Frankreich.“ Die Brücke selbst, im Film unter anderem von Sean Connery eingenommen, wurde 1994 ersetzt und steht heute im Museum an der Avenue du Major John Howard in Ranville.

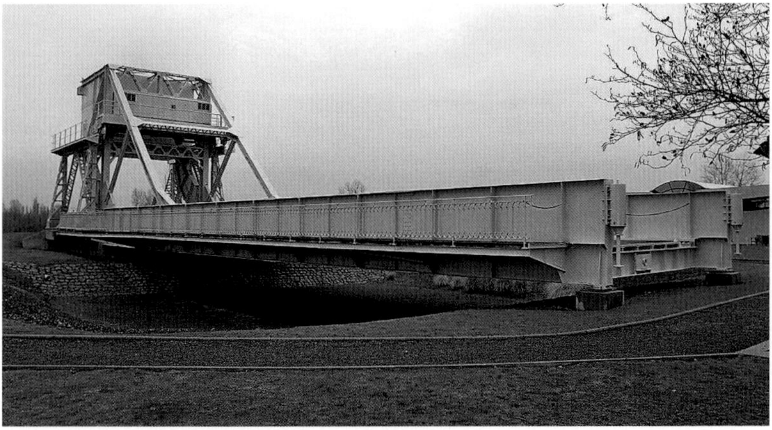

Als die Pegasusbrücke 1994 zum alten Eisen sollte, kämpften die Veteranen noch einmal um sie: Sie wurde um 150 Meter versetzt, ins Luftlandemuseum „Pegasus Bridge“. Die neue Brücke wurde anlässlich des 50. Jahrestags der Invasion eingeweiht. ↑

Für die Strandszenen auf „Omaha" und den britischen Brückenköpfen führte DFZ seine eigene Invasion durch: Er übernahm praktisch die Insel Île de Ré im Golf von Biskaya. An ihrem nördlichsten Strand lagen unversehrte deutsche Bunker, die kampflos aufgegeben worden waren. Hier sollte ***Robert Mitchum*** das „blutige Omaha", wie die Veteranen ihren Strandabschnitt nennen, erobern. Die Betonklötze liegen dort bis heute halb versunken im Sand – zahllose Graffiti haben sie zu Friedenssymbolen gemacht. Der Strand trägt jetzt den Namen „Zanuck". Am östlichen Teil der Insel, am Rivedoux-Plage, gingen die Briten an Land, angeführt von ***Peter Lawford***. Heute verbindet dort die Pont de Ré die Insel mit dem Festland und La Rochelle, ein Ort, der in den Ohren von Kriegsfilmkennern vertraut klingt. Richtig: Die Ein- und Auslaufszenen von **Das Boot** wurden 1981 im U-Bootbunker „La Pallice" gedreht. Die unversehrte Werftanlage ist eine historische Sehens-

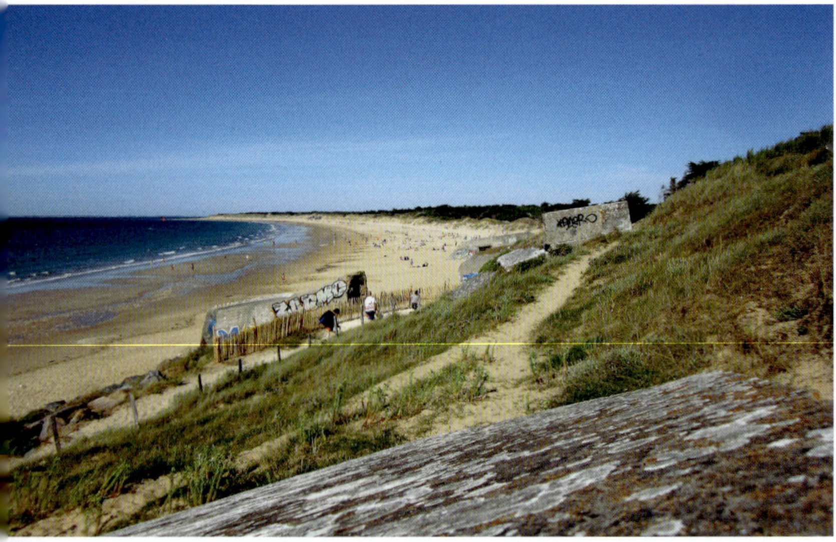

↑ Die in „The Longest Day" von Robert Mitchum gestürmten Bunker liegen bis heute halb versunken im Sand der Île de Ré.

würdigkeit. Steven Spielberg nutzte die Militärbasis im selben Jahr, um in **Raiders of the Lost Ark** (Jäger des verlorenen Schatzes) zu zeigen, wie Indiana Jones an Bord des deutschen U-Boots gelangt – welches, kein Zufall, ein- und dasselbe „Boot" ist.

DFZ setzte einen Trend, indem er für die Innenaufnahmen nicht nach Hollywood ging, sondern in die Studios de Boulogne. Tatsächlich sahen einige der Stars die Normandie überhaupt nie aus der Nähe: ***Richard Burton***, Rod Steiger oder ***Sal Mineo*** meldeten sich lediglich auf einem der 52 Sets in den Pariser Studios. Jedes nationale Kontingent sprach im Film seine eigene Sprache – auch das ein Novum – bevor in Boulogne die Synchronisation ins Englische vorgenommen wurde. Deutschland war zu jener Zeit in der NATO willkommen geheißen worden und stellte einen wichtigen Verbündeten gegen den Kommunismus dar. John Wayne durfte daher seinen Gegenspieler ***Curd Jürgens*** mit sehr viel Mitgefühl bekämpfen. Tatsächlich war den politischen Führern schon während der Entstehung des Filmwerks klar, dass es hohe symbolische Bedeutung haben würde. James Gavin, der Befehlshaber der 82. US-Luftlandedivision (im Film von ***Robert Ryan*** dargestellt), war nach seiner Militärkarriere zum US-Botschafter in Frankreich ernannt worden und warf ein wachsames Auge auf die Dreharbeiten. Der Abspann listet 48 technische Berater – darunter die Witwe von Feldmarschall Rommel. Die Deutschen wurden insgesamt in einem sympathischen Licht gezeigt (die Szene, in der die schöne ***Irina Demick***, Zanucks persönliche Freundin, von brutalen SS-Männern ergriffen wird, wurde diskret herausgeschnitten). Die deutsche Synchronisation nahm sich „künstlerische Freiheiten" heraus. Wenn Tommy Sands (Schwiegersohn von Frank Sinatra) die Deutschen erschießt, die sich mit erhobenen Händen ergeben, quittiert er das zynisch mit „I wonder what Bitte-Bitte means." In der deutschen Fassung „übersetzt" in: „Tut mir leid, ich hab zu spät geschaltet." Die Szene wurde von US-Veteranen als „unrealistisch" kritisiert. Erst mit „Saving Private Ryan" wurde die Erschießung Unbewaffneter als historischer Fakt akzeptiert.

Während der Drehzeit nahmen die Beteiligten 63.000 Mahlzeiten zu sich und leerten insgesamt 145.000 Getränkeflaschen. Die Gesamtkosten für die Verpflegung beliefen sich auf 968.000 Dollar. 600.000 Platzpatronen wurden verschossen, handgemacht in fünf verschiedenen Ländern, und 15 Tonnen Sprengstoff gingen in die Luft. Verbrannt wurden 25.000 Autoreifen, die für schwarze Rauchschwaden sorgten. Selbst die Premiere musste alles überbieten. Zur Uraufführung am 25. September 1962 im Palais De Chaillot in Paris entlud sich am Eiffelturm ein gewaltiges Feuerwerk und von der Terrasse sang Edith Piaf die Hymne des Films. An Darryl F. Zanucks Begräbnis wurde 1979 dieselbe Melodie gespielt. Und es ist dieser Filmsong, der an den Jubiläumstagen des D-Day aus Lautsprechern entlang der Normandie-Küste zu hören ist.

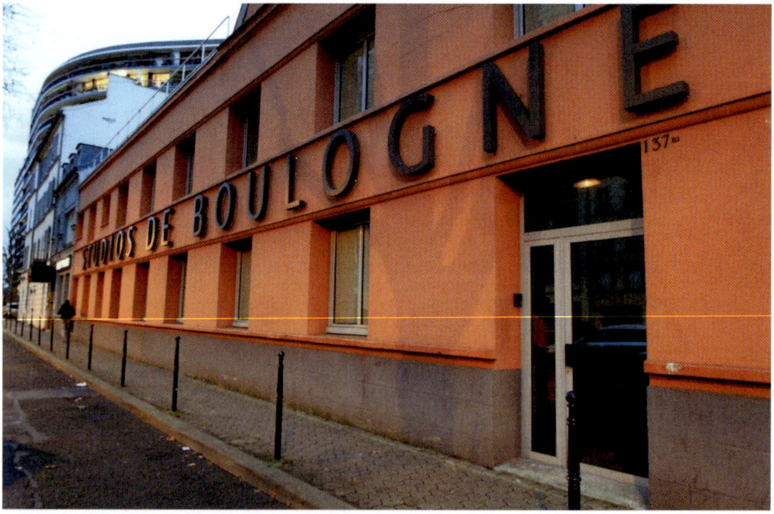

↑ Frankreichs damals größte Ateliers: „Studios de Boulogne".

Die 1941 in Paris gegründeten Boulogne-Studios wuchsen in den 1960er-Jahren auf Hollywood-Format an: Auf einer Gesamtfläche von 12.000 m^2 fanden in Boulogne-Billancourt große internationale Produktionen Platz. Amerikanische und europäische Stars drehten Tür an Tür. Bis 1990 entstanden in den „Studios de Boulogne" die Innenaufnahmen von 343 Spielfilmen. Anschließend wurden die legendären Hallen zu TV-Studios umgemodelt, aus denen heute politische Debatten mit Präsidentschaftskandidaten gesendet werden. Wer die mächtigen Studiobauten an der Rue de Silly von außen betrachtet (denn der Blick ins Innere bleibt leider verwehrt), kann sich nur noch vorstellen, wie hier Filmgeschichte geschrieben wurde. Die Umgebung des Bois de Boulogne ist mit den Jahren in Vergessenheit geraten, bis der Park 2006 im „Da Vinci Code" für Tom Hanks und Audrey Tautou sogar zu einem bedrohlichen Schauplatz wird.

Weitere Filmorte in Frankreich

Die große Liebe des Stadtneurotikers ***Woody Allen*** ist bekanntlich New York. Er war ein aufstrebender Gag-Schreiber, als sein erstes Skript 1965 ausgerechnet in Frankreich verfilmt wurde: **What's New, Pussycat?** (Was gibt's Neues, Pussy?, 1965). Allen war entsetzt, als Berufsanarchist ***Peter Sellers*** begann, die Dialoge umzuschreiben. Aus dem frechen Stück wurde eine recht rüde, aber immerhin hochkarätig besetzte Komödie. Im Finale finden die Stars Peter O'Toole, Romy Schneider und ***Ursula Andress*** im malerischen Château de Chaumontel im Val-D'Oise zusammen. Ob das darauffolgende, völlig abstruse Go-Kart-Rennen aus Allens pointierter Feder stammt, lässt sich bezweifeln. Als Allen seine Liebe zu Frankreichs Hauptstadt fast ein halbes Jahrhundert später mit

Midnight in Paris (2011) deklarierte, schrieb niemand mehr sein Drehbuch um (es wurde mit dem Oscar ausgezeichnet). Zur Hauptsache wird in der romantischen Komödie das „Hotel Le Bristol“: Die Rue du Faubourg St.-Honoré 112 ist nicht nur Aufenthaltsort von ***Owen Wilson*** im Film, hier logierte Woody während der Dreharbeiten selbst.

In **Le Cerveau** (Das Superhirn) tun sich Jean-Paul Belmondo und André Bourvil mit ***David Niven*** 1969 für einen Supercoup zusammen: Sie stoppen einen Geldzug. Die haarsträubende Aktion endet an der Eisenbahnbrücke, wo die Geldsäcke den Besitzer wechseln: Auf dem Gemeindegebiet von Péronville, an der nach Villeneuve-sur-Conie führenden D110. Wegen der Mai-Unruhen von 1968 in Frankreich mussten die Zugszenen auf den darauffolgenden Winter verschoben werden. Das geraubte Geld wird in der Filmhandlung in der hohlen Freiheitsstatue versteckt, die als Kopie der New Yorker Statue in Paris auf der Île aux Cygnes steht. Für die Komödie wurde eine fast gleich große Nachbildung geschaffen, die erhalten blieb: Das immerhin 3,5 Tonnen wiegende Filmrequisit thront heute über dem Kreisverkehr der Ortschaft Barentin in Seine-Maritime.

Jener künstliche Damm in der Seine, die Île aux Cygnes, Standort der Freiheitsstatue, war dann tatsächlich 1988 Schauplatz des spannungsgeladenen Finales von **Frantic**, wo ***Harrison Ford*** sich nach allen Seiten verteidigen muss. Hier brachte ***Roman Polański*** seinen melodramatischen Thriller mit dem Tod von ***Emanuelle Seigner*** zu Ende, die er im richtigen Leben im Jahr darauf heiraten sollte.

2006 machte ***Ridley Scott*** es sich einfach, indem er **A Good Year** (Ein gutes Jahr) in seiner französischen Nachbarschaft in der Provence ansiedelte. Die Aussteiger-Geschichte spielt in Bonnieux, wo ***Russell Crowe*** das Weingut „La Canorgue“ erbt. Das „alte

Bauernhaus" ist das Château la Canorgue. ***Marion Cotillards*** Bistrot ist das „Le Renaissance" in Gordes, am Place du Chateau.

Love Actually (Tatsächlich ... Liebe) verbreitete 2003 weihnachtliche Stimmung. Herzerwärmend der Moment, in dem ***Colin Firth*** seiner Angebeteten im alten Hafen von Marseille seine Liebe gesteht: und zwar in der „Bar de la Marine", Quai de Rive Neuve 15.

In **Dirty Rotten Scoundrels** waren ***Steve Martin*** und ***Michael Caine*** „Zwei hinreißend verdorbene Schurken". Die Profi-Schwindler trieben 1988 ihr Unwesen im fiktiven „Beaumont-sur-Mer", tatsächlich Nizzas Nachbargemeinde Beaulieu-sur-Mer. Die Hotel- und Casino-Szenen wurden im Grand-Hôtel du Cap-Ferrat aufgenommen, einem bekannten Knotenpunkt des internationalen Jet-Sets. Curd Jürgens gefiel es an der azurblauen Küste so gut, dass er Cap-Ferrat zu seinem Lebensmittelpunkt machte. Er besaß auch ein Anwesen in Saint-Paul-de-Vence, seine Winter verbrachte er in Gstaad. Dort, im Berner Saanenland, hatte auch David Niven seine zweite Heimat gefunden. Der teilte seine Freizeit zwischen Château d'Oex (sein Haus steht an der mittlerweile umbenannten „Chemin David Niven") und Cap-Ferrat auf, wo ausgerechnet der Mann, der britisches Understatement wie kein Zweiter verkörperte, den größten Pool weit und breit sein Eigen nannte. „Da er den Handwerkern versehentlich die Maße in Fuß statt Metern angegeben hatte", erinnerte sich Kollege Roger Moore, selbst britischer Exilant aus Steuergründen, „bekam er den tiefsten Pool Europas!"

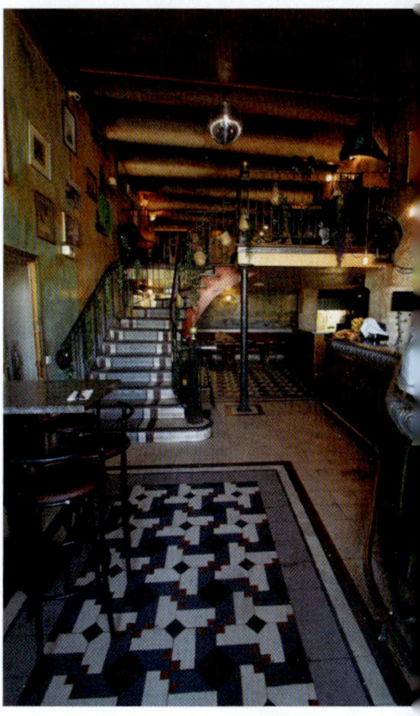

In der schmucken „Bar de la Marine" macht Colin Firth seinen Heiratsantrag: in „Love Actually" in Portugal, gedreht jedoch in Marseille. ↑

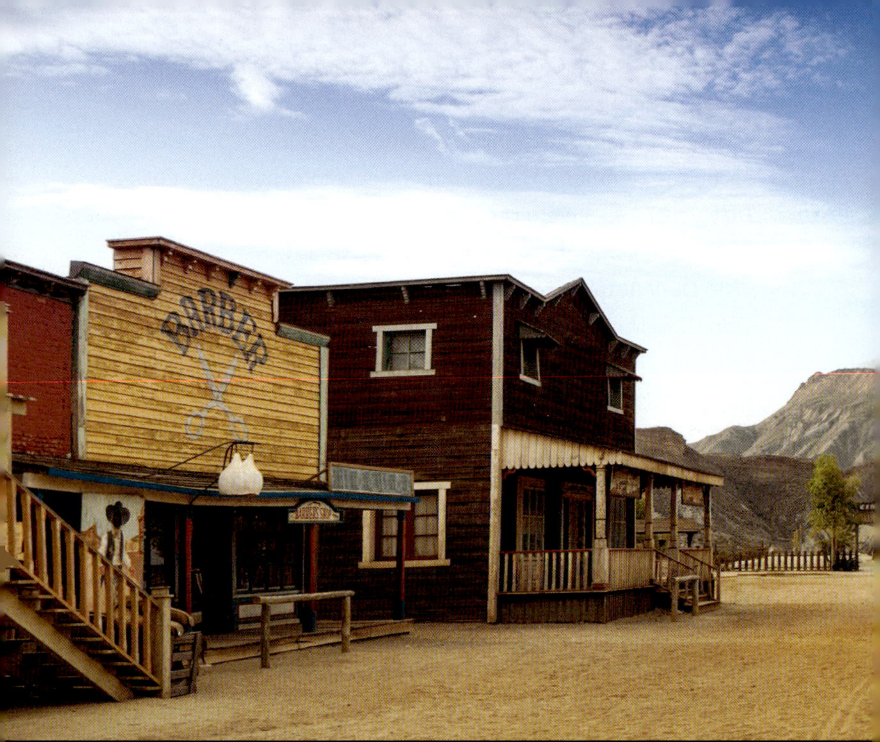

Spanien

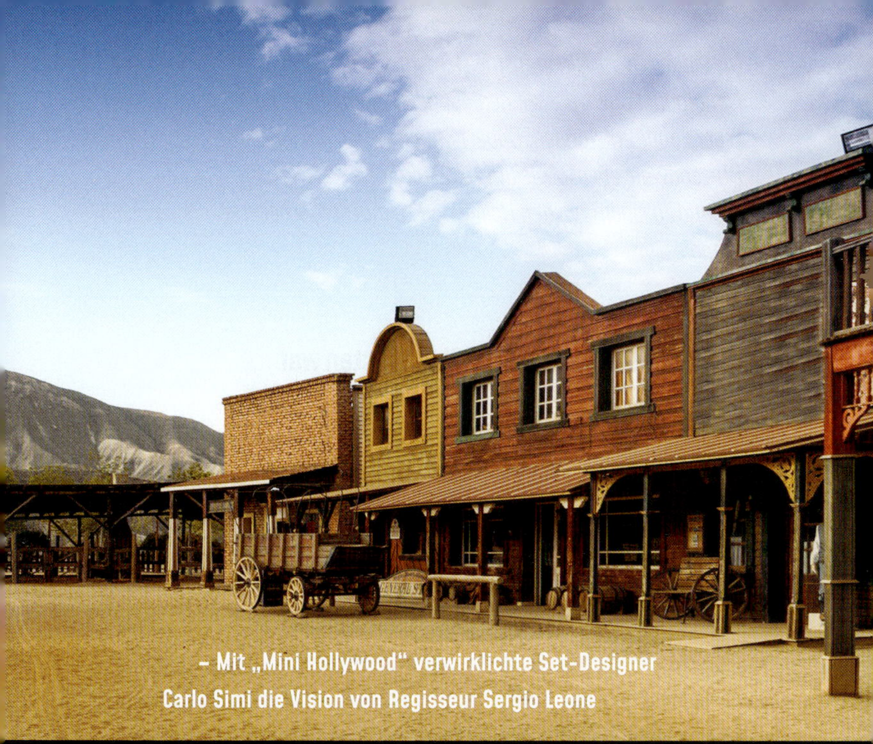

– Mit „Mini Hollywood“ verwirklichte Set-Designer Carlo Simi die Vision von Regisseur Sergio Leone

8

Die einheimische Filmindustrie steht im Schatten zahlloser Filmproduktionen, die seit den 1960er-Jahren unter spanischer Sonne entstanden. Dabei handelt es sich um ideenlose Dutzendware ebenso wie um kolossale Epen. Der Versuch, Madrid zu einem zweiten Hollywood zu machen, scheiterte grandios.

Als Spaniens Süden der Wilde Westen war

Bevor Spanien zum europäischen Problemfall wurde, war Almería ein Glücksfall für die Filmemacher. Als die Billiglöhne noch nicht in Euro ausbezahlt wurden, sondern für ein paar Dollar mehr, kamen Regisseure wie Leone und Lean in die Hafenstadt. Noch heute kommen Touristen – nicht wegen des Klimas, sondern wegen des Kinos. Auch ***Clint Eastwood*** kam ursprünglich als Tourist. Denn er rechnete nicht mit dem Überraschungserfolg des Spaghetti-Westerns, den er für die moderate Gage von 14.000 Dollar machen sollte. Als man ihm anbot, den Sommer von 1964 in Spaniens Südosten zu verbringen, dachte er nur: „Nice Trip!"

Eine Stadt, die alles sein kann

Wer heute ins andalusische Almería reist, vor dem dehnt sich die Stadt von der Küste bis zu den steinigen Hügeln hinauf aus. Der nordafrikanisch geprägte Ort wurde im Laufe der Jahrhunderte aufgrund seiner strategischen Mittelmeerbucht stets von neuem erobert. Die Einflüsse seiner Regenten machen die Architektur so vielfältig, dass Filme unterschiedlichster Handlungsorte denselben Drehort nutzen können. Die maurische Festung Alcazaba, die über der Stadt thront, befördert Conan, den Barbaren (**Conan the Barbarian**, 1982), ebenso ins Mittelalter wie Indiana Jones ins Marokko der 1930er-Jahre (im dritten Teil der Reihe). Vor der Renaissance-Kathedrale, der Catedral de Almería, salutiert ***Anthony Quinn*** auf der Plaza als französischer Soldat im Algerien-Krieg in **Lost Command** (Sie fürchten weder Tod noch Teufel, 1966) genauso zackig wie ***George C. Scott*** als General **Patton** (Rebell in Uniform, 1970) zur Zeit des Zweiten Weltkriegs. An derselben Stelle wirft sich ***Sean Connery*** in der ungewohnten Rolle eines Berberfürsten in **The Wind and the Lion** (Der Wind und der Löwe, 1975) im Jahr 1904 in die Schlacht. Das städtische Tourismusbüro hat begonnen, die Drehorte zu beschildern. Es wird viele Schilder brauchen.

Als erstmals Schauspieler mit dem Schiff landeten, war Almería nicht mehr als ein Hafenstädtchen, und verhätschelte Stars, die gegen die grelle spanische Sonne blinzelnd nach den üblichen Annehmlichkeiten Ausschau hielten, fanden lediglich rudimentäre Unterbringungsmöglichkeiten (als Eli Wallach sich einmal nach den Toiletten erkundigte, hat Leone nur in die Wüste gezeigt).

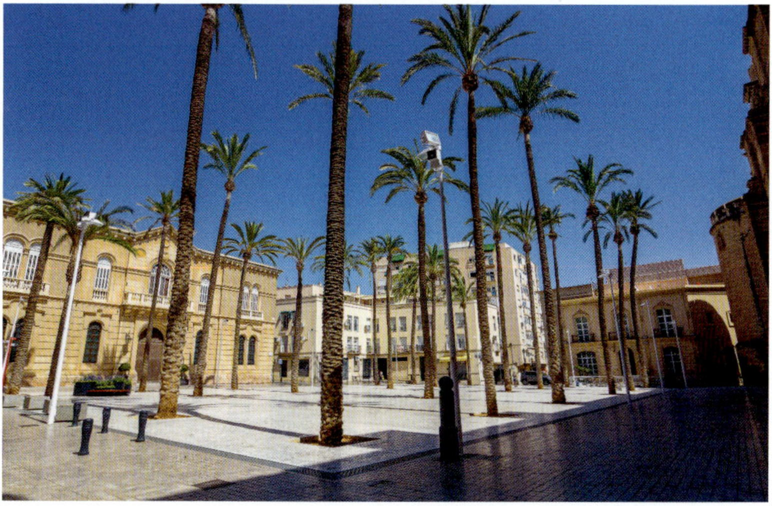

Auf der Plaza vor der Catedral de Almería ließ „Patton" Panzer auffahren. ↑

Doch genau diese 3000 Sonnenstunden pro Jahr machen Almería zum idealen Drehort. Denn Ramblas – tiefe, ausgetrocknete Flussbetten – sind kinematografisch perfekt: Die Kamera kann sich um 360 Grad drehen, ohne dass Straßen oder Elektromasten ins Blickfeld geraten. Und vor allem: Die Locations können geologisch beinahe alles darstellen: die Sahara, eine Piratenküste und eben auch – den Wilden Westen Amerikas.

Dass einem im Kino ausgerechnet amerikanische Heimaterde manchmal spanisch vorkommt, liegt an einem Italiener: ***Sergio Leone***. Nachdem der mit **A Fistful of Dollars** (Für eine Handvoll Dollar, 1964) einen Hit gelandet hatte, tauchten bald weitere Regisseure in Almería auf, um den Goldesel zu melken. Sie waren nur auf der Jagd nach einer Handvoll Lire, legten aber den Grundstein für einen neuen Tourismuszweig.

Wie eine Fata Morgana

In halbstündiger Autofahrt ist das Dorf Tabernas zu erreichen, wo der Westen noch immer wild ist. Am Straßenrand steht ein verwegen aussehender Banditen-Darsteller als lebende Werbesäule: Er lockt Autos von der Schnellstraße auf den Schotterweg, der zur Kulissenstadt „Mini Hollywood" (Carretera Nacional 340A) führt. Die quer über die Brust geschnallten Patronengurte sind der mexikanischen Revolution entlehnt; sein langer beiger Regenmantel ist von der Sorte, die 1968 durch **Once Upon a Time in the West** (Spiel mir das Lied vom Tod) sogar kurzzeitig in Mode waren. In der brütenden Hitze scheint ein Mantel natürlich absurd. Die Attraktionen halten, was man von einer Westernstadt erwartet: In der Stuntshow wird ein Desperado vom Vordach geschossen, im Fotostudio lässt man sich stilgerecht eingekleidet in Sepia ablichten und im Saloon sind die Serviererinnen wie Barmädchen kostümiert. Sergio Leone ist nicht nur Vater des Spaghetti-Westerns, sondern Gründervater dieser Stadt. Da er für jede seiner Pferdeopern ein weiteres Westerndorf aus dem Boden stampfte, konkurrieren nun gleich drei Touristenattraktionen in unmittelbarer Nähe: „Fort Bravo“, „Western Leone“ und eben „Mini-Hollywood“. Das ist mehr als selbst ein sattelfester Westernliebhaber vertragen kann. Deutsche Komödien wie ***Bully Herbigs*** **Schuh des Manitu** (2001) oder die Lucky-Luke-Verfilmung mit ***Til Schweiger*** (**Die Daltons gegen Lucky Luke**, 2004) nutzten die dreidimensionalen Kulissen ebenso wie die Westernparodisten Hill/Spencer. Zum ersten – aber bei weitem nicht letzten – Mal prügelte sich das schlagfertige Duo zwischen diesen Steinhügeln 1967 im Italo-Western **Dio perdona … io no!**, der in deutschen Kinos als „Gott vergibt … wir beide nie!“ lief.

Dass man auf Überreste von Filmbauten stößt, wo man geht und steht, ist eine Eigenart dieser Gegend. Auf einem Hochplateau über Tabernas finden Wanderer eingestürzte Attrappen des ***Burt-Lancaster***-Westerns **Valdez is Coming** (Valdez, 1971), und in der Provinz Granada, wo Leone für sein

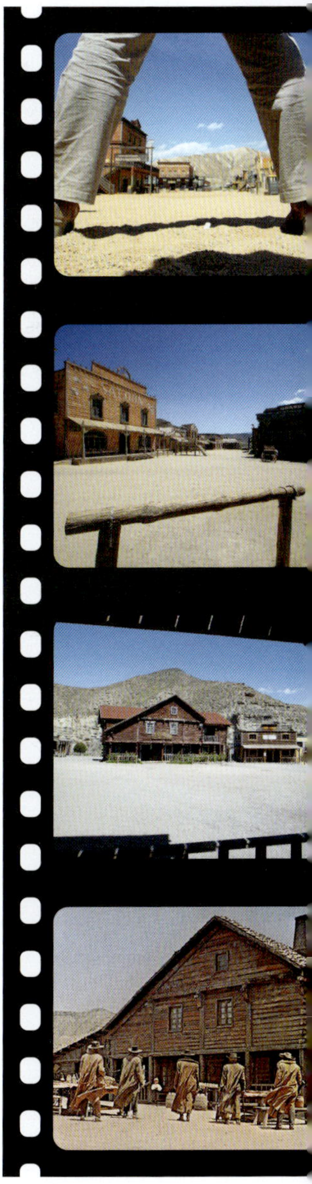

1: Mini-Hollywood steht interessierten Besuchern noch → immer offen. 2: Bully Herbig zog sich den „Schuh des Manitu“ in Fort Bravo an. 3: Western Leone: ebenfalls von Carlo Simi kreiert. 4: Drehort von „Once Upon a Time in the West“. Hier spielte Charles Bronson Mundharmonika.

Lied vom Tod sich selbst mit einer noch größeren Pionierstadt übertreffen wollte, bleichen östlich von Alcudia de Guadix vergessene Holzplanken in der Sonne. Mancher Drehort ist als solcher nicht mehr zu erkennen: Die Ruine des Hauses, in dem Leone eine Schießerei von **The Good, the Bad and the Ugly** (Zwei glorreiche Halunken, 1966) inszenierte, dient Ziegenhirten als Unterkunft. Und wo ***Alain Delon*** im Euro-Western **Soleil Rouge** (Rivalen unter Roter Sonne, 1971) in einer Höhle lauerte, wartet nur noch eine Tankstelle auf Opfer der Benzinknappheit.

• *Mini-Hollywood* •

Carretera Nacional 340A, 04200 Tabernas, Almería

www.oasysparquetematico.com

mit angeschlossenem Zoo

• *Fort Bravo* •

Poblado del Oeste, 04200 Tabernas, Almería

www.fortbravo.org

Pferdereiten, Western Shows u. v. m.

• *Western Leone* •

Ctra. A-92, 04200 Tabernas, Almería

www.western-leone.es

geführte Ausritte, Restaurant u. v. m.

Lawrence von Almería

Eigentlicher Entdecker des Filmmekkas war Produktionsdesigner ***Eddie Fowlie***. Der suchte für **Lawrence of Arabia** (Lawrence von Arabien, 1962) nach einer Einöde, die der jordanischen Wüste ähneln sollte. Im Naturpark Cabo de Gata, unweit von Almería, wurde er fündig: Es ist die einzige Wüstengegend Europas. Am Strand namens Playa del Algarrobico, nördlich des einstigen Fischerdorfs Carboneras, wurde für eine einzige aufwändige Einstellung die arabische Stadt Akaba in ein trockenes Flussbett gestellt. ***David Lean*** verlangte eine ungeschnittene Totale, in der Lawrences Armee (aus Marokkanern auf Kamelen und Reitern aus Andalusien) quer durch die Stadt bis zum Meer prescht. ***Peter O'Toole*** brach sich auf dem wilden Ritt den Daumen und ***Omar Sharif***, der sich an sein Kamel geschnallt hatte, um nicht aus dem Sattel zu fallen, beendete die Aufnahme am Bauch des Reittiers hängend. Auf dem Hügel, von dem aus der spektakuläre One-Take auf Zelluloid

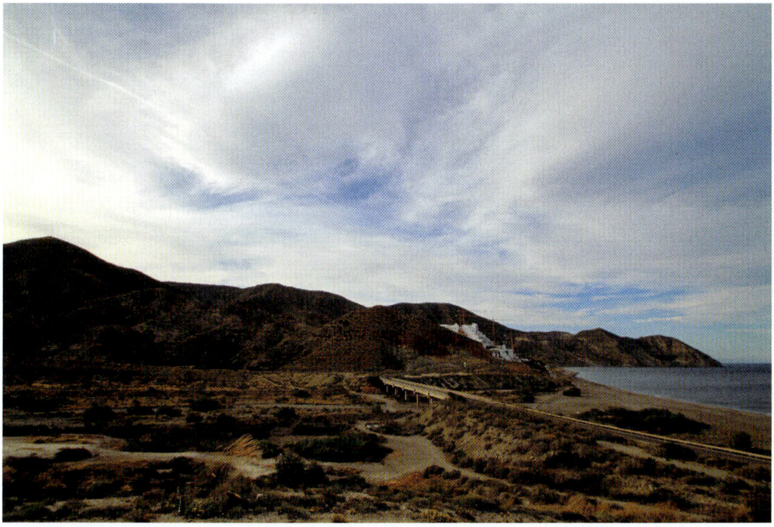

Im Umweltschutzgebiet der Playa del Algarrobico, wo die Film-Stadt Akaba stand, wurde illegal ein Hotel errichtet. Es würde 30 Millionen Euro kosten, die Bauruine abzureißen. ↑

gebannt wurde, findet sich das Betonfundament, das für die Kamera gegossen wurde. Leider stehen am Strand noch weitere Beton-Überreste: die traurige Bauruine eines nie fertiggestellten Hotels. Eine Ironie, wie Eddie Fowlie beklagte: Seinerzeit stand in der Gegend noch kein Hotel, so dass in Beduinen-Zelten genächtigt wurde. Die AL-5107 überspannt den ausgetrockneten Meeresarm mit einer Brücke. Was die Location auch nicht hübscher macht.

Im Abspann wurde Spanien als Drehort unterschlagen, um den Effekt nicht zu verderben, „Lawrence" sei in den Sanddünen Arabiens entstanden. Doch spanische Arbeitskräfte waren billig und in Diktator Franco hatten die Filmemacher einen Verbündeten, dem es schmeichelte, von Hollywood-Größen hofiert zu werden. Noch ein weiterer Grund war gemäß Fowlie ausschlaggebend für die Entdeckung des Filmlands Spanien: „Behördenvertreter waren leicht zu schmieren." Der legendäre Produktionsdesigner selbst setzte sich in Carboneras zur Ruhe, errichtete an der Camino Viejo de Garrucha, 24 das Hotel „El Dorado", schmückte es mit Filmmementos und bewirtete Stars, die in der Nähe drehten. Die Eingangspforten stammen aus **Dr. Zhivago** (Dr. Schiwago, 1965). Der wurde selbstredend auch nicht im Ural gemacht, sondern, naturalmente, in España.

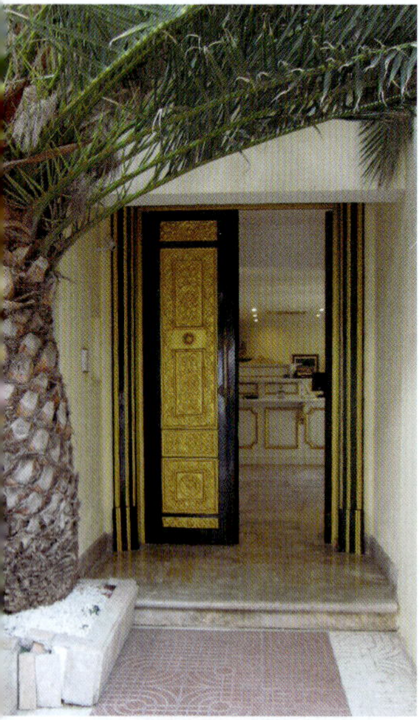

↑ Die Hoteltüren des Hotels „El Dorado" stammen aus „Dr. Zhivago".

Kino-Tourismus, neu entdeckt

Dass Lawrence und Dr. Schiwago nicht zu ihrer „spanischen" Herkunft stehen konnten und Andalusien ausgerechnet für „Italo-Western" bekannt wurde, mögen die Gründe sein, weshalb die Einheimischen sich lange nichts aus ihrer Filmgeschichte machten. Erst seit kurzem erkennt der regionale Tourismus die Profitmöglichkeiten, kann man Schildern entlang „Las Rutas Del Cine" zu den Pilgerstätten des Kinos folgen. Kein besserer Ort für ein Picknick als „El Oasis", die künstliche Oase, die Fowlie in der Wüste von Tabernas für Lawrence angelegt hat; die damals eingepflanzten Palmen wachsen noch 60 Jahre später in den Himmel. Am selben Wasserloch tränkte Clint Eastwood in **For a Few Dollars More** (Für ein paar Dollar mehr, 1965) seinen Zossen, und ***Michael Caine*** besorgte sich in **Play Dirty** (Ein dreckiger Haufen, 1968) Kühlwasser für seinen Panzer. Doch das verschlafene Kaff Los Albaricoques übertrifft sie alle. Lokale Enthusiasten haben die Gassen der Flachdachhäuser nach den Stars benannt. Sie halten die runde Steinarena, in der das klassische Duell von „Für ein paar Dollar mehr" ausgetragen wird, in Ehren. Die Spuren des Showdowns prägen den Ort bis heute: Wo vier Kugeln Eastwood verfehlten, zieren die Einschusslöcher das Gemäuer. Einen besseren Beweis findet man nirgends: Hier war's. Nicht in Hollywood, sondern in Spanien.

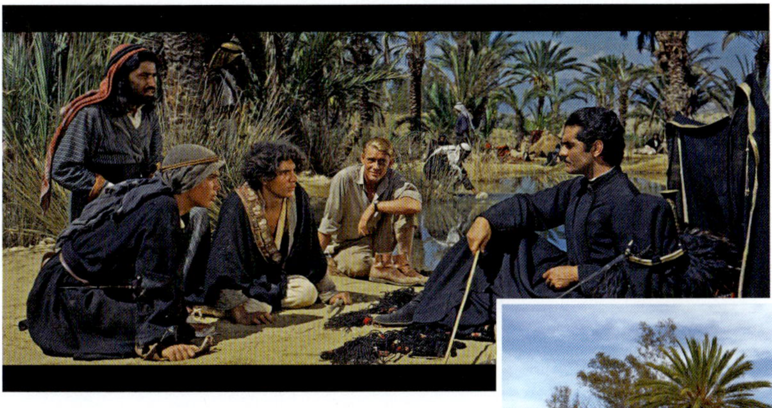

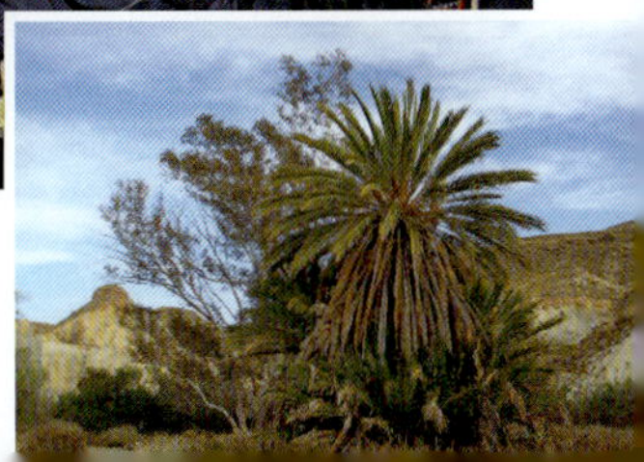

„El Oasis" wurde extra für „Lawrence of Arabia" angelegt. Heute findet man die Palmen noch immer in den Himmel wachsend.

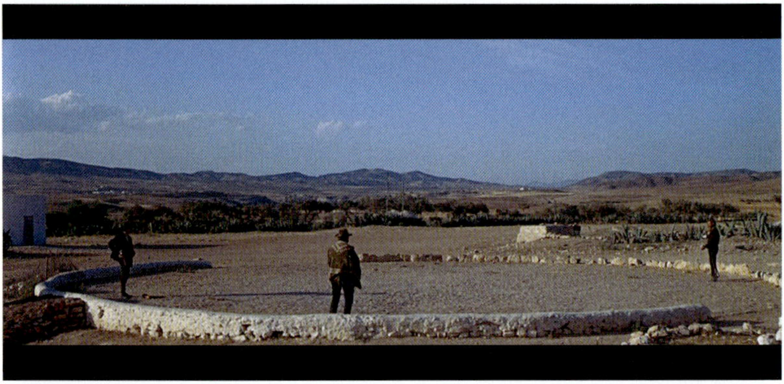

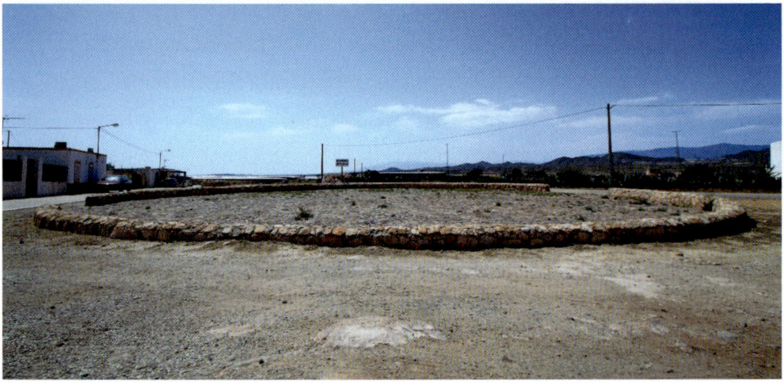

↑ Klassischer Showdown: Die Steinarena, in der Clint Eastwood das Kommando zum Ziehen gab, wird von lokalen Film-Enthusiasten in Los Albaricoques gepflegt.

Durch die Wüste

Das „Gran Hotel Almería" überblickt den Hafen und ist das erste Hotel am Platz. Es macht damit Reklame, dass Schauspieler von ***Charles Bronson*** bis ***Stewart Granger*** und Regisseure von Lean bis Spielberg sich dort die Klinke in die Hand gaben. Manche spanische Spezialität auf der Speisekarte ist den Berühmtheiten gewidmet. Tatsächlich hat das Gran seine Entstehung dem Filmboom

Mitte der 1960er-Jahre zu verdanken. Am Hafen steht das „Hostal Delfín Verde" (Calle García Cañas, 2) wo ***John Lennon*** während der Dreharbeiten von **How I Won the War** (Wie ich den Krieg gewann, 1967) wohnte und „Strawberry Fields Forever" schrieb. Das „Casa del Cine" (Camino Romero, 1) beherbergt Almerías Filmmuseum.

Wem der Sinn eher nach dem Meer als nach der Prärie steht, der findet am Kap von Cabo de Gata den „besten Strand Spaniens", wenn man ***Steven Spielbergs*** Einschätzung glauben darf. Er setzte am Playa de Mónsul eine aufregende Action-Sequenz von **Indiana Jones and the Last Crusade** (Indiana Jones und der letzte Kreuzzug, 1989) in Szene. Ebenfalls am Cabo de Gata liegt der zerklüftete Strand von Los Escullos, wo Sean Connery als James Bond in **Never Say Never Again** (Sag niemals nie, 1983) ins Wasser ging. An diesem bekannten Taucherparadies bieten Hotels Tauchkurse an.

Doch selbst die Natur ändert mit den Jahren ihr Aussehen. Die mächtige Sanddüne in Cabo de Gata – wo Lawrence von Arabien den Zug entgleisen lässt, Eastwood im dritten Teil der Dollar-Trilogie schwitzen muss und Sean Connery in **The Hill** (Ein Haufen toller Hunde, 1965) zur Strafe denselben Sandhügel immer wieder erklettern muss – ist vom starken afrikanischen Wind verweht.

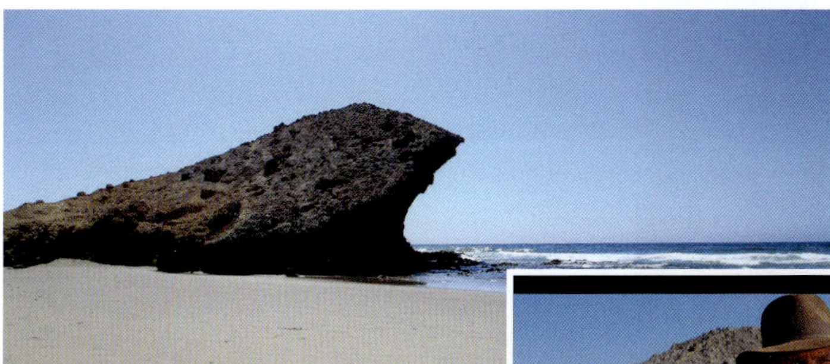

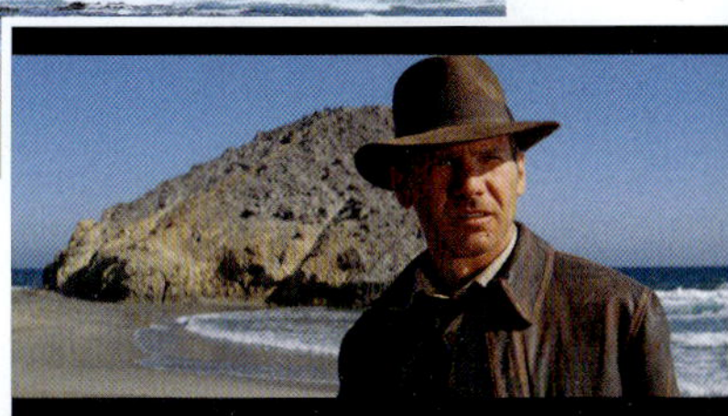

Passt gut zum markanten Felsen am Playa de Monsul: Indiana Jones.

In der Umgebung

Seinen ersten Auftritt im Poncho als Zigarillo-qualmender „Fremder ohne Namen" (ein kleiner Marketing-Kniff der Amerikaner, die die Spaghetti-Western später auswerteten und einen Slogan für die ganze Trilogie brauchten, obwohl Clints Figur durchaus nicht namenlos war) hatte Clint Eastwood in San José, das im Auge des Betrachters stark nach Mexiko aussah. Am gemütlichen Kamin des heutigen Viersterne-Hotel Cortijo El Sotillo entledigt sich Eastwood durch Schüsse aus der Hüfte einiger lästiger Widersacher.

Die heute halb verfallene Einsiedelei (Betreten auf eigene Gefahr) Cortijo del Fraile, nahe Los Albaricoques (GPS N 36.865612, E 2.074930), sticht gleich aus zwei Leone-Western hervor: Hier pflegt ***Eli Wallach*** als „Tuco" den geschundenen Eastwood gesund. Und hier findet die Bande (zu der auch ein wie immer herrlich verrückter ***Klaus Kinski*** zählt) in „For a Few Dollars More" (Für ein paar Dollar mehr) Unterschlupf. Die Ruine Torre de los Alumbres, ebenfalls im Bezirk Nijar, absolvierte genauso mehrere Gastauftritte in Italo-Western: In **Duck, you Sucker!** (Todesmelodie, 1971) sprengt ***James Coburn*** den Kirchturm, der eigens zu diesem Zweck angebaut worden war. An einer unbenannten Straße von Tabernas, genauer: der Sierra Alhamilla, wurde im selben Film eine Steinbrücke über eine – heute als „Rambla Sergio Leone" bekannte – Schlucht sehr eindrücklich durch eine von James Coburn ausgelöste Explosion in Schutt verwandelt. Zum Schutz vor herumfliegenden Gesteinsbrocken wurden für die Kameras Unterstände mit Sehschlitzen betoniert. Niemand kam anschließend auf die Idee, sie abzubrechen.

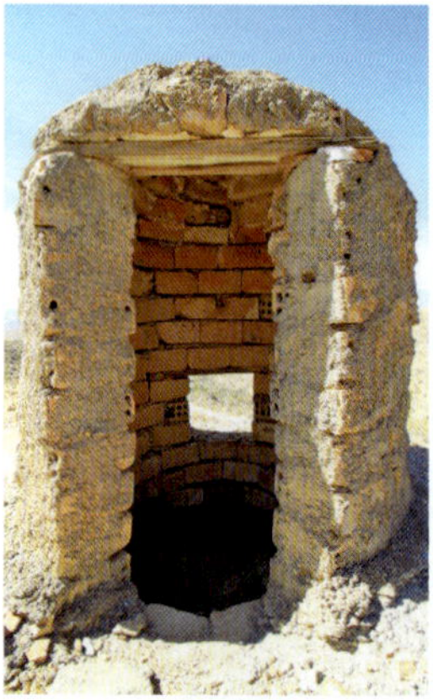

↑ Blieb nach „Duck, you Sucker!" stehen: Kameraunterstand.

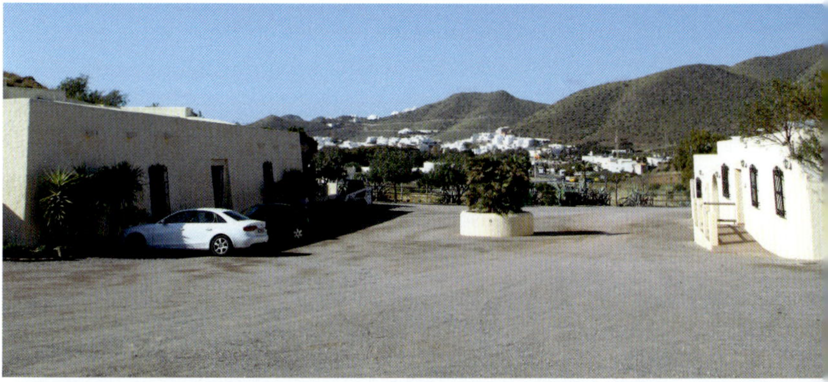

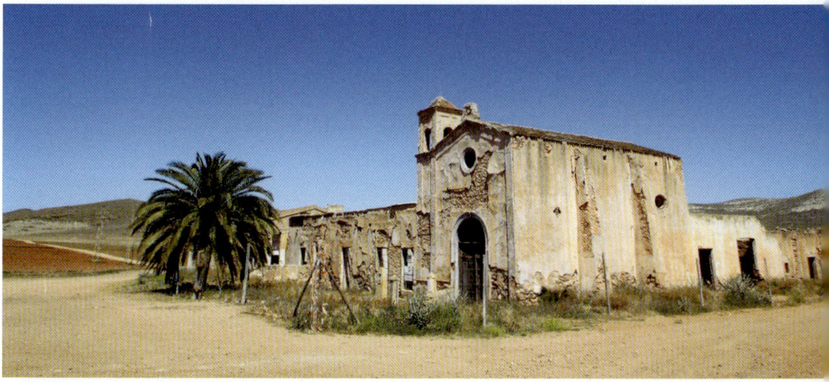

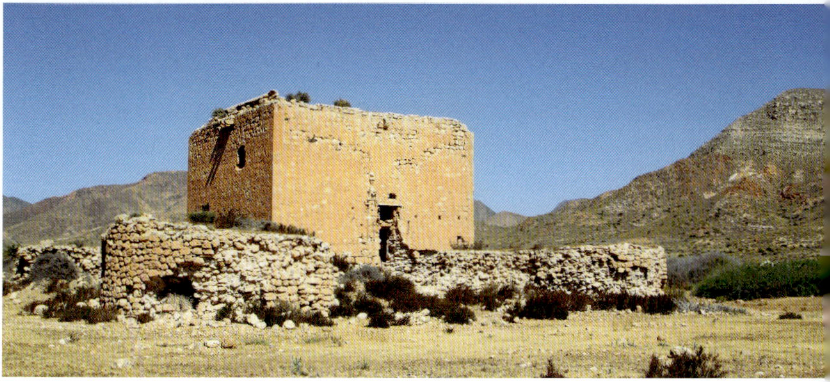

1: In dieses Städtchen reitet der namenlose Fremde, um im Cortijo El Sotillo einige Desperados unschädlich zu machen. 2: Cortijo del Fraile war in „The Good, the Bad and the Ugly" ein Kloster. 3: Torredelos Alumbres: Banditen-Unterschlupf in „Für ein paar Dollar mehr". ↑

Für Szenen mit Eisenbahnzügen suchten die Filmemacher gewöhnlich Guadix auf. An der Bahnlinie konnte gedreht werden, wie Eli Wallach sich vom durchfahrenden Zug die Handschellen durchtrennen lässt, wie Charles Bronson in „Soleil Rouge" ein Samurai-Schwert an der Telegrafen-Leitung befestigt oder ***Henry Fonda*** in **My Name is Nobody** (Mein Name ist Nobody, 1973) es mit einer ganzen Bande von Reitern aufnimmt. Die Schienen sind lange verschwunden, doch ihr Weg durchs Gelände ist sichtbar geblieben. Bei La Calahorra, in der Provinz Granada, wo die frühere Bahnstrecke die GR-6103 kreuzt, steht die Ruine des Bahnhofs, der in zahlreichen Filmen angefahren wurde.

In Almería schreitet George C. Scott in seiner oscarprämierten Rolle als „Patton" die Treppe zur Calle de la Reina hinauf, nachdem er die Stadt Palermo erobert hat.

Der Tunnel, in den sich ***Harrison Ford*** und Sean Connery in ihrem gemeinsamen Indiana-Jones-Abenteuer vor einem Jagdflugzeug flüchten, ist kein Tunnel, sondern der Ausgang der Goldmine bei Rodalquilar.

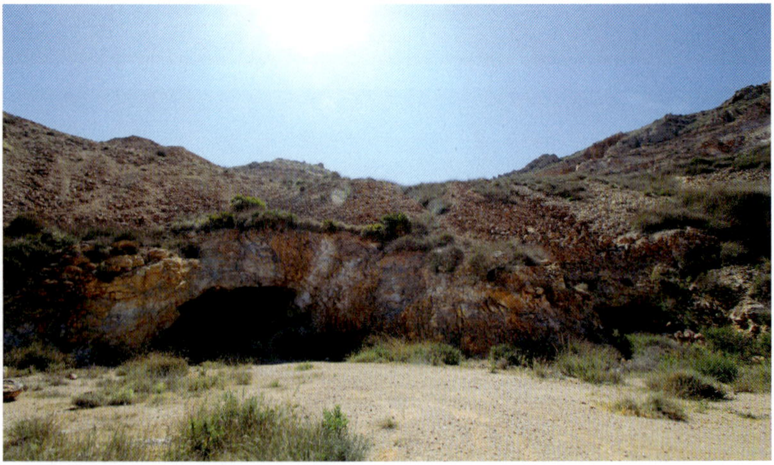

↑ In der Goldmine bei Rodalquilar stieß Steven Spielberg auf Boxoffice-Gold: „Indiana Jones and the Last Crusade" wurde zum Kassenschlager.

Aufstieg und Fall des Moguls von Madrid

Anfang der 1960er-Jahre wurde Spaniens Hauptstadt zu Klein-Hollywood. Das schmeichelte Diktator Franco, der Kriegsfilme schätzte. Dass Spanien als kalifornische Alternative entdeckt wurde, war einem Russen zu verdanken. Selbst enge Freunde beschrieben ***Samuel Bronston*** als „Besessenen". „Geld spielt keine Rolle!" hörten seine Untergebenen ihn sagen, wenn er eine weitere Million zum Budget addierte. 12 Jahre hatte er erfolglos versucht, den Film **John Paul Jones** (Beherrscher der Meere, 1959) in den USA zu finanzieren. Der legendäre Admiral Chester Nimitz unterstützte das Projekt, weil es die US-Navy romantisieren sollte. Nimitz stellte den Russen dem Regenten Spaniens vor, Generalissimo Franco, ein strategischer Verbündeter der USA. Der bot sogleich Unterstützung an. Worauf Bronston sich von Privatfinanciers fünf Millionen Dollar lieh – einen Bruchteil dessen, was das Historiendrama in den Staaten gekostet hätte. So wurden die Seeschlachten in der kleinen Bucht von Dénia nachgespielt.

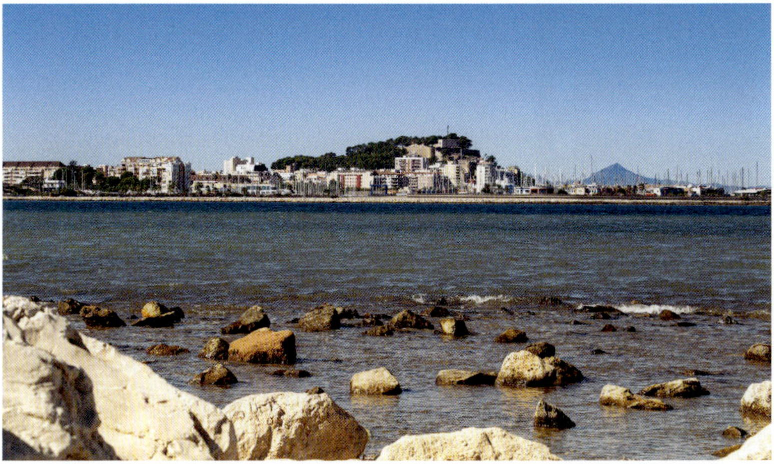

Manches Piratenschiff lief in der Bucht von Dénia ein. Samuel Bronston ließ hier „John Paul Jones" segeln – bevor der ambitionierte Produzent sich selbst versenkte. ↑

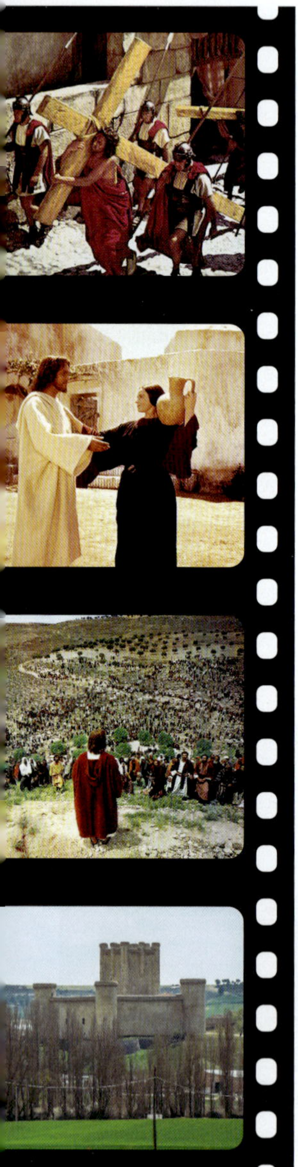

Moneymaker Jesus

Zwar zahlte sich das Experiment an der Kinokasse nicht aus, doch Bronston war fortan von der Vision erfüllt, Madrid zur europäischen Filmhauptstadt zu machen. Darum griff er schon beim zweiten Film eine weit wichtigere historische Figur auf: keinen Geringeren als Jesus. Das Bibel-Epos **King of Kings** (König der Könige) sollte 1960 alles in den Schatten stellen, was die Amerikaner in Cinecittà herstellten. Bronston ließ sich vom Papst sogar das Script absegnen. Franco kommandierte seine Fußsoldaten als römische Legionäre ab. Uneitel war der selbsternannte Filmmogul nicht: Er übernahm die Madrider Studios Chamartin und taufte sie in Samuel Bronston Productions um. Doch der Himmel sandte ihm einen Hurrikan, der sein gigantisches Studioset verwüstete. Als Bronston sich noch in derselben Nacht den Schaden besah, befahl er nur: „Wieder aufbauen!" Spätere Anfragen von Produktionsfirmen, die Kulissen wiederzuverwenden, schlug er aus: „Ich wollte nicht, dass mein Tempel in anderen Filmen zu sehen sein würde."

← 1: King of Kings: Puerto de Navacerrada ist Golgatha. 2: Manzanares ist Nazareth. 3: Bergpredigt auf einem Hügel von Venta de Frascuelo. 4: Heimatburg von „El Cid": Castillo deTorrelobatón.

So machte der Russe Madrids Nachbarschaft zu den Landschaften aus dem Evangelium: Jesus fastet 40 Tage in der Wüste von Tabernas, der Rio Adaja bei El Fresno wurde zum Fluss Jordan, der Puerto de Navacerrada bei Madrid war Golgatha, der Lago Alberche der See Genezareth und Manzanares in Kastilien-La Mancha Nazareth. Für die Bergpredigt dienten die Hügel von Venta de Frascuelo, 50 Kilometer südöstlich von Madrid. Die aufwändigste Sequenz, die bis dahin auf spanischem Boden gefilmt worden war, umfasste 21 Drehtage mit 81 Kameraeinstellungen. Die 7000 Statisten wurden in Bussen aus 21 umliegenden Dörfern hergefahren. Als diesen Statisten Jesus-Darsteller ***Jeffrey Hunter*** mit seinen leuchtend blauen Augen erschien, fielen Gläubige auf die Knie. Nun regneten die Dollars auf Bronston nieder wie das biblische Manna vom Himmel.

Spaniens Nationalheld

Ein Blick in die Geschäftsbücher zeigte nach „King of Kings" ein Plus von 25 Millionen. Doch nur zwei Monate nach der Premiere spielte Bronston um einen noch höheren Betrag: Das Schlachtengemälde **El Cid** (1961), das dem spanischen Nationalhelden gewidmet war, sollte über 6 Millionen kosten. Bronston rekrutierte 1700 Soldaten der spanischen Armee. Einer gern erzählten Anekdote gemäß wunderte sich Franco, warum eine Truppenparade recht kurz geriet – weil das Gros der Armee gerade Dienst bei Bronston leistete!

Das Castillo de Torrelobatón bei Valladolid wurde zur Heimatstadt des Cid erkoren. Das eindrucksvolle Duell, in dem Titelheld ***Charlton Heston*** mit dem Breitschwert antritt (er hatte dafür in den Trainingsräumen von Real Madrid geschwitzt), wurde bei der Burg Belmonte in Cuenca (Castilla-La Mancha) von Stunt-Ass ***Yakima Canutt*** in blutige Szene gesetzt (die mittelalterliche Festung

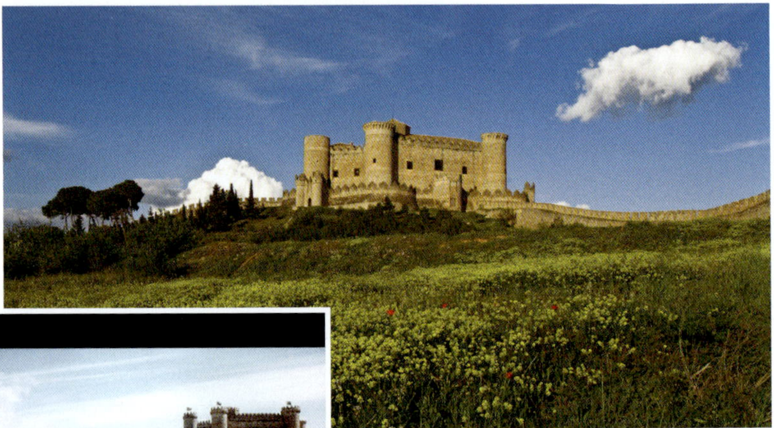

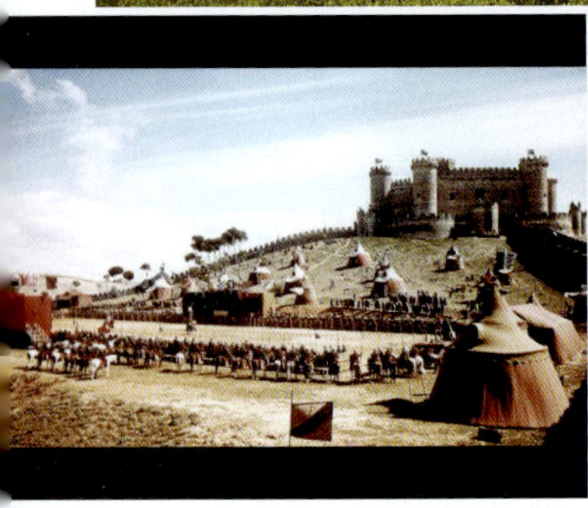

Vor den Toren der Burg Belmonte muss Charlton Heston als „El Cid" im Turnier seine Ehre verteidigen.

war später auch in *Paul Verhoevens* **Flesh and Blood** (1985) zu sehen). Wie viele andere Stars checkte Heston im Madrider „Inter-Continental Castellana" an der Paseo de la Castellana, 49 ein.

Das pfeilumschwirrte Finale übertraf alles. Die Schlacht um Valencia – das echte Valencia war schon zu modern, um für eine Stadt des 11. Jahrhunderts gehalten zu werden – wurde in Peñíscola, nördlich von Valencia, geschlagen, eine der wenigen Städte Europas, die noch innerhalb ihrer damaligen Stadtmauern liegen. Hunderte von Arbeitern bauten während drei Monaten eine weitere Mauer aus Gips um die Küstenstadt. Einige der alten, zur Strandseite hin liegenden Mauern, wurden zusätzlich mit Zinnen versehen (Jahrzehnte später erklang dann im Castillo wieder Schwertergeklirr, als der Burghof Drehort von Episoden der 6. Staffel **Game of Thrones** war). „El Cid" spielte seine Kosten fünffach ein. Bronston schenkte seinem Star als Bonus einen Jaguar (das Auto). Und klotzte weiter.

• *Castillo de Belmonte* •

Calle Eugenia de Montijo, s/n, 16640 Belmonte
www.castillodebelmonte.com
Führungen, Audioguides
mittelalterliche Turniere

Peking, mitten in Madrid

Doch mit **55 Days at Peking** (55 Tage in Peking, 1963), der Rekonstruktion des Boxer-Aufstands im China des Jahrs 1900, sank Bronstons Stern. Die Produktionsgeschichte war eine Abfolge von Problemen. Der Filmzar hatte in Las Matas, einem Bezirk nordwestlich von Madrid, das Peking des Titels aufbauen lassen (heute steht dort ein Fußball-Stadion, damals war es ein Schlachtfeld des spanischen Bürgerkriegs). Die gewaltige chinesische Mauer wurde errichtet, bevor das Drehbuch fertig war – mit dem Resultat, dass manche Bauten im fertigen Film gar nicht zu sehen waren. Es dauerte bedeutend länger als 55 Tage, Pekings Belagerung in den Kasten zu kriegen. Mit ein Grund für die Verzögerungen waren die Launen von ***Ava Gardner***. Heston hatte sich bei einem peinlichen Lunch im Ritz von ihrer Besetzung überzeugen lassen, weil Bronston seinen Star unter Tränen um seine vertraglich notwendige Zustimmung bat. Die Diva lebte damals in Madrid, in einem Appartement der Villa Rosa an der Plaza Sta. Ana 15, direkt neben einer bekannten Flamenco-Bar, wo sie dieser Vorliebe regelmäßig frönte –

wenn sie nicht gerade die Chicote-Bar, den Promi-Treff an der Gran Vía 12 frequentierte.

Heston notierte in seinem Tagebuch, die Hitze in den neuen Studios von Las Matas sei für die Schauspieler in historischen Uniformen unter gleißenden Scheinwerfern unerträglich gewesen. Bronston musste also viel Geld in die Hand nehmen, um kurzfristig in allen Hallen Air Condition einzubauen. Um genügend Chinesen als Statisten aufzutreiben, wurden sämtliche Restaurants und Wäschereien von Madrid durchkämmt. „Peking" kostete 9 Millionen und spielte genauso viel ein.

„Make it real"

Obwohl er keinen Dollar reicher war, wollte Bronston sich mit dem nächsten Monumentalschinken noch übertreffen: Der Titel **The Fall of the Roman Empire** (Der Untergang des römischen Reichs) sollte 1964 gleichbedeutend mit dem Fall der Bronston Studios werden. An derselben Stelle von „Peking" in Las Matas ließ Bronston das römische Forum detailgetreu wieder auferstehen. Er wollte kein Set, sondern ein originalgetreues Duplikat. 1100 Handwerker erbauten Rom – nicht an einem Tag, sondern in sieben Monaten. Getreu dem Mantra des Produzenten: „Make it real." Heston besuchte die riesige Baustelle. Doch er versagte dem Produzenten die Teilnahme an einer weiteren Schlacht. Der Santillana-See und Manzanares el Real waren Drehorte außerhalb der Hauptstadt.

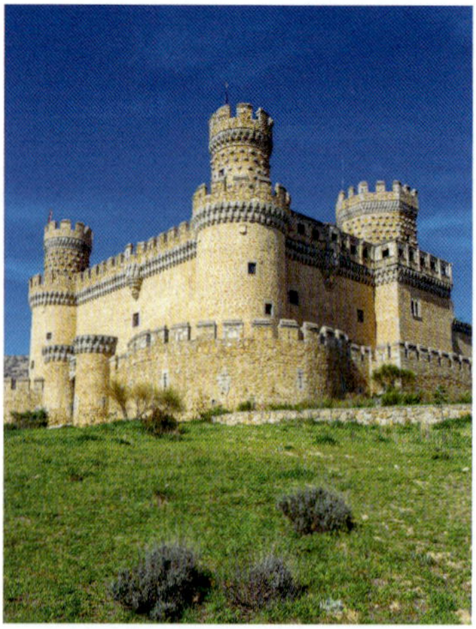

↑ Manzanares el Real war im Lauf der Jahre die Trutzburg für Stars wie Alan Ladd, Richard Burton und Franco Nero.

Zirkus im Retiro-Park

Die Römer-Schlacht schrieb tiefrote Zahlen – Bronston war 18 Millionen im Minus. Sein nächster Großfilm **Circus World** (Held der Arena, 1964) sollte das wieder hereinholen. Die 1225 Pferde, die für den Römerfilm trainiert worden waren, zogen nun die Zirkuswagen und als Publikumsgaranten holte er die Stars ***John Wayne***, ***Claudia Cardinale*** und ***Rita Hayworth***, die im Film mit einer Wildwestshow um 1910 durch Europa ziehen sollten. Tatsächlich doubelte Madrid alle europäischen Großstädte. Zum Filmanfang steht die Zeltstadt handlungsgemäß in Amerika, tatsächlich im Madrider Industriegelände Vicálvaro. Die einstigen königlichen Schlossanlagen in der Innenstadt – heute der 1,43 km² große Retiro-Park, das Naherholungsgebiet der Madrider – stellten gleich mehrere Handlungsorte. So wurde der Parkweg zur Champs Elysee, auf der Wayne eine durchgehende Postkutsche stoppt. Vor dem prächtigen Hintergrund des Monuments Alfons XII. in der Parkmitte ließ man das Wasser des künstlichen Sees ab, um eine Bühne für den akrobatischen

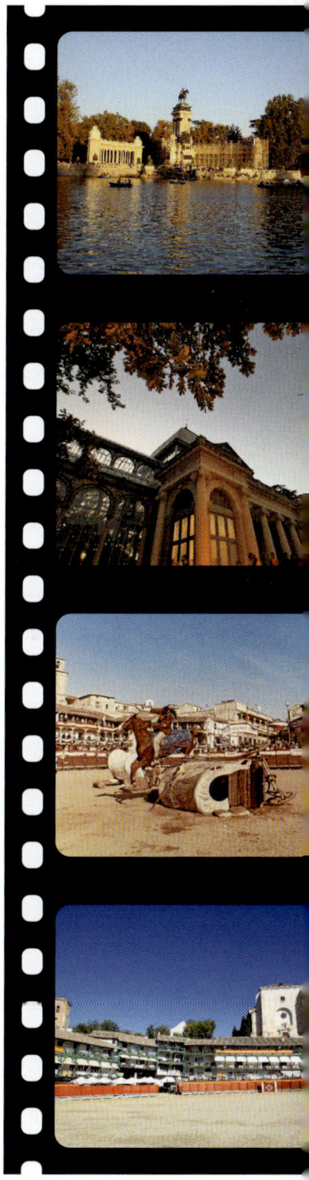

1: Das Monument Alfons XII. liegt direkt am Ufer des Sees, der für den Film trockengelegt wurde und ist Hintergrund für den Schlussakt der Zirkus-Show. 2: Der Velázquez-Palast doubelt für Hamburg. 3: John Wayne reitet in der Stierkampfarena eine Attacke gegen die Indianer. 4: Chinchón: Arena der Matadore und Filmstars.

Schlussakt zu bauen. Den majestätischen Velázquez-Palast, ebenfalls im Parque del Retiro, ließ man als Hamburg zur Jahrhundertwende durchgehen. Und Barcelonas Gran Teatre del Liceu, La Rambla, 51–59, ein Wahrzeichen europäischer Musikgeschichte, verkörperte das Innere des Hamburger Hansa-Zirkus. 2000 Statisten waren als Zuschauer für diese Szene individuell kostümiert worden.

Der fast ebenso berühmte Madrider Circo Price stellte den Berliner Wintergarten dar, der während des Zweiten Weltkriegs zerstört worden war. Der Circo Price fiel selbst bald nach den Dreharbeiten einem Brand zum Opfer (nicht zu verwechseln mit dem heutigen, gleichnamigen Circo Price an anderem Standort).

Stiere und Filmstars

In der weltbekannten Stierkampfarena Plaza Mayor in Chinchón reitet Zirkusdirektor John Wayne dann eine Kavallerie-Attacke gegen die Indianer. Die Plaza mit ihren für Kastilien typischen Balkonleisten und Galerien gilt als eine der schönsten des Landes. Im Kino fiel die Plaza de Toros erstmals 1956 mit **Around the World in 80 Days** (In 80 Tagen um die Welt, mit ***David Niven***) auf. Der alte Ortskern ist heute als Kulturgut eingestuft. Filmfans sei der Besuch des Meson Cuevas del Vino, Calle de Benito Hortelano, 13, empfohlen: In den umfangreichen Weinkellern werden Stars aufgefordert, die massiven Weinkrüge zu signieren. ***Yul Brynner***, der eine Sequenz der Fortsetzung seiner „Glorreichen Sieben“ (**Return of the Seven**, 1966) in der Arena drehte, ließ sich nicht zweimal bitten. In einem der Speiseräume wurde die Szene aus „Circus World“ gedreht, in der Wayne Rita Hayworth einen ausgibt.

In Aranjuez, am Fluss Tajo, geht im großen Finale das Zirkuszelt in Flammen auf – direkt am Plaza de Parejas, vor dem Palacio Real, der Sommerresidenz der spanischen Könige, heute UNESCO-

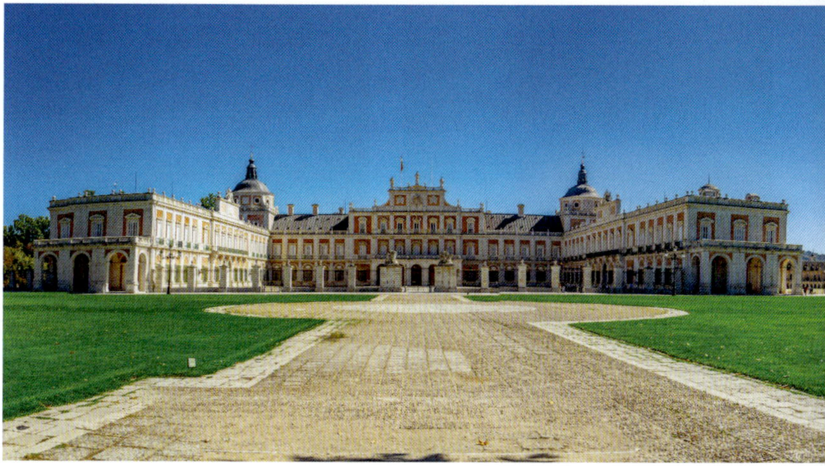

Beinahe der letzte Drehort des Duke: die Plaza vor dem Palacio Real in Aranjuez. ↑

Weltkulturerbe. Wayne geriet in Gefahr, als die Pyrotechniker die Kontrolle über das Feuer verloren und alle das Weite suchten – nur der alte Haudegen spielte die Szene zu Ende, weil niemand „Cut" gerufen hatte. Am malerischen Fluss Tajo in Toledo wurden die Drehbuchseiten umgesetzt, in denen der Wanderzirkus sein Winterquartier bezieht, vor dem Hintergrund vom Alcázar. Diese Felsenfestung der Spätrenaissance hat für den spanischen Bürgerkrieg eine hohe symbolische Bedeutung: Francos Armee sprengte damals den Belagerungsring.

Schiffeversenken in Barcelona

Was das Loch in Bronstons Kasse noch vertiefte, war die spektakulärste Szene des Films: Im Hafen von Barcelona (im sehenswürdigen alten Teil des Hafens, an der Moll de Bosch i Alsina) wurde ein Dampfer versenkt. Dafür wurde die schrottreife SS. Cabo Huertas nochmals seetüchtig gemacht. Der Effekt des zur Seite sinkenden

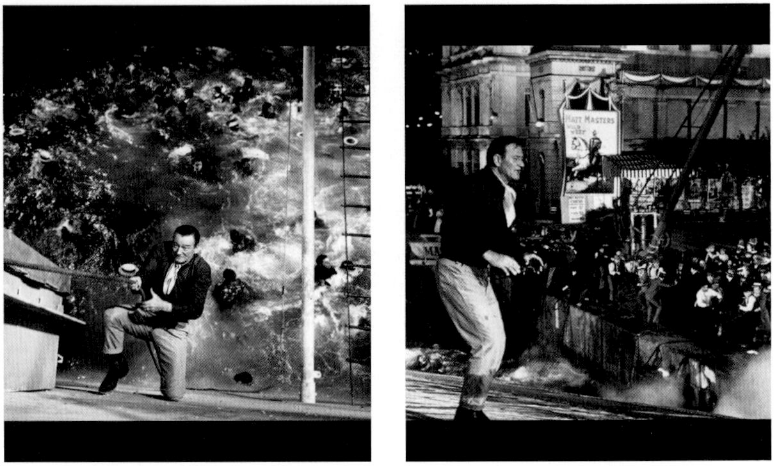

Für John Wayne geht es im Hafen von Barcelona abwärts: sein Dampfer sinkt direkt vor dem historischen Zollgebäude.

Schiffs wurde erreicht, indem die eine Hälfte der Tanks mit 300 Tonnen Wasser vollgepumpt wurde. 600 Statisten schwammen in zeitgenössischen Kostümen kreischend im Hafenbecken – die Damen wurden von einem Korsett aus Kork an der Oberfläche gehalten. Regisseur ***Henry Hathaway*** gab sich überrascht, dass alles ohne Verletzte und Tote abging.

Als „Circus World" im Juni 1964 nur drei Monate nach „The Fall of the Roman Empire" herauskam, spielte er die 9 Millionen Kosten nicht ein. Das Filmimperium lag in Trümmern. Der Traum, ein Spektakel-Produzent vom Format eines Cecil B. DeMille zu werden, war ausgeträumt. Die nächsten 20 Jahre war Samuel Bronston damit beschäftigt, seine Millionenschulden abzutragen. Sein stolzes „Samuel Bronston Studio" an der Avenida de Burgos – er hatte es sich seinerzeit 80 Millionen Peseten kosten lassen – wurde 1984 geschlossen. 1988 durften diese Ateliers Wiederauferstehung feiern – als Fernsehstudio „Estudios Buñuel".

Noch mehr Filmorte in Spanien

Sevillas Altstadt zählt zu den größten in Europa. Die Plaza de España war mehrfach Filmszenerie, besonders augenfällig in „Lawrence of Arabia" als Hauptquartier der Briten in Kairo und in der zweiten Star-Wars-Episode, **Attack of the Clones** (Angriff der Klonkrieger, 2002) als herrschaftlicher Palast auf dem Planeten Naboo. 2017 wurde die Plaza in die Liste der „Schätze der europäischen Filmkultur" aufgenommen. Im Luxusresort „Alfonso XIII", Calle San Fernando, 2, versuchte Peter O'Toole, der dem Alkohol zugetan war, einmal erfolglos, ein Pferd der Filmproduktion durch die Drehtüre in die Lobby zu bewegen. Große Teile der fünften und einige der sechsten Staffel der populären „Game of Thrones"-Serie wurden im Alcázar in Sevilla aufgenommen, dem maurischen Renaissance-Königspalast.

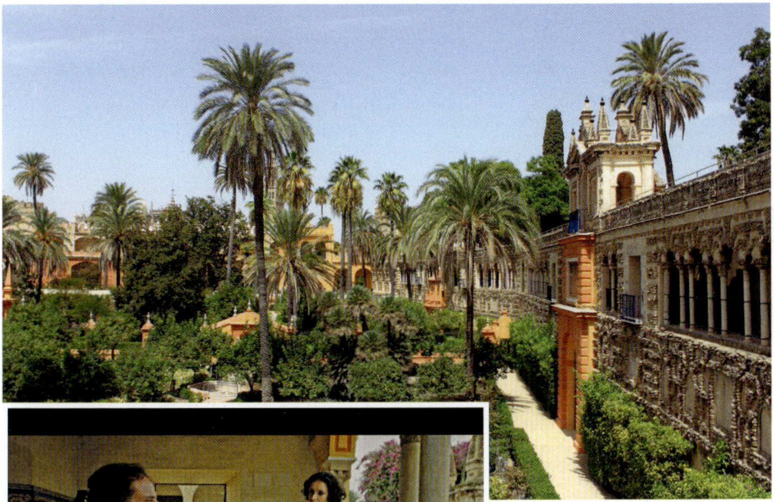

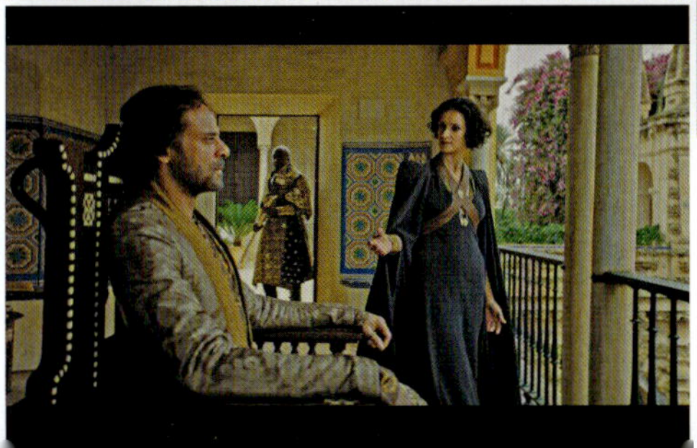

Zieht Fans von „Game of Thrones" magisch an: der Jahrhunderte alte Königspalast Alcázar, in der mittelalterlichen Altstadt von Sevilla.

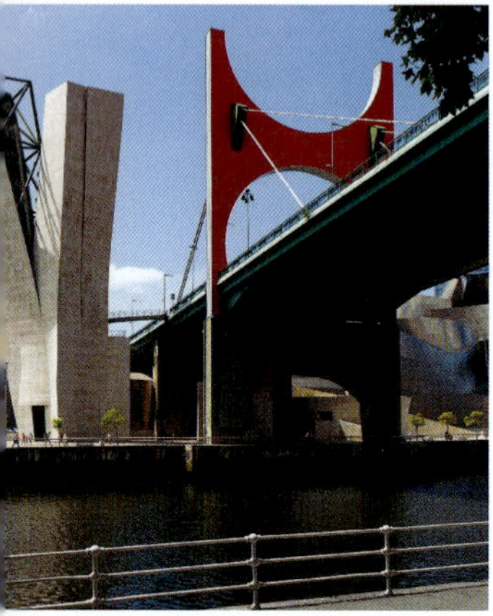

↑ Agenten-Alltag für 007: die Puente de la Salve in Bilbao.

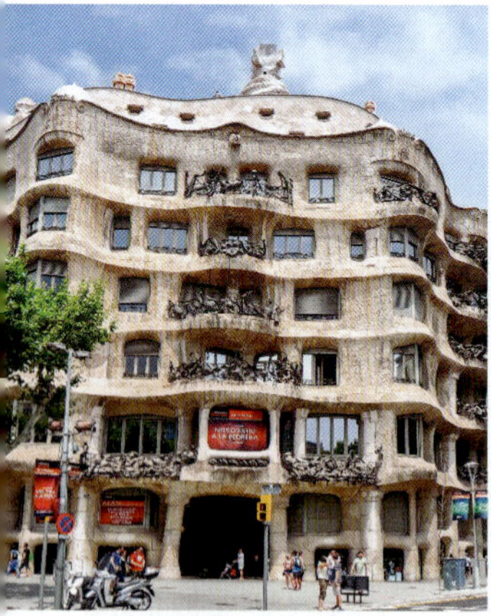

↑ Wird gern ins Bild gerückt: Gaudis Casa Milà.

Der Bond-Film **The World Is Not Enough** (Die Welt ist nicht genug, 1999) beginnt mit ***Pierce Brosnan*** in Bilbao, wie er gegenüber dem Guggenheim-Museum, einem architektonischen Meilenstein, eine (fiktive) Schweizer Bank betritt. Wenige Augenblicke später seilt der Geheimagent sich durchs Fenster ab und flüchtet über die Puente de la Salve, der Brücke über den Ría de Bilbao.

Die Passeig de Gràcia gilt als teuerste Straße von Barcelona. Mehrere Gebäude entstammen der Kreativität des Architekten Antoni Gaudí. Hier drehte ***Woody Allen*** 2008 **Vicky Cristina Barcelona**. In einer Szene ist eines von Gaudís Gebäuden im Bild, die Casa Milà. Es fiel davor schon 1975 im ***Jack-Nicholson***-Streifen **The Passenger** (Beruf: Reporter) auf.

Die Bergkette Sierra de Guadarrama erstreckt sich über die Hälfte des Iberischen Scheidegebirges. In diesen Höhen entstanden die Szenen von „El Cid", die Schnee erforderten. Den gleichnamigen Nationalpark suchten sich 1965 auch die Macher von **Battle of the Bulge** (Die letzte Schlacht) aus. Das starbesetzte Kriegsepos um die Ardennenoffensive leidet insbesondere daran, dass ausgerechnet der Schnee – das kritische Element jener Schlacht – in der Sierra kaum vorhanden war. Was nur eine der kriegstechnischen Ungenauigkeiten war, die sogar dazu führten, dass General Eisenhower aus dem Ruhestand kam, um dies in einer Pressekonferenz anzuprangern. Sequenzen wie der Angriff auf eine französische Stadt – tatsächlich das von Charles Bronson verteidigte spanische Dorf Valsaín, in der Provinz Segovia – sind dennoch höchst unterhaltsam.

Pedro Almodóvar, Spaniens wohl bekanntester Regisseur, stammt aus der Region Castilla-La Manche im Landesinnern, wo er viele seiner Werke ansiedelt. Ein Schauplatz von **Volver** (Zurückkehren, 2006) ist die Kleinstadt Granátula de Calatrava. In der ersten Szene besucht Almodóvars Muse, ***Penélope Cruz***, den örtlichen Friedhof, den „Cementerio Volver".

Schwerer zu finden war der Friedhof aus „The Good, The Bad and the Ugly" – bis er endlich markiert wurde. Die vormals anonyme Wiese im Valle de Mirandilla in der Nähe von Santo Domingo de Silos,

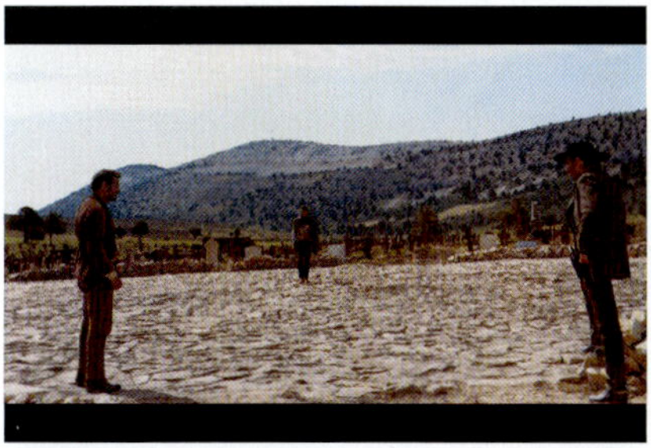

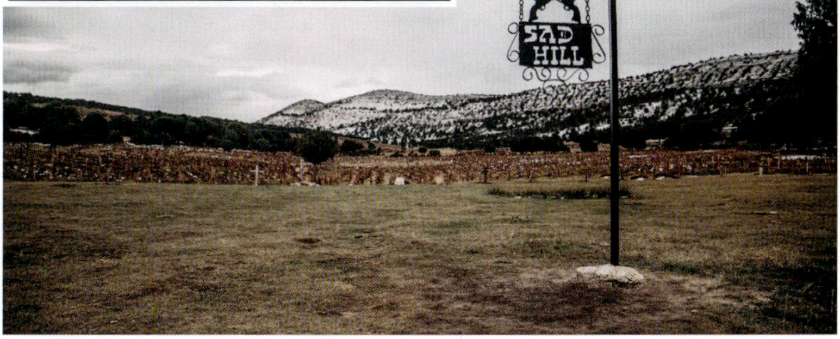

49 Jahre nach „The Good, the Bad and the Ugly" wiederentdeckt: ↑
der Friedhof von Sad Hill, nach dem Design von Carlo Simi.

in der Provinz Burgos, heißt nun gemäß sorgfältig geschnitzter Holztafel offiziell „Friedhof von Sad Hill". Der steinerne Kreis, der das legendäre „Dreier-Duell" zwischen Clint Eastwood, ***Lee van Cleef*** und Eli Wallach begrenzt, ist in der Landschaft deutlich auszumachen. Rund 1500 der seinerzeit 5000 Grabsteine wurden restauriert; für einen geringen Betrag kann man als Gönner seinen Namen eingravieren lassen. Es gab bereits Anfragen von Fans, die ihre Asche gern dort verstreuen lassen würden.

Die Wiege des Spaghetti-Westerns stand nicht in Almería, sondern bei Hoyo de Manzares, nahe Madrid. Hier erhob sich einst die Westernstadt aus „A Fistful of Dollars", wie noch ein Haufen übrig gebliebener Backsteine bezeugt. Leone drehte die Flussszenen desselben Films bei Aldea del Fresno, am Stadtrand von Madrid. Dass europäische Filmemacher nachlässiger als ihre US-Kollegen sind, wenn es darum geht, ein Gelände in seinen ursprünglichen Zustand zurückzuversetzen, zeigt sich am Fluss Arlanza, wo die Brücke in „The Good, the Bad and the Ugly" gesprengt wurde und sich, etwa dreieinhalb Kilometer außerhalb von Covarrubias – zur Freude der Fans – noch immer Überreste der Holzkonstruktion finden. Das Gefangenenlager desselben Films wurde etwa 6 km vom „Sad Hill Friedhof" aufgebaut, bei Carazo in der Provinz Burgos.

In Colmenar Viejo stößt man ebenfalls auf die Grundmauern einer Filmstadt aus demselben Spaghetti-Western. Auf der Ebene außerhalb dieses Orts, beim Hügel „Peña del Cerro" entlang der Straße nach Guadalix de la Sierra, marschierten in der groß angelegten Entscheidungsschlacht von **Spartacus** (1960) die römischen Legionen auf – hier wurden einmal mehr Francos Soldaten gedrillt. ***Kirk Douglas*** hatte damals das „Castellana Hilton" – das InterContinental an der Paseo de la Castellana – zur Betriebszentrale der Dreharbeiten gemacht.

Robert Mitchum ließ sich übrigens von dieser vornehmen Hotelumgebung nicht abhalten, im „Hilton" sein geliebtes Gras zu rauchen, als er mit Yul Brynner **Villa Rides** (Pancho Villa reitet, 1968) drehte. Ihr Drehort war die kleine Stadt in der Nähe von Madrid, El Casar de Talamanca.

REISE-TIPP

Unweit der Touristenattraktion „Mini-Hollywood", an der A-92, steht auf den ersten Blick unauffällig ein Meilenstein des europäischen Kinos: Eine Ansammlung kleinerer Häuser, die sich um eine solides robustes Blockhaus versammeln, in der Filmhandlung als „Sweetwater" bekannt, heute nach ihrem Namensgeber eher holperig „Western Leone" genannt. In seinem Magnum Opus „Once Upon a Time in the West" (1968) ließ Sergio Leone hier Claudia Cardinale einziehen und hinter dem Wohnhaus spielte Charles Bronson zum Todesduell mit Henry Fonda ein letztes Mal die Mundharmonika. Ennio Morricones grausige Melodie aus „Spiel mir das Lied vom Tod" wurde überraschend zum Schlager. Ebenso lange hält sich das Gerücht, Henry Fonda habe während der Drehzeit eine einheimische Señorita verführt. Als Beweis dafür soll die Ähnlichkeit eines Burschen herhalten, der für die Touristen den mexikanischen Banditen markiert. Geschaffen hat diese Gebäude der bekannte Filmarchitekt Carlo Simi. Weil Leone den Effekt wünschte, dass am Filmende tatsächlich die Eisenbahn in „Sweetwater" ankommt, ließ Simi mehrere hundert Meter Schienen zum Haus verlegen. Dafür schufen Bulldozer in mehreren Monaten einen Einschnitt im Hügel dahinter, durch den die Dampflok überraschend vorfahren konnte. Carlo Simi prophezeite seiner solide geschaffenen Filmsiedlung: „Sie wird noch in 100 Jahren stehen!" Er wird Recht behalten, wenn die Spanier die Instandhaltung ernster nehmen. Was kaum ein Besucher von „Western Leone" weiß: Direkt hinter diesen Hügeln, und nur zu Fuß erreichbar, liegt die für El Condor (1970) errichtete Kulissenstadt, die touristisch nicht genutzt wird, sondern der Natur überlassen wurde.

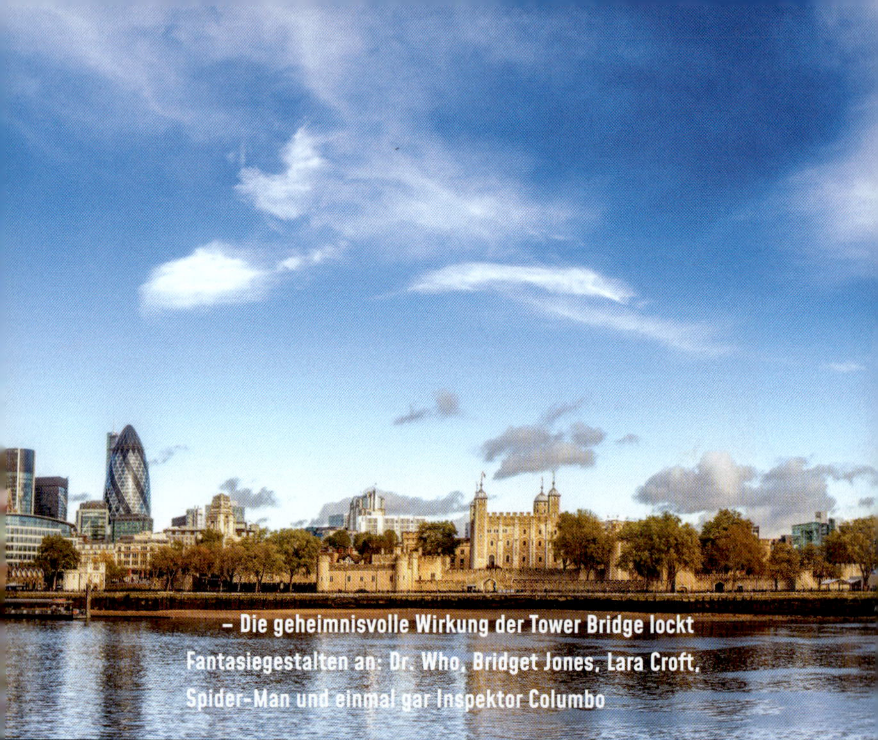

– Die geheimnisvolle Wirkung der Tower Bridge lockt Fantasiegestalten an: Dr. Who, Bridget Jones, Lara Croft, Spider-Man und einmal gar Inspektor Columbo

England

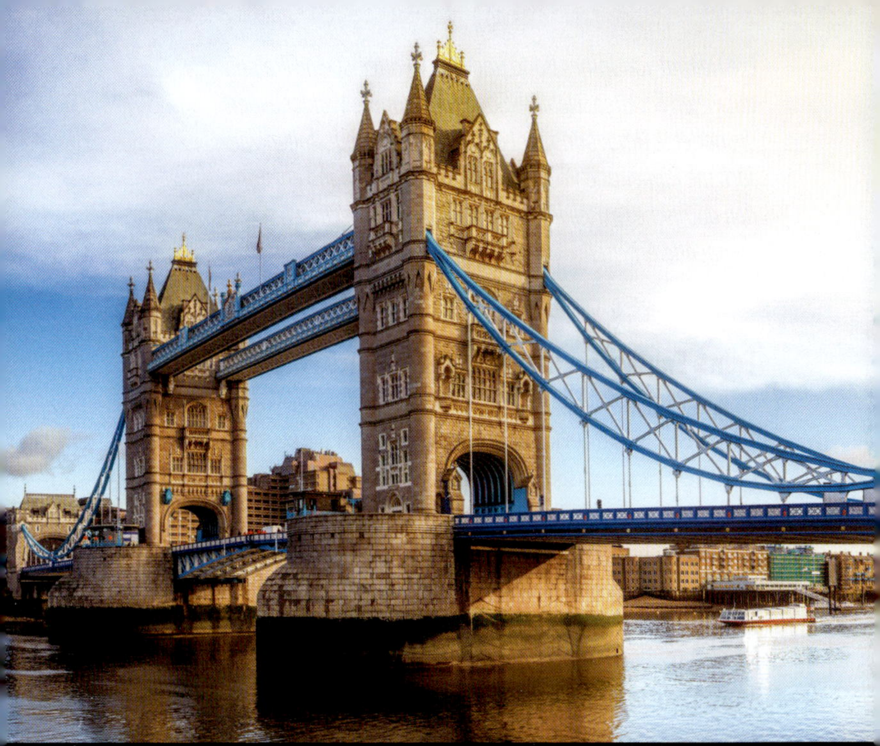

9

Die Heimat von James Bond und Harry Potter ist ein Filmland mit vielen Facetten: Neblige Gassen und grüne Wälder bilden die perfekte Umgebung für Langzeit-Leinwandgestalten wie Jack the Ripper und Robin Hood. Und Im Hinterland entstanden gothische Gruselklassiker ebenso wie ein Welthit um strippende Arbeiter.

Echte Engländer: Robin Hood und Harry Potter

Als **Robin Hood: Prince of Thieves** (1991) ist *Kevin Costner* so glücklich, die englische Heimat wiederzusehen, dass er in Sussex den Sand bei den Kreidefelsen der Seven Sisters küsst, an der Kliffküste zwischen Eastbourne und Seaford. Diese x-te Verfilmung der Heldenfigur – vom deutschen Verleih vom Prinzen gleich zum „König der Diebe" erhoben – war insofern bemerkenswert, dass die Schauplätze tatsächlich englischer Natur waren. So hält er die Schergen des Sheriffs von Nottingham bei einer historischen Mauer in Schach: dem Hadrianswall in Northumberland. Der gleichnamige Kaiser ließ die 135 Kilometer lange Befestigungslinie im Mittelalter von Küste zu Küste anlegen, um die Nordgrenze zu verteidigen. Dies lässt der Film zwar unerwähnt, aber die Stelle am Sycamore Gap (in der Nähe des römischen Forts von Housesteads, gut 5 km von Bardon Mill an der B6318) ist dennoch gut gewählt. Costner wandert weiter zum Old Wardour Castle in der Grafschaft Wiltshire (an der Grenze der Gemeinden Tisbury und Donhead St. Andrew), den Überresten seiner heimatlichen Burg. Dann steht der Freundschaftskampf zwischen Robin und seinem treuen Little John an, ausgetragen vor den malerischen Aysgarth Falls, wo der Fluss Ure im Nationalpark „Yorkshire Dales" herabstürzt. Um den üblichen Figuren-Sollbestand eines jeden Robin-

Hood-Films zu erfüllen, findet Costner seine holde Maid Marian in Hulne Priory in Alnwick (GPS N 55.434905 W 1.743701) vor.

„Alnwick" ist ein Zauberwort. Jedenfalls für eingefleischte **Harry Potter**-Fans. Denn der Standort von Hogwarts ist längst kein Geheimnis mehr: Alnwick Castle (GPS N 55.415011 W 1.705867), die Schlossanlage in Northumberland, war das perfekte Setting für die sagenumwobene Zauberschule. Im viktorianischen Zeitalter war das Schloss im Renaissance-Stil bei den Engländern bekannt als „Windsor des Nordens". Es enthält eine bedeutende Gemäldesammlung und ist gleichzeitig Regimentsmuseum der „Royal Northumberland Fusiliers". Als mittelalterliche Kulisse erwies Alnwick auch **Elizabeth** (1998) mit *Cate Blanchett* in der Titelrolle wertvolle Dienste.

Nottingham, den Hauptsitz der Bösewichte, sucht man allerdings im Costner-Film in England umsonst: Dafür ging es nach Frankreich, wo die befestigte Stadt von Carcassonne (etwas weniger als 100 km südöstlich von Toulouse) aufgenommen wurde. Der „Sherwood Forest" dagegen liegt auf englischem Grund und Boden,

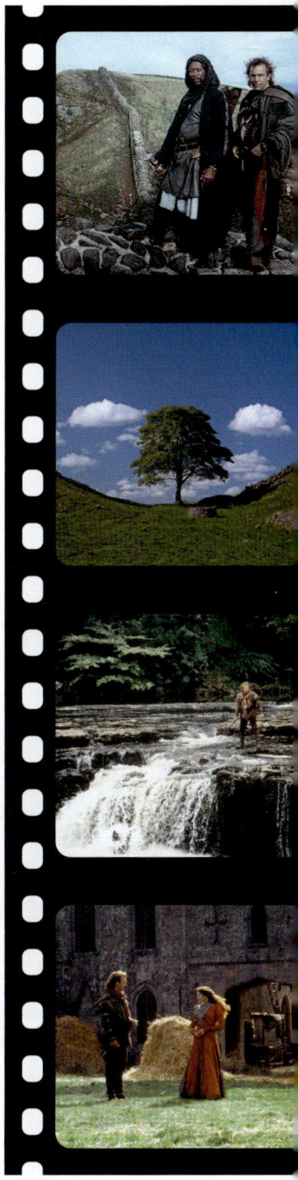

1: Morgan Freeman und Kevin Costner am Hadrianswall. →
2: Der Sycamore-Baum bei Crag Lough ist als „Robin Hood Tree" bekannt. 3: Ein Muss für Robin Hood: Aysgarth Falls.
4: Robin und Marian: Hulne Priory Alnwick.

quasi im Vorgarten der „Pinewood-Studios". Während dieses legendäre Filmstudio Besuchern leider verschlossen bleibt, lädt der Park von Burnham Beeches (GPS N 51.560694, W 0.631556) zum Spaziergang durch die Filmgeschichte unter 100-jährigen Baumkronen ein. Der anderthalbstündige Rundweg beginnt bei Victory Cross, zwischen Victoria Drive und Halse Drive, wo Kevin Costners Outlaws ihr Lager aufschlugen. Die Drehzeit von drei Monaten im Wald war selbst für Burnham Beeches ein Rekord. Auf der linken Seite des Fußwegs Richtung Halse Drive wurde die schöne ***Julia Ormond*** alias Guinevere 1995 vom **First Knight *Richard Gere*** errettet, dem „Ersten Ritter" Lancelot. Wofür ihr Ritter sich prompt eine Ohrfeige einhandelte. Der Regisseur musste die temperamentvolle Schauspielerin bitten, Richard Gere nicht zu stark zu ohrfeigen, da er noch für andere Szenen gebraucht wurde. Am selben Pfad wurde Robin Hoods letzte Szene abgedreht: Die Openair-Hochzeit zwischen Kevin Costner und ***Mary Elizabeth Mastrantonio***, zu der ***Sean Connery*** seinen Segen gab. Der kannte den

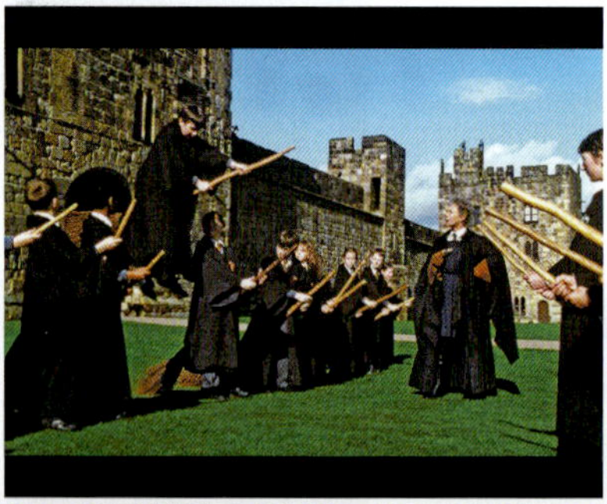

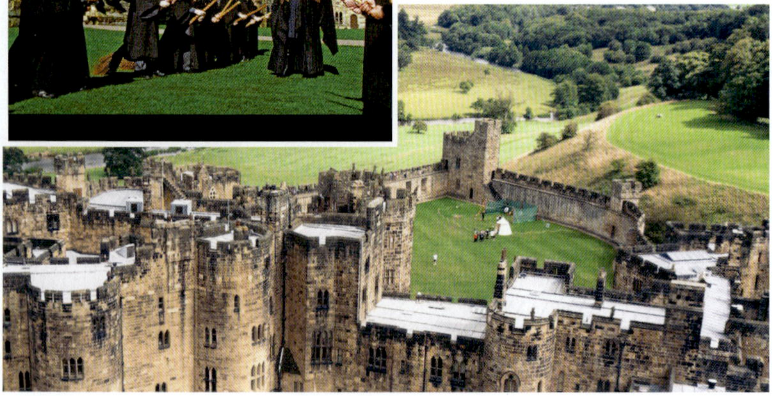

↑ Harry Potter und weitere Zauberschüler lernten Besenreiten in Alnwick Castle.

Park von seiner James-Bond-Zeit aus **Goldfinger** (1964) nur zu gut: An der scharfen Kurve zwischen Victoria Drive und Halse Drive setzte er die Geheimwaffen seines Aston Martin ein.

Ein weiterer filmtauglicher Wald in unmittelbarer Nähe von „Pinewood" ist der „Black Park". Im Blackpark Lake im Westen der Grünanlage errettete Ritter Richard Gere erneut die schöne Julia Ormond. Ein Baum verdankt die lange Schramme in seinem Stamm demselben Film: ein Kamerakran stürzte und hinterließ diese Markierung für Filmfreunde. Für **The Mission** (Mission, 1986) wurde „Black Park" gar zum südamerikanischen Dschungel: Der Moment, wenn ***Robert De Niro*** erstmals auf Eingeborene trifft, war zwar am Originalschauplatz aufgenommen worden, musste aber kurzfristig hier nachgedreht werden.

Der „First Knight" strapazierte noch einen weiteren Park mit Richard Geres Rettungsaktionen: der in Wales liegende Nationalpark „Snowdonia". Das sagenumwobene „Camelot" wurde dort in der Nähe von Ffestiniog am Trawsfynydd See aufgebaut, eigentlich ein Stausee, und auch das mittlerweile stillgelegte Kernkraftwerk Trawsfynydd kam zu Filmruhm. **Willow**, einer der wenigen Fantasyfilme von ***George Lucas***, die nicht zum Welthit gerieten, entstand 1988 ebenfalls teilweise in „Snowdonia", am Fuß von Wales' höchstem Berg, dem Mount Snowdon.

• Alnwick Castle •

Alnwick, Northumberland NE66 1NQ

www.alnwickcastle.com

Führungen, Bogenschießen, Besenreiten am original Harry-Potter-Schauplatz u. v. m.

Liebesschlösser

Nur das wechselhafte Wetter hält Produzenten davon ab, noch öfter in den Schlössern des Inselstaats zu filmen. In **Shakespeare in Love**, um mit dem großen kommerziellen und künstlerischen Erfolg von 1998 zu beginnen, spielte das befestigte Herrenhaus Broughton Castle in der Nähe von Banbury, Oxon (von London aus über die M40 in zwei Stunden zu erreichen), eine fast so große Rolle wie ***Gwyneth Paltrow***. In ihrer Rolle als Viola lebt sie wohlbehütet in dem im Jahr 1300 errichteten, von einem Burggraben umgebenen Schloss. Es ist in weiteren Filmen wie **Jane Eyre** (2011) oder der ***Tom-Selleck***-Komödie **Three Men and a Little Lady** (Drei Männer und eine kleine Lady, 1990) zu sehen.

Zu Englands herrschaftlichen Palästen darf sich das Dyrham Park House zählen. Das barocke Landhaus liegt in einem Wildtierpark nahe Dyrham in South Cloucestershire und war die Außenkulisse des vielbeachteten Dramas **The Remains of the Day** (Was

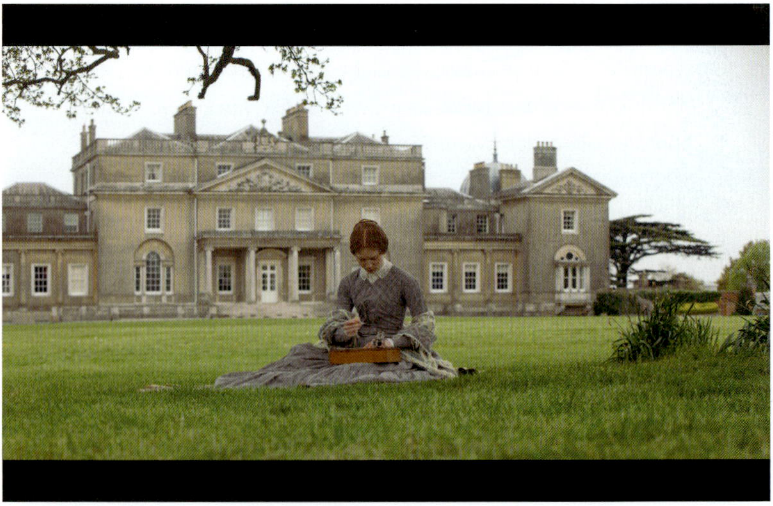

↑ Für „Jane Eyre" (Mia Wasikowska in der Titelrolle) verwandelte sich das romantische Broughton Castle in ein grimmiges Mädchenpensionat.

vom Tage übrigblieb, 1993). ***Anthony Hopkins*** ließ sich für seine Rolle als Butler vom Chefbutler der britischen Königin ausbilden, der 50 Jahre im Buckingham-Palast diente. Noch einmal Hopkins: In **Shadowlands** erblickt er 1993 als Literaturprofessor C.S. Lewis den Garten Eden. Dafür fand Regisseur ***Richard Attenborough*** den Symonds Yat Rock, beliebter Aussichtspunkt über das Wye Valley (an der A40 bei Whitchurch). Von hier aus entdeckt er das Golden Valley – im selben Moment als ***Debra Winger*** entdeckt, dass sie an Krebs stirbt. Ein erneutes Wiedersehen mit Anthony Hopkins aus dem Jahr 1992 bietet **Howards End** (Wiedersehen in Howards End): Hier gibt er den aristokratischen Bewohner des titelstiftenden Landsitzes. Dabei handelt es sich um das Peppard Cottage bei Henley-on-Thames, Oxfordshire. 2007 kam das Landhaus aus dem 14. Jahrhundert zum ersten Mal seit Jahrzehnten für knapp 4 Millionen Pfund auf den Immoblienmarkt. Nicht zum Verkauf steht das Burghley House bei Stamford in Lincolnshire. Burghley Park ist über die A1 zu erreichen. Das Landschloss aus dem 16. Jahrhun-

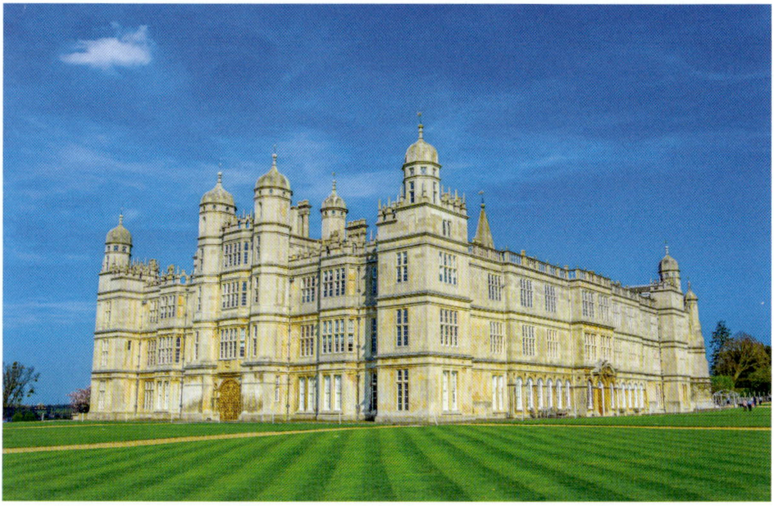

Steht für Verfilmungen des Romanklassikers von Jane Austen ebenso zur Verfügung wie für die des Bestsellers von Dan Brown: Burghley House. ↑

dert diente in der Verfilmung des englischen Klassikers **Pride and Prejudice** (Stolz und Vorurteil, 2005) mit ***Keira Knightley*** ebenso als Kulisse wie im **Da Vinci Code** (The Da Vinci Code – Sakrileg, 2006).

Wenn ein von der hektischen Geheimdienstarbeit ausgebrannter James Bond in **Thunderball** (Feuerball, 1965) zur Kur geschickt wird, kommt nur das „Chalfont Park House" in Gerrards Cross in Frage. Es heißt, keine andere englische Postleitzahl weise höhere Landpreise auf. Natürlich ist das nicht wirklich ein Kurhaus, sondern ein sehr exklusiver Club, in dem an ganz normalen Tagen Prominente anzutreffen sind. Auch im „Halton House", im gleichnamigen Ort Halton, gibt sich die Crème de la Crème der britischen Society gern ein Stelldichein. Für **The World Is Not Enough** (James Bond 007 – Die Welt ist nicht genug, 1999) verwandelte sich der schmuckvolle Gesellschaftsraum in ein Spielcasino der russischen Mafia. Wenn ***Pierce Brosnan*** seine Röntgenbrille aufsetzt, bekommt er zu sehen, dass ausnahmslos jeder Gast schwer bewaffnet ist.

Von Hügeln und Notting Hill

Hugh Grant war „Der Engländer, der auf einen Hügel stieg und von einem Berg herunterkam". Der Film mit dem Endlostitel bescherte dem Dorf Llanrhaeadr-ym-Mochnant auch eine – zumindest vorerst – schier endlose Wanderung von Fans zum Garth Hill, der auf den Karten mit 307 Metern tatsächlich als ausgewachsener Berg ausgewiesen ist. Als Landvermesser sorgt Hugh Grant für Aufregung, indem er dem „Garth" den Status als Berg aberkennen will. Vier Jahre nach dem Überraschungserfolg von **The Englishman who Went up a Hill but Came down a Mountain** (1995) sorgte

Hugh Grant auf einem weiteren Hügel für den größten Hit aller Zeiten im britischen Kino: **Notting Hill**. Die zu Herzen gehende Romanze um den Buchhändler, der sich in Superstar ***Julia Roberts*** verliebt, ließ die Welt den kosmopolitischen Stadtteil in London entdecken. Den Travel Book Shop, in dem Grant sich in Roberts verguckt, gibt es da allerdings nicht. Aber den Laden, der für den Film dazu umgebaut wurde: damals das Möbelgeschäft an 142 Portobello Road, heute ein Souvenir-Shop namens „Notting Hill" (für Komplettisten: Der Buchladen an der Blenheim Crescent soll die Handlung inspiriert haben). Das Haus mit der blauen Tür (280 Westbourne Park Road), wo Hugh Grant mit seinem nervigen Zimmergenossen lebt (***Rhys Ifans*** vertraute diesem Autoren an,

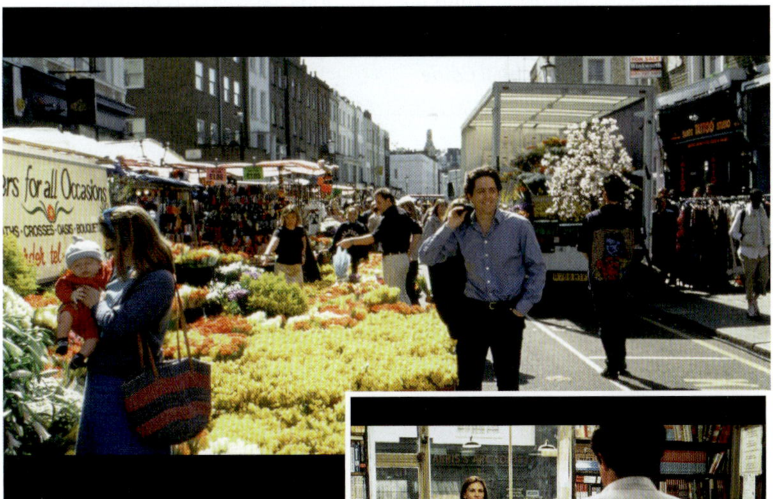

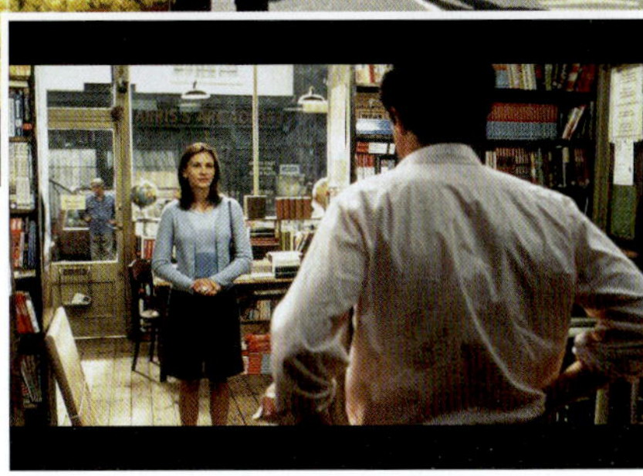

Hugh Grant flaniert durch Notting Hill ... ↑

... und bedient Julia Roberts in seinem Buchladen an der Portobello Road. →

dass diese kernige Nebenrolle bis heute die ist, auf die er am meisten angesprochen wird), war zu diesem Zeitpunkt die Adresse des Drehbuchautors ***Richard Curtis*** (der mit Grant auch „Vier Hochzeiten und ein Todesfall" in die Welt gesetzt hat). Das Innere war, wie so oft, reine Studiofantasie. Die frisch Verliebten speisen im „Nobu", einem exklusiven japanischen Restaurant im Metropolitan Hotel, an der Old Park Lane. Günstiger ist der Eintritt ins „Coronet Cinema", wo das Paar sich einen Film anschaut. Die Filmpremiere, die Hugh und Julia am Ende besuchen, wurde am Leicester Square gedreht, dem legendären „Odeon"-Kino, in dem bedeutende Erstaufführungen durch die Anwesenheit der Königin geadelt wurden. Beim Notting Hill Gate, in 22 St. Stephen's Gardens, wohnte 1966 in der Komödie **Alfie** (Der Verführer lässt schön grüßen) schon einmal ein Engländer, der damit einem Weltpublikum vorgestellt wurde: ***Michael Caine***.

Public Houses

Das „Public House", kurz Pub, hat im Vereinigten Königreich seinen Stammplatz im sozialen Leben. Ebenso spielen die Kneipen in zahlreichen britischen Filmen eine wichtige Rolle. Eines der bekanntesten Pubs der Hauptstadt ist das „Salisbury" (Green Lanes, an der Ecke von St Anns Road). Im umwerfend schönen Dekor muss Charlie Chaplin, überzeugend porträtiert von ***Robert Downey Jr.***, im Biopic **Chaplin** von 1992 schmerzlich realisieren, dass er als Self-Made-Millionär unter den Arbeitern nicht mehr willkommen ist. Mit dem Thriller **Frenzy** kehrte ***Alfred Hitchcock*** 1972 in seine Heimat England zurück: Den Mörder des Films lässt er sein Bier im Pub „The Globe" an der Bow Street konsumieren. Leadenhall Market ist ein superbes Beispiel für einen viktorianischen, überdachten Marktplatz. Darin ist die „Lamb Tavern" ein beliebter Treffpunkt. *John Wayne* nahm dieses Pub in selbsironischer Wildwestmanier als **Brannigan** auseinander. Im ersten **Lara Croft**-Film bretterte *Angelina Jolie* auf ihrem Motorrad über die gepflasterte Straße des Leadenhall Market. *Clint Eastwood* ließ die Schlussszene seines feinfühligen Dramas **Hereafter** (Das Leben danach, 2010) mit *Matt Damon* ebenso an diesen Marktständen

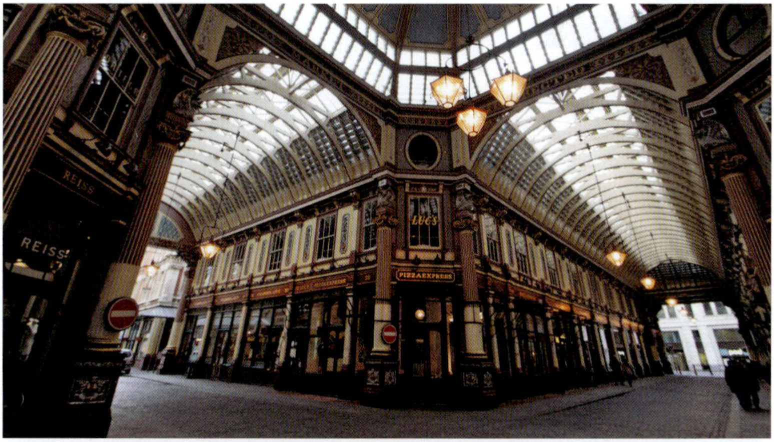

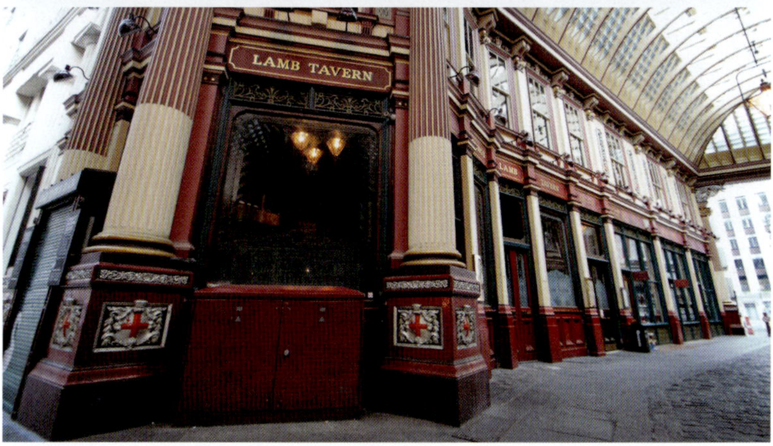

Das durchs Glasdach einfallende Licht des überdachten Marktplatzes von Leadenhall (1) ↑ inspirierte Kameraleute und motivierte John Wayne zur Kneipenschlägerei in der „Lamb Tavern" (2).

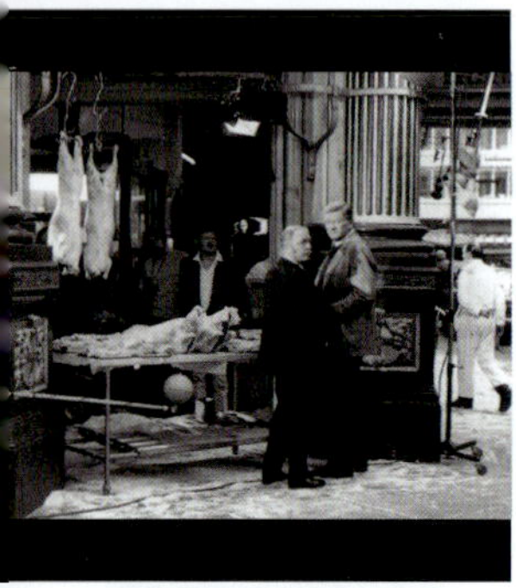

Richard Attenborough und John Wayne warten in Leadenhall Market auf „Action!".

aus dem 14. Jahrhundert spielen. Der Grund, weshalb man im Leadenhall Market Kinder in Zauberkostümen antrifft, liegt auf der Hand: Im ersten „Harry Potter"-Film lag hier die „Diagon Alley" („Winkelgasse") und das „Leaky Cauldron" („Zum tropfenden Kessel"), ein Pub ausschließlich für Zauberer – tatsächlich jedoch ein ganz gewöhnliches Optiker-Geschäft.

Etwas außerhalb der Stadtgrenzen kehrten die Beatles in ihrer Musical-Klamotte **Help!** (Hi-Hi-Hilfe!) 1965 im historischen „City Barge" Pub an der Themse ein (27 Strand-On-The-Green, Chiswick). Und wer das Gasthaus sucht, in dem die todgeweihten Touristen in **An American Werewolf in London** (1981) einkehrten, der pilgert nach Ockham. Das Pub, in dem sie so unfreundlich empfangen wurden, ist der tatsächlich sehr gastfreundliche Gasthof „The Black Swan" (Old Lane, Ockham).

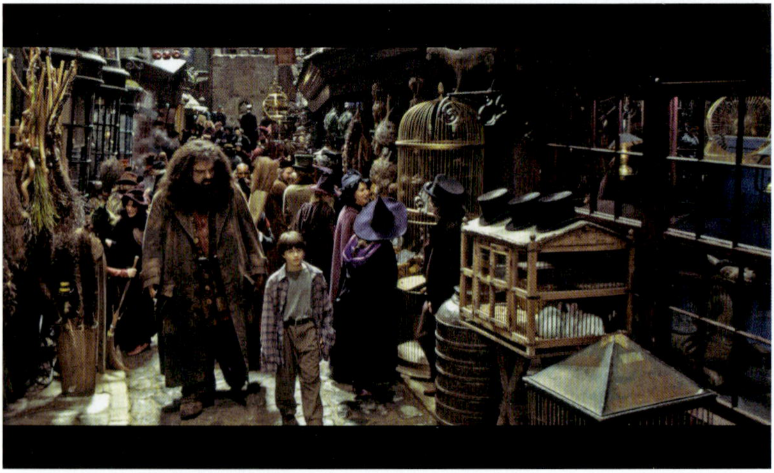

Harry Potter in der Winkelgasse (Leadenhall Market): Der Optiker-Shop war der Eingang zum Zauberer-Pub „Zum tropfenden Kessel".

Grimmig auch im echten Leben

Die Bahnstation von Carnforth war die filmische Bühne eines Liebesdramas, das zahllosen Romantikern das Herz gebrochen hat: **Brief Encounter** (Begegnung, 1945), von Meisterregisseur ***David Lean***. An diesen Gleisen trafen sich die Liebenden immer wieder, bis sie aus Vernunftgründen – unter der 2020 restaurierten Bahnhofsuhr – die Trennung beschließen. Die Touristen, die extra zum heruntergekommenen Carnforth-Bahnhof reisten, wurden allerdings regelmäßig enttäuscht, bis man ihn, nach einer Wahl zur „Station of Hell", wiederherrichtete. Heute unterhält er ein Visitors Centre für alle Brief-Encounter-Fans.

Stanley Kubrick, der Flugzeuge nur gegen seinen Willen bestieg, drehte am liebsten in seiner Wahlheimat. Auch sein Antikriegsfilm von 1987, **Full Metal Jacket**, ist zwar in den USA und am Kriegsschauplatz von Vietnam verortet, entstand aber ausnahmslos in England. Für die Vietnam-Schlacht wurde das stillgelegte Beckton-Gaswerk abgefackelt, das damals zwischen Woolwich Manor Way und der Themse lag. Die Industrieanlagen aus dem Jahr 1870 waren davor schon Schauplatz von John Waynes Showdown in „Brannigan". ***Roger Moore*** alias James Bond ließ seinen alten Gegenspieler Blofeld in **For Your Eyes Only** (In tödlicher Mission, 1981) in einen der Kamine von Beckton fallen. Wer von London City Airport mit der Bahn in die Stadt fährt, dem wird die Haltestelle mit dem Namen Beckton auffallen. Das frühere Industriegelände ist heute eine exklusive Wohngegend. Das Training im menschenverachtenden Boot-Camp der US-Marines konnte Kubrick im Luftwaffenstützpunkt Bassingbourne (nahe der Stadt Royston, unweit von Cambridge) der Royal Air Force aufzeichnen.

Auch für die filmische Bearbeitung der wahren Geschichte des B17-Bombers **Memphis Belle** (1990) im gleichnamigen Film wurde ein ehemaliger Royal Air Force Flugplatz nochmals in Betrieb genommen. Die in die Jahre gekommene Royal Air Force Station in Binbrook (bei der Stadt Brookenby in Lincolnshire) besaß noch die typischen Hangars aus Kriegszeiten. Der Tower wurde für den Film überholt und am Horizont ein Kirchturm positioniert. Nach „Full Metal Jacket" war dies für Hauptdarsteller ***Matthew Modine*** schon der zweite Kriegsfilm-Dreh in England. Die Veteranen der „Memphis Belle" besuchten den Drehort und gaben ihren Darstellern wertvolle Tipps.

Sheffield hat eine lange Vergangenheit als Industriestadt, deren beste Tage längst vorbei sind. Als die Produzenten von **The Full Monty** (Ganz oder gar nicht) die geschlossenen Fabriken 1997 zu ihrem Hauptdrehort machten, war die Bevölkerung weniger glücklich. Viel zu echt fühlte sich die Handlung um ein paar verzweifelte Stahlarbeiter an, die von der Arbeitslosigkeit zum Striptease getrieben werden. Der weltweite Erfolg des in nur 40 Tagen gedrehten Low-Budget-Films brachte Sheffield ironischerweise einen touristischen Aufschwung. „Montyland" wird die Stadt nun liebevoll genannt. Zentrum des Kults ist der „Millthrope Working Men's Club", in dem die Jungs im filmischen Happy-End tatsächlich ihren Strip hinlegen. Damit Location-Suchende es in der Realität nicht zu einfach haben, ist der Name des Clubs fiktiv und der Drehort aus zwei Plätzen zusammengesetzt: Im „Shiregreen Working Men's Club" an der 136 Shiregreen Lane steht die Bühne der Stripper (der Club nennt sich seither stolz „Home of the Full Monty", obwohl dort seither keine Männer mehr die Hüllen fallen ließen). Die Außenaufnahmen entstanden jedoch beim Regency House, an der Idsworth Road, einem Möbelwarenhaus. Randnotiz: Monty-Python-Mitglied ***Michael Palin*** ist ein Kind aus Sheffield: geboren in der 26 Whitworth Road. Apropos Monty Python: Wollten Sie schon immer einmal das Gebäude sehen, das im herrlichverrückten Auftakt von **The Meaning of Life** (Der Sinn des Lebens, 1983) die Segel setzt und die Straße heruntersegelt? Es ist das erste Haus in der Londoner Lloyd's Avenue und als wir das letzte Mal nachsahen, war es noch da.

REISETIPPS

Das Flugzeug, das in „Memphis Belle" die Titelrolle spielt, ist eine echte „Fliegende Festung", „Sally B" genannt. Es ist die letzte noch flugtaugliche B-17 in Europa und ist in Duxford im Imperial War Museum (südlich von Cambridge, über die M11 erreichbar) stationiert, für die Nachwelt erhalten von der „B-17 Preservation Society". Die „Sally B" geht noch immer für Flugshows und Gedenkfeiern in die Luft. Nebst dem Kriegsfilm von 1991 flog sie in „Black Book" und „Noah's Ark".

Geschichte und Filmgeschichte kreuzen ihre Wege in London an der Doughty Street 48. Im georgianische Reihenhaus wohnte und wirkte einst Charles Dickens, hier brachte er „Oliver Twist" zu Papier. Das Museum erlaubte Clint Eastwood, in „Hereafter" den Besuch von Dickens-Fan Matt Damon in Szene zu setzen. Dass dieser meditative und spirituelle Film über Nahtod-Erfahrungen vom rationellen Eastwood kommt, mag viele überraschen.

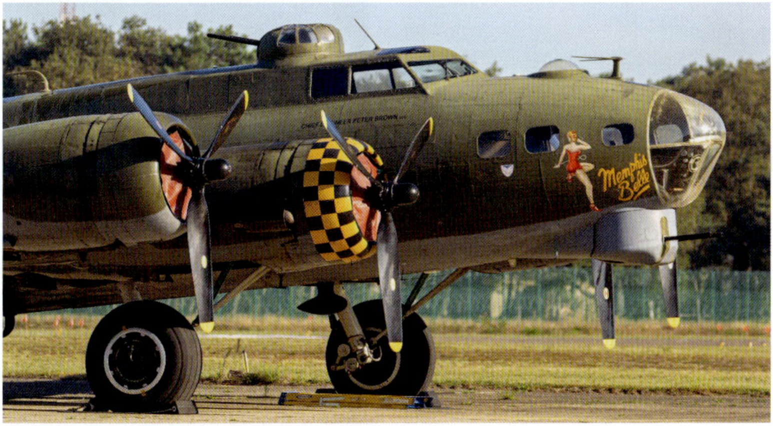

Die hier gezeigte, in Duxford stationierte „Sally B" stellte die „Memphis Belle" im Film dar. ↑
Das historische Flugzeug der „Memphis Belle" ist seit 2018 im National Museum of the US Air Force in Ohio ausgestellt.

Jack the Rippers Erben

Londons neblige Gassen sind der Ausgangspunkt von Jack the Ripper & Co. Im Lauf der Zeit hat die englische Hauptstadt das Genre von Horror und Thriller immer wieder inspiriert. Doch auch die englischen Landhäuser werden zu Tatorten von Gentlemen-Gaunern und Schurken im feinen Zwirn.

Eines der ersten von Hollywood initiierten Gangster-Dramen, das „on location" in London entstand, war 1950 **Night and the City**, ein Leckerbissen des „Film Noir". Der deutsche Titel „Die Ratte von Soho" nimmt den Schauplatz schon vorweg: damals noch nicht der hektische Touristen-Hotspot, sondern Treffpunkt von Untergrund-Ganoven. ***Richard Widmark*** rennt praktisch die ganze Filmlänge um sein Leben. Ein Zeitdokument ist die Kamerafahrt, die ihm durchs nächtliche Goodwin's Court folgt. Hier brodelte das Nachtleben, hatten die Hehler Hochkonjunktur. Widmark verbirgt sich vor seinen Killern an den South Bank Gardens, Belvedere

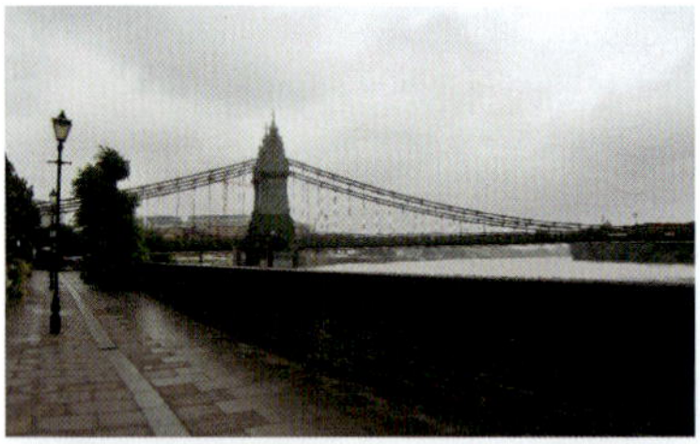

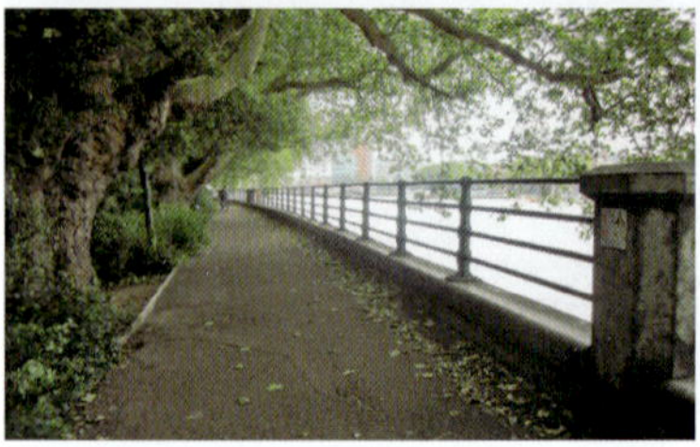

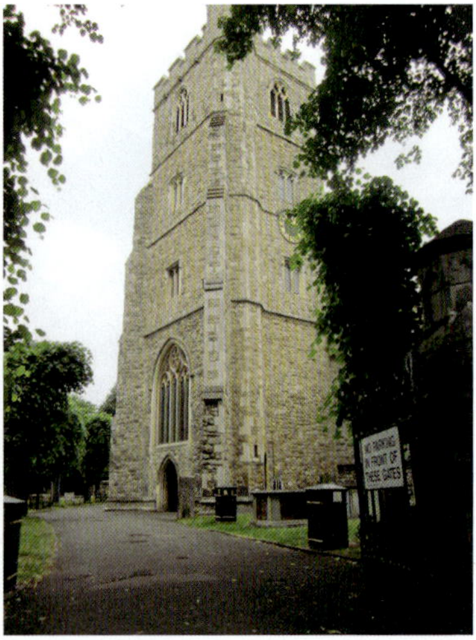

Road, mit der Waterloo Bridge im Hintergrund aus dem Nebel aufragend. Erfolglos: Seine Flucht endet auf der 1827 eröffneten Hammersmith Bridge – die Gangster werfen ihn mit gebrochenem Genick in die Themse. 1965 ließ ***Roman Polański*** in seinem Frühwerk **Repulsion** (Ekel) ***Catherine Deneuve*** über dieselbe schmiedeeiserne Hängebrücke wandeln, so apathisch, dass sie einen Autounfall nicht wahrnimmt.

Grusel im Gotteshaus

Von der fotogenen Brücke führt ein Fußweg in Fulham die Themse entlang bis zum Bishop's Park. Der idyllischen Umgebung ist nicht anzusehen, dass sie den Hintergrund für Schlüsselszenen eines Schockers bot, der bis heute Gänsehaut-Garantie hat: **The Omen** (Das Omen, 1976). Wo die Themse sich krümmt, steht die Parkbank, auf der ***Gregory Peck*** sich von einem Priester informieren lässt, dass sein Kind der Sohn des Teufels ist. Daraufhin flieht der Geistliche während eines übernatürlichen Sturms zur „All Saints' Church". Er findet an der Pforte ein jähes Ende, als ein Blitz den Fahnenmast vom Dach trennt, der den Ärmsten durchbohrt. Hier wurde in diesem Film geografisch nicht geschummelt, die von uralten Grabsteinen umgebene Kirche steht tatsächlich im Park. Das Gotteshaus hat mehr als eine geistliche Funktion: während des Weltkriegs war hier eine Radar-Station eingerichtet, anschließend wurde es als Aufnahmestudio genutzt. Luciano Pavarotti zeichnete im Omen-Jahr von 1976 sein Hit-Album „O Holy Night" in der Kirche auf. Die Kirche, die der Satansbraten aufgrund seiner Verwandtschaft mit dem Leibhaftigen verständlicherweise nicht betreten will, ist die Guildford Cathedral, Stag Hill in Surrey.

← 1: Die Hammersmith Bridge: Drehort des Finales von „Night and the City" und Polańskis „Repulsion". 2: An dieser Stelle der Themse informiert der Priester Gregory Peck in „Das Omen", dass sein Kind der Sohn des Teufels ist. 3: Bei der „All Saint's Church" wird der Priester von einer übernatürlichen Macht gepfählt.

Psychopathische Mörder

Stanley Kubrick fand für seine verstörende Verfilmung der Dystopie **A Clockwork Orange** (Uhrwerk Orange, 1971) in Londons modernistischen Überbauungen in Thamesmead South die perfekte Umgebung. Am Binsey Walk spaziert die Hooligan-Gruppe auf der Suche nach der nächsten Gewaltorgie. Die Architektur des futuristisch wirkenden Blocks, in dem Alex (***Malcolm McDowell***) wohnt – das Filmplakat nennt ihn einen „jungen Mann, der sich für Vergewaltigung, Ultra-Gewalt und Beethoven interessiert" – ist auf den ersten Blick zu erkennen. Die Straßenunterführung, in der die Gang einen Landstreicher verprügelt, liegt an der Trinity Road, bei Wandsworth. „Uhrwerk Orange" wurde seinerzeit heftig von Kritikern und Publikum für seine Gewaltdarstellungen angegriffen. Schließlich zog Kubrick die Verleihrechte für England zurück.

Peeping Tom (Augen der Angst, 1960) erlebte zum Zeitpunkt seiner Uraufführung eine ähnliche Zurückweisung. ***Karlheinz Böhm*** wollte mit der Rolle des geistesgestörten Mörders die Schublade des Sissi-Märchenprinzen sprengen. Die Adresse des Voyeurs, der seine Opfer beim Sterben filmt, ist Melbury Road 8 in London. Noch Jahre später war Böhm erschüttert, wie ablehnend der Film aufgenommen wurde. „Ich stand mit Regisseur ***Michael Powell*** beim Kinoausgang", erzählte er dem Autor dieses Locationführers, „und die Premierenbesucher defilierten einer nach dem anderen an uns vorbei, ohne ein Wort zu sagen oder uns eines Blickes zu würdigen."

Blutsauger und Untote

1960 war dieser Slasher-Film seiner Zeit voraus. Gut 20 Jahre später nahm man den weit blutrünstigeren Schocker „An American Werewolf in London" (in deutschen Kinos einfach „American Werewolf", 1981) mit Wohlwollen auf. Regisseur ***John Landis*** gelang der Balanceakt, erstmals die Gewalt eines Horrorfilms mit Humor zu mischen. Der Werwolf zieht bei seiner Krankenschwester in die Coleherne Road 64 ein.

Aber eigentlich gehören Werwölfe in die Hammer-Studios: ein Name, der die Freunde des gotischen Grusels aufhorchen lässt. Die klassischen englischen Horrorstreifen um die Monster Dracula oder Frankenstein waren Ende der 1950er-Jahre sozusagen eine Frischzellenkur fürs alte Genre. Während die meisten Hammer-Filme in den Elstree-Studios entstanden, ist den Wenigsten bekannt, dass die ersten Gehversuche in der Ortschaft Bray gemacht wurden, im Herrenhaus am Down Place. ***Peter Cushing***, ein vertrautes Gesicht dieser Streifen, erinnerte sich an das ungewöhnliche Filmatelier: „Im allerersten Film, den wir dort machten, gab es eine Schlafzimmerszene. Wir gingen einfach nach oben und benutzten das echte Schlafzimmer. Für die Esszimmer-Szene gingen wir nach unten – ins Esszimmer." Gleich neben dem Herrenhaus steht das 1859 errichtete viktorianische Anwesen „Oakley Court", dem die Hammer-Filme viel von ihrer schaurigen Atmosphäre verdanken.

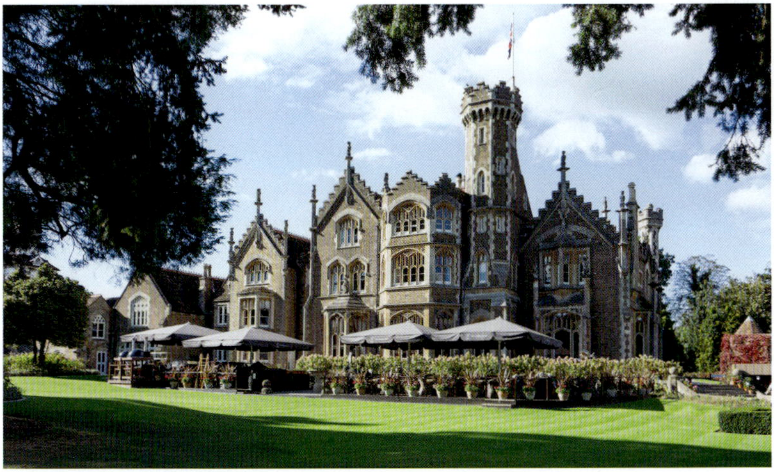

Mit viktorianischer Architektur und historischem Charme prädestiniert als Schauplatz gotischen Horrors: Oakely Court. ↑

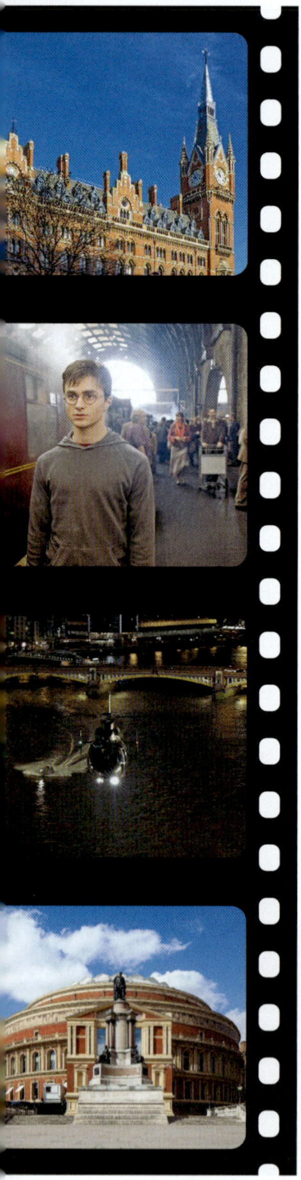

„Ladykillers"

Einer großen Anhängerschaft erfreut sich die schwarze Komödie **The Ladykillers** (1955), in der ***Alec Guinness***, ***Peter Sellers*** und ihre Komplizen eine ältliche Lady umbringen wollen und sich stattdessen selbst dezimieren. Das Haus der resoluten Seniorin wurde für den Film in London am Ende der Frederica Street, an der Kreuzung zur Caledonian Road, aufgebaut. Die Stelle ist nach mehreren Umgestaltungen kaum noch zu erkennen. Einfach zu finden ist dagegen die gleich dahinter durchführende Bahnlinie: von der Brücke über dem Copenhagen Tunnel entledigten sich die Ganoven ihrer toten Kollegen, wenn wieder ein Versuch, die Lady zu ermorden, zum Tod eines Gangmitglieds führte. Der Raubüberfall in diesem Meisterstreich des britischen Kinos fand an der Cheney Road statt. Das Quartier gleich hinter der King's Cross Station ist ein klassischer Filmdrehort. Hier ließ Regisseur Richard Attenborough 1992 in mehrmonatiger Arbeit das Set für die Filmbiografie „Chaplin" entstehen. Im komplett nachgebauten Straßenzug inszenierte er Charlies schwere Kindheit im Armenviertel Lambeth. Zu sehen sind die alten Gasometer hinter der Bahnstation.

↑ 1: „Ladykillers" gingen hinter King's Cross um. 2: Der Zug nach Hogwarts fährt ab King's Cross. 3: Immer wieder gern gefilmt, wie hier in „James Bond 007: Spectre": Westminster Bridge. 4: Das Hitchcock-Finale findet in der Royal Albert Hall statt.

Mit dem Kopf durch die Wand

Heute wird der King's Cross freilich wegen eines ganz anderen Films von Kino-Pilgern besucht: Der restaurierte Bahnhof aus dem Jahr 1852 ist eine geweihte Stätte der „Harry Potter"-Fans – sie suchen nach dem nicht existierenden Gleis 9 ¾, von wo aus der Hogwarts Express losdampfen sollte. Was sie vorfinden, ist ein gut sortierter Harry-Potter-Shop, der ihnen das Geld aus den Taschen zaubert. Um Fans nicht zu sehr enttäuschen, wurde mittlerweile zwischen den echten Gleisen 9, 10 und 11 die Plakette für die „Plattform 9 ¾" angebracht, an der man sich gegen Geld fotografieren lassen kann.

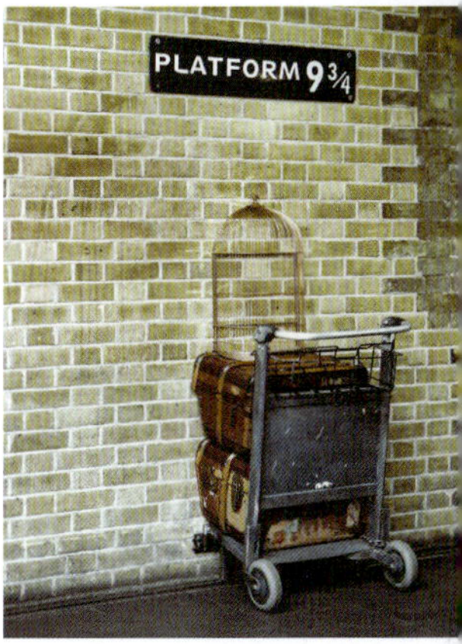

Auf Plattform 9 ¾ am Bahnhof King's Cross ist alles möglich. ↑

Gangster lieben große Auftritte

Der größenwahnsinnigste Gangster, den das britische Kino hervorgebracht hat, ist zweifellos Ernst Stavro Blofeld. In **Spectre**, der 007-Episode von 2015, findet die finale Konfrontation der ewigen Gegenspieler auf der Westminster Bridge statt. In seiner Inkarnation als *Christoph Waltz* kriecht Blofeld, nachdem sein Hubschrauber auf der Brücke gecrasht ist, vor dem rachsüchtigen Agenten davon. Die berühmte Brücke mit ihren sieben Bögen aus Schmiedeeisen bot außerdem im Zombiefilm **28 Days Later** im Jahr 2002 einen unheimlichen Endzeit-Anblick: der sonst so stark befahrene Themse-Übergang war erstmals menschenleer.

In seinem eigenen Remake von **The Man Who Knew Too Much** (Der Mann, der zuviel wusste) platzierte Alfred Hitchcock

1956 seine Bösewichte in der Royal Albert Hall. Die Veranstaltungshalle am Kensington Park ist bekannt für ihre Konzerte. In dieser Aufführung geht es allerdings um Leben und Tod, und nur der Warnschrei von ***Doris Day*** kann ein Attentat verhindern. Der Dirigent des Orchesters in dieser Sequenz ist übrigens – ein Insider-Gag – Hitchcocks Hauskomponist ***Bernard Herrmann***.

Halbseidene Gangster mit einem Hang zum Dramatischen sind in London gut aufgehoben. ***Stewart Granger***, der als aristokratischer Geschäftemacher in **The Wild Geese** (Die Wildgänse kommen), dem weltweiten Erfolg von 1978, ohne mit der Wimper zu zucken seinen Söldnertrupp verheizt, lebt im eleganten „Seaford House", 37 Belgrave Square. Dagegen ist ***David Niven*** ein Super-Verbrecher mit Herz. Als „Superhirn" (**Le Cerveau**, 1969) verrät er sich, weil sein Kopf durch die Last des schweren Verbrechergehirns zu Seite kippt. Weshalb Niven vor der Polizei durch die Carnaby Street flüchtet. Diese Aufnahmen erlauben den nostalgischen Blick auf die bekannte Einkaufsstraße während der Swinging Sixties.

Mit Sophia in der Dusche

Noch ein Verbrecher, der seine bösen Absichten hinter aristokratischem Auftreten verbirgt, ist der Gegenspieler von Gregory Peck und ***Sophia Loren*** im alterslosen **Arabesque** (Arabeske, 1966). Als stilbewusster Gangster lebte er in Carlton Gardens 2. Sophia Loren bezeichnete den Plot des flotten Thrillers als „für jeden zu kompliziert, als dass man ihn hätte verstehen können", aber sie „hatte Spaß mit Christian Diors Kostümen." Kein Wunder: Ihre Garderobe kostete die Kleinigkeit von 100.000 Dollar. Diese trug sie nur in einer Szene nicht: als Peck zur nackten Diva unter die Dusche steigt. Vor der Aufnahme beruhigte er die Kollegin, dass es kein Grund gebe, peinlich berührt zu sein. Loren ließ ihren Bademantel fallen:

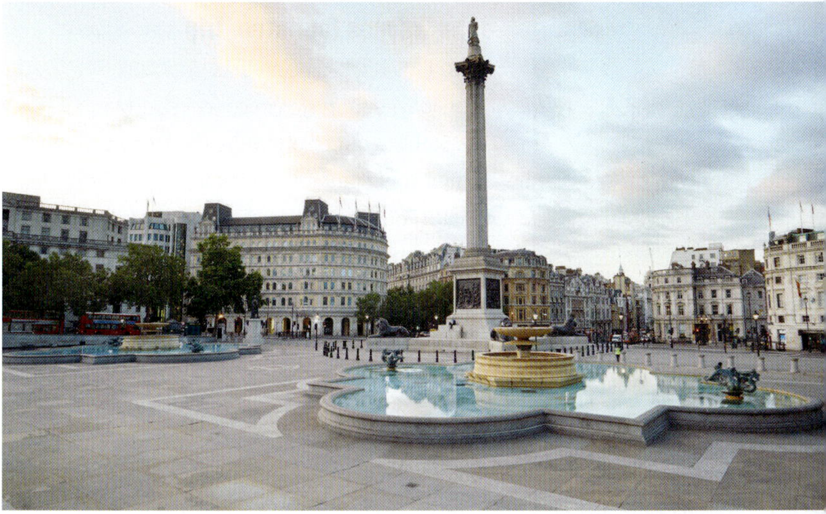

Trafalgar Square: 2017 tauchte „Wonder Woman" an Londons zentralem Treffpunkt auf. ↑

„Warum denkst Du, sollte ich peinlich berührt sein?" Gefragt, wie denn die Aussicht auf den nackigen Star war, schnaubte Peck: „Spektakulär!" ***Alan Ladd*** hatte sich weniger beeindruckt gezeigt: „Als ob man mit Wassermelonen bombardiert würde!" Das letzte Wort in dieser Sache hat Sophia: „Alles, was Ihr sehen könnt, verdanke ich Spaghetti."

Von der Dusche flieht das Star-Gespann über den Trafalgar Square – dazu wurde die Kamera auf dem Nelson-Denkmal platziert. Der Platz galt schon im Mittelalter als Londons zentraler Treffpunkt und ist in unzähligen Filmen zu sehen. Unter anderem beginnt hier 1973 ***Paul Newmans*** Abenteuer in **The MacKintosh Man** (Der Mackintosh-Mann), aber auch das von **Wonder Woman** (2017) findet hier seinen Anfang. Die Suche nach dem Schauplatz des explosiven „Arabesque"-Finales kann man sich sparen: Das Crumlin Viaduct in Caerphilly existiert nicht mehr.

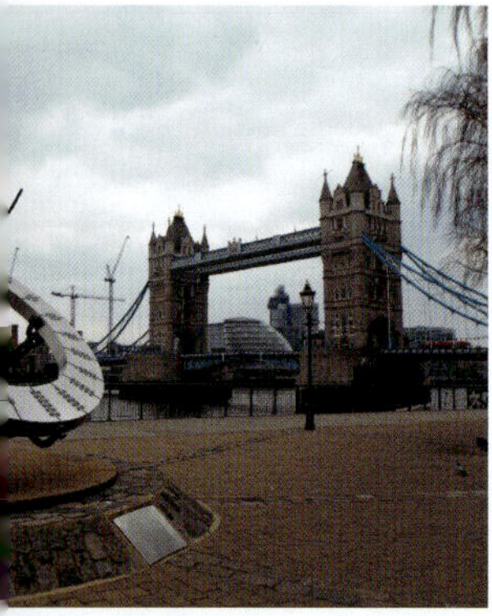

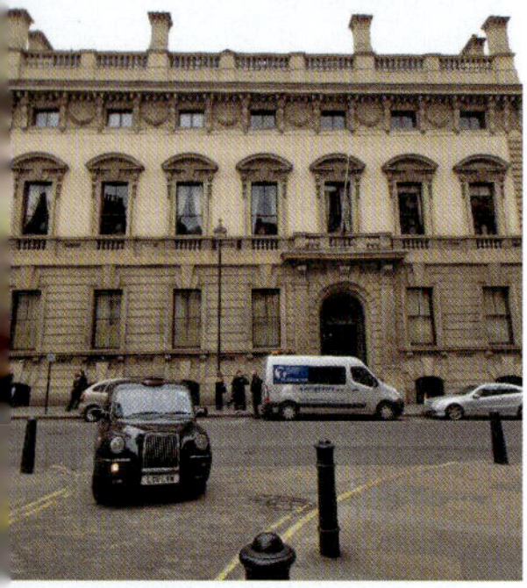

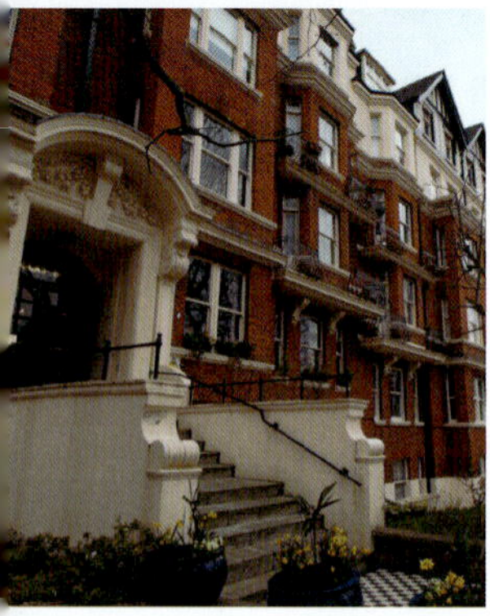

John Waynes Touristen-Trip

John Wayne führt sich in London als „Mann aus Stahl" – so der unnötige deutsche Untertitel von „Brannigan" – zwar wie ein Elefant im Porzellanladen auf, aber dafür führte seine Verbrecherjagd 1974 über die sehenswertesten Hotspots. Damals gehörte es zum guten Ton, Action-Höhepunkte, und sei das noch so unglaubwürdig, an den Wahrzeichen festzumachen. Brannigan springt mit seinem Auto (das er zuvor am Prince of Wales Drive, Battersea, konfisziert hat) über die aufgeklappte Fahrbahn der Tower Bridge. Ein Muss für den London-Touristen ist der Piccadilly Circus, der so selten auf der Leinwand erscheint, weil man die Stilllegung des Verkehrs schwer genehmigt bekommt. „Brannigan" war genau das erlaubt, und so konnte für eine einfallsreiche Sequenz vor der Regent Street ein falscher Briefkasten aufgestellt werden, den Wayne per Kran entfernen lässt. Eine seltene Ausnahme wurde am Piccadilly auch für den „American Werewolf" gemacht: Der Verkehrsknotenpunkt wurde nachts abgesperrt, damit 19 Autos ineinander prallen können, während das Untier mit blutiger Schnauze umgeht.

Eine Kampfpause legt John Wayne in Soho im damals angesagten „Terrazza" an

↑ 1: Die Sonnenuhr am Themseufer: Hier parkte Roger Moore unvorschriftsmäßig.
2: Im Garrick Club waren Cary Grant und Ingrid Bergman „Indiscreet".
3: In Little Venice wohnte John Wayne an derselben Straße wie Jamie Lee Curties.

der Dean Street 50 ein, woraus das italienische Restaurant Lupo wurde – das nach mehreren Besitzerwechseln heute das französische Restaurant „La Relais de Venise l'Entrecôte" ist. Englische Sitten bringt Richard Attenborough dem „Duke" John Wayne im vornehmen „Garrick Club" bei, an der gleichnamigen Straße Nr. 15. Charles Dickens war dort Mitglied, Gentlemen only. Weil im echten Scotland Yard Kameras nicht gern gesehen sind, wurde Attenboroughs Büro kurzerhand im St. Thomas Hospital eingerichtet, was sich durch den Blick aus dem Fenster verrät: die Westminster Bridge ist zu sehen. Der Polizeifilm leistet sich einen weiteren Scherz auf Kosten der Geografie: Wenn ein auf Wayne angesetzter Killer ein Loch in die Wand der Wohnung am Prince of Wales Drive sprengt (61–80 York Mansions), ist durch das entstandene Loch das Albert Memorial zu sehen – das weit entfernt im Kensington Garten steht (und von Gregory Peck 1954 in **The Million Pound Note** (Sein größter Bluff) besichtigt wird). Darauf zieht Wayne nach „Little Venice": ins Douglas House, 6 Maida Avenue. Effizient für Location-Hunter: an derselben Straße liegt das Aubrey House, wo ***Jamie Lee Curtis*** in **A Fish Called Wanda** (Ein Fisch namens Wanda) wohnt. In der Gaunerkomödie, die 1988 ein weltweiter Kassenerfolg war, wird die Beute aus dem Juwelenraub in einer Garage unter der Eisenbahnbrücke am Culvert Place, der Kreuzung an der Culvert Road, versteckt. ***John Cleeses*** Liebesnest liegt an der New Concordia Wharf (wo sie sich mit der Mill Street kreuzt). Die Aufnahme, in der er als Nebenbuhler vom eifersüchtigen ***Kevin Kline*** aus dem Fenster gehängt wird, gelang um die Ecke an der Reed's Wharf (bei den Mill Stairs).

Die besten Hotels

Für John Wayne endet „Brannigan" da, wo für Roger Moore der Einsatz in „The Wild Geese" beginnt: beim Tower Hotel (am St. Katherine's Way), dessen Architektur in den 1970er-Jahren als modern galt, seither aber mehrfach zu Londons „zweithässlichstem Gebäude" gewählt wurde. Dass Londons Gangster-Elite ihrerseits nur in den schönsten Hotels absteigt, suggeriert „Brannigan" gleich zu Anfang: der Unterwelt-Boss logiert im vornehmen „Dorchester". Das 5-Sterne-Hotel am Hyde Park hat eine lange Verbindung mit Filmstars. Interviews zu aktuellen Kinostarts finden nicht selten in diesen Suiten statt. Liz Taylor und Richard Burton verbrachten gleich die ganzen Flitterwochen in der „Oliver Messel Suite". Und Berühmtheiten wie Peter Sellers blieben nicht nur über Nacht, sondern mieteten sich über Monate ein, betrachteten das „Dorchester" quasi als offiziellen Wohnsitz. Als gewöhnlicher Besucher darf man durchaus einen Kaffee in der Lobby einnehmen (die Biscuits, die dazu gereicht werden, sind ausgezeichnet). In dieser marmornen Empfangshalle castete kein Geringerer als David Lean 1940 seinen Film **Major Barbara**.

Nicht weniger renommiert ist das „Savoy" (an der Strand-Straße, beim Covent Garden), wo Hugh Grant 1999 am Ende von „Notting Hill" endlich Julia Roberts seine Liebe erklärt. Einer noch eher unbekannten Herberge in Amersham, ein nordwestlich von London gelegener Ort, hat Hugh Grant 1994 zu unerwartetem Weltruhm verholfen: In der beliebten Komödie **Four Weddings and a Funeral** (Vier Hochzeiten und ein Todesfall) verbringt er im „Crown Hotel" an der High Street 16 eine stürmische Nacht mit ***Andie MacDowell***. Ihr Zimmer wird regelmäßig von romantischen Pärchen gebucht. Vorsicht: im Film heißt die Bleibe „King's Arms", das ebenfalls in Amersham zu finden ist und lediglich für die Außenaufnahme genutzt wurde.

Eine gute Adresse für Golfer ist der Stoke Poges Golf Club, an der Park Road im Stoke Park in Buckinghamshire. Warum auch Nicht-Golfer sich an den Löchern 16, 17 und 18 herumtreiben, hat einen einfachen Grund: hier spielten 1963 „Goldfinger" ***Gert Fröbe*** und 007 Sean Connery ihre aufregende Partie. Im Club ist die „Bond-Bar" zu finden, in der auch Nicht-Mitglieder Einlass erhalten. Der Stoke Park ist für Bondianer noch aus einem weiteren Grund interessant: Nur einige Schritte vom Golfplatz entfernt, in der Friedhofanlage der St. Giles Kirche, liegt Bonds Frau begraben. Natürlich nur im Film. In der Pre-Title-Sequenz von „For Your Eyes Only" legt Roger Moore Blumen auf dem Grab von „Teresa Bond" nieder. Heiterer gings auf dem Teich des Parks zu: Im Ruderboot alberte ***Renée Zellweger*** 2001 in ihrer Paraderolle als „Bridget Jones" mit, jawohl, schon wieder, Hugh Grant herum. Unsere Heldin des Alltags wohnt in **Bridget Jones's Diary** (Bridget Jones – Schokolade zum Frühstück) übrigens in London an der Bedale Street.

REISETIPPS

Wer glaubt, ein Auge zutun zu können, wo Dracula und andere Untote herumgeisterten, der sollte sich an „The Oakley Court" bei Bray wenden. Das oben erwähnte Landhaus in Themsennähe ist heute ein Luxushotel und diente zahlreichen Horrorfilmen der Marke „Hammer" als Location. Der letzte Film des Studios, der 1967 hier entstand, bevor das Studio nach Elstree umzog, war The Mummy's Shroud (Der Fluch der Mumie). Zusätzliche Filmprominenz erlangte „Oakley Court" 1975: als Schloss von Frank N. Furter in The Rocky Horror Picture Show.

Der London Zoo im Regent's Park verbindet ideal die Liebe zu Tieren mit der Liebe für Kinoschauplätze: Im Reptilienhaus entdeckt Harry Potter in der Folge um den „Philosopher's Stone" (Harry Potter und der Stein der Weisen, 1997) erstmals seine Gabe, mit Schlangen zu sprechen. Zu den wilden Tieren fühlt sich auch der „American Werewolf" hingezogen, der nach einer Mordnacht im Wolfsgehege aufwacht. Und in „Arabesque" endet eine Verfolgungsjagd für Gregory Pecks Gegner im großen Zoo-Aquarium.

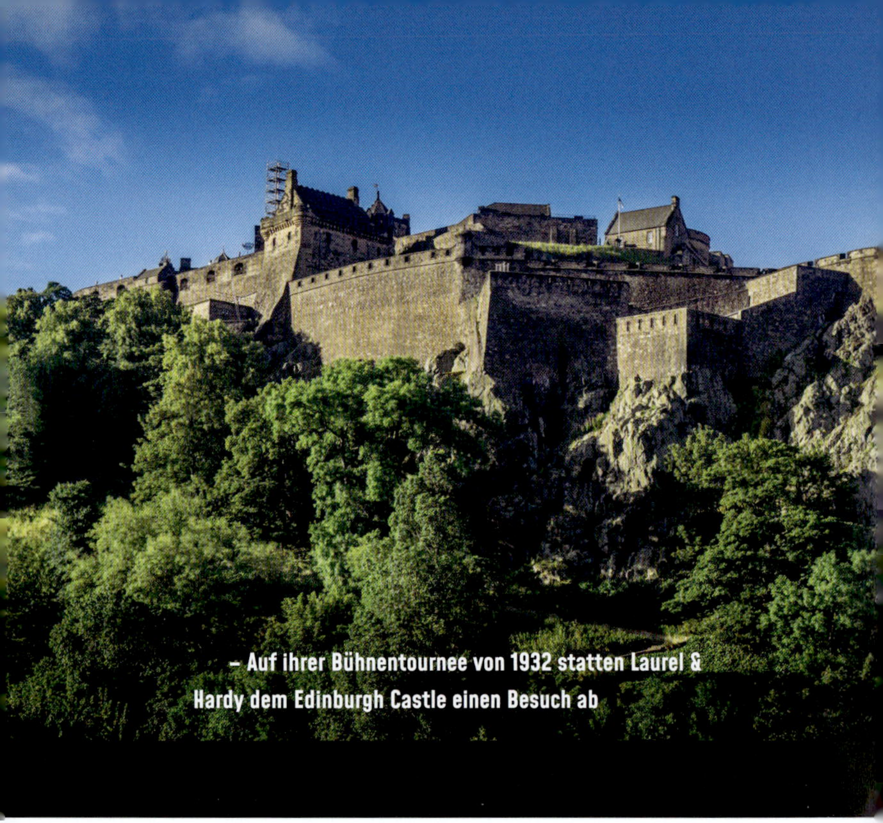

– Auf ihrer Bühnentournee von 1932 statten Laurel & Hardy dem Edinburgh Castle einen Besuch ab

Schottland

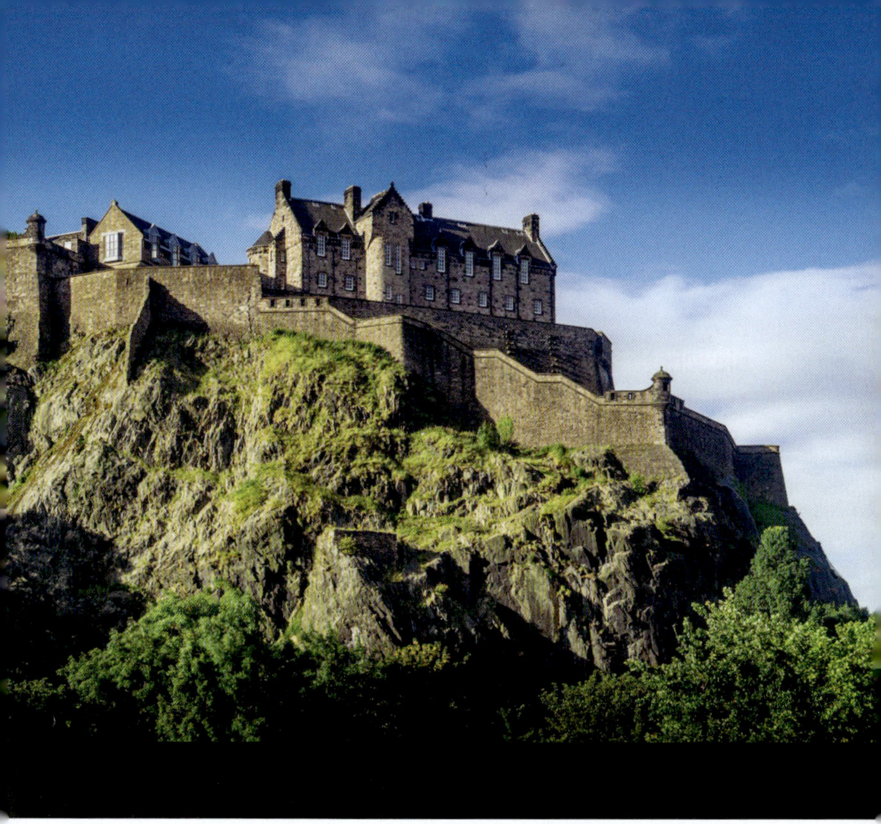

10

Die mystischen Highlands sind der Geburtsort schottischer Legenden wie Loch Ness und Rob Roy. Selbst Sherlock Holmes ermittelte in den Mooren des Hochlands. Mit der filmischen Verehrung des Nationalhelden ließ Mel Gibson in Schottland nicht nur Ströme von Filmblut fließen, sondern auch wahre Touristenströme.

Die schottischen Helden leben in den Highlands

„Braveheart"

Brigadoon ist die Fabel um den gleichnamigen schottischen Ort, der sich nur alle 100 Jahre für einen Tag zeigt. 1954 suchte *Vincente Minnelli* die ganze britische Insel nach einer geeigneten Stelle für die Verfilmung des Märchens ab – und entschloss sich dann, den märchenhaften Ort in Hollywood aufzubauen. Tatsächlich war das Land der Schotten trotz seiner atemberaubenden Landschaften selten als möglicher Filmdrehort aufgefallen. Erst als *Mel Gibson* seine Filmschlacht für Schottland schlug, revitalisierte er 1995 mit Braveheart nicht nur den Fremdenverkehr im Westen der britischen Insel, sondern die Liebe zur schottischen Unabhängigkeit gleich dazu. Sein Epos um Freiheitskämpfer William Wallace gewann fünf Oscars und sorgte für wahre Touristenströme.

Sinnigerweise wurde die Idee zur Hollywood-Produktion in Schottland ausgebrütet. Drehbuchautor *Randall Wallace* stieß im Urlaub in Edinburgh eher zufällig auf die Legende um den schottischen Nationalhelden – seinen Namensvetter – in welchem er das Potential für ein groß angelegtes Schlachtenepos erkannte. Dabei erinnerte das 67 Meter hohe „Wallace Monument" bei Stirling (GPS N 56.138767, W 3.917993) immerhin schon seit 500 Jahren an seinen Sieg über die englische Armee (im vierkantigen

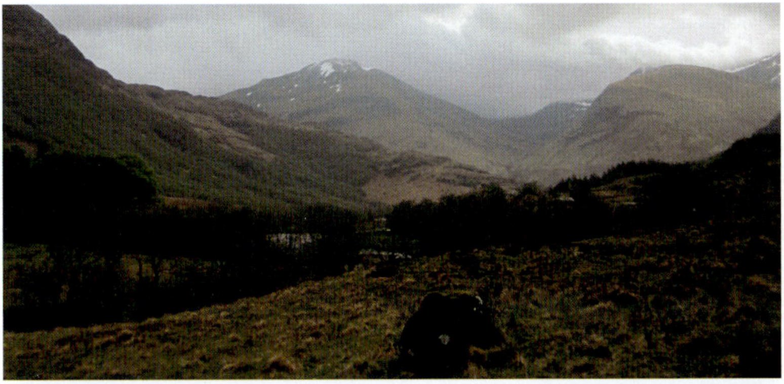

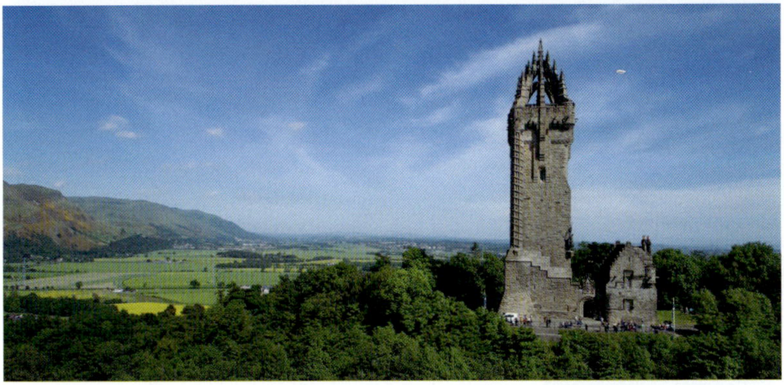

Turm ist sein Breitschwert ausgestellt, das Vorbild für die Waffe im Film). Die Nachfahren von Wallace leben in Glasgow. Der Clan stand Mel Gibson unterstützend zur Seite, der nicht nur die Hauptrolle, sondern auch die Regie übernahm. Dass die Schlacht bei Stirling und die meisten der Burg-Szenen aus finanziellen Gründen in Irland gedreht wurden, tat der Freude der Schotten keinen Abbruch, als am 6. Juni 1994 am Fuß des Ben Nevis, dem mit 1343 Metern höchsten britischen Berg, die Kameras warmliefen. Hier war in sieben Wochen Bauzeit im Glen Nevis das Dorf Lanark entstanden, in dem der künftige Kämpfer seine wenigen unbe-

1: In der schroffen Bergregion um Ben Nevis sind mehrere Braveheart-Drehorte auch ohne Schilder zu finden. 2: Das Wallace Monument ragt 67 Meter in den Himmel – zur Erinnerung an das schottische Schlachtenglück bei Stirling. ↑

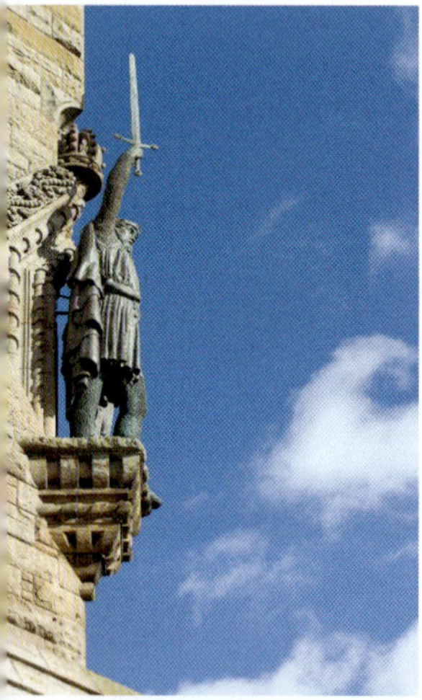

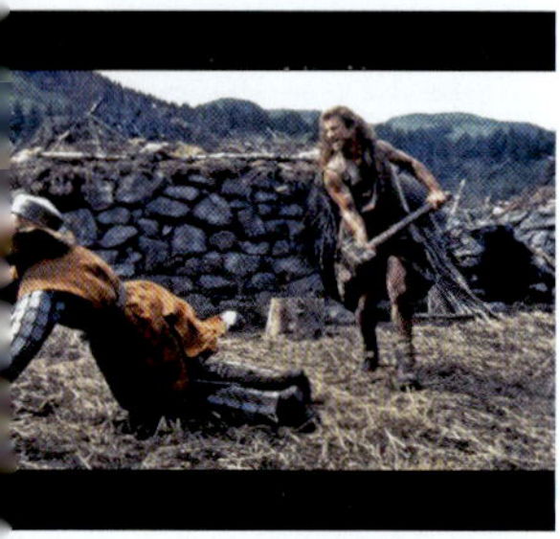

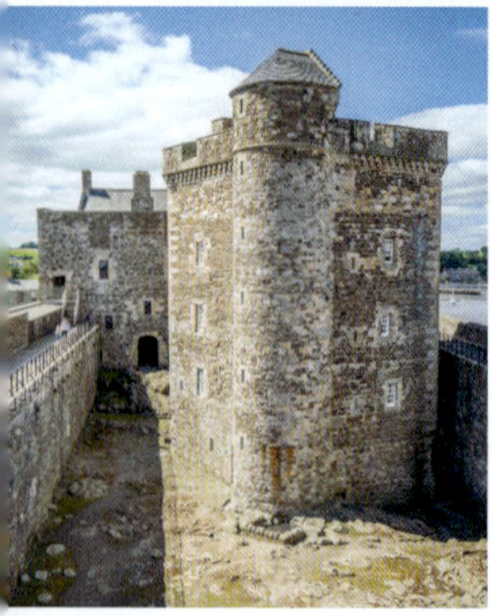

schwerten Kindheitstage verbringt. Für den Materialtransport war an der Straße ein Platz freigeräumt worden, den man heute den „Braveheart-Parkplatz" nennt. Wo die C1162 von Fort William ihren höchsten Punkt erreicht und sich unterhalb der River Nevis schlängelt, stand das Palisadenfort, von dem aus die Engländer über das Dorf herrschen. Ein Stück flussaufwärts stand die Hütte, in der der junge William Wallace lebt. Die einfachen Behausungen, nach dem Gipsabdruck von Originalmauern auf der schottischen Inselgruppe St. Kilda nachgebildet, hielten den kritischen Blicken von Historikern stand. Auf den Dächern mit Erdbeschichtung war Gras ausgesät, das pünktlich zum Drehbeginn spross. Wer trockenen Fußes auf die andere Flussseite gelangen will, wo Gibson die berührenden Beerdigungsszenen inszenierte, muss die Brücke schon auf Höhe der Jugendherberge, dem „Glen Nevis Youth Hostel", überqueren. Von hier führt ein Pfad zu einer uralten unbenannten Beerdigungsstätte. Glen Nevis machte seinem Ruf als „Regenloch Europas" alle Ehre: Die einzigen drei Tage, an denen es während der sechswöchigen Drehzeit nicht regnete, waren für die romantische Hochzeit von Wallace und Murron reserviert. Auf der Isle of Islay stellte Gordon Covell, nach einer Webmethode

↑ 1: Steinernes Vorbild für Mel Gibson an der Außenseite des Wallace Monuments.
2: Mel Gibson schlägt im Glen Nevis zu.
3: Sein oder Nichtsein: Im Blackness Castle gab Gibson den Hamlet.

aus Zeiten von William Wallace, die benötigten Kilts her – derselbe traditionelle Weber kleidet auch Prinz Charles ein. Für „Braveheart" wurden 3000 Meter Wollstoffe verwoben. Für Komplettisten sei erwähnt, dass es Mel Gibson schon 1990 nach Schottland verschlug: In den schottischen Schlössern Blackness Castle (Innen- und Außenaufnahmen, in der Nähe des Orts Blackness) und Dunnottar Castle (vor allem Außenaufnahmen, bei Stonehaven) gab er die bekannteste aller Shakespeare-Figuren, den **Hamlet**.

• Dunnottar Castle •

Stonehaven, Aberdeenshire, AB39 2TL

www.dunnottarcastle.co.uk

kostenlose Smartphone App

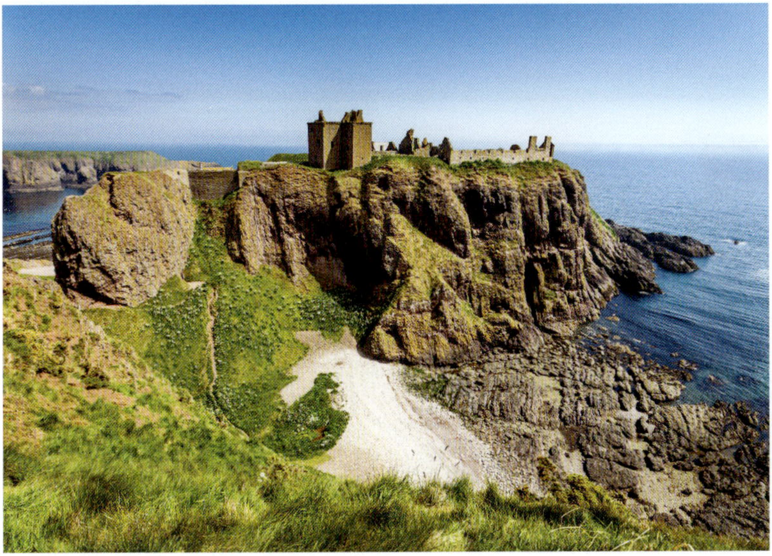

„Highlander"

Im Jahr 1986 waren die schroffen Highlands Namensgeber eines Fantasyfilms, der mehrere Nachfolger und eine TV-Serie nach sich ziehen sollte: Der Kult um **Highlander** beginnt beim Eilean Donan Castle, dem Schloss bei Dornie, das in den westlichen Highlands am Loch Duich liegt, direkt an der A87. Von hier aus reitet ***Christopher Lambert*** über die bekannte Steinbrücke in die Unsterblich-

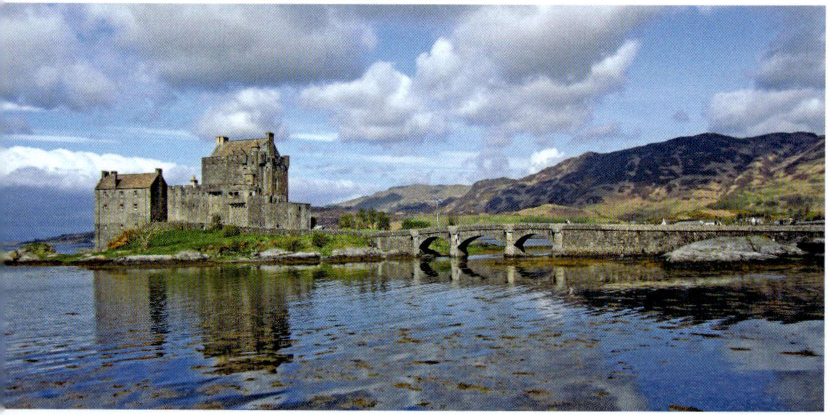

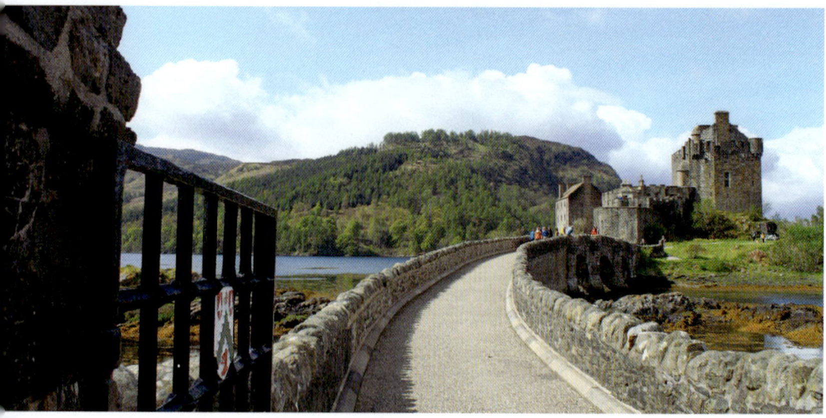

↑ Eilean Donan Castle, der romantische Zufluchtsort von Highlandern ebenso wie von Outlandern.

keit. Da es sich um das vielleicht meistfotografierte Schloss der Welt handelt, war es nicht unbedingt eine clevere Wahl des britischen Geheimdienstes, es im 007-Film **The World Is Not Enough** zum Hauptsitz des MI-6 zu erheben. Aber Eilean Donan Castle ist Filmkameras gewohnt. Schon für **The Master of Ballantrae** (Der Freibeuter, 1953) diente der Stammsitz des Macrae-Clans als Filmkulisse (die Außenaufnahmen wurden mit Doubles gedreht, *Errol Flynn* blieb daheim in Hollywood).

Christopher Lambert hatte seinen charismatischen Silberblick schon bei früherer Gelegenheit auf Schottlands Burgen geworfen. Als **Greystoke** (Die Legende von Tarzan, Herr der Affen; 1984) hatte er bereits zwei Jahre davor Bekanntschaft mit dem Floors Castle in Kelso gemacht, dem Anwesen des Dukes of Roxburghe.

Eher weniger gut zugänglich sind die Anhöhen in den Black Cuillin Bergen auf der Isle of Skye, auf denen *Sean Connery*, als unsterblicher Ramirez, seinem Schützling Christopher Lambert den Schwertkampf beibringt. Es hat einen Grund, dass die Darsteller in diesen Aufnahmen von hinten zu sehen sind: es sind Doubles, die per Helikopter auf die Gipfel Sron Na Ciche geflogen wurden.

Die Schlacht am Filmanfang, in der der Highlander seine Unsterblichkeit erlangt, fand am östlichen Ende des Glen Coe an der A82 statt, zwischen dem Buachaille Etive Mòr und seinem Nachbarberg, dem Buachaille Etive Beag (GPS N 56.385029, W 4. 535207) statt. Ihre pyramidenhafte Form wird von jedem Hobbyfotografen gewertschätzt. Durch diese Moorlandschaft stapfen auch die drei prähistorischen Helden von **Quest for Fire** (Am Anfang war das Feuer, 1981) in der Szene, in der die Urmenschen sich auf einen Baum flüchten. Dass in der Schlusseinstellung von „Highlander" ein Kampfjet durch den Himmel über Buchaille Etive Mòr zischt, war nicht so schwierig zu bewerkstelligen: Glen Coe ist ein Übungsgelände der Royal Air Force.

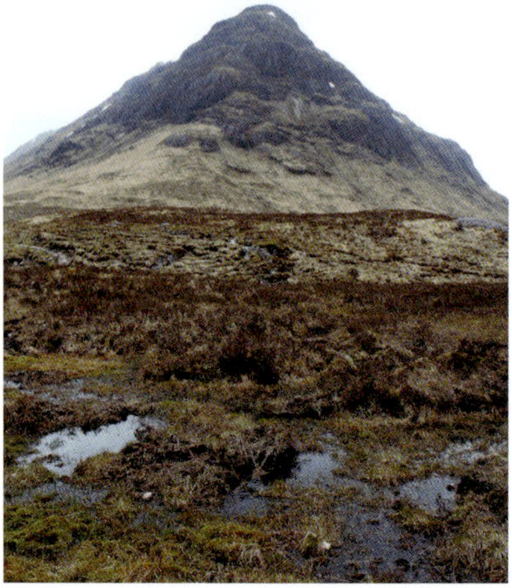

↑ Am unübersehbaren Buachaille Etive Mor ...

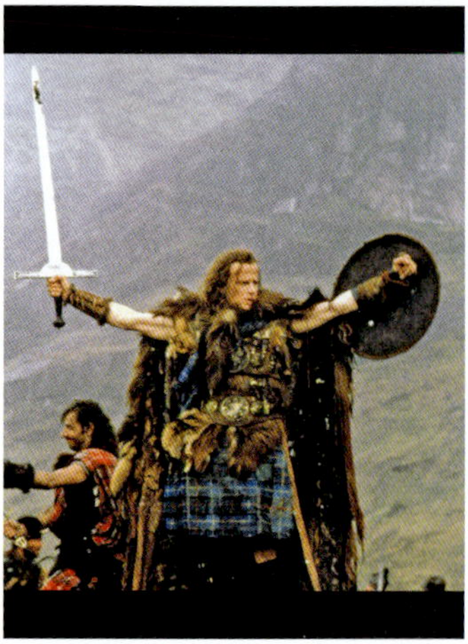

↑ ... findet der Highlander seine Unsterblichkeit.

Eine der wichtigsten Pilgerstätten für die Fans des „Highlander" und für Schottland als Filmdrehort überhaupt ist eine Erhebung, ein Aussichtspunkt auf die Three Sisters of Glen Coe, der „The Study" genannt wird, weil Queen Victoria sich einst hier niederließ, um die Bergkette zu „studieren". Hier hatte sich im Film auch der unsterbliche MacLeod niedergelassen. Den Filmleuten war untersagt, den Steinhaufen, der der Königin als Sitzplatz gedient hatte, wegzubewegen. Nur der untere Teil des Highlander-Turms, der direkt daneben steht, war real gebaut, der obere Teil wurde am Computer hinzugefügt. In der Filmhandlung wirkt dieses einsame Plateau, als wäre unser Eremit fern menschlicher Ansiedelungen – tatsächlich liegt „The Study" jedoch unmittelbar an der alten Bergstraße, die sich durch den Glen zieht. Die Stelle war erstmals 1948 im Historiendrama **Bonnie Prince Charlie** mit *David Niven* zu sehen. Und 1995 sollte über denselben Pfad Schottlands beliebtester Outlaw geschleift werden: Rob Roy.

„Rob Roy“

Der Bandit aus dem schottischen Hochland ist den Seiten des Abenteuerromans von Sir Walter Scott schon einmal entsprungen: Für den Disney-Film von 1953 **Rob Roy, the Highland Rogue** (Der königliche Rebell) schlüpfte kein Geringerer als ***Richard Todd*** in den Kilt (der zuvor schon Disneys Robin Hood war). Dieser Familienfilm entstand unter anderem in der Trossachs-Region bei Stirling. Die Version von 1995 sparte weder Mühen noch Kosten, vollen Nutzen aus der rauen schottischen Landschaft zu ziehen. Schon zu Filmbeginn – Rob Roy erdolcht einen Mann auf einer schneebedeckten Anhöhe über „The Study“ – wird dem Zuschauer klar, in jener Zeit wurde kein Pardon gegeben. Gemeinsam mit seiner Frau, dargestellt von ***Jessica Lange***, lebt Robert Roy MacGregor (der stämmige ***Liam Neeson*** ist die Idealbesetzung) am Nordufer des Loch Morar. Das Haus war am dortigen Kiesstrand, auf einer Landzunge bei Bracorina, aufgebaut – bis heute sind nachlässig zurückgelassene Bruchstücke zu finden.

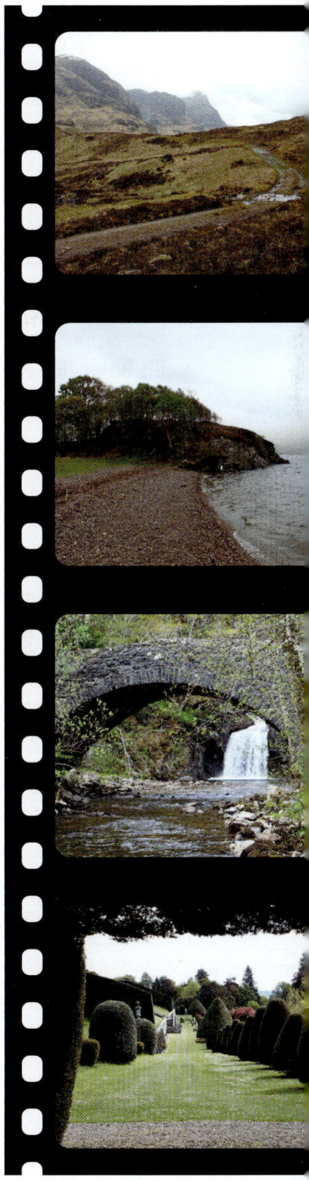

1: Bergweg zu „The Study“, vor dem Hintergrund der Three Sisters. 2: Rob Roy besaß eine Immobilie am Loch Morar. 3: An der Brücke am Caig Wasserfall hatte Liam Neeson einen Durchhänger. 4: Ränkespiele von Tim Roth in den Gärten von Drummond Castle. →

Die Brücke von Eas Chia-aig, auch bekannt als Caig-Wasserfälle, die in den Loch Arkaig fließen, war Schauplatz von Rob Roys waghalsiger Flucht: Liam Neeson entkommt seinen Häschern durch den Sprung ins Wasser, um gleich darauf die Stromschnellen herunter getrieben zu werden (die eigentlich oberhalb der Brücke liegen). Drummond Castle, das Rob Roys Gegenspieler beherbergt, liegt an der A822 bei Muthill. Die Besichtigung der weitläufigen Gärten ist ihre Gebühr wert.

„Die Ritter der Kokosnuss"

Eine Parodie täte diesen heroischen Schwertkämpfern gut. Wie schön, dass es **Monty Python and the Holy Grail** (Die Ritter der Kokosnuss) gibt! Die satirische Umsetzung der englischen Artus-Legende durch die legendäre Komiker-Truppe wurde jedoch nicht wie zu erwarten in England, sondern 1975 fast ausschließlich in Schottland gedreht. „Wir sahen uns jedes Schloss in Großbritannien an", erinnerte sich *Terry Gilliam*, der gemeinsam mit *Terry Jones* Regie führte. Doch eine Woche vor Drehbeginn zogen die Behörden ihre Bewilligung für die ausgesuchten Burgen zurück. Die Absicht dieses Films stehe in krassem Gegensatz zur ehrenvollen Erhaltung dieser Kulturgüter. „Diese Festungen waren gebaut worden, um Menschen zu töten und zu foltern, und nun sollten wir daraus keine Komödie machen? Lächerlich!", befand Jones. Glücklicherweise fand sich Ersatz: das sich in Privatbesitz befindende Doune Castle an der A84 bei Stirling. Die Pythons machten aus der Not eine Tugend. Um die Illusion zu schaffen, dass die Gralsuche durch mehrere Schlösser führt, filmten sie Doune Castle von verschiedenen Seiten und aus anderen Winkeln. Heute gilt der Film als Komödien-Klassiker, aber er entstand wie eine „Guerilla-Produktion" (wenn die Filmemacher die notwendigen Bewilligungen nicht einholen), mit einem Budget, das kaum der Rede wert war. ***Michael Palin***: „Unser Produzent haute Touristen im Schloss an, ob sie nicht mitspielen wollten." Für eine Heizung fehlte das Geld. Palin: „In der Szene der großen Feier in der ungeheizten Halle zitterten 20 Frauen in ihren transparenten Nachthemden." ***John Cleese***: „Sobald wir abends fertig waren, begann das Rennen zum Hotel, denn es gab nur für 60 Prozent der Hotelgäste warmes Wasser." Die Pythons waren im Woodside Hotel an der Stirling Road in Doune untergebracht, später im Ballachulish Hotel (an der A828 in Glencoe). Zu den Drehorten fuhren sie im gemieteten Van. Michael Palin: „Kostümiert als Ritter fuhren wir in unserem Van über den Pass von Glen Coe. Die Touristen starrten uns nach, als würden sie sich gleich das Genick ausrenken." Heute profitiert Doune Castle weit über die schottischen Grenzen hinaus von

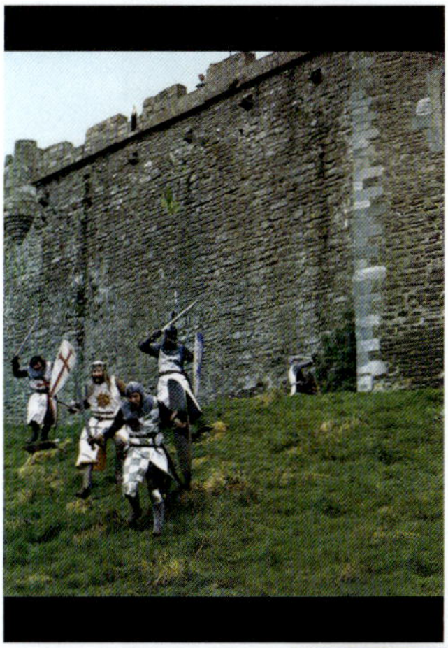

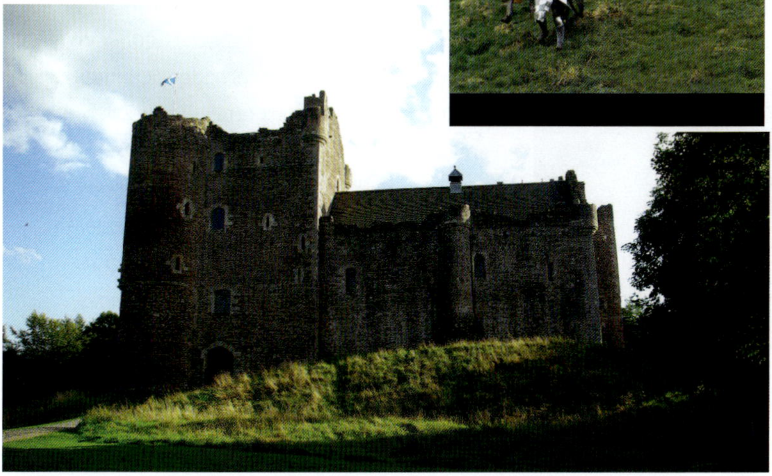

Die Anarchie von Monty Python verschuf Doune Castle nachhaltige Beliebtheit. ↑

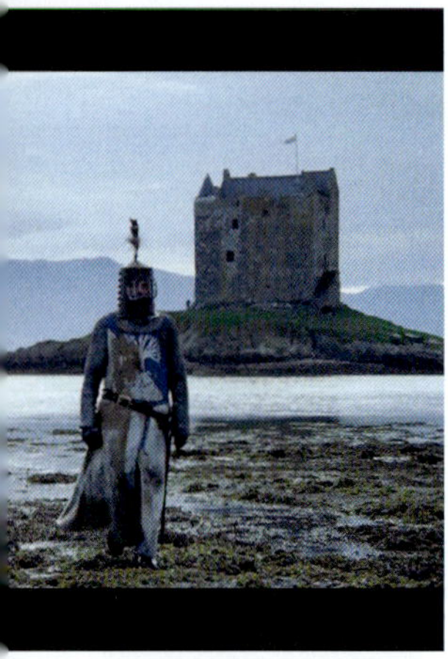

König Artus führt seine „Ritter der Kokosnuss" ...

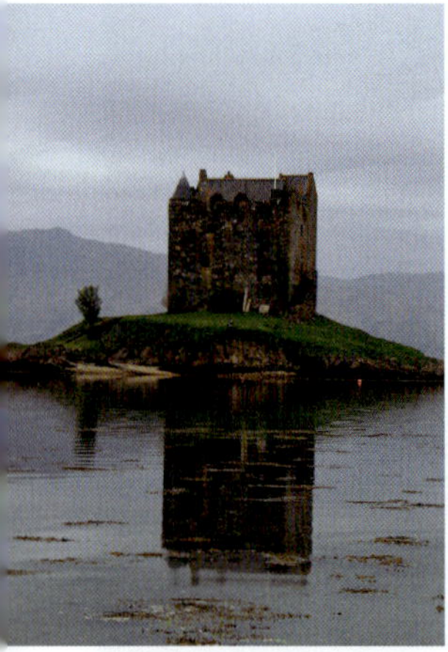

... zum Castle Stalker im Loch Linnhe.

seiner Film-Popularität. Besucher können eine von Terry Jones gesprochene Audio-Tour unternehmen. Ihre Filmtauglichkeit bewies die Burg erneut im Pilotfilm von **Game of Thrones**. Dort soll sie als „Burg Winterfell" ganze 8000 Jahre alt sein. Obwohl sie aus dem Spätmittelalter stammt. Bei der Seeburg, die im Monty Python-Film nur von außen zu sehen ist, handelt es sich um das beliebte Fotomotiv von Castle Stalker im Loch Linnhe.

Geländetraining für Geheimagenten

Schottlands mystische Highlands sind wie geschaffen für rätselhafte Spionagegeschichten. Im dünn besiedelten Hochland entreißen die Agenten ihren Gegenspielern deren Geheimnisse, bevor sie die Gegner in ein tückisches Moor führen oder sich ihrer in einem tiefen Gletschertal, einem Glen, entledigen.

Ein immerhin 2000 Jahre lang behütetes Geheimnis war der **Da Vinci Code**. In der sehnlichst erwarteten Verfilmung des „Sakrileg"-Bestsellers fahndeten 2006 ***Tom Hanks*** und ***Audrey Tautou*** in der Rosslyn Chapel nach dem Heiligen Gral. Als Dan Brown seinen ketzerischen Knüller schrieb, wusste er von vornherein, „das Finale müsste in der mysteriösesten und magischsten Kapelle auf Erden stattfinden: Rosslyn." Die sagenumwobene Krypta der 1456 erbauten Kirche im Dorf Roslin ist seit langem Ausgangspunkt für Verschwörungsfanatiker und Anhänger der Tempelritter-Legende (GPS N 55.5119, W 3.0937).

Auf geheimer Mission befanden sich auch die Männer des „Kampfgeschwaders 633": Im Kriegsfilm-Klassiker von 1964 sollte die **633 Squadron**, so der Originaltitel, Ziele in Norwegen angreifen. Ans Ziel kamen die Bombenschützen allerdings nie. Die Glens bei Lochgilphead und bei Loch Morar (GPS N 56.5700, W 5.4020) doubelten für die norwegischen Fjorde. Die waghalsigen Anflüge durch diese natürlichen Landschaftskorridore inspirierten *George Lucas* in **Star Wars** zu seinem Angriff auf den „Todesstern".

Der Mythos von Loch Ness war selbst für einen Meisterdetektiv wie Sherlock Holmes eine Nummer zu groß. Komödienregisseur *Billy Wilder* versuchte sich 1970 glücklos am melancholischen **Private Life of Sherlock Holmes** (Das Privatleben des Sherlock

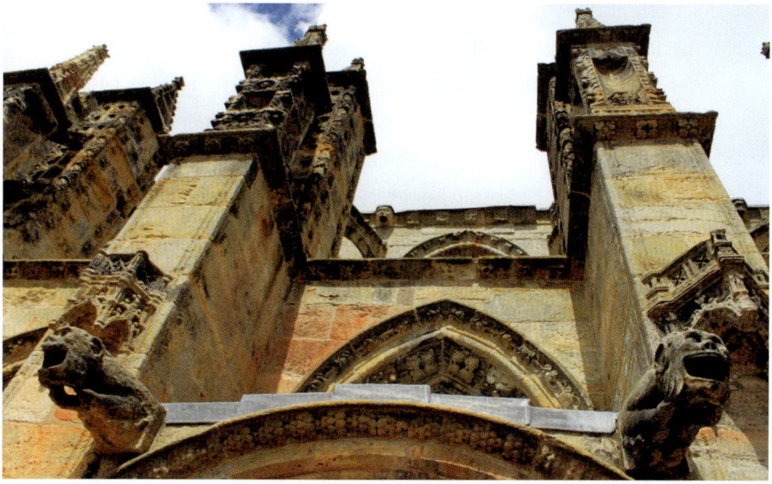

Bewahrt Rosslyn Chapel wirklich das größte Geheimnis der Christenheit, wie im „Da Vinci Code" enthüllt wird?

Holmes). Die Ruine von Urquhart Castle (GPS N 57.1927, W 4. 26305), an den Ufern des sagenumwobenen Sees gelegen und heute wichtiger Bestandteil einer jeden Schottland-Rundreise, war die primäre Location. Immerhin knackt Holmes das Rätsel des Ungeheuers: es ist ganz einfach ein U-Boot! Die Attrappe desselben ging während der Dreharbeiten im Loch Ness unter, ebenso wie der Film an den Kinokassen. Im April 2016 glaubte man mit Sonaraufnahmen ein Objekt auf dem Grund des Sees gefunden zu haben, bei dem es sich wohl um das Filmrequisit handeln müsste.

Freilich kann nur ein einziger anderer Spion Arthur Conan Doyles Meisterdetektiv das Wasser reichen und das ist Ian Flemings Geheimagent mit der Kennnummer 007. 1963 kehrte der gefeierte Schotte Sean Connery erstmals als James Bond in seine Heimat zurück. Auch wenn sein Vaterland in **From Russia with Love** (Liebesgrüße aus Moskau) lediglich die exotischen Locations hinter dem Eisernen Vorhang doubeln sollte. In einer aufregenden Sequenz wird der Geheimagent von einem Hubschrauber durchs schottische Moor gejagt, nahe der Ortschaft Kilmichael Glassary. An der Kilmartin Glen Road am River Add schafft er sich den Gegner schließlich mit einem gezielten Schuss aus dem Hochpräzisionsgewehr vom Hals. Bond-Fans schwören, dass sich an dieser Stelle noch immer Wrackteile des ausgebrannten Modells finden, welches in einer Explosion geopfert wurde (das Land ist allerdings Privatbesitz). Beinahe hätte das Leben die Kunst imitiert, als Regisseur ***Terence Young*** bei einem Erkundungsflug mit dem Hubschrauber abschmierte – alle Insassen überlebten, jedoch nur knapp.

Nachdem sich die ursprünglich in der Türkei gewählte Location als problematisch erwies, verlagerte man das explosive Finale auf den Loch Craignish. Zwei Wochen lang wurde Connery auf

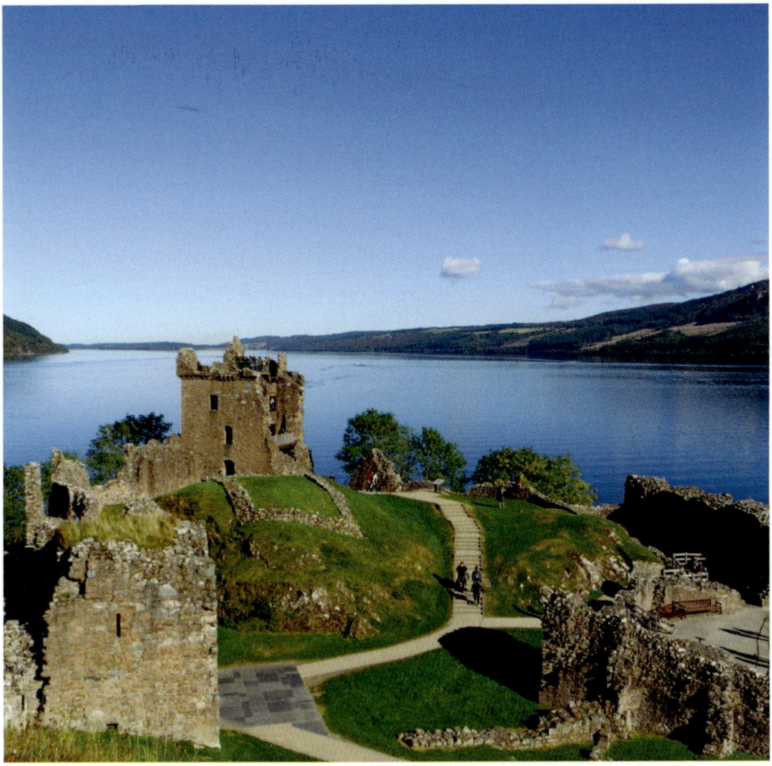

• Urquhart Castle •

Drumnadrochit, Inverness, IV63 6XJ

www.historicenvironment.scot/visit-a-place/places/urquhart-castle

Besichtigung auch mit Führung möglich

Tipp: Bei verschiedenen Anbietern

kann man Bootstouren

auf dem Loch Ness buchen.

dem See zwischen Oban und dem Crinan-Kanal von Motorbooten gejagt, bis er schließlich Kerosin auf der Wasseroberfläche auslaufen lässt und mit einer Signalrakete entzündet. Die Aufnahme, in der die Petrolfässer Feuer fangen, gelang in Craobh Haven (erst Jahre später zum Ferien-Resort umgebaut). Die Special Effects-Crew leistete sich einen wirklichen Fauxpas: sie zündeten schon bei der Probe. Weshalb die Inselbewohner zweimal in den Genuss des gewaltigen Feuerballs kamen, was die in der Gegend heimischen Seeadler verstört haben dürfte. Mit hoher Wahrscheinlichkeit würde eine solche Aufnahme heute nicht mehr genehmigt werden. Ganz in der Nähe ist auch das Lunga Pier zu finden, die steinerne Anlegestelle, wo Connery das Schnellboot kapert.

Reservierung gecancelt

Cast und Crew logierten im für seine Seafood-Küche bekannten „Crinan Hotel" in Lochgilphead. Direkt gegenüber ist am anderen Ufer das Duntrune Castle zu sehen, ein merkwürdiger Link zur 007-Historie. Denn ursprünglich hätte der letzte Akt von „Skyfall" hier gedreht werden sollen. Im Schloss aus dem 16. Jahrhundert soll ein toter Dudelsack-Spieler umgehen und die unheimliche Stimmung der alten Gemäuer hätte ausgezeichnet zum morbi-

• Tipp •

Die nationale schottische Tourismusorganisation *Visit Scotland* stellt kostenlose Informationen zu Filmlocations in Schottland auf ihrer Website www.visitscotland.com zur Verfügung.

den Ende von Bond Nummer 23 gepasst. Die Zimmer im „Crinan Hotel" waren gebucht, man freute sich darauf, vier Jahrzehnte nach Bond Nummer 2 die 007-Macher ein weiteres Mal zu beherbergen. Im letzten Moment wurde jedoch entschieden, das Chateau aus praktischen Erwägungen im Studio zu bauen. Weshalb die Einheimischen James Bond seither „Dr. No Show" nennen.

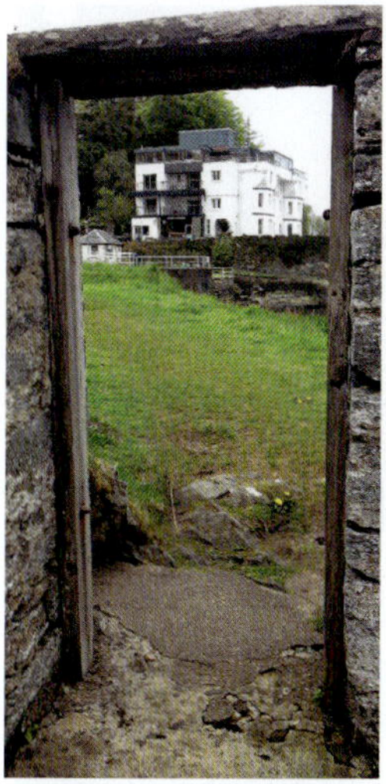

Blick auf das Crinan Hotel, das den 007-Cast beherbergte. ↑

Allerdings zollte **Skyfall** 2012 Bonds schottischer Herkunft Tribut. In einer Fahrt im Aston Martin über den Glen Coe kehrt er zu seinen Wurzeln zurück. ***Daniel Craig***, erstmals als 007 im Einsatz, fährt den silbergrauen Luxuswagen auf der A82, bis eine schmale Straße zum Glen Etive herunter-

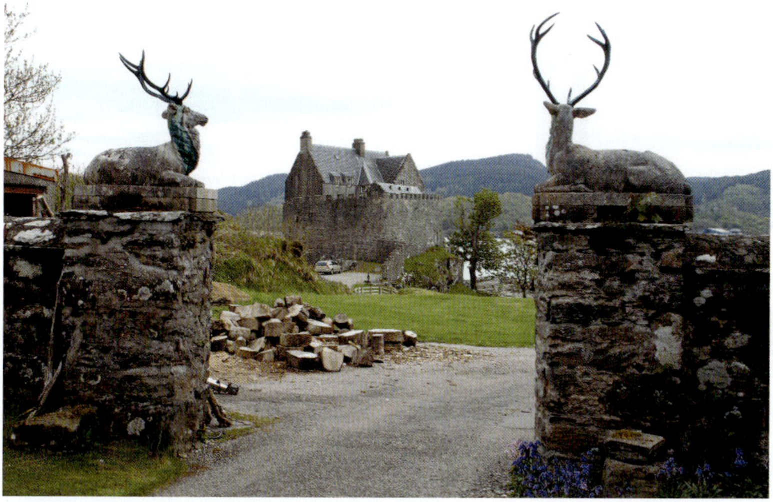

Verschmähte Filmlocation: Duntrune Castle hätte „Skyfall" sein sollen. ↑

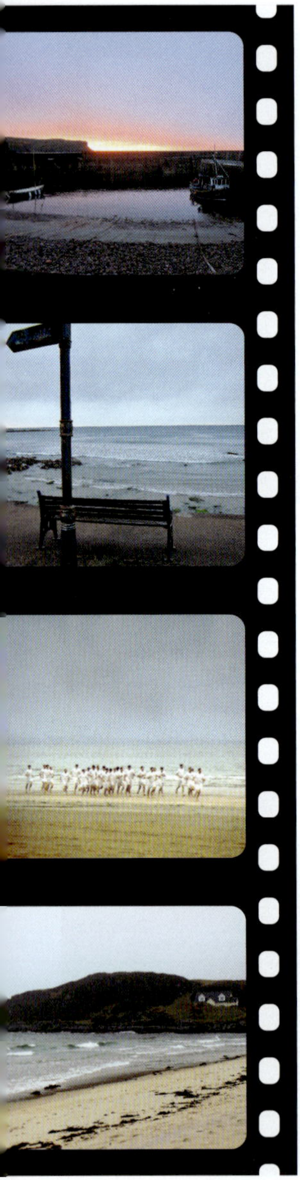

führt. Etwa 5 km nach der Abzweigung parkt er, um ein vertrauliches Gespräch mit „M" (*Judi Dench*) zu führen. Das ist ganz in der Nähe der Wasserfälle, über die sich in der Monty-Python-Klamotte „Holy Grail" die „Brücke des Todes" spannte (genauer: die Schlucht „Meeting of Three Waters", wo die Fälle zum River Coe werden). Folgen Sie dem Etive weiter, bis der Weg bei der Dalness-Lodge endet. Für Bond-Fans das wahre „Skyfall", denn das Haus (auch Dalness Estate genannt) gehörte der Familie von Bond-Vater Ian Fleming. In einem der Filme enthüllt Bond auch ganz nebenbei, dass seine Familie ursprünglich aus Glen Coe stamme.

Lokalhelden

In einer etwas anderen Geheimmission entdecken zwei Landspekulanten das Küstendorf Pennan. **Local Hero**, 1983 ins Kino gebracht, gilt als Komödie, die wie keine Zweite die Seele der Schotten wiedergibt. Im Auftrag eines exzentrischen Ölmilliardärs, eine fabelhafte Altersrolle für *Burt Lancaster*, soll die ganze Gemeinde erworben werden. Der Altstar verbrachte seine Freizeit in einiger Entfernung, nach Lachsen fischend an einem Fluss bei Inverlochy Castle. Abends kippte er mit den Locals ein Ale im Pub und freute sich über Fans, die nach sei-

↑ 1: Der Hafen von Pennan. 2: Rauhes Klima für Landspekulanten: Banff. 3: Chariots of Fire: Lauftraining am West Sands Beach. 4: Camusdarach: Das Strandhaus wurde von der Kirchenattrappe verdeckt.

nen alten Filmen fragten, „als ob sie gestern erst ins Kino gekommen wären." Im Film erstatten seine Aufkäufer ihm jeweils aus einer roten Telefonzelle am Hafen von Pennan Bericht. Noch Jahre später riefen Fans des Films irgendeine Nummer in Pennan an, nur um zu probieren, ob ein „Local Hero" den Hörer abnehmen würde. Dabei war die knallrote Telefonkabine von den Filmemachern aufgebaut worden. Doch da Besucher von Pennan nichts weniger erwarten, als dort am Meer eine rote Telefonkabine vorzufinden, wurde direkt am Pier wieder eine aufgestellt. Wo sich auch eine Erinnerungsplakette an den Film findet. Im Nachbardorf Banff wurden die Pub-Szenen im „The Ship Inn" gedreht.

Eine der wohl meistparodierten Filmszenen aller Zeiten entstand 1981 mit **Chariots of Fire** (Die Stunde des Siegers) am West Sands Beach: zur Musik von Vangelis sprinten die Läufer in Zeitlupe über den Sand. Derselbe Produzent kehrte mit „Local Hero" zurück zu den ausnehmend schönen Stränden dieser Küste. Von Morar aus ist der Strand Camusdarach über die alte Küstenstraße B8008 erreichbar. An diesem zerklüfteten Küstenstreifen spielen sich die Meerszenen von „Local Hero" ab. Für den Film wurde das dort stehende Haus von der Attrappe einer Kirche verdeckt. Die Innenaufnahmen fanden in der echten „Our Lady of the Braes"-Kirche statt. Sie überblickt die A830, an der Hauptstraße nach Mallaig. Wem der Strand von Morar bekannt vorkommt, sollte sich den Moment in „Highlander" genauer anschauen, in dem Sean Connery und Christopher Lambert um die Wette rennen.

Rennen müssen auch die Protagonisten von **Trainspotting** (Trainspotting – Neue Helden, 1996), gleich in der ersten Szene. Die Junkies haben einen Buchladen beraubt und hasten die Princes Street entlang, Edinburghs Hauptgeschäftsstraße. Worauf *Ewan McGregor*, dem mit diesem Kultfilm der Durchbruch gelang, an der Calton Road mit einem Auto zusammenstößt. Obwohl

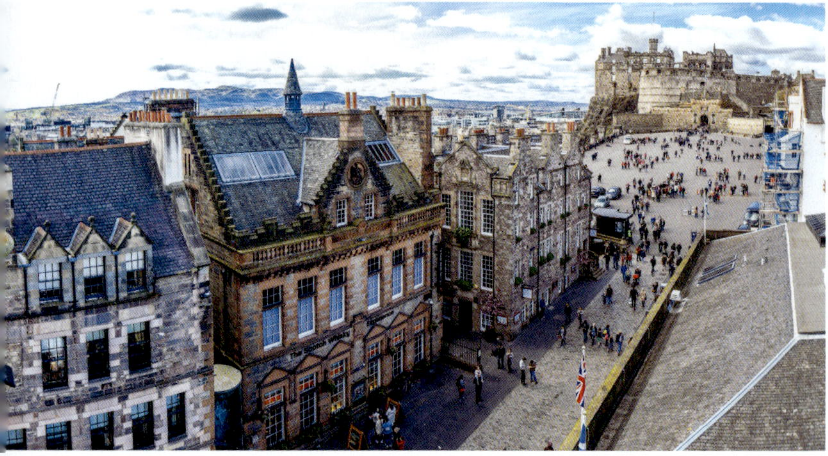

↑ In den Bistrots der Altstadt von Edinburgh kehrten zuletzt die „Avengers" ein.

„Trainspotting" in der schottischen Hauptstadt spielt und als „Edinburgh-Film" schlechthin gilt, ist diese Eröffnungssequenz die einzige, die tatsächlich hier aufgenommen wurde (für die restlichen Szenen ging man nach Glasgow und London). Weitaus mehr kommt Edinburgh in **Filth** (Drecksau, 2013) zum Zug. Der Ausnahmeschauspieler der nächsten schottischen Generation, *James McAvoy*, kommt über die Brücke von Edinburgh Castle auf uns zu, frech in die Kamera blickend, und schlendert dann vom Castlehill mit seinen traditionellen Bars und Souvenirgeschäften die Royal Mile herunter, während er dem Publikum zynisch erklärt, was mit Schottland nicht stimme.

„Finsterster Ort"

Das ließe sich auch auf **The Wicker Man** beziehen, jenen verstörenden Horrorfilm von 1973, in dem eine Sekte Menschenopfer darbringt. Gedreht wurde in der Gegend von Dumfries and Gallo-

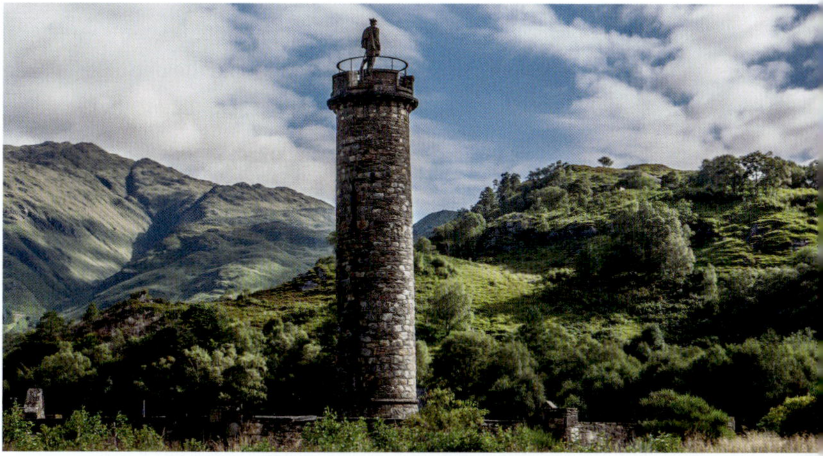

Beim Filmen nicht im Bild: Das Glenfinnan-Monument ist zu bekannt. ↑

way. *Britt Ekland* bezeichnete Creetown als „den finstersten Ort auf Erden", worauf sich die Produzenten offiziell bei der Bevölkerung entschuldigen mussten. *Christopher Lee* verzichtete auf seine Gage, weil er an den Film glaubte. Das tat er noch Jahre später: Auf einem Filmfestival bezeichnete er 2013 den „Wicker Man" gegenüber dem Autor dieses Buches nicht nur den besten Film seiner eigenen langen Karriere, sondern schlicht als „besten englischen Film aller Zeiten".

Das „Harry Potter Viadukt"

Für eine besondere Stelle in den Highlands haben die Schotten ebenso wie die Filmfans einen Platz in ihrem Herzen reserviert: Glenfinnan. Am Ufer des Loch Shiel erinnert das Glenfinnan Monument daran, dass hier Prinz Charles im Jahr 1745 die Clans vereinte, um den Thron zu beanspruchen. „Bonnie Prince Charlie" hat den historischen Moment 1948 auf Film gebannt (Titeldarsteller David Niven ließ sich in den schottischen Außenaufnahmen von einem Double vertreten). Soldaten der britischen Armee waren als Statisten angeheuert und beklagten sich anschließend, keinen Sold erhalten zu haben. Es ist allerdings nicht dieser in Vergessenheit geratene Kostümfilm, der Filmfans nach Glenfinnan pilgern lässt – es ist das direkt danebenstehende Eisenbahnviadukt. Die 380 Meter lange Brücke besteht aus 30 Metern hohen Pfeilern – und ist Teil von Harry Potters „Schulweg" in die Zauberschule Hogwarts. Fotografen warten noch immer täglich darauf, wie die Dampflokomotive des „Hogwarts Express" das Glenfinnan-Viadukt

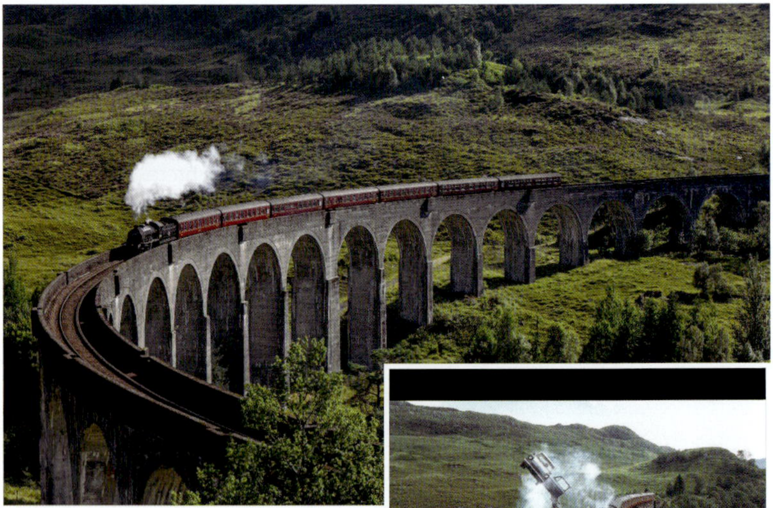

Das Eisenbahnviadukt an der Strecke der West Highland Line liegt auf Harry Potters Schulweg. ⮡

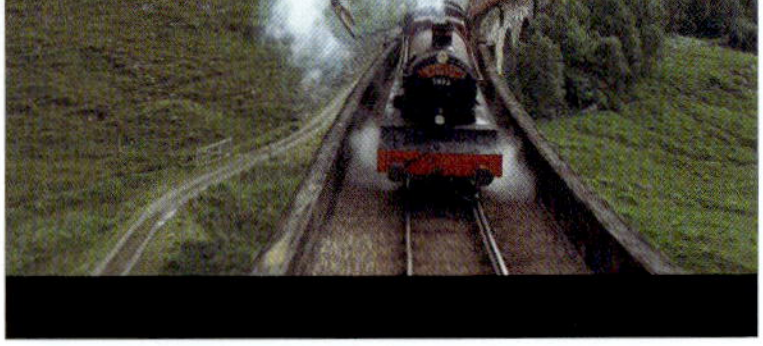

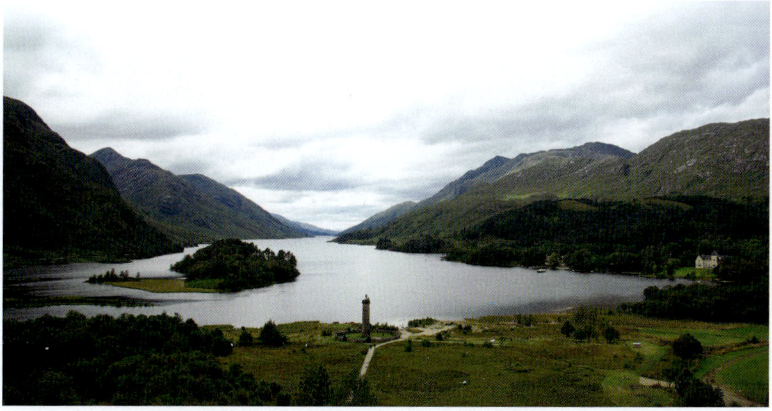

Im Loch Shiel ging der Highlander baden, in den Harry-Potter-Filmen ist es als „Hogwarts See" bekannt. Am Ufer ist das 1815 erbaute Memorial von Glenfinnan zu erkennen. ↑

überquert. Bewohner der Umgebung dürften weniger gute Erinnerungen an Harry Potter haben. Als der Zug für den dritten Teil, **The Prisoner of Azkaban** (Harry Potter und der Gefangene von Azkaban, 2004), über die Brücke dampfte, entzündeten Funken der Lokomotive das Heideland. Mehrere Hektar standen in Flammen, Bewohner mussten evakuiert werden.

REISETIPP

In der Mitte des Loch Shiel ist eine kleine, bewaldete Insel auszumachen. Hier erhielt der „Highlander" eine Lektion in Unsterblichkeit von einem Schotten, den man nach seinem Tod im Jahr 2020 seinerseits schon als „unsterblich" bezeichnet: Sean Connery. Nachdem Christopher Lamberts Bootspartie bei den Fischen endete, watet der Highlander an jener Insel an Land. Der beste Weg, diese Filmlocation zu erkunden, ist eine Bootstour auf dem Loch Shiel. Vom Schiff aus lassen sich Wildtiere und nistende Adler beobachten. Und man geht garantiert nicht baden wie Christopher Lambert (www.highlandcruises.co.uk).

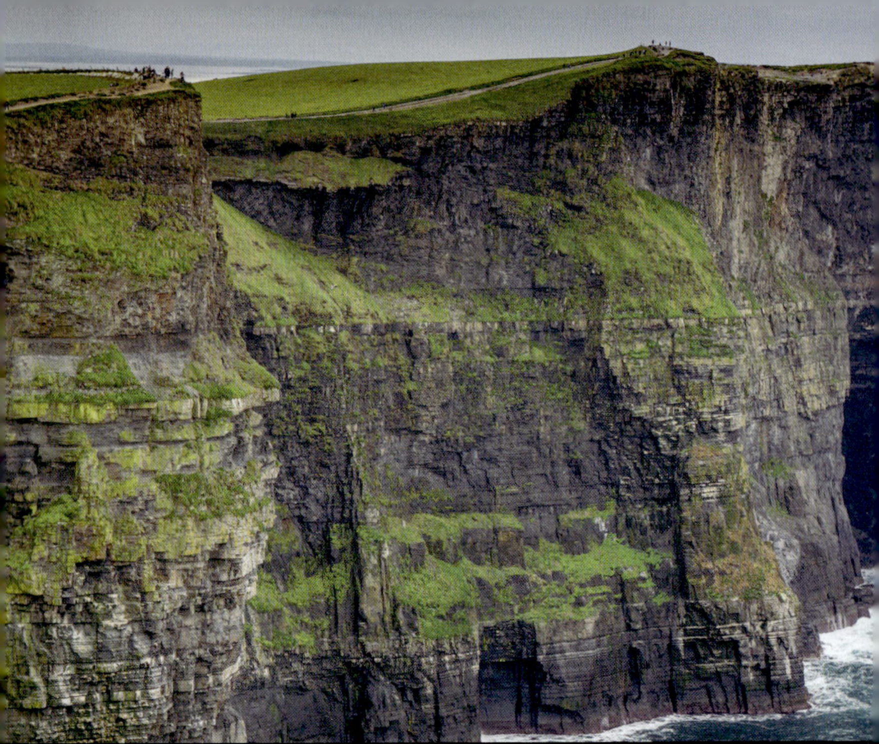

Irland

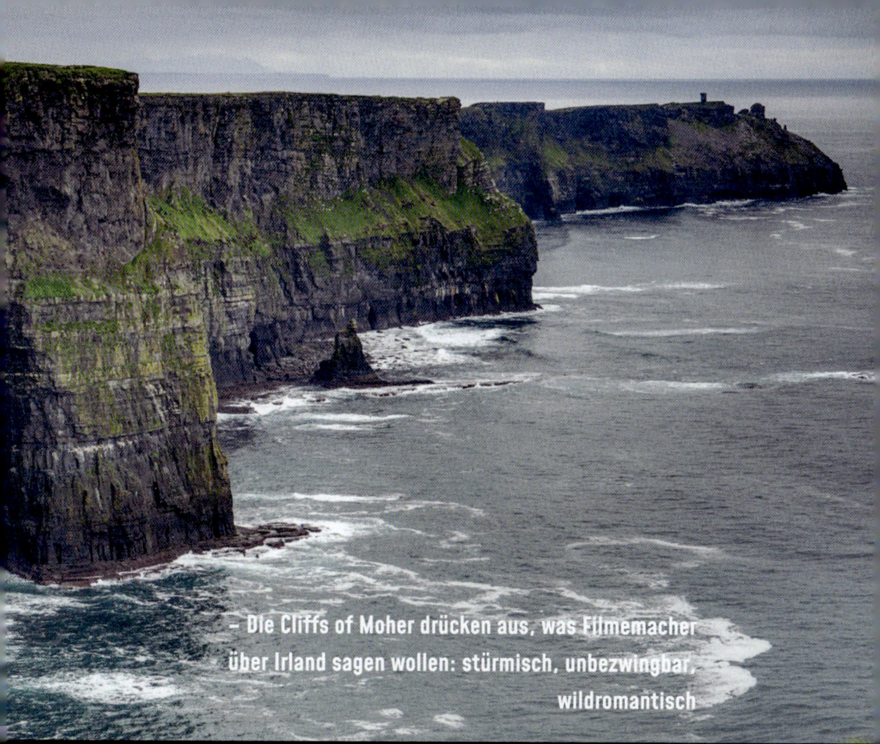
– Die Cliffs of Moher drücken aus, was Filmemacher über Irland sagen wollen: stürmisch, unbezwingbar, wildromantisch

11

Für den irischen Fremdenverkehr hat Hollwood mehr getan als das eigene irische Wetter. Insbesondere zwei Klassiker sorgen bis heute für Pilgerreisen. Romantiker wandeln im Westen der Insel in den Fussstapfen des „Quiet Man", während unglücklich verliebte Frauen die Halbinsel Dingle aufsuchen, wo die Liebe von „Ryans Daughter" zerbrach.

Die „Quiet Maniacs" von Cong

In „Mellottes Bar" hielt er Hof, der große *Joe Mellotte*, und zerdrückte jedem Fremden herzhaft die Hand. Für diesen Händedruck kamen Menschen aus nah und fern in seine Bar an der Neale Road bei Ballinrobe, heute auch als „Pyramid Restaurant" zu finden. Der Grund für so viel Ruhm: Als Joe knapp 30 war, wurde er mit weiteren Männern, die alle denselben robusten Körperbau aufwiesen,

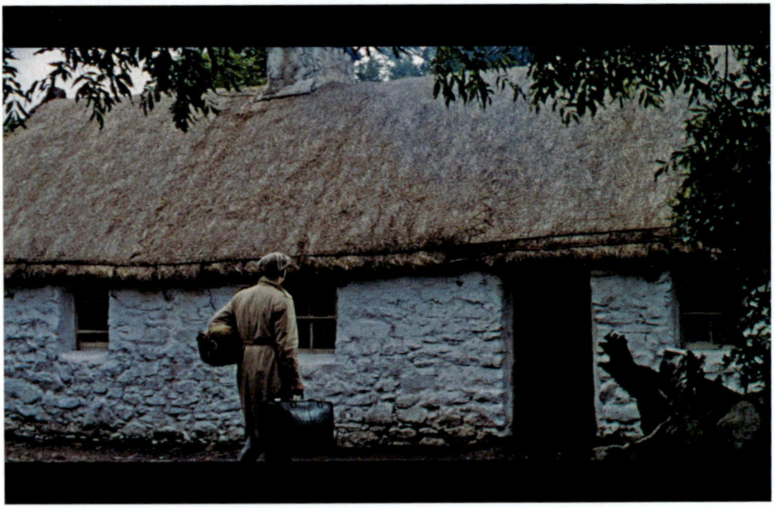

↑ „The Quiet Man" weckt die Wehmut von Heimweh-Iren, weil ein verlorener Sohn aus fremden Ländern nach Hause zurückkehrt: John Wayne erreicht „White O'Morn".

in einer Reihe zur Begutachtung aufgestellt. Sie waren Anwärter für einen lukrativen Job: Stand-In von *John Wayne*. Der Typ also, der dem Kameramann fürs Ausleuchten zur Verfügung stehen sollte und Wayne auch in einigen Totalen doubeln würde. Schließlich schritt Wayne persönlich die Phalanx hoffnungsvoller Männer ab und wählte sein Alter Ego gleich selbst aus: „That's him“, deutete er auf Mellotte. Damit begann Joes lokale Karriere als Botschafter von Cong, im Westen von Irland.

Jeder Ire hat einen Platz in seinem Herzen für guten Whisky, den heiligen St. Patrick und für **The Quiet Man** (Der Sieger, 1952) reserviert. Kein anderer Film bringt irische Folklore besser zum Ausdruck. Vielleicht, weil er von irischstämmigen Filmemachern stammt: *John Ford*, John Wayne und *Maureen O'Hara*. Dieses Triumvirat hatte sich schon Jahre zuvor verschworen, die Geschichte um einen aus Amerika auf die heimatliche Scholle zurückkehrenden Iren zu verfilmen. Dass die Wahl auf Cong fiel, hat den kleinen

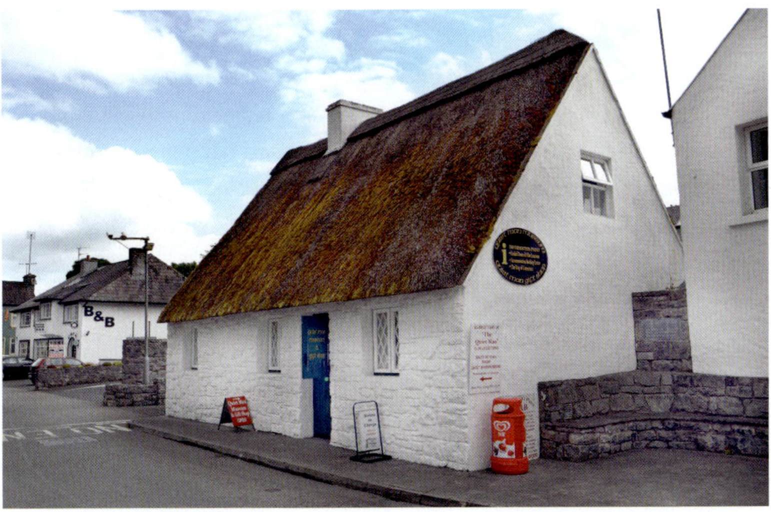

Das Quiet Man Heritage Cottage Museum, ein exakter Wiederbau von „White O'Morn“, spielte im Film zwar keine Rolle, ist aber Dreh- und Angelpunkt der Pilgerreisen.

Ort für immer geprägt. 1951 bedrohte gerade die Braunfäule die Kartoffelernte, kein Haus in Cong besaß Elektrizität und der einzige Telefonapparat der Gegend war im vornehmen Ashford Castle zu finden. Die Filmleute begannen umgehend, Cong ins 20. Jahrhundert zu versetzen. In aller Eile wurde eine zweite Telefonleitung gelegt und durchgesetzt, dass der Operateur 24 Stunden am Telefon wachte (denn Hollywood rief morgens um 3 Uhr an). John Ford selbst gab – stets der Regisseur – das Signal, den Strom einzuschalten, worauf die drei Straßenlampen in Cong angingen. In „O'Reilly's Pub", das inzwischen von der Landkarte verschwunden ist, prosteten Wayne und die anderen, die nur einen Grund brauchten, um einen zu heben, der Lampe zu, als sie das erste Mal elektrisches Licht spendete. Hollywood rückte Cong – im Film die fiktive Stadt „Innisfree" – im wahrsten Sinne ins „Rampenlicht". Doch als die Ingenieure dafür Löcher in den Boden sprengten, um die Strommasten für die Leitungen zu setzen, verbaten sich die Filmleute den Krach während der Tonaufnahmen.

Bis heute stand die Entwicklung der Ortschaft nie still. Mehrere Bücher wurden veröffentlicht, vom Quiet Man Heritage Cottage (eine Nachbildung des Landhauses aus dem Film, an der Circular Road) aus werden geführte Location-Touren in die grünen Gefilde angeboten und mehr als ein Bed and Breakfast hat den Filmtitel übernommen, um die weltweite Popularität zu klingender Münze zu machen. Es ist kein Wunder, dass man die Touristen, die diesen Flecken in Connemara nur aufsuchen, um auf den Spuren des „Quiet Man" zu wandeln, die „Quiet Maniacs" nennt. „It put us on the map", sagen die Einheimischen dankbar. Obschon einige der immergleichen Fragen müde sind: „Wir waren damals noch nicht einmal geboren!" Und nur ein Kultfilm hat die Macht, eine Tankstelle in eine Bar zu verwandeln. Jack Murphy betrieb einen Gemischtwarenladen, mitten im Dorf. Noch am selben Tag, als die

Requisiteure das Schild „Pat Cohan Bar" über seiner Tür anbrachten – im Film ist die Dorfkneipe des Zentrum der Aktivitäten – verlangten die ersten Durstigen lautstark nach einem dunklen Bier! So mancher Quiet Maniac wurde seither durstig wieder wegge-

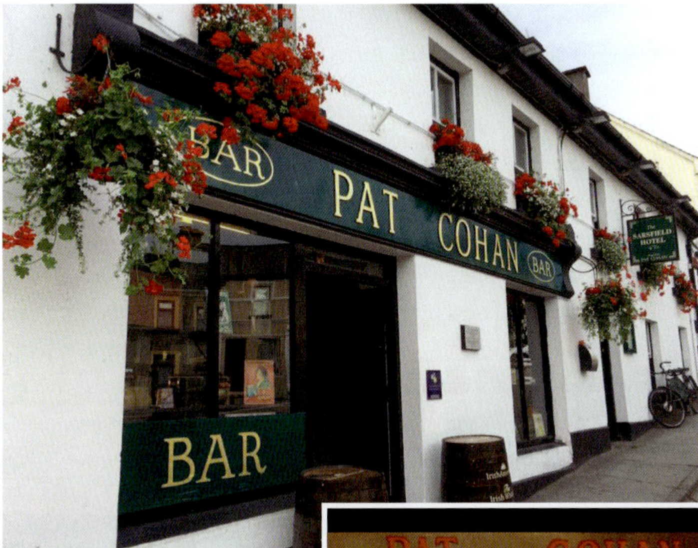

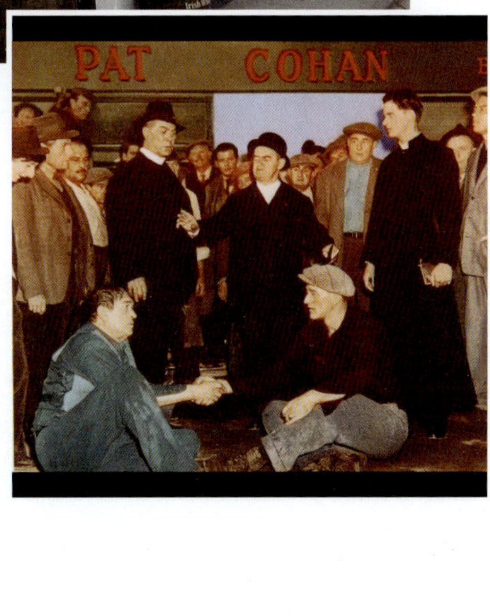

Filmmagie: für den Film wurde der Gemischtwarenladen mit Tankstelle in die „Pat Cohan Bar" verwandelt, in der Victor McLaglen (sitzend) und John Wayne sich nach Herzenslust verhauen. Aber erst mit dem Einsetzen des Filmtourismus wurde der Betrieb wirklich zur Bar.

schickt. Schließlich – viele Jahre später – gaben die Murphys nach und bauten um. Heute kann in der „Pat Cohan Bar" wie im Film eingekehrt werden.

„The Quiet Man" war der erste in Irland gedrehte Farbfilm und das Technicolor-Farbverfahren wurde der bunten Pracht gerecht. Der preisgekrönte Kameramann Winton C. Hoch kontrollierte permanent den Belichtungsmesser, um zu überprüfen, ob dieser korrekt anzeige – doch tatsächlich scheint das Licht auf der Emerald Isle derart hell. Bis dahin baute Hollywood das „Ausland" einfach auf dem Studio-Backlot nach, gemäß dem kostensparenden Credo: „A tree is a tree – shoot it in Griffith Park!" Dreharbeiten vor Ort waren selten und aufgrund der Zusatzkosten scheuten die Mogule solche wetterabhängigen Projekte wie der Teufel das Weihwasser. John Ford musste, trotz mehrerer Oscar-Gewinne, Klinken putzen gehen, um das Geld für sein Lieblingsprojekt zusammenzubekommen (dem Autor hatte er die Filmrechte schon 20 Jahre zuvor für 10 Dollar abgekauft). Sein Traumcast – Wayne und O'Hara – hielt sich jahrelang den Sommer frei. Es war das Land ihrer Vor-

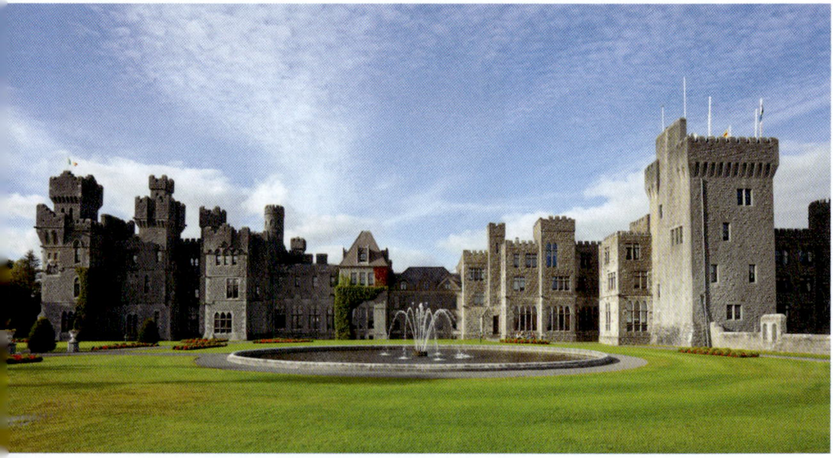

↑ Ashford Castle: 700 Jahre irische Geschichte gingen an amerikanische Investoren über.

väter, heiliger Boden sozusagen. Ford war ein Storyteller erster Güte, mit der Wahrheit um die eigene Person nahm er es legendärerweise ungenau. So dürfte auch diese Anekdote pure Fabrikation seiner Fantasie sein, doch sie ist zu gut, um sie hier nicht zu wiederholen: Ford nahm den Studioboss Herbert Yates, als Pfennigfuchser berüchtigt, mit nach Connemara. In Spiddal (An Spidéal) zeigte er ihm ein kleines Cottage mit eingefallenem Dach: „Hier ist es“, sagte Ford unter Tränen, „das Haus, in dem ich geboren wurde.“ Yates begann ebenfalls zu schniefen und genehmigte das Budget auf der Stelle. Ob es wirklich sein Geburtshaus war? „Natürlich nicht“, sagte Ford. „Ich wurde in den Staaten geboren!“

Ganz Irland war informiert, dass ihre Queen of Technicolor heimkehren würde. Das Mädchen aus Dublin, 1939 von Alfred Hitchcock in seiner ersten Hauptrolle besetzt und dann von Charles Laughton für den Film „The Hunchback of Notre Dame“ (Der Glöckner von Notre Dame, 1939) nach Hollywood geholt, winkte den Landsleuten am Shannon Airport zu. Niemand ahnte, dass O'Hara – nach einem Jahrzehnt erfolgreicher Filme – arm wie eine Kirchenmaus war. Ihr Ex-Mann hatte die Bankkonten geleert, noch dazu hatte sie eine schwere Nierenoperation hinter sich.

Standesgemäß wohnte der Cast in Cong auf Ashford Castle, dem 700-jährigen Schloss an den Ufern des Lough Corrib. Ford rückte es im Film mehrmals ins Bild. Den Gästen des Filmteams folgten Staatsmänner wie Ronald Reagan (seither spricht man dort von der „Präsidentensuite“) und Pierce Brosnan feierte hier 2001 seine Hochzeit. 2007 übernahmen amerikanische Investoren das Fünf-Sterne-Hotel für 50 Millionen Pfund. Im Schloss ist ein Kino eingerichtet, in dem man sich den Klassiker im roten Plüschsessel zu Gemüte führen kann.

Der 7. Juni 1951 war der erste Drehtag. Witz des Tages: Das Stand-In von Maureen O'Hara fragte schüchtern einen hochge-

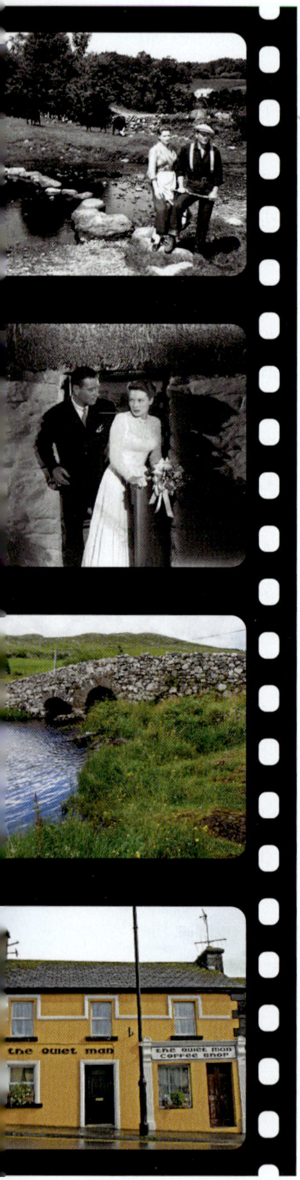

wachsenen Mann, ob er ihr nicht mal John Wayne zeigen könnte. „I'm John Wayne", sagte der Gefragte. Die junge Frau brachte als Entschuldigung vor, sie hätte halt noch nie einen Western gesehen. Die Amis zahlten den Tagelöhnern zehn Mal mehr als das übliche Gehalt – kein Wunder, dass dem örtlichen Gewerbe bald die Arbeitskräfte ausgingen. Der Besitzer eines kleinen Landhauses, Mister Joyce, dachte an 25 Pfund pro Woche für die Benutzung von „White O'Morn", dem Bauernhaus, in das die Titelfigur nach langer Abwesenheit zurückkehrt – fortan und bis zum heutigen Tag sollte es nur noch so heißen – und erhielt 100 am Tag. Ironischerweise bauten die Joyces mit dem Geld ein neues Haus und ließen White O'Morn verfallen. Seit Jahren ist die Rede davon, die von Efeuranken überwachsene Ruine für die Quiet Maniacs zu restaurieren. Zu finden sind die historischen Überreste

← 1: „White O'Morn": die Ruine des Hauses findet sich bei Tiernakill. Die Trittsteine im Bach sind dieselben, die Maureen O'Hara hier überquert. 2: Die Frischvermählten zanken sich bereits: Das „White O'Morn"-Haus gilt den Iren zwar als Pilgerstätte, dennoch hat man jahrzehntelang zugelassen, dass das Haus zur Ruine zerfiel. 3: Die Steinbrücke bei Maam Cross: Hier hatte Joe Mellotte seinen Auftritt als Wayne-Double. 4: Die Hauptstraße von Cong lässt keinen Zweifel daran, wem die Einheimischen ihr Herz geschenkt haben. Auch in der Umgebung nennen sich zahlreiche Gaststätten nach den Filmfiguren.

bei Tiernakill, wo die Maam Brücke über den Failmore River führt. Die Trittsteine im Bach sind dieselben, über die das Liebespaar schritt.

Der Ballyglunin Bahnhof (zwischen Athenry und Tuam) sieht aus, als sei kein Tag vergangen. Kein Wunder: Eine Non-Profit-Organisation, unterstützt von irischen Stars wie beispielsweise Liam Neeson, hat die stillgelegte Station restauriert. Hier finden regelmäßig Reenactments statt. Die kleine Fußgängerbrücke, die in diesen Aufnahmen zu sehen ist, tut heute beim Bahnhof von Ballinasloe Dienst.

Das Pferderennen am Meeresstrand wurde in North Connemara bei Tully Cross aufgenommen (damals wurde dieser Küstenstreifen Tully Strand genannt). „What a fucking awful horse you gave me!", beklagte sich der Westerndarsteller. Tatsächlich hatte Wayne aber nicht mit dem Pferd ein Problem, sondern mit dem englischen Sattel. Bei genauem Hinsehen ist zu erkennen, dass er einen Cowboy-Sattel reitet, der extra eingeflogen werden musste. Ein Teil des Rennens entstand am Lettergesh Beach. Der eindrucksvolle Turm in der Aufnahme, in der Wayne den schwarzen Hengst reitet, steht auf dem Farmland bei Ashford Castle, damals unter den Namen Joyce's Tower auf freier Flur stehend, ist er – jetzt der Guinness Tower genannt – fast vollkommen überwachsen und von Bäumen umrandet.

Maureen O'Haras erster Auftritt fand auf dem Teil des Geländes von Ashford Castle statt, wo heute das dritte Fairway des Golfplatzes liegt. Die wundervolle Bildkomposition, in der sie als Schafhirtin zu sehen ist, lässt Irland wie einen grünen Diamanten funkeln. Ebenfalls auf dem Schlossgelände: das Ashford Estate Farmhouse, im Film der Familiensitz von O'Hara. Wann immer ein Tourist an die Tür des Bauernhauses klopft, verkauft die Familie gerne Postkarten mit Filmmotiven. O'Hara selbst kehrte viele Male zurück in ihre

Film-Heimat Cong. Sie hielt den „Quiet Man" für ihre beste Arbeit. 60 Jahre nach Drehschluss gab der Ort für sie einen großen Empfang.

Die Kirche im Film setzt sich aus zweien zusammen: Die Innenaufnahmen wurden in St. Mary's in der Abbey-Street gemacht, Congs katholischer Kirche, die zum Bedauern vieler Architekturfreunde modernisiert wurde. Das Steinglas-Fenster von Harry Clarke – der aus Dublin stammende Künstler ist heute international anerkannt – wurde versetzt, ist aber erhalten. Die Außenaufnahme der Kirchen-Szene wiederum fanden an Congs protestantischer Church of Ireland statt. Darum wurde das Steinbecken mit dem Weihwasser von St. Mary's „geborgt", bei den Protestanten aufgestellt – und dann prompt vergessen, was für einen kleinen Aufruhr unter den Gläubigen sorgte. Der alarmierte Bischof verlangte (erfolglos), die Szene aus dem Film zu schneiden. Übermotivierte Fans schreckten später nicht davor zurück, zwei Steinsäulen der Kirche abzutransportieren.

Das Originalscript darf in Dublin im Irish Film Institute, 6 Eustace Street, (auf Anmeldung) eingesehen werden. Im Quiet Man Heritage Cottage in Cong sind Requisiten ausgestellt. Und, ja, es gibt Nachfahren jenes Hundes, der im Film dann und wann ins Bild läuft. Der verehrte irische Adlige Michael Morris alias „Lord Killanin" (er amtierte auch als Präsident des Olympischen Komitees) stellte fest: „Dieser Film hat mehr für den irischen Tourismus und das Land getan als alles andere."

Ein letztes Geheimnis wurde nie gelüftet. In der Schlussaufnahme flüstert O'Hara etwas in Waynes Ohr – der darauf eine spontane Reaktion zeigt und ihr ins Haus folgt. Ford und Wayne nahmen O'Haras Lippenbekenntnis mit ins Grab. Und Maureen tat es ihnen gleich. „Ich hoffe ihr versteht, wenn ich sage: I'll never tell."

Als alles vorbei war, eröffnete Joe Mellotte im Ort The Neale, unweit von Cong, seine eigene Kneipe. Sein Lebtag verbrachte er damit, Geschichten von der Filmerei zu erzählen. Wie er im großen Schlusskampf rückwärts durch die Tür der Pat Cohan Bar krachte, die aus dünnem Sperrholz bestand („unglaublich, diese Filmillusion!"). Und wie er, als kleine Zusatzaufgabe, dem „Duke" Wayne die „Camels" hinterhertragen musste, der 200 Ungefilterte am Tag verqualmte. Selbst John Travolta und Ronald Reagan ließen sich von Joe die Hand drücken. Heute ist er nicht mehr. Mellottes Pub jedoch, bezahlt vom Filmhonorar, steht da noch immer.

Neue Ritter für die Grafschaft Kerry

Der Film war kaum abgedreht und noch längst nicht zum Klassiker gereift, als die Star-Wars-Fans bereits heranströmten wie die Atlantik-Flut. Auf der Dingle-Halbinsel werden sie auf einer Anhöhe namens Clogher Head, wo der Slea Head Drive den Gipfel erreicht, von einem Fernglas wie von der „Macht" angezogen. Surreal steht es mitten im Heidekraut, als hätte es ein vergesslicher

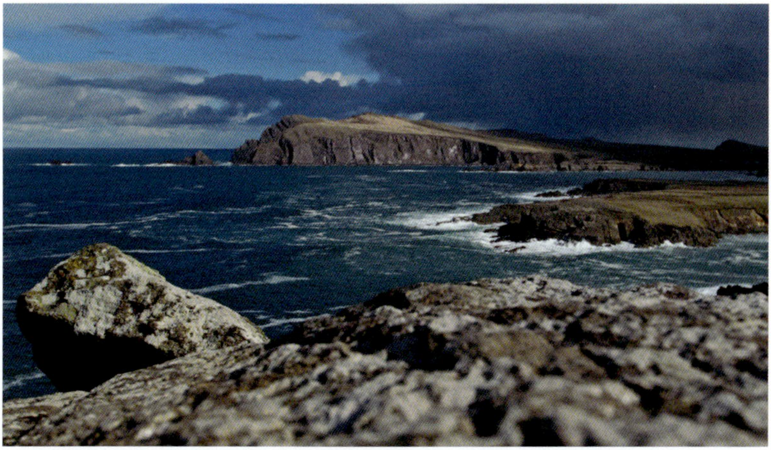

Auf der spektakulären Landspitze Ceann Sibéal sollen sich echte Jedi-Ritter aufhalten. ↑

Requisiteur stehenlassen. Nur die daneben eingemauerte Plakette offenbart seine Bedeutung: „Major Star Wars Location". Einmal durchlinsen kostet einen Euro und dafür hat man die Aussicht auf eine schroffe Landspitze, die vom Atlantik umspült und von Seevögeln bevölkert wird: Ceann Sibéal (Sybil Head), der äußerste Flecken Erde am Westende von Europa. Dorthin haben sich die letzten Jedi-Ritter zurückgezogen in den Teilen VII (**The Force Awakens**, Das Erwachen der Macht, 2015) und VIII (**The Last Jedi**, Die letzten Jedi, 2017). Danach kommt nur noch Wasser und irgendwann New York.

Es war aber nicht ein Jedi-Meister, der diesen letzten Zipfel Europas für die Welt entdeckte, sondern ein Meister einer ganz anderen Zunft: der legendäre Produktionsdesigner ***Eddie Fowlie***. Der malte 1969 auf seiner Karte einen Kreis um die Ortschaft Dingle. Weil Iren ihm anvertraut hatten, dort seien die wildesten Küsten zu finden. Genau was er im Auftrag von ***David Lean*** für dessen neues Epos „Ryans Tochter" suchte. Leans Gewährsmann hatte ihm schon die Sanddünen für „Lawrence von Arabien" und die verschneiten Steppen für „Dr. Schiwago" präpariert. Als Eddie vom Hügel auf das Hafenstädtchen Dingle herabblickte, entstand gerade das Skellig Hotel. Und Eddie, der auch für die Unterbringung der großen Crew zuständig war, glaubte an Vorsehung: „Dieses Hotel wird für uns gebaut!" Heute ist das Skellig eines der besten Hotels am Platz, mit blitzschnellem Service und dem „Catch of the Day" immer frisch aus der Bucht. **Ryan's Daughter** (Ryans Tochter, 1970) ist ein Paradebeispiel für die nachhaltige Wirkung, die ein Film auf ein Gebiet ausüben kann – ein zweischneidiges Schwert. Längst ist aus dem 1300-Seelen-Dorf ein Hotspot für Reisende an der irischen Westküste geworden. Souvenirshops reihen sich an Fischrestaurants und der bekannteste Anwohner hat seine Adresse nicht an, sondern in der Bucht: Nach dem zuverlässigen Delfin

„Fungie" stellten die Betreiber von Schiffstouren 30 Jahre lang die Uhr. Im Oktober 2020 wurde er zum letzten Mal gesehen und gilt seitdem als vermisst.

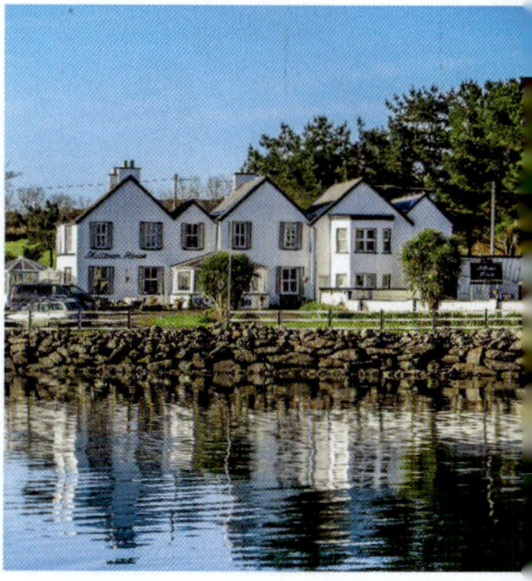

Hatte als Residenz von Robert Mitchum den höchsten Whisky-Verbrauch: Milltown House. ↑

Nur einer könnte auf der Halbinsel noch bekannter sein: ***Robert Mitchum***. Während „Ryans Tochter" bewohnte er das Milltown House und zwar die gesamten 11 Zimmer des direkt am Hafen liegenden Gasthauses. Da sich die Dreharbeiten ein volles Jahr hinzogen (Lean verlangte auch von den Wolkenformationen nichts weniger als Perfektion) spielte Mitchum in der Freizeit die selbst gewählte Rolle als mürrischer Hausherr und Telefonist, der Reservierungsanfragen mit „Hier ist das Dingle-Bordell" beantwortete. Sehr weit von der Wahrheit entfernt war das nicht, denn Party-Tier Mitchum beherbergte gerne diverse Starlets, sobald seine Ehefrau abgereist war (als sie überraschend zurückkehrte, war ein lokaler Priester so zuvorkommend, die Damen diskret zum Flughafen zu eskortieren). Im Jahr 1970 wurden 50 Prozent des gesamten Chivas Whisky im Land an dieser Hotelbar konsumiert. Die gerahmte Signatur des trinkfesten Haudegens hat einen Ehrenplatz über dem Tresen – neben einer Flasche Chivas. Hinter dem Haus soll „Mitch", der lokalen Legende zufolge, Marihuana-Stauden angepflanzt haben. Zum häufigen Eigengebrauch. In der Hotelküche hantierte er ebenfalls persönlich: Lobster Thermidor war seine Spezialität. Die Dorf-Rowdys forderten ihn ein ums andere Mal auf, sein Image als Tough Guy unter Beweis zu stellen. Seine Eskapaden haben dem Ruf des Gästehauses (das ein ausgiebiges irisches Frühstück serviert) langfristig nicht geschadet. Die heutigen Betreiber sind mit

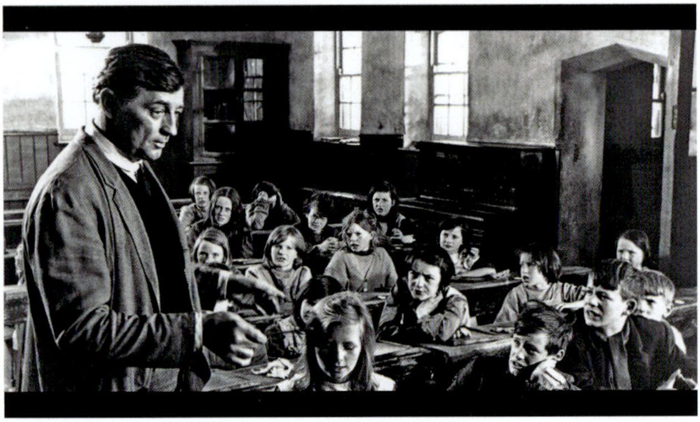

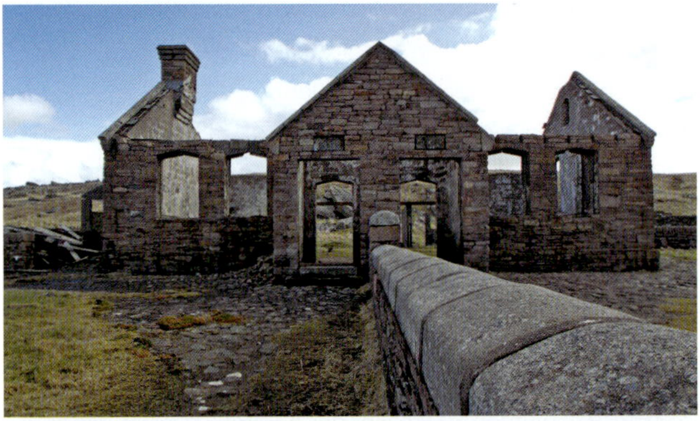

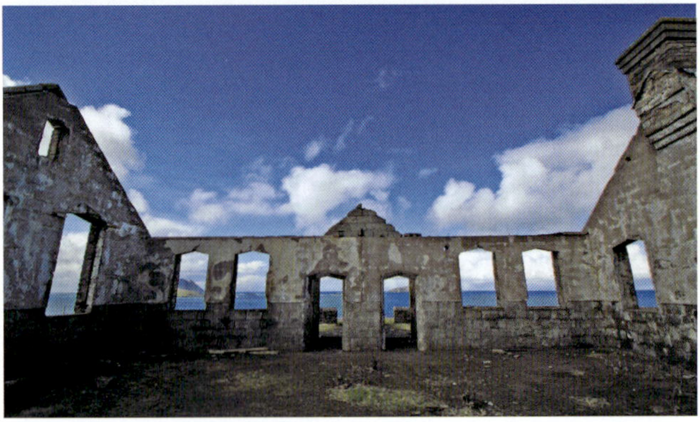

↑ Pilgerort für Frauen, die sich Ryans Tochter nahe fühlen wollen: das Schulhaus, für den Film aus Stein gebaut.

Mitchums Familie gut bekannt. Der frühere Besitzer veräußerte den Betrieb mit der Begründung: „50 Jahre wurde ich jeden Tag gefragt, in welchem Zimmer Robert Mitchum schlief – ich konnte einfach nicht mehr!"

Wenn Mitchum seine Bleibe verließ, verschlug es ihn meist an die Bierquelle an Dingles Mainstreet: „Ashe's Bar". Die Welt ist klein: Die irischen Besitzer der Bar sind verwandt mit ***Gregory Peck***. Eines schönen Tages im Jahr 1968 stand der Weltstar unangemeldet auf der Matte und reklamierte seine Verwandtschaft. Eine typisch-irische Auswanderergeschichte: Seine Großeltern waren von Dingle in die Neue Welt aufgebrochen und hatten dem jungen Gregory oft von der alten Heimat erzählt. Peck lobbyierte erfolglos um die Rolle, die Mitchum dann zufiel. Peck blieb Dingle bis zu seinem Tod 2003 eng verbunden und inspirierte das „Dingle International Film Festival", das jährlich im März stattfindet. Als ***Sarah Miles***, die Titelfigur von „Ryans Tochter", den Festivitäten einen Besuch abstattete, gab sie sich einerseits freudig überrascht, welchen ökonomischen Wandel die Filmproduktion bewirkt hatte (die Produzenten gaben eine fette Million Pfund im ärmlichen Dingle aus). Andererseits scholt sie die Behörden, der Verbauung durch Bungalows Vorschub zu leisten.

Dies hatte selbst der umsichtige Eddie Fowlie nicht bedacht, als er sich damals dachte, Gott brauche sich nur um Natur und Wetter zu kümmern, „den Rest machen wir." Vom „Rest" ist auch heute noch einiges übrig. Das Schulhaus, beim Ort Dunquin an der R559, zum Filmzweck aus robustem Granit gebaut, steht trotz salziger Atlantik-Winde bis heute auf der Klippe von Cill Gobnait. Von hier aus erstreckt sich der Panoramablick schier endlos über die Insel „Great Blasket" zur Linken und den „Sleeping Giant" zur Rechten. Dieser Name ist besonders passend gewählt, da die Insel die Konturen eines im Wasser treibenden Riesen aufweist. Der Pilgerort des Schulgebäudes, so wissen die Einheimischen, wird besonders von Frauen besucht, die sich mit der „Tochter" des Films identifizieren – und ihren unerfüllten Sehnsüchten.

Wer von hier aus den Hügel Carhoo hinaufsteigt und sich von Weidezäunen nicht abhalten lässt, der stößt oberhalb von Dunquin auf ein 100 Meter langes Kopfsteinpflaster, das in diesen einsamen Schafgründen eigentlich nichts verloren hat. Hier finden sich die Grundmauern der fiktiven Stadt Kirrary. Die Filmemacher hatten 30 solide Bauten aus dem Boden gestampft, komplett mit Pub und katholischer Kirche. Bei Drehschluss wäre das ein Geschenk an die Region gewesen, durch das der Film-Tourismus hätte profitieren können. Doch die Bauern, die den verrückten Filmleuten ihr Land für 15 Pfund vermietet hatten (als die Dreharbeiten sich hinzogen, verlangten sie 75 – und bekamen sie), konnten sich nicht einigen, wer für den Unterhalt aufkommen sollte. So fuhren die Bulldozer auf.

Wie die zeitgenössische Kritik bissig anmerkte, bläst der lyrische Film eine simple Dreiecksgeschichte auf drei Stunden Laufzeit auf. Doch selbst die schärfsten Kritiker mussten dem schwülstigen Melodrama zugestehen, dass es magische Bilder von Irland

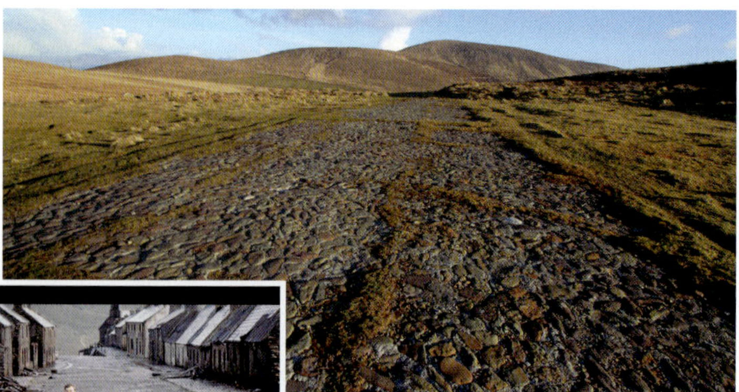

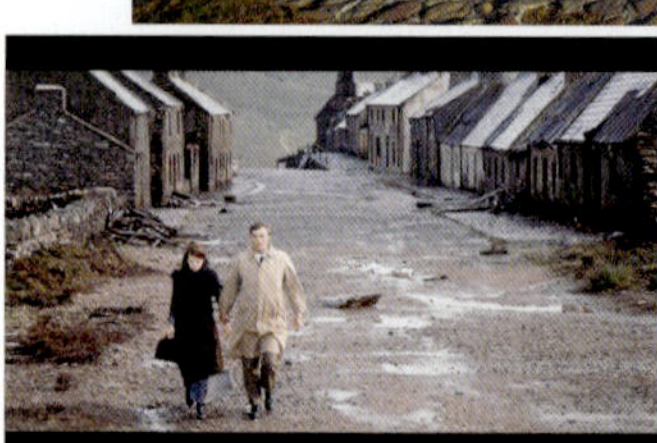

Was von einer ganzen Filmstadt übrig blieb: das Kopfsteinpflaster, mitten auf der Schafweide.

geschaffen hatte, die noch heute die irischen Tourismusbeauftragten verzücken (die Fotografie wurde mit dem Oscar ausgezeichnet). Die Grafschaft Kerry wurde daraufhin auch schon als „schönster Ort der Welt" bezeichnet. Der romantische Ausritt der unglücklich Verliebten führt von der mittelalterlichen Ruine Minard Castle (zwischen Lispole und Anascaul) in einen verzauberten Wald voller atlantischer Hasenglöckchen. Eddie Fowlie hatte bei der Herrin von Killarney, der Privatbesitzerin der Gartenanlage am Lough Leane im County Kerry (heute der gleichnamige Nationalpark) die Drehbewilligung mit einem guten Scotch eingeholt. Wir können davon ausgehen, dass er der distinguierten Lady verschwiegen hat, dass in ihrem Wäldchen eine dampfende Sex-Szene entstehen sollte. Was selbst für die Locals lange ein Geheimnis blieb: Der erfindungsreiche Fowlie hatte in weiser Voraussicht die Tanzhalle von Murreagh (an der Cois Farraige) in ein Gewächshaus verwandelt und dort dieselben Pflanzen aufgezogen, damit Lean die Großaufnahmen des Liebespaars unter Studiobedingungen drehen konnte.

Der unbestrittene Star des Epos – das tosende Meer, das an die irische Westküste klatscht – lässt sich weiterhin bewundern. An

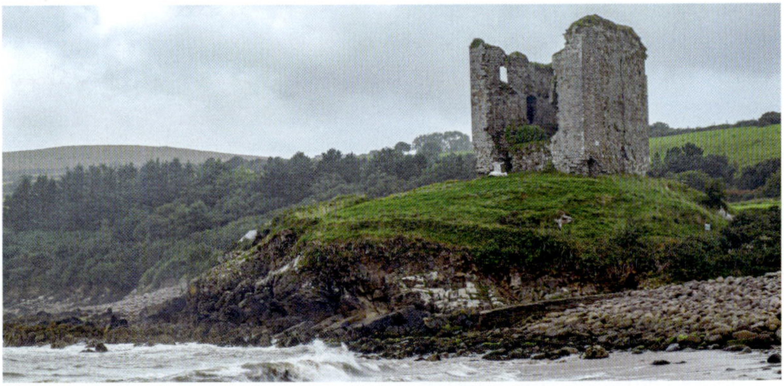

Die mittelalterliche Ruine von Minard Castle: ↑
von Cromwells Banden erstürmt, ein Treffpunkt für Romantiker.

den kilometerlangen Sandstränden ragen die schroffen Klippen auf wie Monumente. Tatsächlich setzt der Strand im Film sich aus drei Stränden der Umgebung zusammen: dem Inch Beach (weil Sarah Miles dort auf dem festgebackenen Strand in ihren hochhackigen Stiefeln nicht einsank), dem Barrow Beach (die weite Einstellung des ersten Zusammentreffens von Mitchum und Miles wurde vom Tralee Golfplatz aus aufgenommen, genauer: wo heute der zweite Abschlag ist) und schließlich dem Strand von Cou-

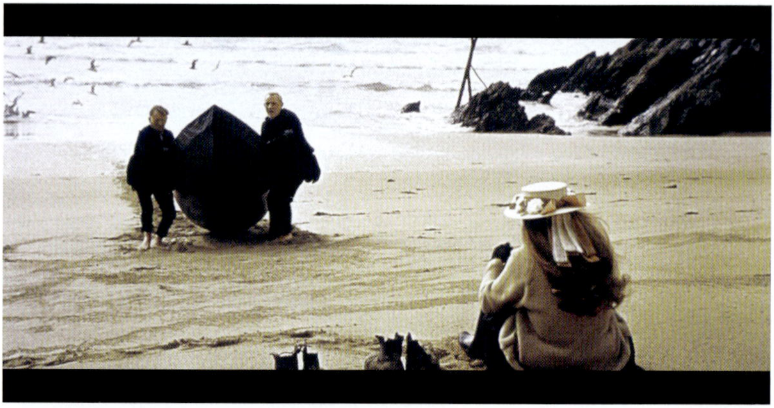

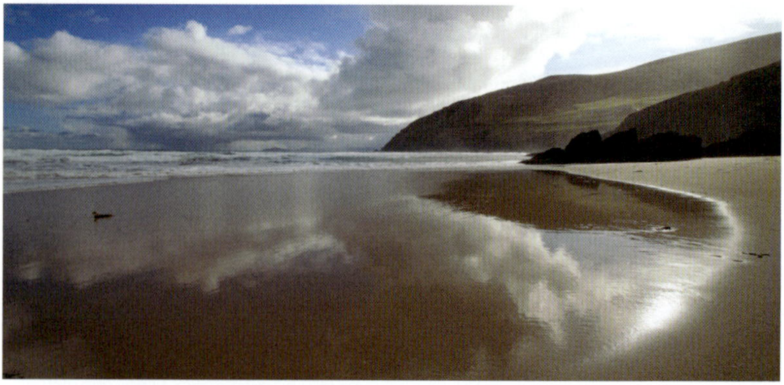

↑ Sarah Miles beobachtet, wie John Mills (der für seine Darstellung des Dorftrottels den Oscar gewann) und Trevor Howard am Strand von Coumeenoole landen, wo ein Gedenkstein an Ryans Tochter erinnert.

meenoole, wo Lean um ein Haar zwei seiner Hauptdarsteller in den Fluten verloren hätte (er hatte die Warnung der Einheimischen vor der tückischen See in den Wind geschlagen). Dort errichteten die Dörfler einen Gedenkstein mit Widmung an die Filmschaffenden. Er steht am Weg, der zum Strand hinunterführt. Alle

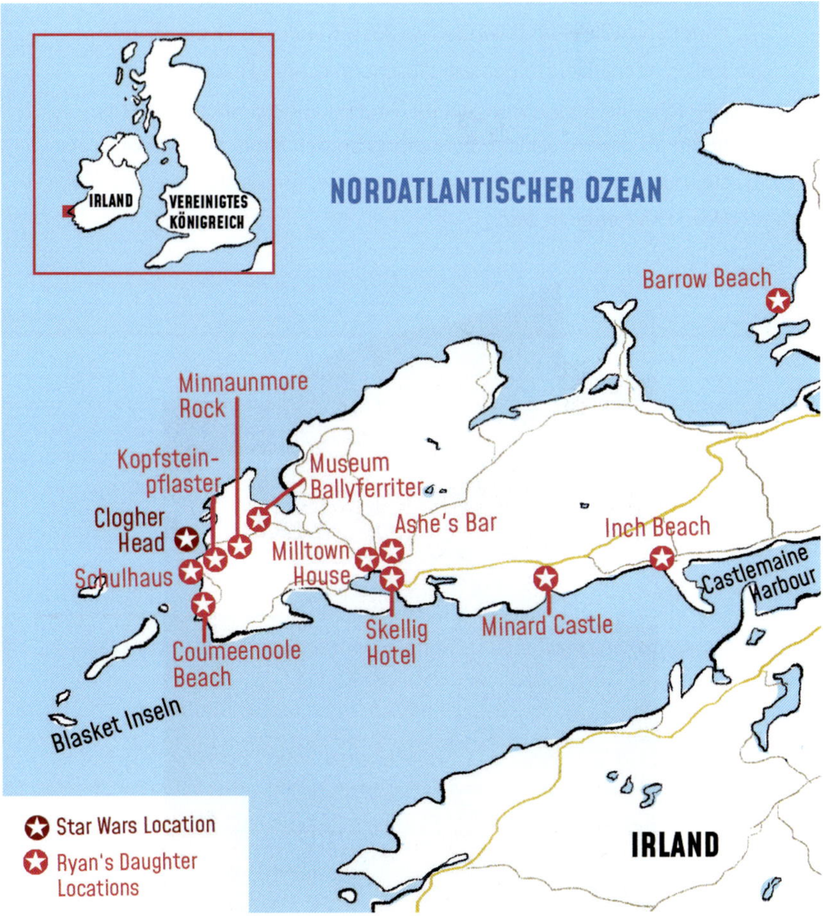

beschriebenen Aussichtspunkte lassen sich auf dem schmalen, zuweilen furchteinflößenden Rundweg über die Halbinsel erreichen, dem Slea Head Drive. An dieser Strecke findet sich der eingangs erwähnte Star-Wars-Aussichtspunkt. An derselben Stelle des Gipfels des Minnaunmore Rocks stand in „Ryan's Daughter" das britische Militärcamp. Von hier aus führt ein Kiesweg von der R559 weg, zu der Stelle, wo Lean seine finale Szene einfing: Mitchum und Miles entschwinden im Bus am Horizont. Die Bushaltestelle war markiert mit einem täuschend echten Findling, in den ein keltisches Kreuz eingeritzt ist. Das Requisit aus Fiberglas steht heute als unverwüstliche Erinnerung an den filmischen Meilenstein vor dem Museum in Ballyferriter, das ebenfalls über den Slea Head Drive erreicht wird.

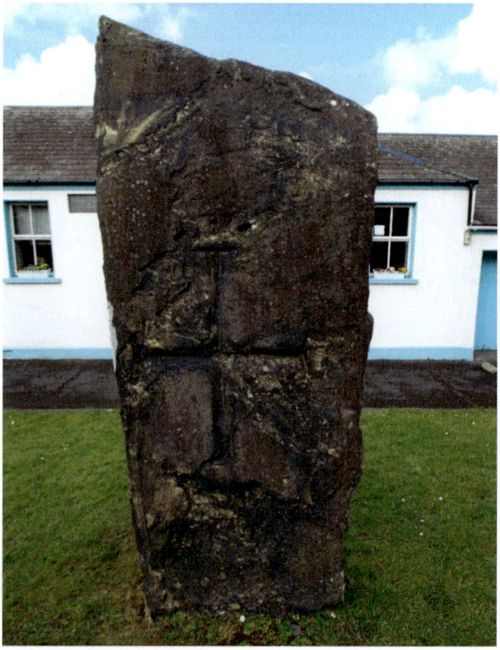

↑ Sieht echt aus, ist aber aus Fiberglas: der Meilenstein aus „Ryan's Daughter", vor dem Museum in Ballyferriter.

Noch mehr Filmorte in Irland

Cliffs of Moher

„Ryans Tochter" verliert gleich zu Anfang ihren Sonnenschirm an den Cliffs of Moher. Die steil ins Meer abfallenden Felsen sind auch in **Harry Potter and the Half-Blood Prince** (Harry Potter und der Halbblutprinz, 2009) und in **Far and Away** (In einem fernen Land, 1992) mit *Tom Cruise* zu sehen.

Wexford

1998 wurde der Curracloe Beach von *Steven Spielberg* für **Saving Private Ryan** (Der Soldat James Ryan) in den blutigen Invasionsstrand Omaha Beach verwandelt. Die damals aufgrund ihrer Filmbrutalität aufsehenerregende Sequenz, für die rund 1000 Soldaten der irischen Armee Gewehr bei Fuß standen, wurde innerhalb von sechs Wochen auf Film gebannt.

Dublin

Für **Barry Lyndon** wurde Dublin Castle 1975 zu einem Casino, wo *Ryan O'Neal* im Kartenspiel sein Glück versucht. Regisseur *Stanley Kubrick* floh bei Nacht und Nebel,

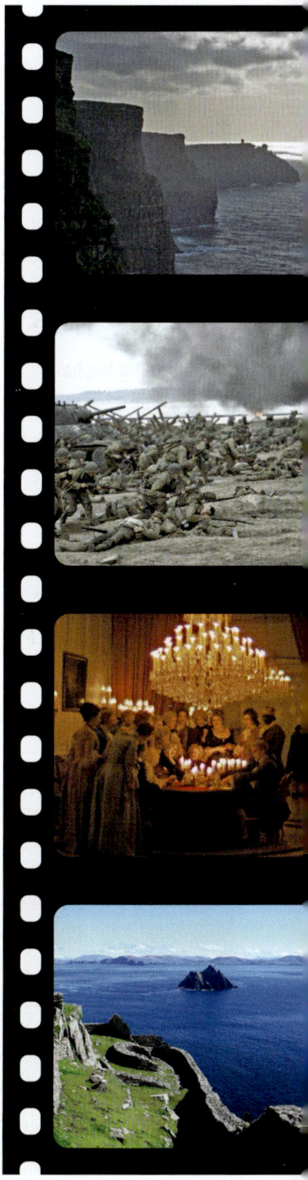

1: Cliffs of Moher: oft gefilmtes Sinnbild für Irland. →
2: Blutbad am Curracloe Beach in „Saving Private Ryan".
3: Berühmte Szene von „Barry Lyndon", nur bei Kerzenlicht im Dublin Castle gefilmt. 4: Skellig Michael: Weltkulturerbe und Star Wars-Location.

nachdem während der Kontroverse um seinen jüngst lancierten „A Clockwork Orange“ Todesdrohungen gegen seine Familie eingegangen waren. Er stellte den Film in England fertig. Wiederum wurde die irische Armee rekrutiert, in diesem Fall aber, um die englischen Rotröcke darzustellen.

Die 32 Upper Beechwood Avenue ist der Geburtsort der rothaarigen Filmschönheit Maureen O'Hara; ihr Zimmer kann zur Übernachtung gebucht werden.

Skellig Michael

Das Weltkulturerbe darf täglich nur von 15 Booten angelaufen werden – und auch die „Star Wars“-Macher durften sich nur zwei Tage auf dem Felsen aufhalten. Bei der Maximalzahl von 180 Passagieren zwischen Mai und September empfiehlt sich die Vorausplanung. „Michaels Felsen“, 12 Kilometer vom Festland, ist in einer 90-minütigen Fahrt vom Fischerdorf Portmagee aus zu erreichen. In den Sternenkrieg-Episoden VII und VIII sind die 618 in Stein geschlagenen Stufen zu sehen.

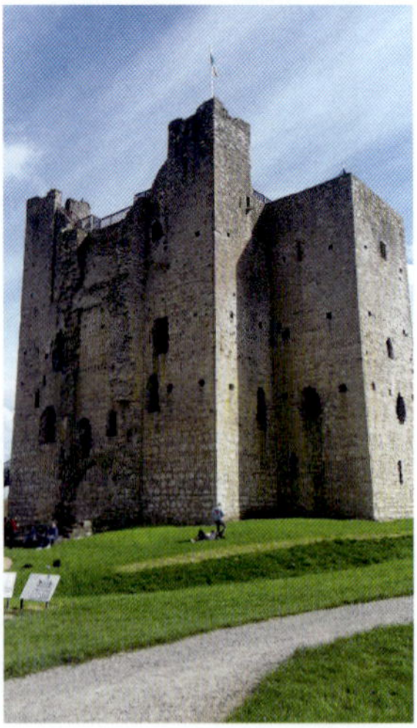

↑ Für „Braveheart“ vielseitig verwendbar: Trim Castle.

Ballymena

In Corlea Gardens 10, Demesne Council Estate, verlebte *Liam Neeson* seine Kindheit. Sein Schullehrer versucht noch immer zu verstehen, wie der Junge, dem kein Mädchen Beachtung schenkte, zum internationalen Sex-Symbol heranwachsen konnte.

Grafschaft Meath

Für Braveheart (1995) stellte das „Trim Castle“ sowohl London als auch York dar.

Weitere Braveheart-Locations waren „Dunsoghly Castle" im County Dublin (als schottische Stadt Edinburgh). Auf den Curragh Plains nahe Kildare wurde die Schlacht von Stirling aufgenommen. Dort findet sich auch Ballymore Eustace, Setting für die Schlacht von Falkirk. (GPS N 53.0801, W 6.3652)

Youghal

1956 verfilmte ***John Huston*** („African Queen") den Roman **Moby Dick** in der Region Cork. Der Fischerhafen von Youghal stellte im Film New Bedford dar. Das heutige „Moby Dick's Pub" am Market Square war nach Drehschluss beliebter Aufenthaltsort des trinkfesten Huston und seines Ahab-Darstellers, Gregory Peck. Huston, der sich in Galway niederließ, wurde später die irische Staatsbürgerschaft verliehen.

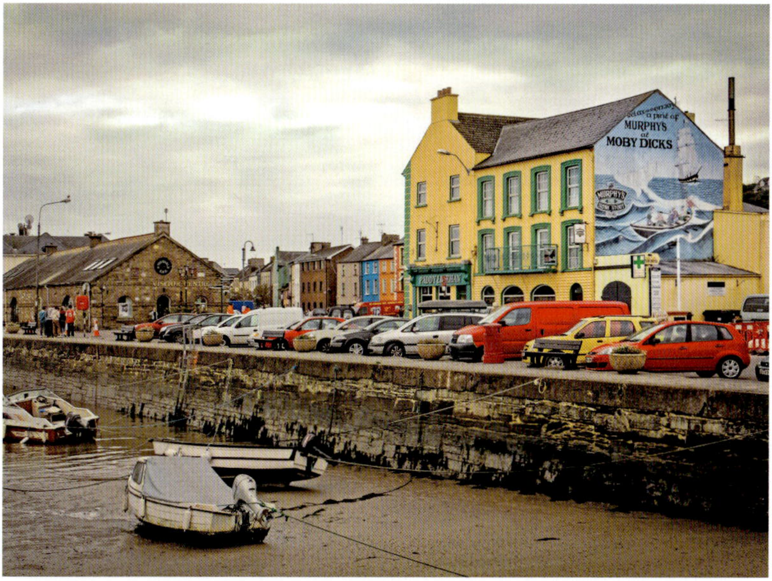

Das „Moby Dick Pub" im Hafen von Youghal stellt Memorabilia aus. ↑
Seit 2019 erinnert eine Ahab-Statue am Pier an die Dreharbeiten.

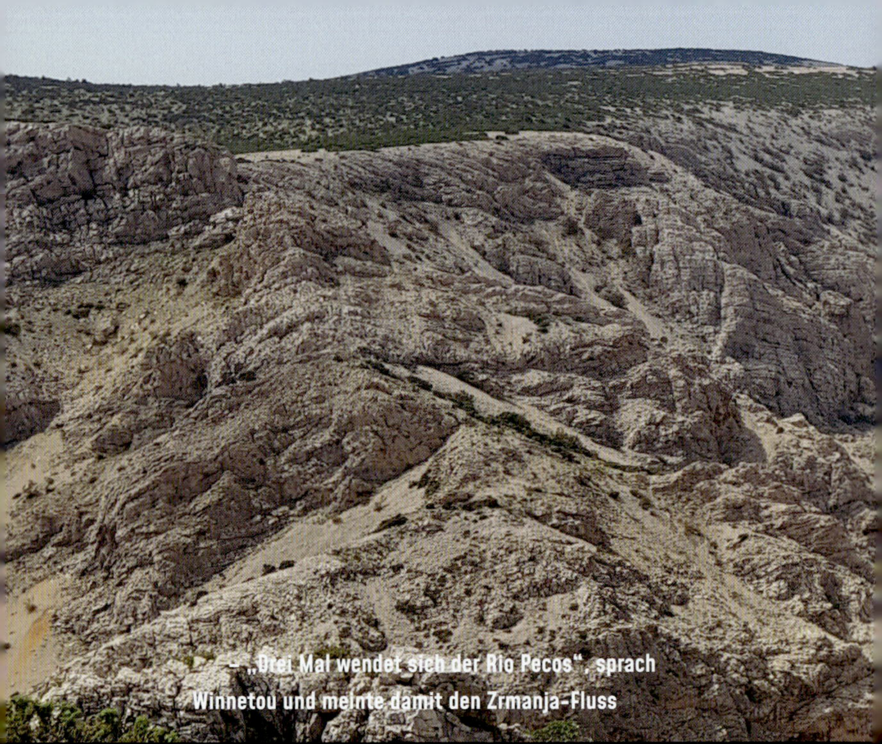

– „Drei Mal wendet sich der Rio Pecos“, sprach Winnetou und meinte damit den Zrmanja-Fluss

Kroatien

mit Slowenien, Montenegro & Bosnien und Herzegowina

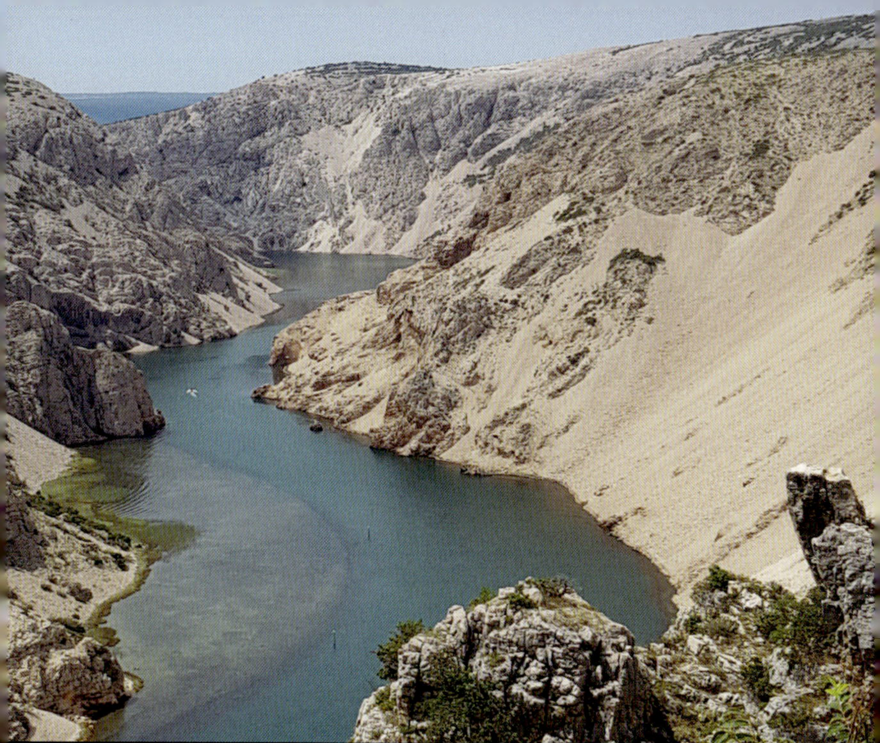

12

Die landschaftliche Vielfalt Kroatiens und seiner unmittelbaren Nachbarn regte schon immer die Fantasie der Filmemacher an. So verwandelten sich die Küstenstädte in Piratenhäfen, Bergdörfer in chinesische Burgen und die weißen Gebirge in Winnetous Heimat.

Von Tito bis DiCaprio

Die Balkankonflikte und der Zerfall Jugoslawiens in unabhängige Staaten brachte die Filmwirtschaft zum Erliegen, die unter Titos Herrschaft erblüht war. Jetzt erwacht sie aus ihrem Dornröschenschlaf. Vor allem einer dieser unabhängigen Staaten, Kroatien, feiert diese Renaissance am Adriatischen Meer, in der Hafenstadt Dubrovnik, die Jedi-Ritter, „Game of Thrones"-Fans und zuletzt sogar *Leonardo DiCaprio* verzückte.

Die charakteristische Altstadt zieht Location-Scouts magnetisch an. Wie in einer Zeitkapsel schließt die Steinmauer aus dem 16. Jahrhundert Bauten aus Barock, Renaissance und Gotik ein. In seiner Funktion als Produzent des neuesten Robin-Hood-Films, den er Ende 2018 ins Kino brachte, erklärte Leonardo DiCaprio Dubrovnik zu Nottingham Castle. Ganz neu war die Idee aber nicht mehr: Game of Thrones fühlt sich unter der mediterranen Sonne schon lange heimisch und machte Dubrovnik zu „King's Landing", der Hauptstadt der Sieben Königslande. Die Altstadt erreicht man über die Zugbrücke durch das Stadttor aus dem Jahr 1537, das in der populären TV-Serie immer wieder verwendet wird.

Längst nicht „der letzte Jedi"

Längst buhlen Tourleiter um Touristen. Die haben die Qual der Wahl zwischen der „Game of Thrones"-Tour oder einer Führung zu den **Star-Wars**-Locations. Denn 2017 landeten die Jedi-Ritter in ihrem sich offenbar unendlich ausdehnenden Universum in Episode VIII auf dem Planeten Cantonica. Dessen Küstenstadt Canto Bight ist bei allen Zockern der Galaxis für sein Casino bekannt. Soweit der Kanon der „Krieg der Sterne"-Saga. In der Wirklichkeit wurde die mit Kalkstein gepflasterte Fußgängerzone Stradun zur Piste einer trickreichen Verfolgungsjagd durch „Canto Bight". Durch die

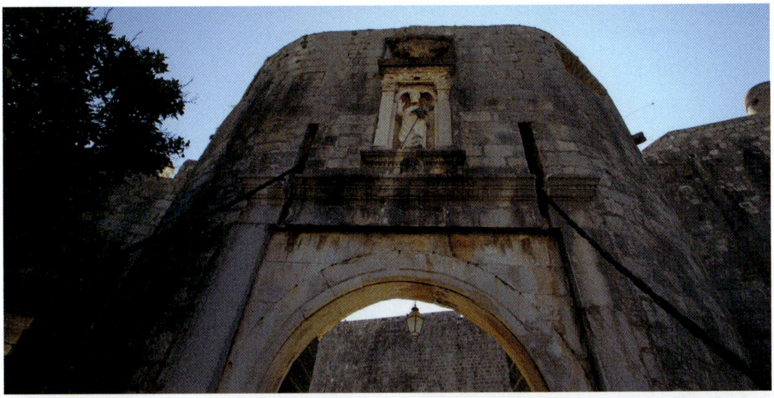

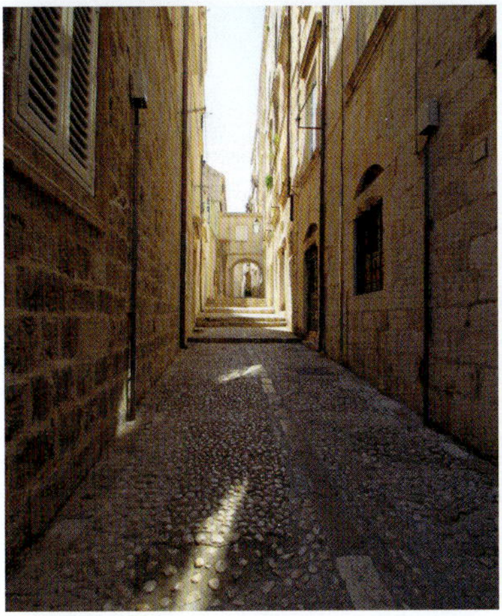

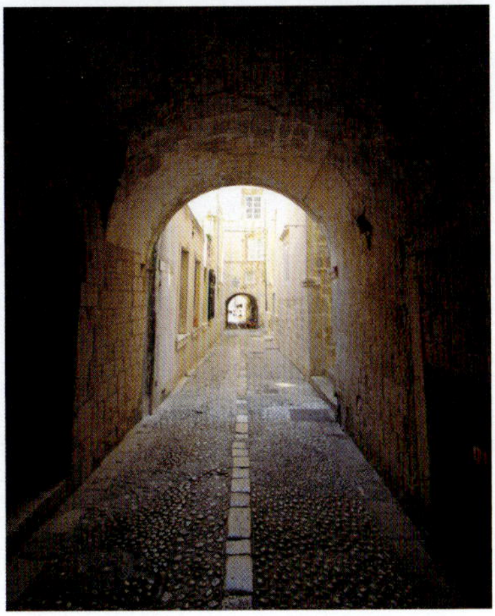

1: Beliebte Filmkulisse: Eine Zugbrücke führt durchs Altstadttor in Dubrovniks Innenstadt. ↑
2–3: Zwei Ansichten der kleinen Gasse, die in der Star Wars-Episode „The Last Jedi" mit Spezialeffekten gepimpt wird.

Setdesigner intergalaktisch aufgepeppt wurde der Platz bei der Festung Revelin an der Ulica Grada ebenso wie die schmale Gasse, die zum Maritime Museum am Hafen führt, sowie der Banje Strand. Selbst der Onofrio-Brunnen wurde für den Aufenthalt der Jedis auf „Cantonica" einem futuristischen Upgrade unterzogen.

Der historische Wall, der eine Invasion von See her aufhalten sollte, bietet keinen Schutz gegen die Horden von Touristen, die seit dieser Gratisreklame Dubrovnik stürmen. 2016 wurden an einem einzigen Tag über 10.000 Touristen innerhalb der Altstadt gezählt. Die UNESCO erließ eine Warnung, die Stadt könnte ihren Status als Weltkulturerbe einbüßen. Doch an Tagen, an denen Kreuzfahrtschiffe in den Hafen einlaufen, fluten die Massen weiterhin die engen Gassen.

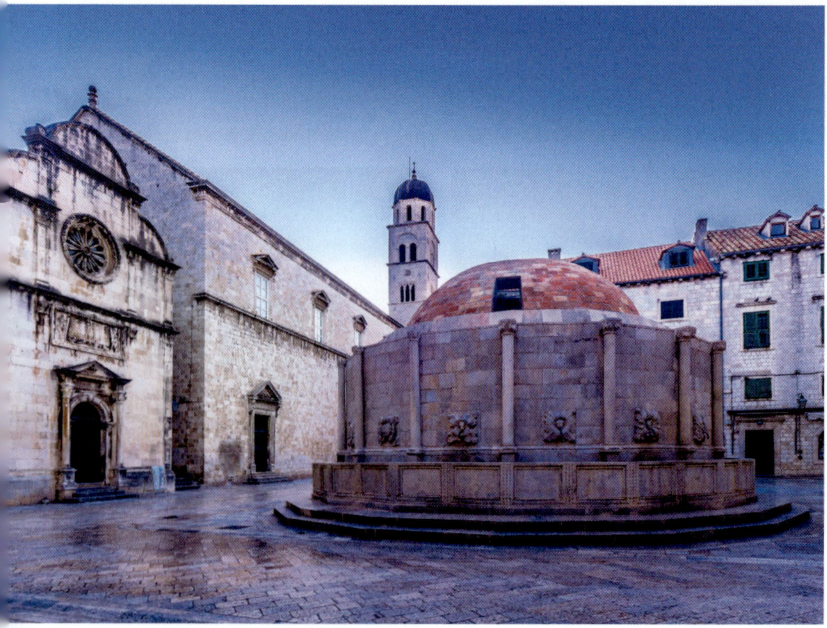

↑ Eine der wenigen kostenlosen Sehenswürdigkeiten: der Onofriobrunnen, errichtet 1438, für Star-Wars-Fans erst seit 2017 sehenswürdig.

Titos Hollywood-Connection

Zu Winnetous Zeiten waren die Filmlande noch jungfräulich und Kroatien ein Teil von Jugoslawien. Vor Dubrovnik, bei Ivanica, das heute zur Föderation Bosnien und Herzegowina gehört, stand im letzten Karl-May-Abenteuer im Tal der Toten eine Westernstadt und in **Unter Geiern** (1964) ritten dort die Stuntmen eifrig um eine Wagenburg, um für Old Surehands Winchester ein nicht zu verfehlendes Ziel zu bieten.

Wer damals im Lande Jugoslawien Filme drehen durfte, bestimmte ein Mann allein: Diktator Tito. Der Marshall von Jugoslawien war geschmeichelt, wie selbst Hollywood-Größen ihm hofierten. Der Staatschef hatte freilich etwas, das Hollywood für seine Kriegsfilme haben wollte: Restbestände aus dem Zweiten Weltkrieg. Josip Broz Tito hatte als Partisanenkämpfer die jugoslawische Front geeint. Und war nun gern bereit, Waffen und Material zur Verfügung zu stellen, wenn dafür aufwändige Filme seinen Personenkult betrieben.

Teuerster Balkan-Film

Der als Co-Produktion zwischen Deutschland, Italien und Jugoslawien entstandene Film **Schlacht an der Neretva** (1968) feierte Titos größten Triumph als Partisanenkämpfer. Besetzt mit Weltstars wie *Yul Brynner* und *Orson Welles* strickt der Schlachtenfilm am Mythos des jugoslawischen Widerstands. Pablo Picasso schuf das Filmplakat (und ließ sich das nicht mit Geld, sondern einer Kiste bester jugoslawischer Weine vergelten). 25 Jahre nach dem Ereignis war das in Bosnien und Herzegowina liegende Jablanica erneut „Kriegsschauplatz". Die Stadt gilt als Symbol für den Sieg über die deutschen Invasoren. Die zerstörte Eisenbahnbrücke, deren Sprengung den Sieg sicherte, ist dort Teil einer Museumsanlage.

Das damals mit 12 Millionen Dollar teuerste je auf dem Balkan hergestellte Filmwerk war Hollywood sogar die Oscar-Nomination als „bester fremdsprachiger Film“ wert.

Verwirrung um Burton

Grünes Licht gab Tito vier Jahre später für einen weiteren nationalistisch gefärbten Kriegskracher: **Die fünfte Offensive – Kesselschlacht an der Sutjeska** (1972), den sich die jugoslawische Regierung etwas kosten ließ. Dieses Mal sollte kein Geringerer als *Richard Burton* Tito darstellen. Der Marschall hatte sich als Fan von Burtons „Agenten sterben einsam“ geoutet. Und behauptet, er habe im Kampf gegen die Faschisten genauso ausgesehen wie Richard Burton! Der walisische Schauspieler seinerseits machte keinen Hehl aus seiner Bewunderung für den Kriegshelden. Genauso legte er auch seine Darstellung an. Tito hatte den Burtons sein Haus zur Verfügung gestellt und da Richard gerade mal wieder dem Alkohol abgeschworen hatte, trank er ganze Kannen von

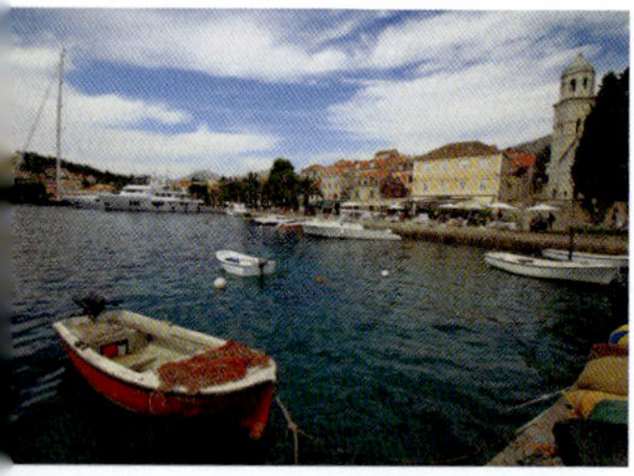

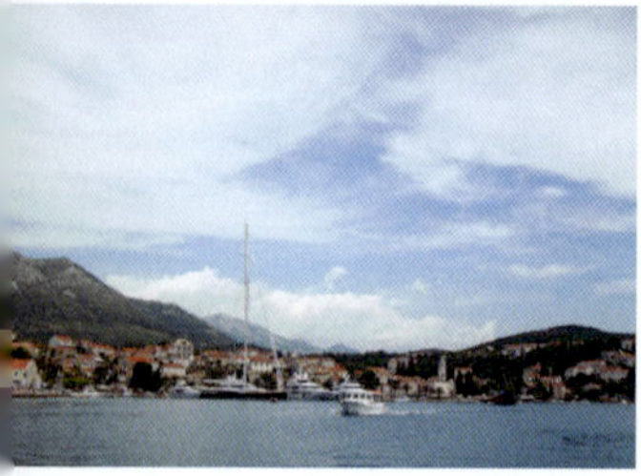

Néscafé und Tee. Die Yacht der Burtons, die „Kalizma“, ankerte im Hafen von Cavtat, unterhalb von Dubrovnik. Schon in der Antike legten hier Griechen und Römer an – heute liegen im schmucken Badeort die Luxusyachten vor Anker. Von Cavtat flog ein Militärhubschrauber den Hauptdarsteller täglich in die Berge der dalmatinischen Küste, wo die Kämpfe an ihren Originalschauplätzen nachgestellt wurden. Einmal rettete weibliche Intuition Burtons Leben: *Liz Taylor* drängte ihn noch am Landeplatz, den Hubschrauber wieder zu verlassen,

↑ In der alten Hafenstadt Cavtat wäre beinahe Richard Burtons Schicksal besiegelt worden.

der daraufhin in den Bergen zerschellte. *Hardy Krüger*, bereits in seinem zweiten Tito-Film, hatte am Drehbuch mitgeschrieben und musste vor Ort feststellen, dass er und Burton – um die Zusage der Weltstars zu erreichen – verschiedene Scripts erhalten hatten, die ihre Rollen unterschiedlich stark betonten. Worauf Krüger verstimmt das Handtuch warf und Burton alleine weiterspielte.

Was zum Geier?

Im selben Jahr, als Hardy Krüger unverrichteter Dinge das Set verließ, kam *Kirk Douglas* für Scalawag (Der Pirat der 7 Meere, 1973) nach Jugoslawien. Als umtriebiger Produzent seiner eigenen Filme hatte er sich bei einem früheren Besuch eines Karl-May-Drehorts ein Bild davon gemacht, ob Jugoslawien als Filmland taugte. Ein Fehlentscheid, der den Mann mit dem markanten Kinngrübchen finanziell empfindlich treffen sollte. Für sein Regiedebüt stellte Douglas seine Kameras auf dem filmerprobten Winnetou-Plateau über der Zrmanja-Schlucht auf, wo 1965 schon *Omar Sharif* vorbeigeritten war, in einem Film über Dschingis Khan, der weiterhin auf seine filmhistorische Anerkennung wartet. Dann zog Douglas als einbeiniger „Pirat der 7 Meere" nach Starigrad um, wo er die romantische, halb im Meer versunkene Turmruine Vecka Kula als Drehort nutzte. Nicht einer seiner anderen Filme, so resümierte Douglas, habe ihm so viel Kopfzerbrechen bereitet, angefangen von nicht gelieferten Lunchpaketen bis hin zu nicht ausgebildeten Kameraleuten. Eines seiner Probleme hatte er der Telefongesellschaft zu ver-

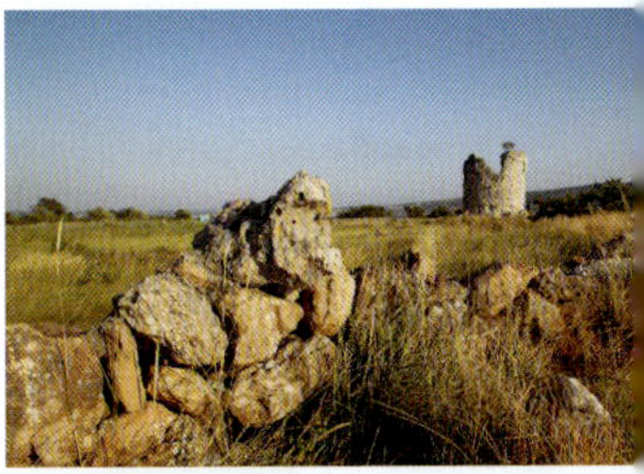

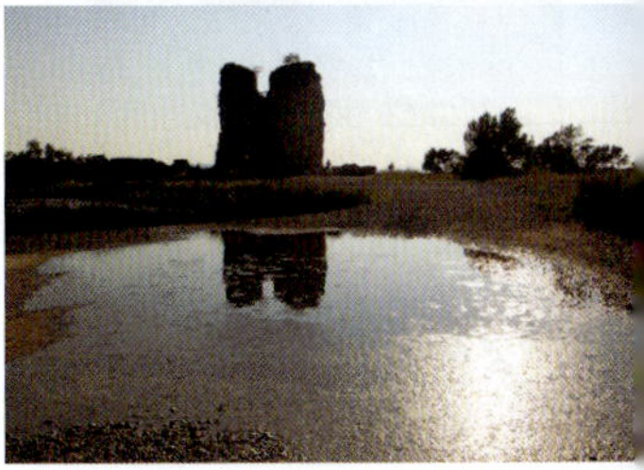

Die wildromantische Turmruine Vecka Kula bei Starigrad diente einem einbeinigen Kirk Douglas als Piraten-Unterschlupf. ↑

danken, die ihm einen Gemeinschaftsanschluss eingerichtet hatte. „Es klingelte Tag und Nacht. Wenn wir den Hörer abnahmen, ertönten Gespräche in Serbokroatisch." Sprachliche Missverständnisse führten zu zeitraubenden Verzögerungen. Einmal war sogar der Papagei, der eine Filmrolle spielte, nicht mehr auffindbar. An einem anderen Tag vermerkte der Produktionsbericht: „Mr. Douglas beschwert sich, dass keiner der bestellten Geier am Drehort ist." Als das Federvieh endlich eintraf, wurde vermerkt: „Geier fliegt (nach erstem Take) davon." Und später: „Von den Geiern sollte wenigstens einer auf einem Baum festgemacht werden. Entsprechende Versuche bleiben erfolglos." Tage später: „Ein Geier entkommt vom Baum, indem er Kabel durchbeißt." Douglas schrieb nicht nur die Geier ab, sondern auch sein Geld. Von da an hielt er sich an seinen Vorsatz: „Amerikanische Filmteams sind die besten!"

Eastwoods Zerstörungsorgie

Dagegen hatte Kelly's Heroes, der actiongeladene Kriegsfilm von 1969, nur Gutes von Jugoslawien zu berichten. In diesem Mix aus Persiflage und hartem Männer-Kino nutzen zynische amerikanische Soldaten ihren Fronturlaub, um eine Bank im französischen Clermont zu berauben. Tito persönlich genehmigte dem „Stoßtrupp Gold", so hießen Eastwoods Helden in der deutschen Version, den Zugriff aufs vorhandene Kriegsmaterial. Und mehr noch: Die Filmer durften für den Part von „Clermont" eine halbe jugoslawische Stadt in Schutt und Asche legen. Auf Istrien, der größten Halbinsel an der nördlichen Adria, lag Vižinada. Vormals ungarisch, ging sie im Ersten Weltkrieg an Italien verloren, die Italiener verloren sie ihrerseits im Zweiten.

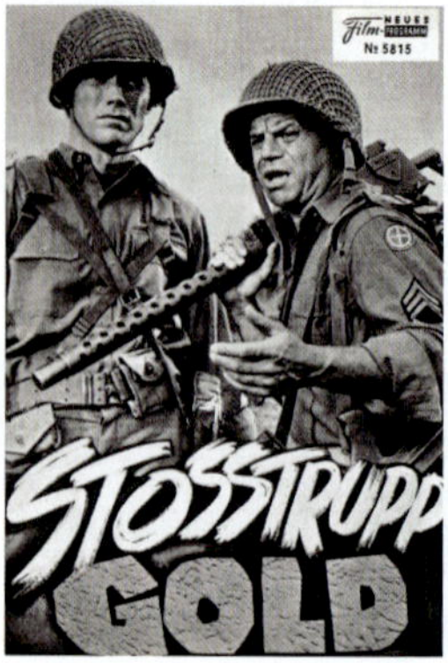

↑ Waffenstarrender Stoßtrupp: Clint Eastwood war mit der Umsetzung der Zerstörungsorgie in Kroatien unglücklich.

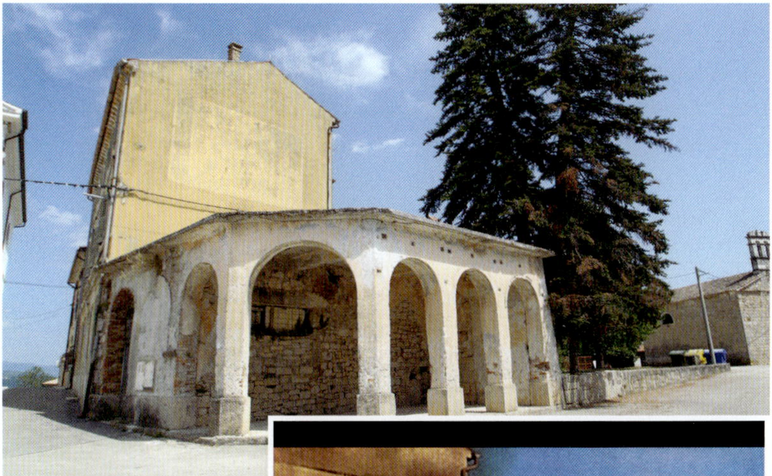

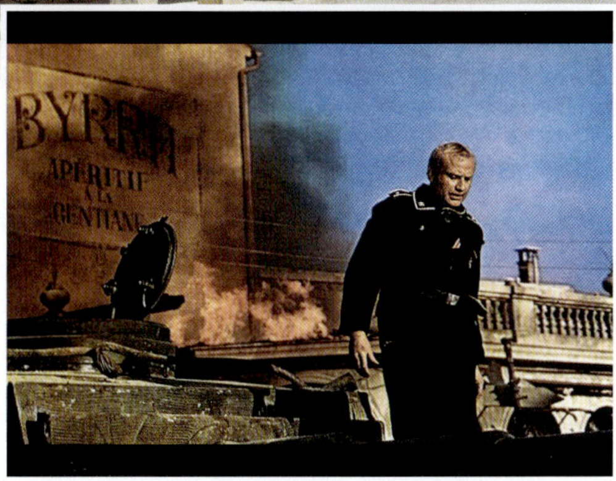

In Vižinadas Dorfkern noch immer sichtbar: an dieser Fassade wurde für den Eastwood-Film eine französische Alkohol-Werbung aufgemalt.

Schließlich zogen die Jugoslawen ein. Selbst 1970 waren viele der im Weltkrieg beschädigten Dörfer noch nicht wieder aufgebaut und auch Vižinada war nur teilweise bewohnt. Co-Star *Donald Sutherland*: „In Vižinada, das wir in die Luft jagten, lebten noch Leute! Nicht in dem Teil, wo wir drehten, aber gleich daneben. Als alles Feuer fing, war das ein bisschen furchteinflößend für einige der Einwohner." Lapidarer Kommentar eines Crewmitglieds: „Die

Leute da hatten unter dem Kommunismus sowieso nicht viel zu sagen." Die Bilanz von Regisseur *Brian G. Hutton*: „Der Film wäre in Amerika nicht zu machen gewesen." Als ein über 100-jähriger Mann, der als Statist verpflichtet worden war, bei einer Aufnahme einem Herzinfarkt erlag, ließ *Telly Savalas* seinen Militärhelm herumgehen, um für die Witwe einige tausend Dollar zu sammeln. Am Kampfplatz im Dorfkern stehen nicht nur die Steingebäude, die sofort zu erkennen sind, noch immer an Ort und Stelle, sondern kann man dort auch Einheimische treffen, die wissbegierigen Fans gerne Auskunft über ihre Zeit als Statisten geben. Die Kinder, die in der Siegesparade am Filmende auftreten, sind heute die Senioren von Vižinada. An der Stelle der Bank, aus der das Gold geraubt wird, steht heute das Touristenoffice, das bald eine bleibende „Kelly"-Ausstellung beherbergen soll – zum 50-jährigen Filmjubiläum hat man das aber noch nicht geschafft.

Auf dem Hügel direkt vor Vižinada späht Eastwoods Trupp den Ort aus. Die Erhebung ist dem Heiligen Thomas gewidmet und dient der religiösen Erbauung. Die drei deutschen „Tiger"-Panzer stammten aus dem Arsenal der sowjetischen Armee und hatten schon im „Neretva"-Film mitgekämpft. Die drei amerikanischen „Sherman"-Panzer wurden wiederum von Titos Armee bereitgestellt.

Während der Vižinada-Szenen wohnten die Schauspieler im Hotel „Adriatic" an der Istarskih Boraca 1 in Umag (dort waren wenige Jahre zuvor Szenen für **The Long Ships** (1964) entstanden, *Richard Widmarks* farbenfroher „Raubzug der Wikinger"). Übrigens entstanden „Kellys" restliche Aufnahmen im Umfeld der serbischen Stadt Novi Sad, wo der Cast im damaligen „Varadin"-Hotel untergebracht war. Als die Schauspieler an einem Abend des mehrmonatigen Drehs pokerspielend im Hotel saßen, erreichte sie die Nachricht von Amerikas Mondlandung. Sie konnten den

Kommentar im einheimischen Fernsehen aber nicht verstehen. „Was hat er gesagt?", riefen sich Sutherland und Eastwood aufgeregt zu, „was hat er gesagt?"

Der Film schlug an der Kinokasse wie eine Bombe ein und hat eine treue Fangemeinde, zu der *Clint Eastwood* nicht zählt: „Dieser Film hätte einer der besten Antikriegsfilme aller Zeiten werden können. Er hatte ein überragendes Drehbuch, eine gute Besetzung und eine subtile Antikriegs-Botschaft. Aber irgendwo in Jugoslawien ging das alles verloren."

Nur zwei Jahre vor Titos Ende, 1978, spielte Hollywood im damaligen Jugoslawien noch immer die Partisanenkämpfe als abenteuerliche Macho-Taten nach. ***Robert Shaw*** und ***Harrison Ford*** übernahmen in **Force 10 from Navarone** (Der wilde Haufen von Navarone) nicht nur die Rollen von Peck und Niven aus „Die Kanonen von Navarone", sondern auch den filmischen Auftrag, eine – wie so oft im Krieg – strategisch wichtige Brücke zu vernichten.

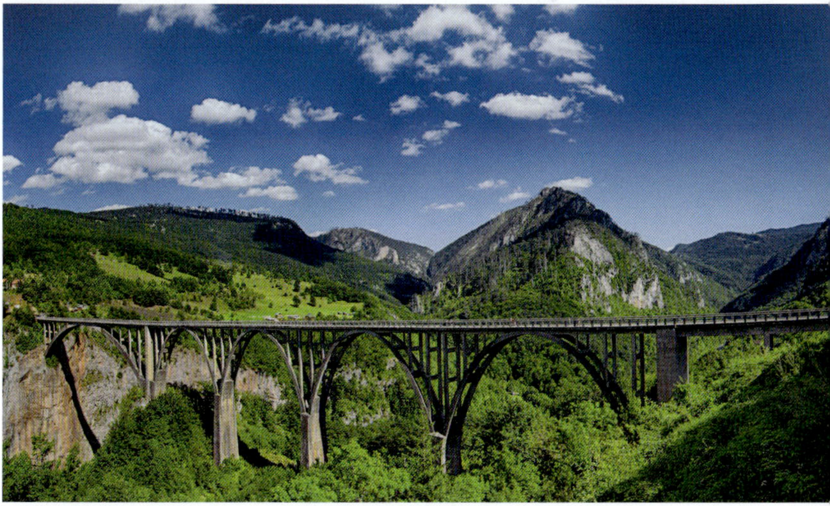

Geht im Film durch Harrison Fords Eingreifen zu Bruch, steht in Wahrheit bis heute: die Đurđevića Tara Brücke. ↑

Die Konstruktion, die in den letzten Filmminuten eindrucksvoll zu Bruch geht, steht allerdings noch immer: Es handelt sich um die Đurđevića Tara Brücke im heutigen Montenegro; sie verbindet die Orte Pljevlja und Žabljak über die Tara. Auch der Staudamm, den die Alliierten erfolgreich sprengen, um die deutschen Besatzer in den Wasserfluten ertrinken zu lassen, ist unbeschädigt: Es ist der Jablanica-Damm, der an der Neretva in der Region Herzegowina den Jablanica-See staut.

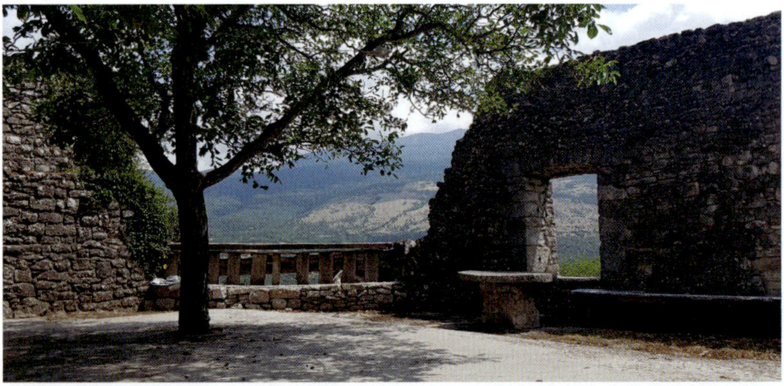

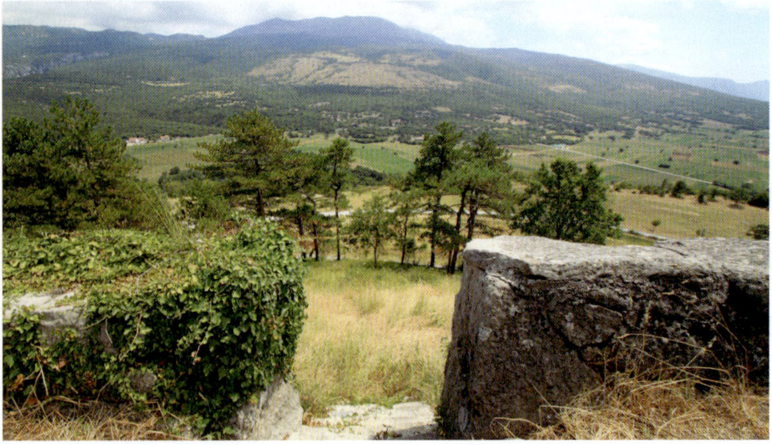

↑ Boljun, diese vom Tourismus kaum beachtete Festung auf der Halbinsel von Istrien, wurde von keinem anderen als Tom Selleck verteidigt.

REISETIPP

Wie in diesem Kapitel mehrmals erwähnt, sind einige der Locations von Touristen überlaufen. Wer lieber einen abgelegenen, kaum frequentierten Drehort besichtigt, dem sei der Film mit dem passenden deutschen Titel „Höllenjagd bis ans Ende der Welt" ans Herz gelegt. Das Dorf Boljun in Istrien zählt kaum 100 Einwohner und ist die Ruhe selbst. Das letzte Mal hat es dort 1983 gekracht, als *Tom Selleck* als raubeiniges Fliegerass im Doppeldecker die anschaulich auf einem Hügel liegende, mittelalterliche Burg verteidigte – die gemäß Drehbuch von High Road to China, eben, in China liegt. Ein dankbarer Ort für den Location-Pilger, da die Gassen und Gebäude seit Sellecks Besuch unverändert sind.

Karl-May-Kult in Kroatien

Die Wonnen, die pubertierende Jungen beim Anblick der aparten Apachen-Prinzessin *Marie Versini* empfanden, und die Schwärmerei der Mädchen für ihren *Lex Barker*, den schönen Hünen mit den harten Zügen, sind überaus nachhaltig. So nachhaltig, dass die Verehrer der Karl-May-Verfilmungen sich heute dorthin aufmachen, wo diese Filmträume entstanden. Winnetou war im ehemaligen Jugoslawien lange vergessen – und ist fürs heutige Kroatien ein Markenname.

Denn zur Alchemie der Erfolgsfilme trug die märchenhafte – nicht im mindesten an die amerikanische Prärie erinnernde – Landschaft bei. Wer in den 1960er-Jahren aufwuchs, muss geglaubt haben, in New Mexico bestehen die Felsen aus weißem Kalkstein und werden Schätze in tiefblauen Seen versenkt. Machte man in den ersten Souvenirprogrammen noch den Versuch, die Geografie der Handlung auf einer US-Karte darstellen zu wollen, wurde Jugoslawien in den Folgejahren ganz offiziell zum Co-Star der Filmreihe.

Bis heute werden die May-Verfilmungen als deutsche Produktionen wahrgenommen. Was auch daran liegen mag, dass der US-Markt die importierten Filme geringschätzig „Sauerkraut-Western" nannte. Die Berliner Filmgesellschaften Rialto (mit ihrem schillernden Produktionschef *Horst Wendlandt*) und CCC (unter Leitung des knallhart kalkulierenden *Artur Brauner*) stellten die Filme abwechselnd her. Wobei die Absprachen mitunter schwierig waren, da die Produzenten auf ihre Exklusivverträge mit Lex Barker oder *Pierre Brice* pochten. So wurde *Elke Sommer*, vertraglich an die CCC gebunden, einmal für „Unter Geiern" mit Brice getauscht, der bei Rialto verpflichtet war. Dabei gerät es leicht in Vergessenheit, dass die Deutschen auf ihre jugoslawischen Co-Produzenten angewiesen waren. Brauner hatte sich mit der serbischen „Avala-Film" zusammengetan, Wendlandt machte gemeinsame Sache mit der in Zagreb beheimateten „Jadran-Film", welche die Streifen auch in den damaligen Ostblock-Staaten auswertete. Es waren die Jugoslawen, die die Drehorte in ihrer Heimat organisierten! Dabei erwiesen sich die Balkan-Mitstreiter als äußerst erfindungsreich. Kam eine hässliche Zementfabrik ins Bild, verstellten sie den Blick durch ein Indianerzelt. War kein Höhleneingang zu finden, gipsten sie ihn kurzum auf eine flache Felswand. *Bill Ramsey* erinnerte sich: Weil zu wenige der künstlichen Kakteen zur Verfügung standen, pflanzten die Assistenten diese bei jedem einzelnen Kamerawechsel um.

Der Wilde Westen lag in jenen Tagen in den – mit Kakteen nicht besonders gesegneten – heutigen Staaten Kroatien, Serbien, Kosovo, Bosnien-Herzegowina, Slowenien und Montenegro. Eine vollständige Aufzählung aller durch die äußerst aktive „Karl-May-Forschung" der Fans bis heute erfassten Motive hier wiederzugeben, würde den Rahmen dieses Kapitels sprengen. Es lässt sich mit Fug und Recht behaupten, dass diese Schauplätze die wohl am besten recherchierten und von treuen Anhängern ausgiebig bebilderten Drehorte Europas darstellen. Weshalb wir uns auf Winnetous glanzvollste Plätze beschränken wollen. Vernachlässigt werden die Filme um Kara Ben Nemsi, für die Artur Brauner Jugoslawien untreu wurde und ins spanische Almería reiste.

Gewarnt sei der Besucher vor dem Schock beim Anblick der vermeintlich intakten Natur, wie er sie aus den zahllosen TV-Wiederholungen kennt. Wo die Helden unserer Kindheit ritten, stehen Hochspannungsmasten, Industrie und unterdessen auch Windkraftanlagen. Vorfinden wird man, als Zugeständnis an den Tourismus, asphaltierte Parkplätze und portable Kunststoff-Toiletten. Betroffen machen die noch sichtbaren Kriegsnarben.

Schon zur Drehzeit wurde im Vielvölkerstaat nicht nur mit Platzpatronen geschossen. Als für **Old Shatterhand** einmal ein Pistolenschuss als Signal abgemacht war, die Planwagen in Gang zu setzen, wurden die Statisten unsicher, allesamt albanische Flüchtlinge. Denn gefilmt wurde kurz vor der albanischen Grenze. Würden die Grenzsoldaten Schüsse hören und ihren „Konvoi" entdecken, könnten sie annehmen, dass die Jugoslawen eine Invasion starten würden! 1991 begannen die militärischen Auseinandersetzungen dann tatsächlich: im selben Nationalpark, in dem der „Silbersee" liegt.

Schatzkarte zum Silbersee

Gleich der erste Film der Reihe, **Der Schatz im Silbersee**, machte 1962 durch seinen filmischen Anschauungsunterricht die Plitvicer Seen mit einem großen Publikum bekannt. Der Nationalpark mit seinen tausenden von Wasserfällen ist eingebettet ins Dinarische Gebirge. Ist der Silbersee in der Totalen zu sehen, handelt es sich um den Kaluderovac-See im Bereich der „Unteren Seen". Die Höhle, in der die Banditen vom Goldschatz ins Verderben geführt wer-

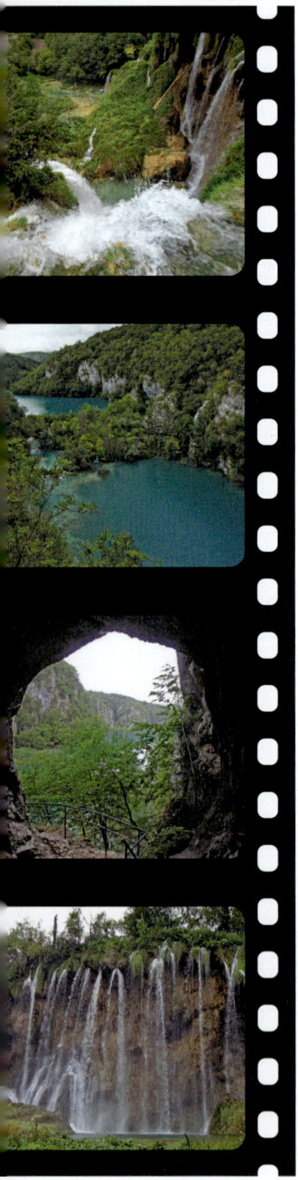

den, liegt am hinteren Ende des Sees. Die natürliche Grotte ist nur wenige Meter tief und über dieselbe Steintreppe zu erreichen, die im Film benutzt wurde.

Die Desperados wollen *Karin Dor* und *Götz George* am Wasserfall „Slap Plitvice" aufhängen, ebenfalls im Bereich der „Unteren Seen". Im dritten Teil stürzt sich Winnetou unterhalb desselben Wasserfalls auf der Flucht vor seinen Mördern in die Tiefe des „Bärenflusses", in diesem Fall der Korana. 16 große und kleine smaragdgrüne Seen bilden mit der Korana eine Kette, die mit einem Höhenunterschied von 156 Metern durch zahllose Wasserfälle verbunden sind. Noch heute erreicht man das Naturschutzgebiet nur über Fußwege und Uferstege. Das Filmequipment an Ort und Stelle zu schaffen, war beschwerlich. Die Kaskadeure führten ihre Pferde am Zügel, das Material wurde von geduldigen Eseln getragen. Geduld brauchen heute auch die Besucher, im Gänsemarsch eingereiht mit tausenden

← 1: Der Plitvicer Nationalpark, in der Landesmitte Kroatiens, ist für seine 16 kaskadenförmig angeordneten Seen bekannt, die durch Wasserfälle miteinander verbunden sind. 2: Der tiefblaue Kozjak-See bildete den Hintergrund der Schlussszene im „Schatz im Silbersee". 3: In dieser feuchten Höhle verbargen sich im „Schatz im Silbersee" die verbotenen Reichtümer. 4: Hier wurde Götz George durch einen gezielten Schuss aus Old Shatterhands Büchse vorm Galgenstrick gerettet.

Gleichgesinnten. Die Tickets sind beschränkt, ein frühzeitiges Erscheinen lohnt sich daher.

Der geschäftliche Erfolg des „Silbersees" löste bekanntlich die Karl-May-Welle aus, die erst abebbte, als sich in den handwerklich solide gemachten, durch Versatzstücke der Klamotte aufgelockerten Parabeln von Gut und Böse die Routine breitmachte. „Silbersee" wurde in über 60 Länder verkauft. Doch als Hauptabsatzmarkt hatte Wendlandt stets den deutschen Markt angepeilt. Als der Autor dieses Buches ihn fragte, wie die Filme eigentlich im Heimatland des Western ankamen, da konnte der Produzent sich nicht darauf besinnen, ob „Treasure of Silver Lake" selbst in US-Kinos lief.

Winnetous Pueblo

Das legendärste Motiv der Filmreihe, das Pueblo der Apachen (tatsächlich eine patinierte Holzkonstruktion), stand am Zrmanja-Canyon. Hier schlossen die Freunde Blutsbrüderschaft (die Aufnahme ging mehrmals schief, weil ein Lachanfall Barker und

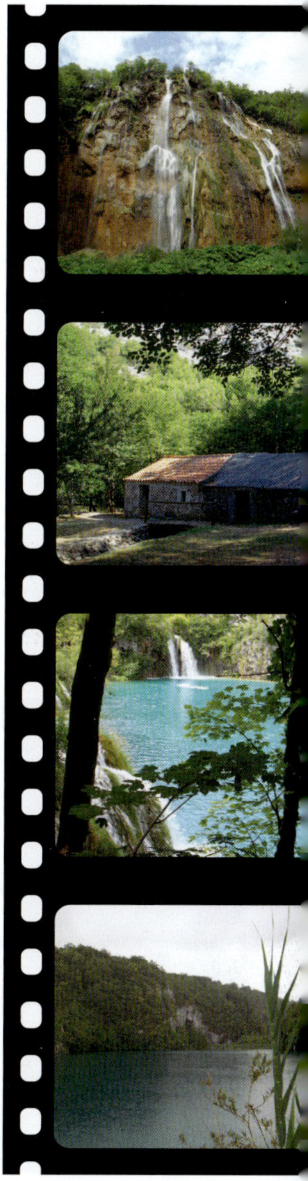

1: Hinter den Felsbrocken des Veliki Slap, auch „Big Waterfall" genannt, nimmt Winnetou im 3. Teil Deckung. Der größte Wasserfall innerhalb des Naturparks diente auch als Hintergrund von Publicity-Fotos. 2: In der Paklenica-Schlucht wurde die alte Wassermühle zum Unterschlupf der Räuber des Silbersee-Schatzes. 3: Durch den beherzten Sprung in den Fluss Korana entkommt Winnetou seinen Häschern. 4: Die Schatzhöhle liegt, wie auf der Schatzkarte im Film beschrieben, einige Meter über dem Wasserspiegel.

Brice überwältigte) und stellten die Indianer ihre Marterpfähle ausgerechnet so, dass den Gefesselten der atemberaubende Blick auf den Rio Pecos entging (richtig: der Zrmanja-Fluss). Den mythischen Ort erreichen die Pilger von der Straße zwischen Jasenice und der Abbiegung nach Obrovac, geheimnisvoll und vor Blicken verborgen auf der rechten Straßenseite. Ein Paradebeispiel für die unschätzbare Vorarbeit des Location-Scouts: Wirkt das Pueblo im Film, als befinde man sich hoch oben im Gebirge, so liegt das „Winnetou-Plateau" doch auf der Höhe der Straße und ist über einen Kiesweg gut zu erreichen. Spätestens 1964, nach Winnetou I, hing der Häuptling als Bravo-Starschnitt in den Kinderzimmern, auf dem Zrmanja-Plateau mit der Silberbüchse posierend, im ikonischen Wildlederkostüm mit den Streifen indianischer Webkunst.

Fort mit dem Geld

Die damalige Rekordsumme von vier Millionen Mark ließ man sich „Old Shatterhand" kosten. Ein großer Brocken des Budgets wurde

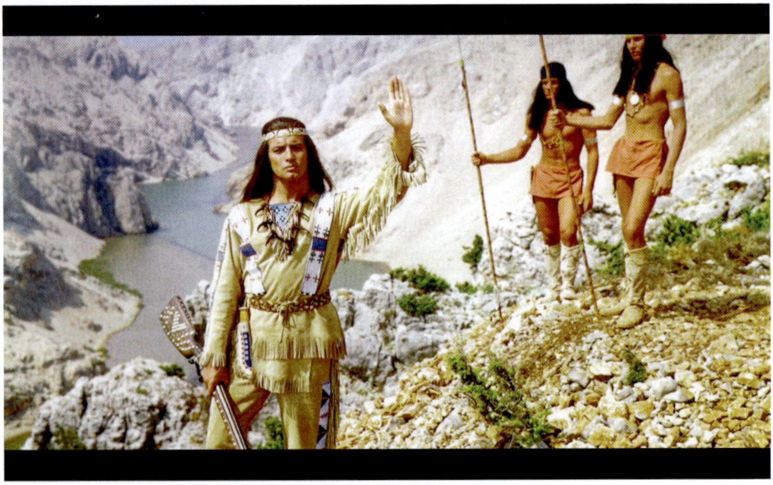

↑ Magischer Moment: Pierre Brice grüßt vom Zrmanja-Plateau. Winnetou-Fans der ersten Stunde und Nachfolge-Generationen kennen das Bild.

für das Soldatenfort ausgegeben, das in der weiten Ebene namens Popovo Polje errichtet wurde, direkt hinter Kroatiens Grenze zu Bosnien-Herzegowina. Für den Aufbau musste für 140.000 Mark erst eine Straße gebaut werden, über die Sechstonner das benötigte Holz für die Palisaden heranschaffen konnten. Diese Zufahrt liegt an der Straße nach Marković Polje. In der Talsenke sind noch die Vertiefungen des 140 x 40 Meter großen Grundrisses zu finden, dem vielleicht größten Bauwerk der ganzen Filmreihe.

Die Grotten der Indianer

„Grotten erstmals in Farbe gefilmt", hob die Reklame von Winnetou II hervor. In den zeitgenössischen Produktionsnotizen wurde das weitläufige Grottensystem beim slowenischen Postojna noch mit der Bezeichnung aus der österreichischen k.u.k.-Zeit angegeben: die Adelsberger Grotte. „Rheumakeller" apostrophierte Regisseur *Harald Reinl* die feuchten Höhlen: „Wir waren am Anfang von der Pracht dieser Tropfsteinhöhle alle fasziniert und natürlich ge-

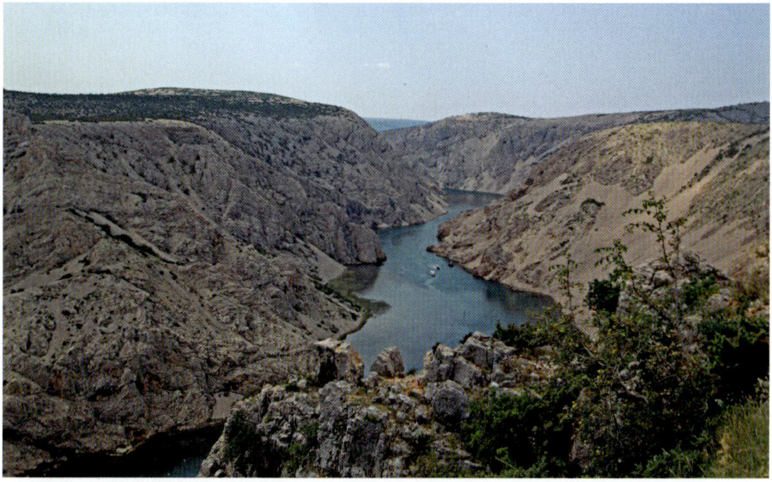

Heiliger Boden für Karl-May-Enthusiasten: Auf dem Zrmanja-Plateau stand das Pueblo der Apachen. Hier musste Old Shatterhand am Marterpfahl schmachten. ↑

fällt sie uns auch jetzt noch, aber der ewige Zug, das ständige Tropfen, die feuchte Luft gehen einem nach einer Woche halt doch auf die Nerven." Selbst Pierre Brice freute sich auf wärmere Locations. „Dann haben wir endlich wieder Sonne und sind keine Lemuren mehr." Ein Indianer kennt eben doch einen Schmerz. Die Haupthöhle ist durch eine wahrhaft atemberaubende Fahrt durch die Tropfsteinwunder zu besichtigen (schon 1872 als erste Eisenbahn in einer Tropfsteinhöhle eröffnet). Gedreht wurde aber in der Nebenhöhle „Otoska Jama", wo der niederträchtige *Klaus Kinski* seine Geiseln gefangen hält. Auf Voranmeldung ist sie in einem Trekking zu begehen. Um die schöne Karin Dor zu befreien (wie sie diesem Autor anvertraute, waren ihre Indianerzöpfe Extensions), taucht Winnetou im Fluss Pivka in der Pivka-Höhle ab, um dann in der Otoska-Grotte wieder aufzutauchen

In Karl-May-Filmen scheinen Gangster auf Höhlen angewiesen zu sein. Auch für **Old Surehand** entdeckten die Motivsucher den passenden Unterschlupf: die „Županova Jama", acht Kilometer südlich von Grosuplje in Slowenien. Im „Großen Saal" dieser Tropfsteinhöhle, im Film treffend das „Labyrinth des Todes" genannt, schlägt sich *Stewart Granger* mit dem „General" herum.

Ein Fall für Romantiker

An einer Terrasse der Krka-Wasserfälle im gleichnamigen Nationalpark in Kroatien, in der Nähe von Šibenik, wurde für „Old Shatterhand" die Einsiedler-Zuflucht der hübschen israelischen Schauspielerin *Daliah Lavi* gebaut. Der Sprung ihres Nackt-Doubles ins schäumende Wasser erregte damals Aufmerksamkeit – immerhin die einzige Nacktszene in der ansonsten eher asexuellen Serie – und im selben Feuchtgebiet lassen sich zahllose Krka-Besucher heute ein Bad nicht entgehen (allerdings sind Badekleider vorgeschrieben). Shatterhand musste die Stelle bekannt vorgekommen

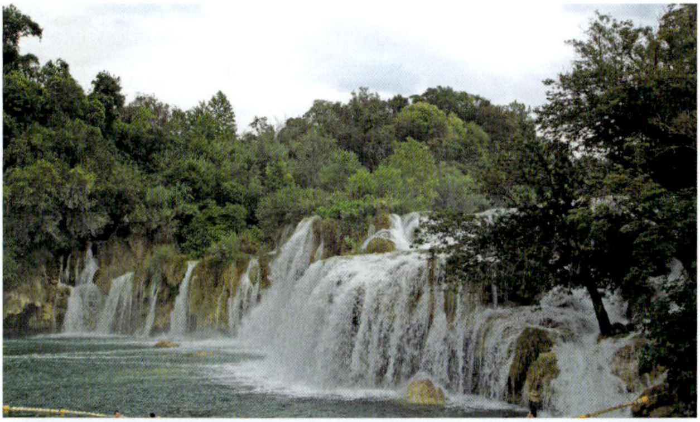

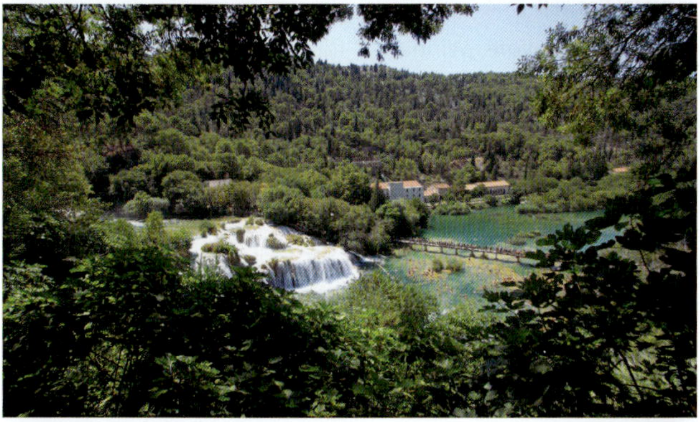

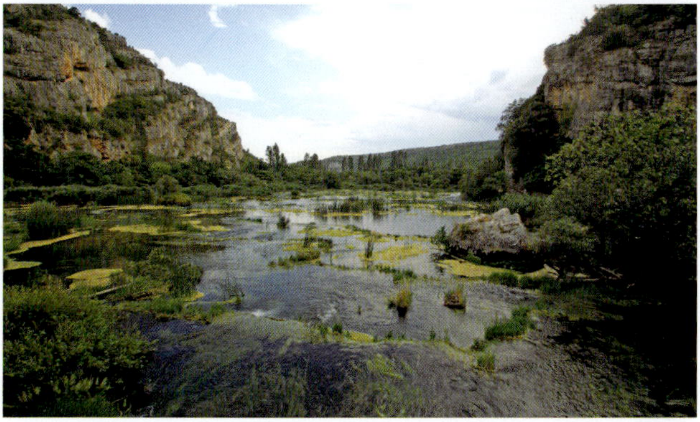

1–2: Bekanntestes Fotomotiv des Krka-Parks: An der Skradinski Buk stürzen die Wasser über 17 Stufen mit einer Gesamthöhe von 45,7 Meter. 3: Die „Schleierwasserfälle" bei den Roški-Fällen im Krka-Nationalpark: hier füllten die Blutsbrüder ihre Wasserflaschen nach. ↑

sein: Hier ging er in „Winnetou I" mit Nscho-tschi fischen. Die Turteltäubchen saßen auf der Plattform zwischen den oberen und unteren Kaskaden, wo die Wasser der Krka 45 Meter talwärts stürzen. Genau davor versucht Stewart Granger im Ölprinzen ein abtreibendes Floß zu retten. Im letzten Film der Serie, 1968 gedreht, paddeln die Blutsbrüder im Kanu vor den Roški-Wasserfällen, wiederum im Krka-Nationalpark. Der Rundweg um die „Schleierwasserfälle", eine Kaskade kleinerer Fälle, beginnt links vom Eingang und war mehrfach arkadischer Drehort.

Zweimal Roswell

Als RTL ankündigte, „Winnetou" für einen Fernseh-Dreiteiler „an den Originalschauplätzen" neu zu verfilmen, waren damit keineswegs amerikanische gemeint. Nahe der kroatischen Ortschaft Fužine, auf dem Feld Spicunak, wurde im komplett gerodeten Tal mit 300 Kubikmetern Holz die Eisenbahnerstadt Roswell errichtet– ein mögliches neues Ausflugsziel der Fans. Die Bretterbuden wurden vorausschauend für mögliche weitere Produktionen stehen gelassen. Das Roswell des ersten „Winnetou"-Spielfilms liegt an der Straße D59 (in Richtung Kistanje) bei Zečevo. In dieser Ödnis ließ Old

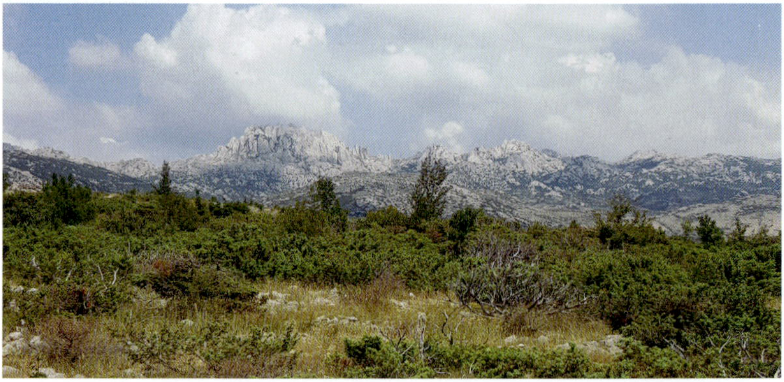

↑ Der Velebit-Gebirgszug an der kroatischen Küste hat für die Kroaten eine ähnliche Bedeutung wie der Olymp für die Griechen. Für Winnetou-Fans bedeutet er: in seinen Gipfeln lebte und starb der edelmütige Indianer.

Shatterhand den Zug (tatsächlich eine Lok der jugoslawischen Staatsbahn) direkt in den Saloon dampfen. Wodurch der Euro-Western in Sachen Aufwand und Action endgültig nicht mehr hinter Hollywood-Produktionen zurückstehen musste.

Der Winnetou-Berg

Karl May behauptete steif und fest, den Nugget Tsil gebe es wirklich, jenen sagenhaften Goldberg der Apachen. Der Fantasieberg hat seine Entsprechung in der Wirklichkeit im Mali-Alan-Pass gefunden, im Velebit-Gebirge, dem längsten Massiv der Dinaren. Der Tulove Grede ist mit seinen 1127 Metern einer der höchsten Gipfel. Zu erreichen von Obrovac aus auf der Straße 54 (die Strecke ist ein El Dorado für findige Location-Touristen). Der letzte Teil der von Kaiser Franz Josef angelegten Passstraße besteht aus Schotter. Der Pass auf der Bergkuppe liegt auf der alten österreichisch-ungarischen Militärgrenze. Unterwegs passiert man die Kapelle Podprag. An der heute in Ruinen liegenden Grenzstation wurden früher die Pferde gewechselt. Unterhalb des Gipfels des Mali Alan ist

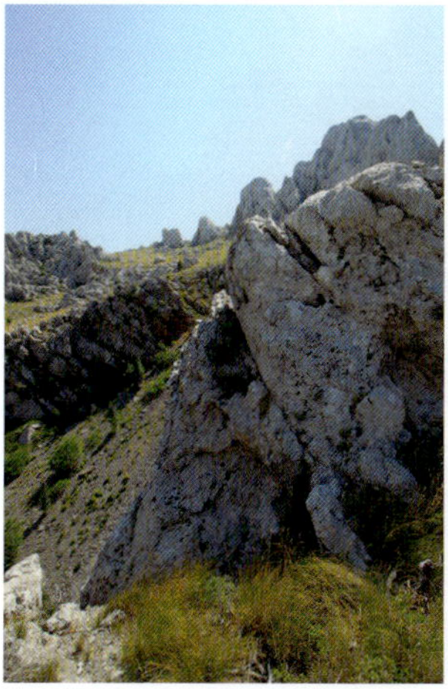
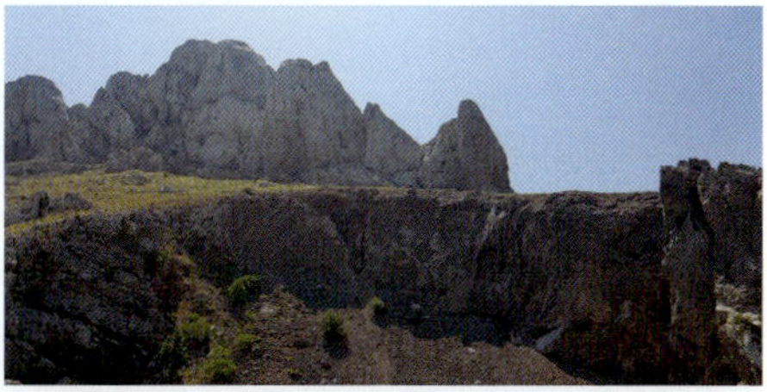
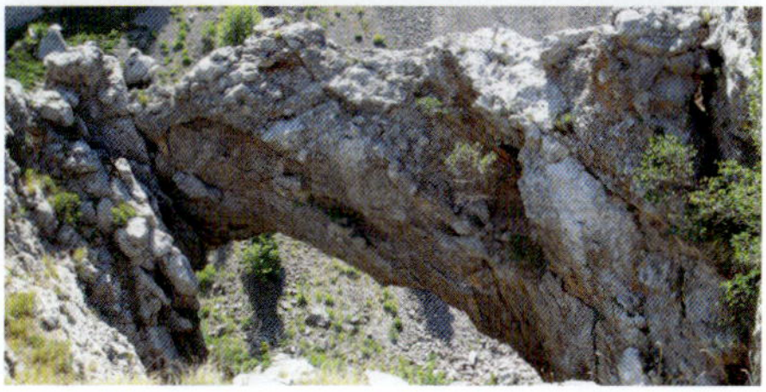

1–2: Am Felsen (in Bild 2 rechts) hing der unglückliche Santer (Mario Adorf, am Stahlseil gesichert), bis er in die Speere der Apachen stürzte. 3: Diese natürliche Steinbrücke am Mali Alan markiert im Film den Eingang zur sagenhaften Goldmine der Apachen. ↑

mit bloßem Auge ein Krater sichtbar: Dort lag die Goldmine der Apachen und an seinem schroffen Felsvorsprung büßte Santer, weil er nach dem Schatz trachtete – *Mario Adorf* fand die Aufnahme übrigens nicht gut gemacht, für die er sich 80 Meter über dem Boden an einem Stahlseil von einer Klippe baumeln ließ.

Im Talkessel gleich hinter der Windschutzmauer standen in Winnetou III die Steingräber von Winnetous Familie, an dieser Stelle starb auch Nscho-tschi in Old Shatterhands Armen. Echte Fans haben die Steinhaufen wieder aufgeschichtet. Hier fanden jedoch nicht nur filmische Kämpfe statt. Gedenksteine erinnern an im Balkan-Konflikt gefallene Soldaten. Die Begehung dieser für May-Jünger mystische Stätte, bei Enthusiasten als „Grüne Wiese" bekannt, galt lange Zeit als gefährlich, da 1996 Minen gelegt worden waren. Aus demselben Grund ist ein Führer für die einstündige Höhenwanderung zur „Sterbestelle" Winnetous zu empfehlen. Der Felsvorsprung, auf dem der Häuptling in „Winnetou III" sein Le-

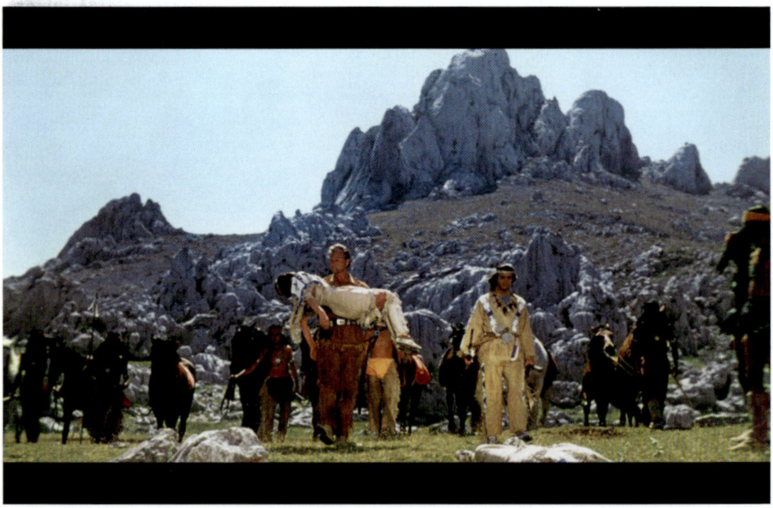

↑ Tragisches Ende von „Winnetou I": Eskortiert von Pierre Brice trägt Lex Barker die sterbende Marie Versini …

ben aushauchte (gegen den Willen zahlreicher protestierender Fans und wiederum in den Armen von Sterbehelfer Shatterhand), liegt auf der dem Meer zugewandten Seite des Mali Alan.

„Dieser Berg hier ist ein reiner Glücksfall", freute sich damals der Obertiroler Harald Reinl, „weil da wenigstens eine Straße hinaufführt." Das Problem in Jugoslawien sei nicht nur, so der versierte Heimatfilm-Regisseur weiter, die Motive zu finden – man müsse auch in der Nähe wohnen können. Reinl hat allerdings mit der Aussage, Winnetous Berg sei einfach zu besteigen, leicht übertrieben.

Wenn der edle Häuptling der Mescalero von seinen Kriegern zu Grabe getragen wird, senkt sich im Hintergrund die Sonne in die Adria. Entstanden ist die Schlussaufnahme nämlich an der Bucht von Rovanjska, an der oberhalb gelegenen alten Küstenstraße. Damit kam die Reihe zu einem logischen Abschluss: An derselben Stelle reiten die Blutsbrüder am Ende von „Winnetou I" in den Sonnenuntergang.

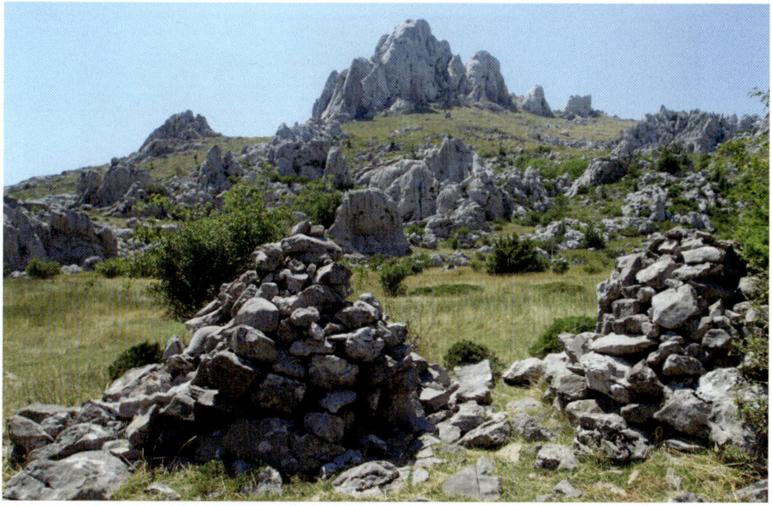

... zu ihrer letzten Ruhestätte am Mali Alan: wo Fans die Steingräber der Apachen-Prinzessin und des Häuptlings wieder errichtet haben. ↑

„Winnetou III" war die Ausnahme von der Regel, dass nur in Steppen, nicht in Städten gedreht wurde. Die Altstadt von Trogir (UNESCO-Welterbe) und die engen Gassen um die Kathedrale aus dem 13. Jahrhundert doubleten Sante Fé, das historische Rathaus den Gouverneurspalast. Lex Barker bringt seine Schmetterfaust gegen Banditen zum Einsatz, die ihm in einem Pferdestall auflauern: heute das rustikale Touristen-Bistro Konobra Idro.

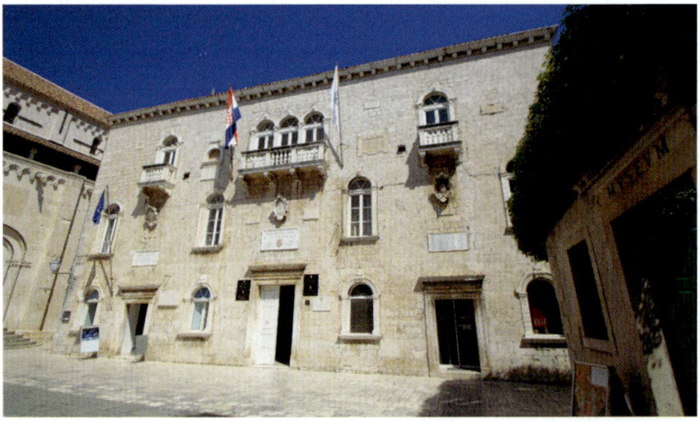

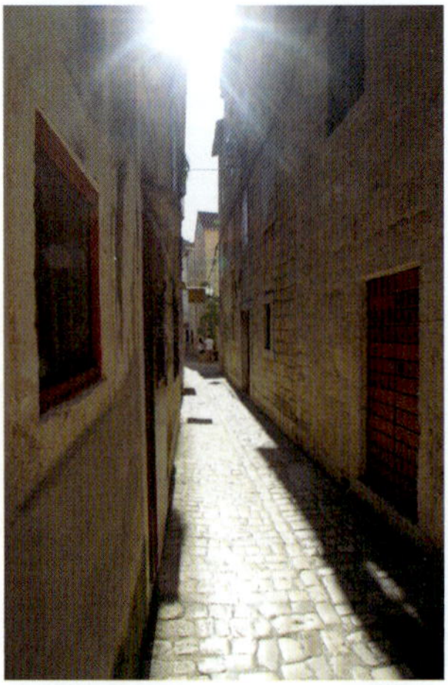

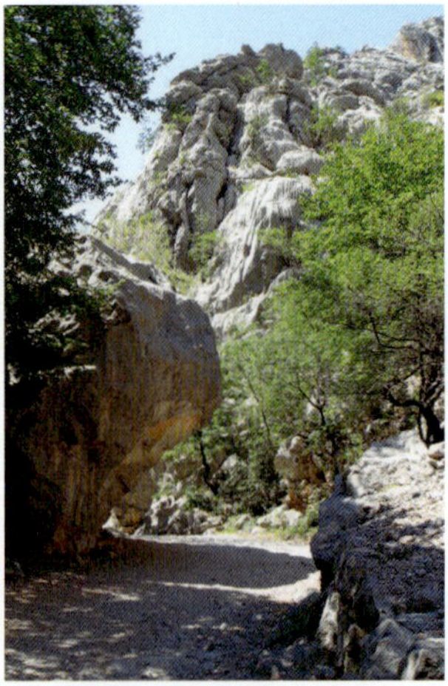

↑ 1: Trogir beherbergt die am besten erhaltene romanisch-gotische Architektur in Osteuropa. In „Winnetou III" wird das historische Rathaus zum Gouverneurspalast von Santa Fe. 2: Auf den Steinböden der verwinkelten Gassen aus dem 15. Jahrhundert klapperten die Hufe der Pferde besonders schön. 3: Im Paklenica-Nationalpark nicht zu verfehlen: Dieser Felsen bot Old Surehand Schutz vor einer Geröll-Lawine.

Im Tal der Tränen

Der Titel des letzten Films, Winnetou und Shatterhand im Tal der Toten, beschrieb passend den Zustand der Reihe. Dass dies das Finale sein würde, wusste man damals noch nicht mit Bestimmtheit. Wendlandt beabsichtigte, nicht zum ersten Mal, in Amerika zu drehen, in den Rocky Mountains, dem Redwood Forest, sogar in Monument Valley (diese vielfach geäußerten Pläne, im „richtigen" Wilden Westen zu drehen, werfen ein Licht darauf, dass die Produzenten damals die europäischen Locations eben doch nur als „Ersatz-Prärie" ansahen). Letztlich blieb es bei einer Aufnahme am South Rim Trail des Grand Canyon: Als Winnetou und Shatterhand gekleidete Doubles reiten, der Kamera den Rücken zugewandt, der Ungewissheit entgegen. „Eine unglaubliche Beleidigung für Lex und mich", fand Brice, der selbst gern nach Arizona gereist wäre.

Das urgewaltige „Tal der Toten", das von Helden und Schurken zu durchqueren ist, ist die große Paklenica-Schlucht (Velika Paklenica) im gleichnamigen Nationalpark bei Starigrad. Obschon die Filmer stets zu vermeiden versuchten, die in den vorangegangenen Filmen schon „verbrannten" Motive wiederzuverwenden, war

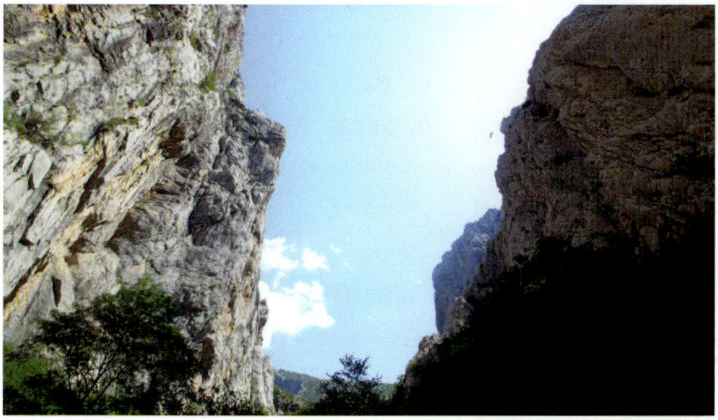

Die steilen Felswände der Paklenica-Schlucht: damals bevorzugter Ort für einen Hinterhalt, heute beliebt bei Freeclimbern. ↑

das Totental mehrfach Schauplatz, als „Geistercanyon" im „Silbersee" und als „Tal des Todes" in „Old Surehand". Die Goldader war nun, auch Location-technisch, vollends ausgebeutet. Dieser Canyon ist allen Location-Suchenden zu empfehlen, die gerne auch mal ohne größeren Aufwand ans Ziel kommen: Die Drehorte sind durchnummeriert und beschildert. Einfacher geht's nicht.

Gute Hotels, schlechte Straßen

Im altehrwürdigen Hotel aus k.u.k.-Zeiten, dem „Esplanade" in Zagreb, fing alles an: Hier besiegelten die Berliner Produzenten die Partnerschaft mit den „Jadran"-Chefs und das „Esplanade" wurde dann gleich Ausgangspunkt des „Silbersee"-Films. Viele der Hotels, in denen Cast & Crew logierten, stehen den Karl-May-Nerds heute noch offen. Allerdings musste der Indianerhäuptling bei seiner Anreise missmutig feststellen: „Die gesamte Truppe wohnte in einem schäbigen Motel, direkt neben einer Benzinzapfsäule, völlig isoliert mitten in der Wildnis." Mit zunehmenden Filmerfolg sollten dann die Hotels der Stars mehr Sterne zählen.

In Starigrad ist das frühere Motel „Alan" sogar Winnetou-Museum geworden: In den ehemaligen Zimmern sind Artefakte ausgestellt und die sehr bescheidenen Räume von Barker und Brice sind in die Ausstellung integriert (heute die Ferienanlage Bluesun Alan

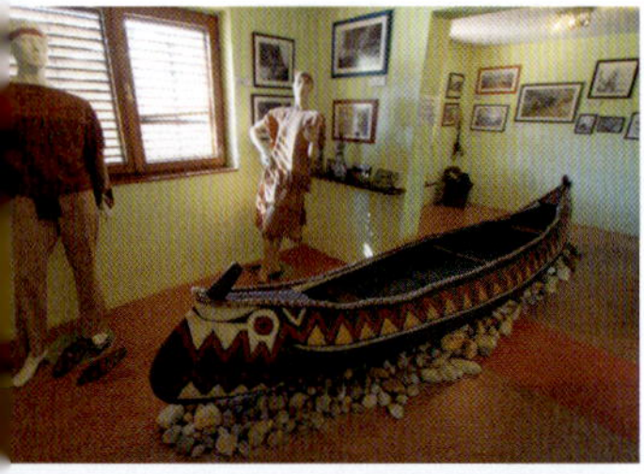

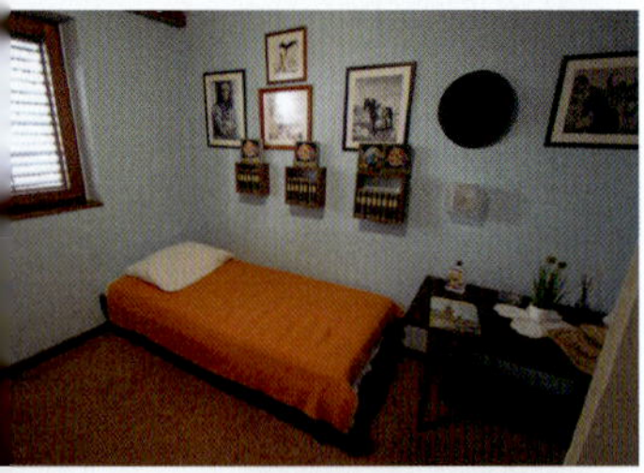

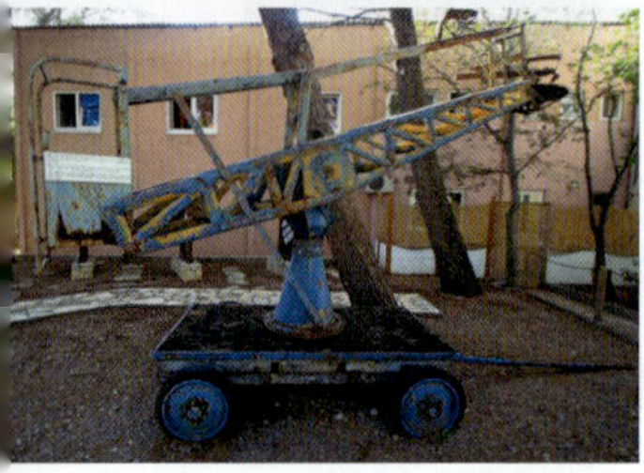

↑ 1: Schwimmbares Requisit: Indianer-Kanu im Winnetou-Museum. 2: Pierre Brices spartanisches Hotelzimmer, heute Teil der Museumsausstellung im ehemaligen Motel Alan. 3: Vor dem Museum des Bluesun Alan: der Kamerakran der Jadran-Film, der manchen Indianerangriff abgeschwenkt hat, rostet vor sich hin.

an der Franje Tudmana 14, Öffnungszeiten an der Eingangspforte ersichtlich). Gleich hinter dem Alan war die komplette Westernstadt des ersten Films aufgebaut – sie ist im dichten Buschwerk spurlos verschwunden.

Während der Dreharbeiten zum ersten Streifen nächtigte man in den traditionsreichen Hotels „Jadran" und „Park" an der Steilküste in Rijeka, direkt an der Kvarner Bucht, da die Gasthäuser in erreichbarer Nähe des Motivs „Butler's Farm" lagen. Der Grundriss des Palisadenbaus liegt 15 Kilometer entfernt in einer Ebene der Karstbergen, Grobnik polje genannt, heute auf militärischem Gelände. Wo die Autobahn verläuft, ritten die Indianer in „Winnetou I" ihre Attacke auf den Planwagentreck.

Im Hotel „Zagreb", an der Uferpromenade der alten venezianischen Hafenstadt Zadar, ruhte das Star-Duo Barker-Brice während des Drehs von „Winnetou I", fast zur selben Zeit wie Hitchock, der der Hotelterrasse das Zeugnis ausstellte, dass von ihr aus „der schönste Sonnenuntergang der Welt" zu beobachten sei. „Hitch" wohnte in Zimmer 204. Allerdings hat das „Zagreb" an der Obala kralja Petra Krešimira IV heute mehr Ähnlichkeit mit einem Geisterschloss – es steht seit unzähligen Jahren leer, obwohl manche Räume noch möbliert sind. Glücklicherweise wird auf der Terrasse mit Hitchcocks Sonnenuntergang ein Restaurant betrieben.

Auf dem geschäftlichen Höhepunkt der Fließband-Reihe gaben sich die Stars in den Hotels die Klinken in die Hand. Nach der letzten Klappe von „Winnetou III" übergab Lex Barker im „Lev" im slowenischen Ljubljana den Zimmerschlüssel an Stewart Granger, der gerade für „Old Surehand" angereist war.

An der Küstenstraße von Rijeka nach Opatija lieferten sich Lex und Pierre in ihren brandneuen Autos ein Privatrennen, was die Erfolgsserie beinahe vorzeitig beendet hätte: Brice, der das Geschehen in seiner Biografie als „zwei Idioten fuhren ein Rennen" beschrieb, verlor die Kontrolle über seinen Wagen und prallte erst in ein Brückengeländer, dann in einen LKW. Als Barker den Verunglückten erreichte, brach der amerikanische Riese vor Schreck ohnmächtig zusammen. „Ich, der Verunglückte, musste ihn wieder ins Leben zurückholen", schrieb Brice.

Während der Höhlenaufnahmen zu „Winnetou II" wohnte der Stab in Postojna in Slowenien unter anderem im noch existierenden Hotel „Kras", an der Tržaška cesta 1. In der Hafenstadt Split hatte man das „Marjan" bezogen, das direkt am Hafen liegt und im Lauf der Jahre immer wieder gebucht wurde. Lex Barker hatte Appartement 1112–1113, sein roter Blutsbruder 707–708. Dort bekam Brice eines Abends Besuch von der „Miss Österreich", die in einem transparenten Nachthemdchen Zuflucht vor ihrem eifersüchtigen Ehemann ***Anthony Steel*** suchte. Winnetou blieb standhaft. Als schon beim nächsten Film auch die Ehefrau von Stewart Granger, die frühere „Miss Belgien", in Tränen aufgelöst an seine Tür klopfte, fühlte Winnetou sich wohl schon wie der alleinige Juror eines Schönheitswettbewerbs.

Für den Film „Der Ölprinz" waren die Schauspieler im „Argentina", mit Blick auf den Hafen von Dubrovnik untergebracht. Lex wohnte dort im Hotelgarten in der „Villa Šeherezada". Aufgrund der Wasserknappheit stand manchmal nur eine Dusche pro Etage zur Verfügung. „Bitte dringend den Eisschrank vom Wohnwagen Lex Barker in Ordnung bringen", stand an Hitzetagen in den Produktionsunterlagen.

Mehrmals untergebracht waren Cast und Crew im „Crvena Luka", damals an der Küste des kroatischen Biograd an der Crvena Luka 1 neu eröffnet und der ganze Stolz der frisch erblühenden Tourismusindustrie. Seither wurde das schmucke Highend-Resort mehrmals erweitert. Junggeselle Brice flog dort nach eigenen Angaben „wie eine Biene von Blüte zu Blüte." Beim vierten Aufenthalt begann er sich allerdings zu langweilen. Barker, ein leidenschaftlicher Schwimmer und Taucher – was ihm die Rolle des Tarzan eingetragen hatte – verlegte sein Domizil in den Hafen, wo seine acht Meter lange Hochseejacht „Peter Pan" vor Anker lag. ***Uschi*** „Apanatschi" ***Glas*** schwärmte: „Die Filmcrew lebte in kleinen Bungalows in einer Bucht am Meer, es war wunderschön." Obwohl sie noch anfügte, dass die Unterkünfte ebenso bescheiden gewesen seien wie die Verpflegung. Ausnahmsweise konnte sich die Crew die lange Anfahrt zum Drehort sparen: In „Winnetou III" war das Indianerdorf gleich am linken Flügel der Hotelbucht aufgebaut (seinen Platz haben im Zug der Expansion weitere Bungalows eingenommen).

In der Freizeit pflegte diese kleine kosmopolitische Welt ihre Sprachvielfalt weiter. Vor der Kamera sagten die Akteure ihre Sätze in ihrer eigenen Sprache, die Dialoge wurden später synchronisiert. So parlierte Mister Barker in Englisch mit Monsieur Brice, der sich seinerseits mit den Jugoslawen „mit Händen und Füßen fabelhaft verständigte", während die deutschen Volksschauspieler wiederum in ihrer Muttersprache dazwischenredeten. „Das war ein babylonisches Sprachgewirr", sagte Karin Dor dem Autor dieses Buches einmal, „hat aber ganz gut funktioniert!" Dass Barker in all den Jahren kein Wort Deutsch gelernt hat, nahm Wendlandt ihm übel. Der Amerikaner sprach nur einen einzigen Satz fließend Deutsch: „Ich liebe dich." ***Ralf Wolter*** wusste zu ergänzen: „Der Lex hat verstanden, wenn er wollte."

Die goldene Regel für Filmlocation-Suchende, dass mindestens eine Schotterstraße dorthin führen muss, bewahrheitet sich in Ex-Jugoslawien. Auch wenn die Bezeichnung „Straße" nicht immer zutraf. „Was heißt Straße?", fragte sich der Regisseur des „Ölprinzen", „nach einer Fahrt auf dieser Mondlandschaft waren die Stoßdämpfer meines Wagens kaputt." Wie der „Filmkurier" zu „Old

Shatterhand" zu berichten wusste, mussten die Stars täglich 140 Kilometer vom Hotel zum Drehort zurücklegen, wobei es gleich zu mehreren Autounfällen kam: Barker rammte einen Lastwagen, Daliah Lavi geriet in schweren Steinschlag, der ihr Wagendach zertrümmerte, und Sprengmeister *Carl Lange* rammte eine Kuh, die Totalschaden erlitt. Marie Versini hielt fest: „Die jugoslawischen Straßen waren schlecht und kurvenreich. Aber ich war fasziniert. Genauso wild hatte ich mir das Indianerland vorgestellt!" Winnetou selbst schrieb: „Oft brauchten wir für Hin- und Rückfahrt auf schlechten, steinigen Straßen nicht weniger als fünf Stunden. Die Mercedes der Produktion hielten dieser Behandlung nicht stand und gaben den Geist auf." Und manche der hoheitsvollen Felsengebirge ließen sich nur zu Fuß erreichen. Diese Anekdoten mögen künftigen Filmtouristen als Warnung dienen, während sie beim Anblick dieser urgewaltigen Landschaften unwillkürlich Martin Böttchers Melodien summen.

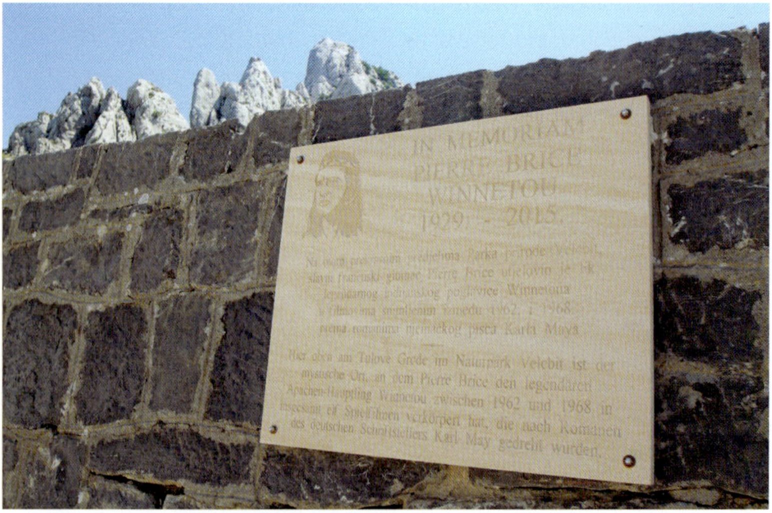

↑ In Memoriam Pierre Brice: Gedenktafel an der Windschutzmauer auf dem Mali Alan.

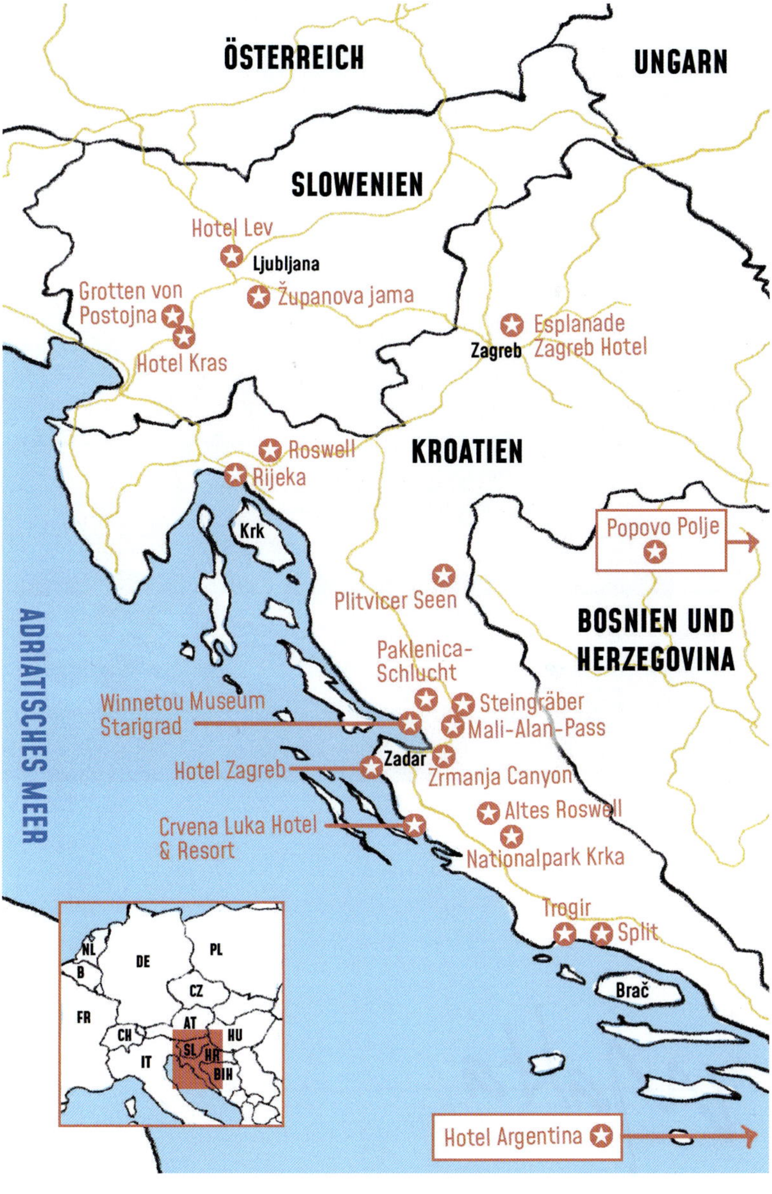
ÖSTERREICH
UNGARN
SLOWENIEN
Hotel Lev
Ljubljana
Grotten von Postojna
Županova jama
Hotel Kras
Esplanade Zagreb Hotel
Zagreb
Roswell
KROATIEN
Rijeka
Krk
Popovo Polje
Plitvicer Seen
ADRIATISCHES MEER
BOSNIEN UND HERZEGOVINA
Paklenica-Schlucht
Winnetou Museum Starigrad
Steingräber
Mali-Alan-Pass
Zadar
Hotel Zagreb
Zrmanja Canyon
Altes Roswell
Crvena Luka Hotel & Resort
Nationalpark Krka
Trogir
Split
Brač
NL
B
DE
PL
CZ
FR
AT
CH
HU
SL
HR
IT
BIH
Hotel Argentina

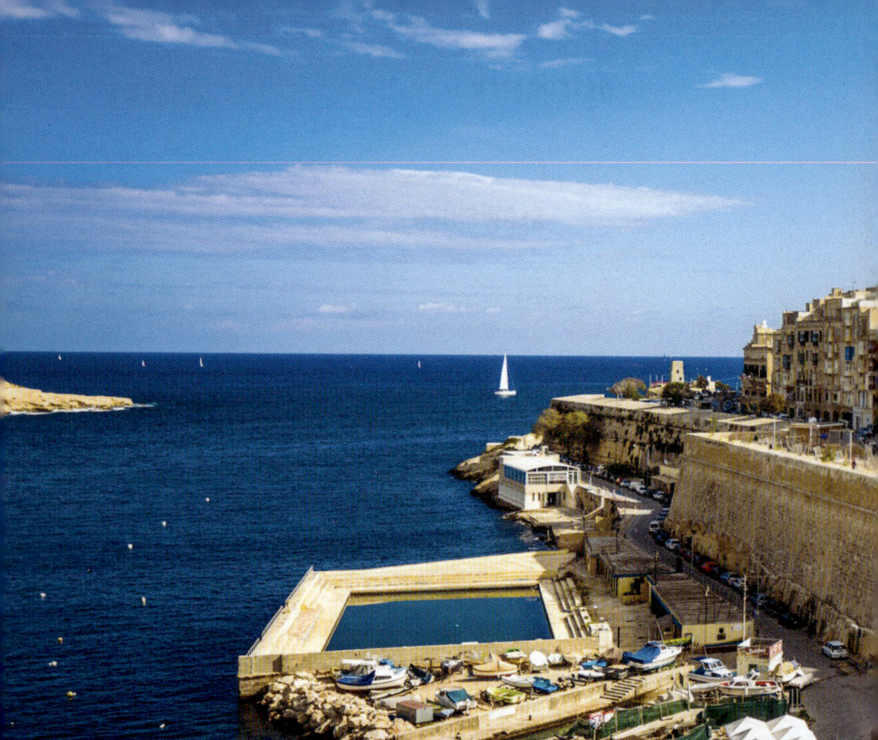

Malta

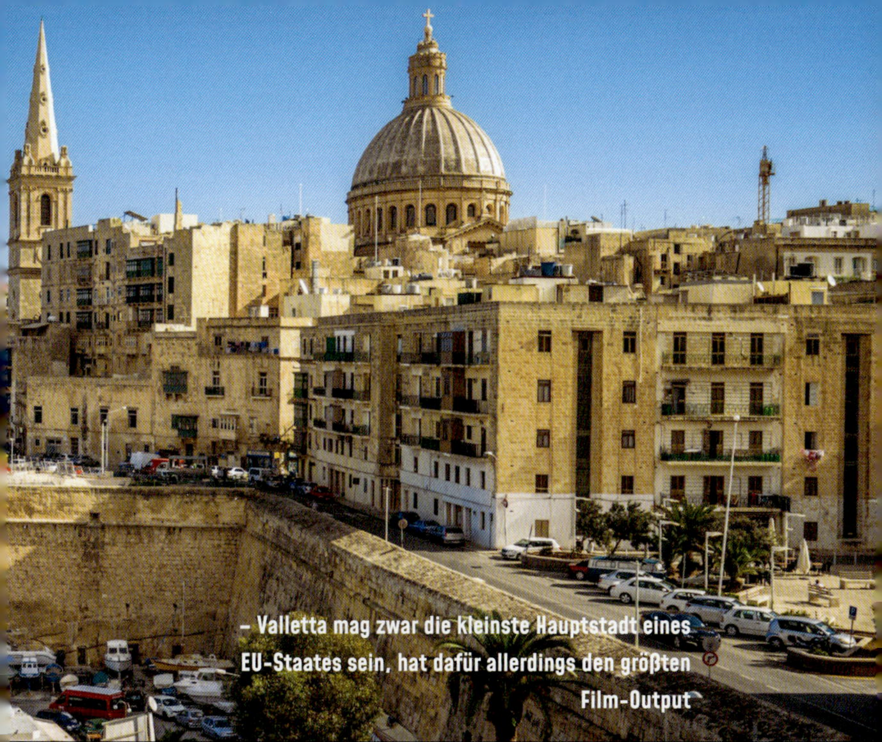

– Valletta mag zwar die kleinste Hauptstadt eines EU-Staates sein, hat dafür allerdings den größten Film-Output –

13

Der Inselstaat ist ein kinematographisches Chamäleon: auf Anweisung der Regisseure messen sich unter Schwertgeklirr homerische Helden, Gladiatoren und Feldherren der Antike. Fantasiefiguren wie Popeye und der Graf von Monte Christo haben ebenso nach Malta gefunden wie die wahren Helden historisch verbürgter Ereignisse.

Malta, Brad Pitt und ein Tank voll Wasser

Ein kleiner Flecken im Mittelmeer hat Cinecittà als Weltzentrum für Sandalenfilme abgelöst: der Inselstaat Malta. Auf einer Fläche von knapp 300 km², gerade mal doppelt so groß wie Liechtenstein, hat ein Urlauber gute Chancen, einen Filmdreh beobachten zu können. Der Grund für den hohen Filmanteil liegt nicht allein an den filmreifen, architektonischen Perlen, die unter dem Schutz der UNESCO stehen. Die staatliche Filmkommission versteht es, Produzenten mit finanziellen Anreizen und anderen Vergünstigungen in ihre Republik zu locken, die aus den Inseln Malta, Gozo und Comino besteht. Außerdem hat Malta ein Ass im Ärmel: die „Mediterranean Film Studios" (MFS), an der St. Rocco Straße in Kalkara. Denn diese Filmfabrik hat, was jedes Hochsee-Abenteuer braucht, ohne dass dabei die Schauspieler ertrinken: einen Wassertank.

1963 von Experten für Spezialeffekte entwickelt, misst das größte Becken der MFS 90 Meter in der Breite. Und obwohl wetterunabhängig an Maltas Ostküste gelegen, kann ein Kameramann durch die freie Sicht aufs echte Meer seine Aufnahme optisch nahtlos mit dem künstlichen Meer verbinden. Vielen Kinogängern ist nicht bewusst, wie viele Wasserszenen aus Malta sie schon gesehen haben. Den Anfang machte 1964 gleich ein hochbrisanter Film, The Bedford Incident: *Sidney Poitier* beobachtet einen „Zwischenfall im Atlantik", der den Weltfrieden stört. Lange vor der neuen Welle der Piratenfilme waren die Freibeuter in Malta ihrer Zeit voraus: **Cutthroat Island** von 1995 mit *Geena Davis* als aparte „Piratenbraut" und *Roman Polańskis* **Pirates** (Piraten, 1986) mit einem knurrigen *Walter Matthau*.

Schiffe versenken

Im MFS-Tank versenkten die Spezialisten für Special effects Unmengen von Modellen. Wenn im Kriegsfilm **Force 10 from Navarone** (Der wilde Haufen von Navarone, 1978) *Harrison Ford* und *Robert Shaw* einen Staudamm in die Luft jagen: Malta. Wenn im Kriegsfilm **Zeppelin** von 1971 *Michael York* das brennende Luftschiff ins Wasser abstürzen lässt: Malta. Wenn *Matthew McConaughey* im Jahr 2000 das deutsche U-Boot **U-571** kapert: Malta. Wenn *Peter O'Toole* 1971 in **Murphy's War** (Das Wiegenlied der Verdammten) durch brennendes Wasser schwimmen muss: Malta. Wenn *Tim Robbins* als **Erik the Viking** (Erik der Wikinger, 1989) über den Rand der Welt hinaussegelt: Genau, Sie haben verstanden. Für den Filmtouristen hat die Spezialeffekte-Schmiede freilich einen Nachteil: Von außen ist der Fabrik nichts anzusehen.

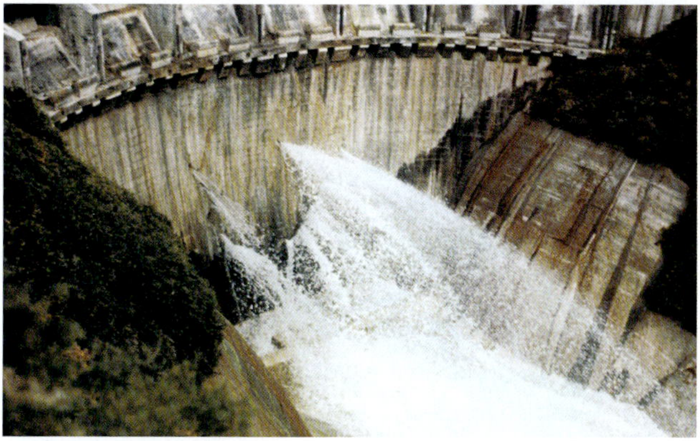

Im „Concave"-Tank nur auf Modellgröße gesprengt: der Staudamm aus „Force 10 from Navarone". ↑

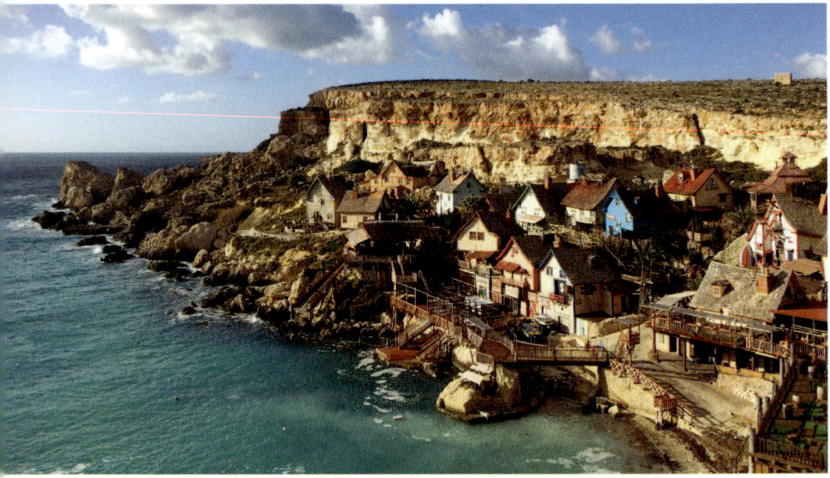

Großer Aufwand für minimal erfolgreichen Film: Popeye Village.

Popeyes Erbe

Wer auf einem echten Filmset spazieren gehen will – und solche Erlebnisse sind selten, denn Kulissen werden in aller Regel nach der letzten Klappe abgebaut – der findet in Anchor Bay gleich eine ganze Stadt: „Popeye Village". Für ***Robert Altmans*** Adaption des Cartoons um den spinatessenden Matrosen von 1980 wurde bei Mellieħa der fiktive Ort „Sweethaven" aus dem Boden gestampft. **Popeye** ist einer jener Filme, bei denen man sich später fragt, wer dafür grünes Licht gegeben hat, obwohl alle Warnlichter auf Rot standen. Um den Küstenort, in dem Schiffbrüchige sich niederlassen, ins Leben zu rufen, musste erst eine Straße in die Klippen gebaut werden. Die Stämme für die 20 Holzkonstruktionen wurden aus Holland herangeschafft, die Holzschindeln für die Dächer aus Kanada. In sieben Monaten wurden acht Tonnen Nägel in die Häuschen getrieben, die mit 7500 Litern Farbe bemalt wurden.

Dann wurde festgestellt, dass ein künstlicher Wellenbrecher angelegt werden muss, damit die Gezeiten das Set nicht stören konnten. „Popeye" war also schon ein Fass ohne Boden, bevor ein ausgewachsener Schoner im Anchor Bay versenkt wurde. Als „Seemann mit dem harten Schlag" war ursprünglich Dustin Hoffman geplant, der ergriff jedoch die Flucht, als er die erste Drehbuchfassung zu sehen bekam. Das Projekt lag ein Jahr auf Eis, bis man den Titeldarsteller des TV-Quotenhits „Mork vom Ork" für sein Kinodebüt verpflichtete: ***Robin Williams***. Als der Erzkomödiant mit seinen künstlich aufgepumpten Popeye-Armen der Barackenstadt ansichtig wurde, taufte er sie in „Stalag Altman" um. Dass die Crew Unmengen von Kokain konsumierte, half dem Endprodukt nicht. Am Ende ging ganz einfach das Geld aus, was dem kostensparenden Filmschluss anzusehen ist. Was bleibt, ist die Erinnerung an einen eher misslungenen Film – und ein täglich geöffneter Freizeitpark mit einer Filmrequisiten-Sammlung. Allerdings hat „Popeye Village" schon zweimal gebrannt und obwohl der Baustil beibehalten wurde, ist schwer zu sagen, welche der Häuschen noch aus dem Musical stammen.

Harte Zeiten im Knast

Schon zwei Jahre bevor er als „Bluto" Popeye das Leben schwer machte, war ***Paul L. Smith*** dem internationalen Kinopublikum verhasst wie kaum ein zweiter Bösewicht auf Malta: In **Midnight Express** (12 Uhr nachts, 1978) blieb er als sadistischer Gefängnisaufseher in schlechter Erinnerung. Die Verfilmung der wahren Geschichte eines Amerikaners, der in der Türkei zu Kerkerhaft verurteilt wird, warf international hohe Wellen. Die türkische Regierung, die den Film als Imageschädigung beurteilte, hat nicht nur die Aufführung im eigenen Land jahrelang verboten, sondern sie auch in befreundeten Ländern (wie Israel) unterbunden. Tatsächlich war – und ist – „Midnight Express" ein so kraftvoller Film, dass diese Befürchtung nicht ganz abwegig ist. Obwohl ***Oliver Stone*** für sein Drehbuch den Oscar gewann, räumte er später ein, die anti-türkische Seite überdramatisiert zu haben. Selbst der dargestellte Billy Hayes machte seine Kritik an Stone öffentlich – er habe seinen Gefängnisaufenthalt rückblickend positiver gesehen als im Film gezeigt. Und dabei stand die türkische Strafanstalt nicht einmal in der Türkei – sondern in Maltas Hauptstadt Valletta. In Fort St. Elmo, das heute die maltesische Polizeiakademie beherbergt, wurde eine damals ungenutzte Kaserne in den Horror-Knast verwandelt. Der öffentliche Park „Upper Barrakka Gardens" war ebenso „türkischer" Drehort des kontroversen Gefängnisfilms. Die Festung aus dem 16. Jahrhundert, die auf der Spitze der Halbinsel von Valletta die Bucht St. Elmo bewacht, übernahm 2002 auch die Rolle von Marseille in der Neuverfilmung des **Count of Monte Christo** (Der Graf von Monte Christo).

Fort Ricasoli: ständig umkämpft

Valletta, die kleinste Hauptstadt eines EU-Staates, ist von einem historischen Schutzgürtel aus Bastionen umgeben, von denen St. Elmo nur eine ist. Hier punkten die Locations bei den Scouts nicht nur mit idealer Erreichbarkeit und perfekten Klimaverhältnissen, sondern mit historischer Bausubstanz, die sich mit Green Screen Tricks nicht reproduzieren lässt. Das hat Fort Ricasoli aller Welt mit **Gladia-**

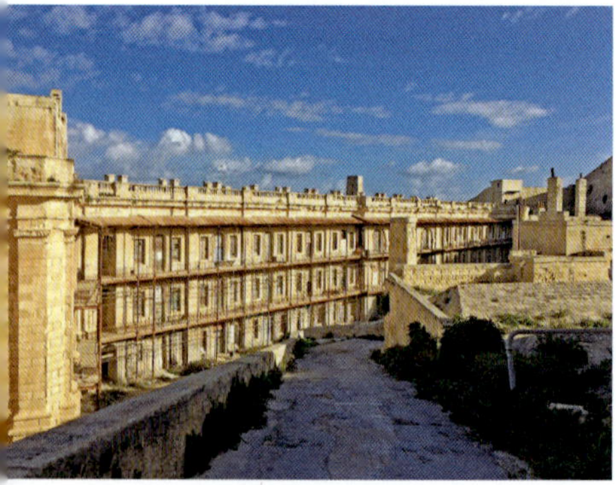

↑ Fort St.Elmo war türkischer Knast, Hafen der „Piratenbraut" und ein von Zombies belagertes Jerusalem.

tor bewiesen. Die 300-jährige Festung, die bis zum Zweiten Weltkrieg militärisch genutzt wurde, liegt in Kalkara gleich neben dem MFS-Studio, ist allerdings für die Öffentlichkeit ebenfalls nicht zugänglich. Ricasoli ist so begehrt bei den Filmern, dass das Fort direkt von der maltesischen Filmkommission verwaltet wird. Hier lernte ***Russell Crowe*** im Jahr 2000 vom Sklavenhändler ***Oliver Reed***, wie man als Gladiator am Leben bleibt. Allerdings war der britische Charakterdarsteller seinerseits ein Sklave des Alkohols. Und am Leben blieb er leider auch nicht. Der Mann, der für seine legendären Sauf-Eskapaden fast so berühmt war wie für seine exzentrischen Filmrollen, nahm seinen letzten Drink in „The Pub" an der Archbishop Straße 136 in Valletta. Der 61-Jährige kippte acht Glas Bier und zwölf doppelte Rum, leerte eine Flasche Whiskey und gewann einen Armdrück-Wettbewerb gegen Matrosen eines britischen Schiffs (denen er den ganzen Umtrunk spendierte). Dann ging Reed ungeschlagen, aber tot zu Boden. Seit jener denkwürdigen Nacht ist die Kneipe, die sich nun auch „Ollie's Last Pub" nennt, ein Schrein für Reed-Fans. Regisseur ***Ridley Scott*** musste sich für Olivers nicht fertiggestellte Szenen mit Doubles und Filmtricks behelfen.

Alexander, Achilles und Hektor

Sandalenfilme hatten in Malta 2004 Hochkonjunktur. ***Colin Farrell*** legte als **Alexander** im Hafen von „Alexandria" an – tatsächlich der Hafen von Senglea, mit ein bisschen Hilfe von Computergrafiken. Nach dem „Gladiator" griff in Ricasoli ein weiterer Held der Antike zum Schwert: Achilles. ***Brad Pitt*** eroberte **Troy** (Troja) im Jahr 2004 mit eingeölten Muskeln. Das Fort doubelte das Innere der befestigten Stadt, die vom Helden Hektor verteidigt wurde, ebenso sagenhaft dargestellt von ***Eric Bana***. Für weitere Szenen des homerischen Dramas ging Regisseur ***Wolfgang Petersen*** in den Norden

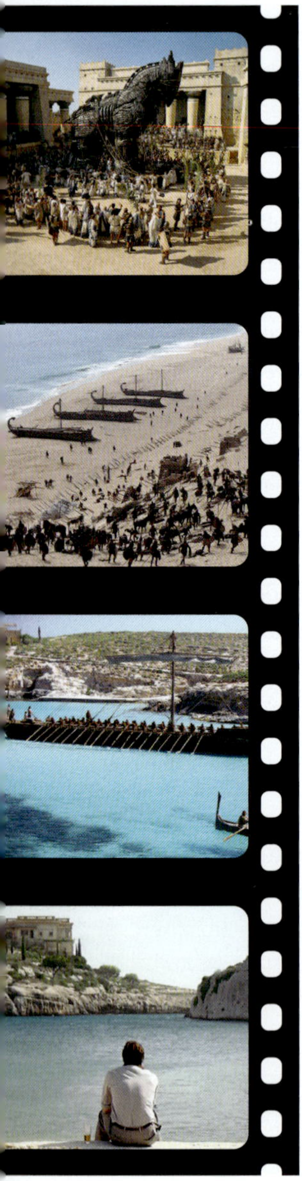

von Malta: Am Strand von Mellieħa Bay – nur einen Steinwurf vom „Popeye Village" entfernt – bittet ***Sean Bean*** Brad Pitt, auf Seiten der Griechen zu kämpfen. Die „Blaue Lagune" auf der Insel Comino ist ein Kleinod, das diese Bezeichnung verdient. An diesem ruhigen Meeresarm lässt sich Achilles von seiner Mutter über seine vermeintliche Unsterblichkeit aufklären.

„Troy" machte aus Brad Pitt einen bekennenden Malta-Fan. Im Juli 2011 war er zurück, für den vielbeachteten Zombie-Film **World War Z**. Dieses Mal wurde Fort St. Elmo in Jerusalem verwandelt, das in einer groß angelegten Sequenz überfallen wird. In der St. Dominic Street in Valletta rennt Pitt vor den Untoten um sein Leben – gleich um die Ecke von „Ollie's letztem Pub".

Ehe-Aus für Brangelina

2014 erwies sich für Pitt, dass er in Malta zwar den trojanischen Krieg und jede Zombie-Schlacht gewinnen konnte – das Herz seiner Frau aber verlieren musste. In **By the Sea** spielte er unter der Regie von ***Angelina Jolie***. Sie hatte auch das Drehbuch über ein Ehepaar geschrieben, das im Ferienhotel am Meer seine Ehe zu retten versucht. „By

← 1: Das trojanische Pferd zieht in Fort Ricasoli ein. 2: Die Griechen landen am Ghajn Tuffieha Bay. 3: In der Blauen Lagune vergisst Achilles die Verwundbarkeit seiner Ferse. 4: Brangelina ging „By the Sea" unter.

the Sea" sollte zum letzten Film von „Brangelina" werden und wirkt nun nach der Trennung des Star-Duos stark autobiografisch. Gedreht wurde auf der Insel Gozo, am idyllischen Fjord namens Mġarr ix-Xini, gemäß Filmhandlung der Süden Frankreichs. Das gesamte Hotel war dafür eigens als Film-Set gebaut worden. Pitt flüchtet vor seinen (filmischen) Ehekrisen in die lokale Bar, deren Betreiber fürstlich dafür entschädigt wurden, während des ganzen Sommers zu schließen. Die Zwei versuchen ihre Ehe im „Ta' Frenc Restaurant" zu kitten. Der schwermütige Film fuhr Verluste ein. Einer davon war die Ehe Jolie-Pitt.

Malta ist „München"

Eric Bana, der Troja als Hektor verteidigt hatte, kehrte als Mossad-Agent nach Malta zurück. 2005 spielte er unter ***Steven Spielbergs*** Regie den Anführer des israelischen Kommandos, das die Geiselnahme von „München" (**Munich**) vergelten soll. Der Film basiert auf wahren Ereignissen, erhob bei seinen Drehorten allerdings nicht den Anspruch auf Authentizität. Malta doublete zahlreiche

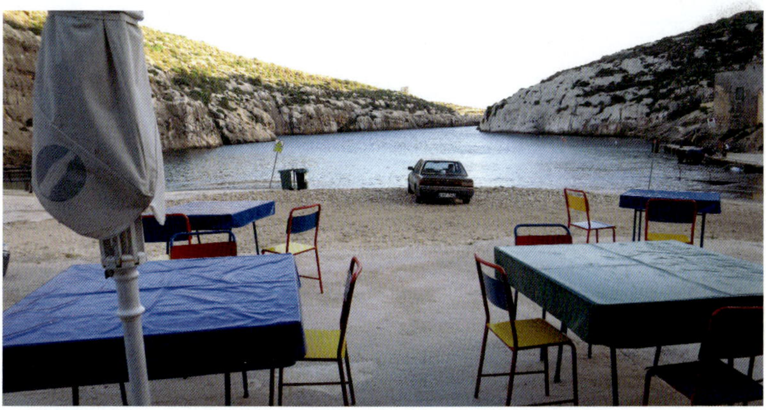

Beliebt bei Tauchern: die Bucht Mgarr ix-Xini, wo Angelina Jolie das Hotel von „By the Sea" bauen ließ. ↑

Stätten der Handlung. Im Rom der 1970er-Jahre treffen sich Bana und ***Moritz Bleibtreu*** in einem Café auf Vallettas Republic Square, direkt vor Maltas Nationalbibliothek. Die römische Piazza, auf der das israelische Team seinen Rachefeldzug begießt, findet sich im Westen der Insel, in Rabat, bei der Kirche St. Paul, an der Pjazza San Pawl.

Das Hafengelände von Sliema wird im Film zu Tel Aviv: An der Tower Road informiert ***Geoffrey Rush*** den Mossad-Killer über die Terroristen des Schwarzen Septembers. Und in Buġibba, an der nördlichen Küste, wurde das „Primera Hotel" an der Pioneer Road für Spielberg zum Olympischen Hotel. Schließlich Athen: für den dramatischen Moment, als eine Handgranate in einem Hotel ausgelöst wird, stellte sich das „British Hotel" an der Battery Street in Valletta zur Verfügung. So kann ein Film den Eindruck einer Weltreise erwecken.

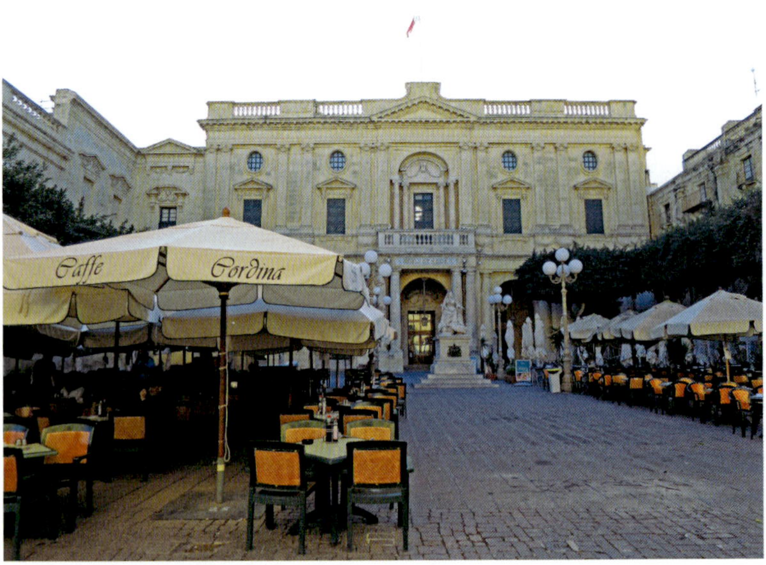

↑ Vallettas Republic Square (im Hintergrund die Nationalbibliothek) wird für „München" zur römischen Piazza.

Kriege und „Game of Thrones“

Auffallend, dass die felsigen Inseln eher die Visionen von Action-Regisseuren beflügeln. Die Kriegsfilme waren zuerst da. In der **Malta Story** durfte Malta 1953 noch Malta sein. ***Alec Guinness*** organisierte die Verteidigung der Insel im Zweiten Weltkrieg, doch seine Flugzeuge waren augenscheinlich Modelle an Drähten. Für **Battle of Britain**, dem Klassiker von 1969 um die „Luftschlacht um England“, landeten dann echte Kampfflieger auf den Flugplätzen von Ħal Far und Luqa, da das englische Wetter sich gegen den Filmproduzenten gewendet hatte. In **Game of Thrones** geht es bekanntlich auch nicht zimperlich zu. Die erste Staffel entstand in mehreren der Inselburgen. Mehrmals verwendet wurde die Pjazza Mesquita in Mdina und in Rabat wurde das friedliche Kloster St. Dominic zur kriegerischen Festung „Red Keep“. Beim Felsentor auf Gozo, dem „Blauen Fenster“, wurde die Hochzeitszeremonie auf-

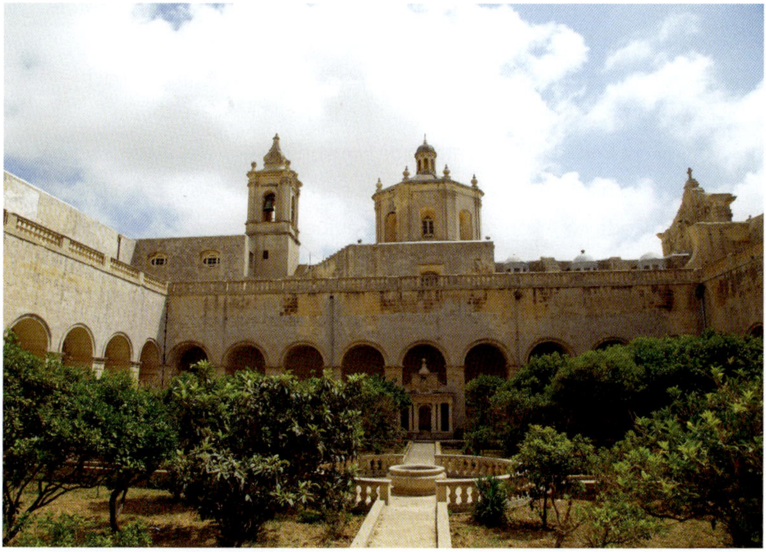

Reiseziel der „Thronies“: das Kloster St. Dominic. ↑

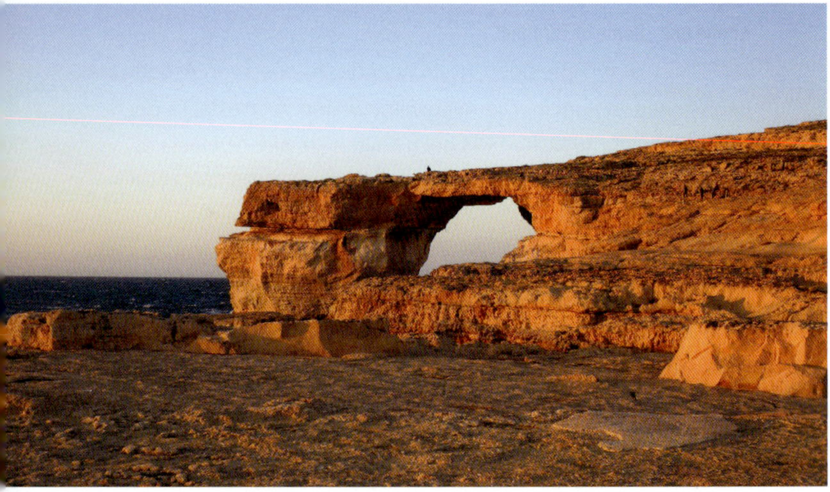

↑ So ist das Azure Window nicht mehr zu sehen: 2017 brach das Wahrzeichen ein und soll gemäß aktuellen Meldungen spektakulär aus Stahl wieder aufgebaut werden.

genommen. Leider stürzte Maltas meistfotografiertes Motiv bald darauf während eines heftigen Sturms in die See. Auch „Game of Thrones" ist nicht mehr da: Die TV-Serie zog nach Staffel 1 nach Dubrovnik in Kroatien um.

Nicht immer ist die umtriebige Filmkommission des Zwergenstaats so hilfsbereit. In Malta roch es nach Boykott, als für den **Da Vinci Code** eine kontroverse Szene aufgenommen wurde: In Vittoriosa, an der Nordostküste der Insel, wurde eine Gasse zur Via Dolorosa, in der Jesus mit Maria Magdalena spricht. Die Aufregung war jedoch unnötig: Die Szene landete auf dem Boden des Schneideraums. Doch „Mini-Hollywood" – diesen Namen hat die London Times Malta verpasst – zählt weiter zu den emsigsten Drehorten des Mittelmeers. Zuletzt machte der starbestückte **Murder on the Orient Express** (die Neuverfilmung von „Mord im Orientexpress" von 2017) Station in Valletta, das einmal mehr ein glaubhaftes Jerusalem darstellte. Im selben Jahr wurden für eine weitere – und wie viele Anhänger des Originals meinen, unnötige – Neuverfilmung die MFS-Wassertanks geflutet: **Papillon** war nur während fünf Drehtagen Inselgast, an den Mtahleb-Klippen in Rabat, doch der Produzent ließ sich erfreut zitieren: „Cheers to a great experience in Malta!"

REISETIPP

Im Hafen von Valletta liegt ein Dreimaster, als Schiffsrestaurant fest im Insel-Tourismus verankert. Die Betreiber schreiben Errol Flynn aus marketingtechnischen Gründen der „Black Pearl" als früheren Besitzer zu. Hollywoods legendärer „Swashbuckler" besaß zu Lebzeiten mehrere Segelboote. In seinen letzten Lebensjahren flüchtete er sogar vor seinen Gläubigern über die Weltmeere und legte als Steuerflüchtling ab, wenn ihm der Boden zu heiß wurde. Flynn-Experten bezweifeln allerdings, dass der „Captain Blood" je Captain dieser „Pearl" war. Filmhistorisch gesichert ist: Das Schiff sank in maltesischen Gewässern, wurde gehoben und segelte durch eine Szene in „Popeye".

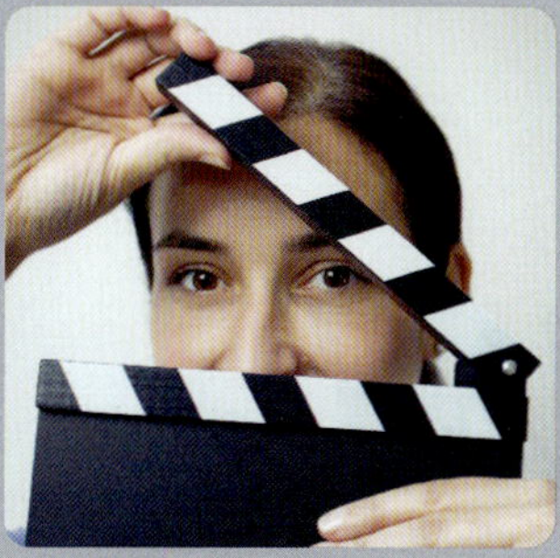

Die Filmtouristin Andrea David reist seit mehr als fünfzehn Jahren zu spannenden Drehorten auf der ganzen Welt und teilt ihre Erlebnisse und Infos mit anderen Film- und Serienfans auf ihrem Reiseblog *www.filmtourismus.de* sowie auf Instagram unter *@filmtourismus.*

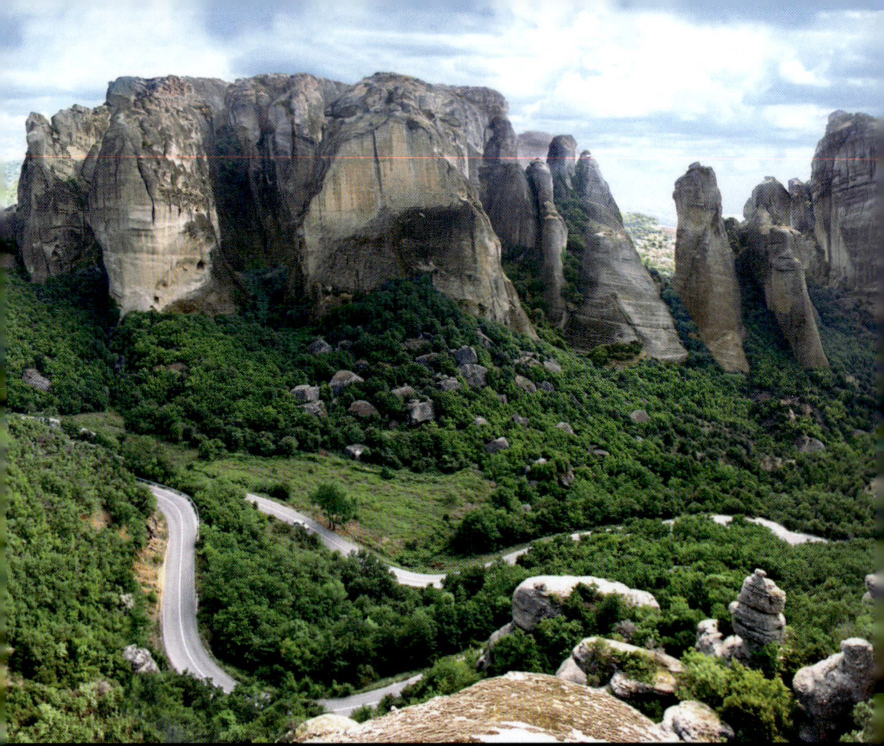

Griechenland

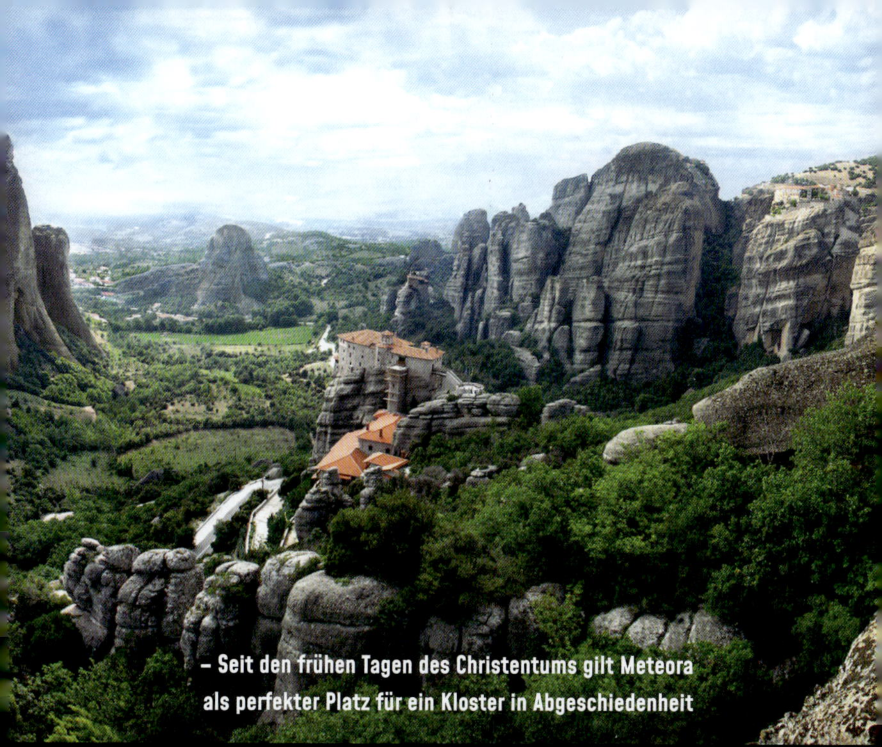
– Seit den frühen Tagen des Christentums gilt Meteora
als perfekter Platz für ein Kloster in Abgeschiedenheit

14

So unterschiedliche Filmcharaktere wie Alexis Sorbas und Lara Croft sind auf den griechischen Inseln dem Geheimnis des Lebens auf der Spur. Sophia Loren beschwor auf dem Parthenon die Götter, doch spätestens seit „Mamma Mia!" herrscht der Gott der Liebe über dem Filmland im Mittelmeer.

Griechische Film-Mythen

Die marode Akropolis wird praktisch nur noch von Metallklammern zusammengehalten – Selfie nur inklusive Baugerüst möglich. Allein fürs Kino präsentierte sich der Parthenon jeweils ohne Hilfsstützen. **Boy on a Dolphin** (Der Knabe auf dem Delfin, 1957) sollte erstmals zwei der größten europäischen Sehenswürdigkeiten auf die Leinwand bringen: Die antiken Säulen von Athen und die körperlichen Vorzüge von ***Sophia Loren***. Der Film kam zustande, weil der Marshallplan, jenes große US-Konjunkturprogramm,

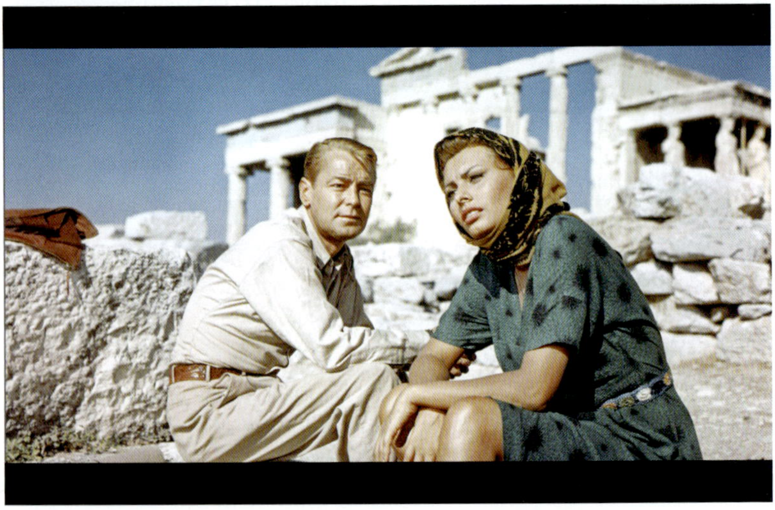

↑ Diese Ansicht des Parthenons ist heute ein Zeitdokument: Alan Ladd und Sophia Loren in „Boy on a Dolphin".

europäischen Ländern unter die Arme greifen sollte. Und weil der damalige Vorsitzende der 20th Century Fox, Spyros Skouras, griechischer Abstammung war. Der Parthenon, quasi Zentrum der hellenischen Welt, war selbst in der Filmhandlung Dauerbaustelle. ***Alan Ladd*** (als Westernheld „Shane" in Erinnerung geblieben) stößt als Archäologe vor dieser ständigen Bauruine auf Sophia. Ladd stand damals am Ende seiner Karriere, die Loren am Anfang. Der blonde Star litt zeitlebens unter seiner geringen Körpergröße (1,68 m), für Liebesszenen mit Sophia wurde er auf erhöhte Plätze gestellt. „Ich reagierte dumm und war nicht sehr nett zu ihm", schreibt Loren in ihrer Biografie.

Tatsächlich genoss die Italienerin einfach den Aufenthalt und nahm den Film – und ihren Partner – nicht ernst. Viel ernster war es ihr mit Produzent ***Carlo Ponti***, den sie schließlich heiratete. Sie nennt die Insel Hydra, wo September und Oktober 1956 die pittoresken Hafenszenen aufgenommen wurden, ihren Lieblingsdrehort. Weil dort ihre Romanze begann: „Ich werde Hydra nie vergessen." Der „Delfin" ist ein ausgezeichnetes Beispiel dafür, wie ein Film zum Zeitdokument des Tourismus werden kann. Viele der Bauten waren damals eben erst für den Fremdenverkehr geöffnet. Der elegante Nachtclub „Asteria", am Astir Beach in Glyfada, galt

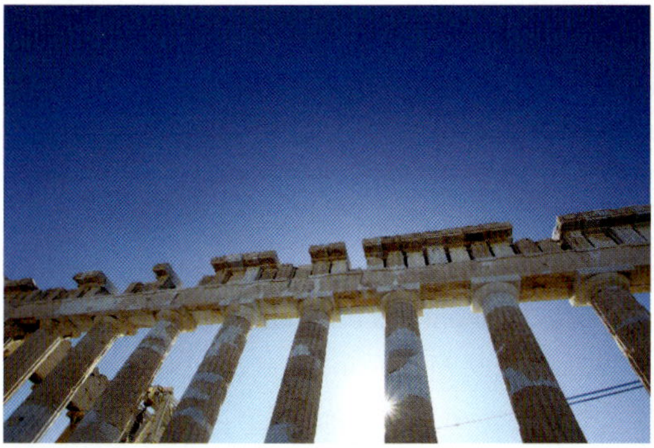

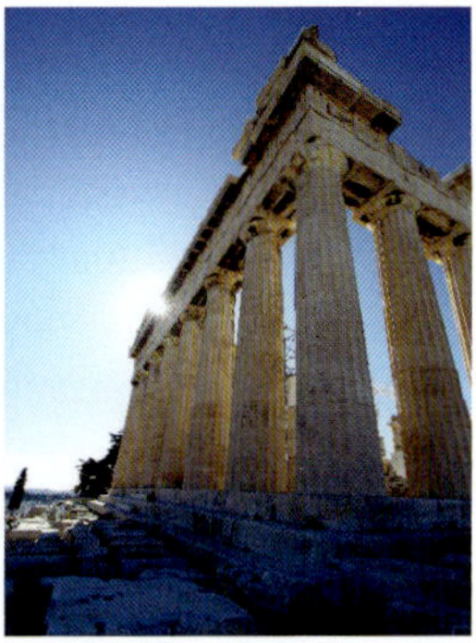

Dauerbaustelle Parthenon: Francis Ford Coppola drehte ausgerechnet für „New York Stories" eine Konzertszene auf der Akropolis. ↑

seinerzeit als State of the Art, entworfen von den angesagtesten Architekten und emsiger Treffpunkt des griechischen Jetsets und gefeiert als Symbol für den baulichen Übergang in die moderne Welt. Heute ist die Astir-Bucht unansehnlich überbaut, und anstelle des „Asteria", dem Sophia im Film einen Besuch abstattet, findet man das Speiserestaurant „Ark".

Bébels Tour durch Athen

Ein Gebäude, mit dem die Hellenen Mühe bekundeten, war das „Hilton Athen", 1963 noch von Conrad Hilton selbst eröffnet, in der Meinung, er habe „das schönste Hilton der Welt gebaut." Die Bewohner der Hauptstadt fanden allerdings, er habe einen rechteckigen Klotz in ihre Skyline gesetzt. Schließlich setzte sich das Hotel als Symbol für den neuen Luxus durch. Und 1971 wurde das „Hilton" Schauplatz einer verwegenen Verfolgungsjagd von ***Jean-Paul Belmondo***. „Bébel" lässt in seiner Biografie vieles aus, überspringt Filme und ganze Jahre. Doch **Le Casse** (Der Coup, 1971) bleibt ihm wegen seiner halsbrecherischen Stunts in Erinnerung: Der damals immerhin schon 40-Jährige hechtet auf einen Linienbus, von dort auf fahrende LKW, rennt dann über Autodächer. Das Besondere: Keine einzige Straße wurde abgesperrt, Belmondo drehte inmitten des brodelnden Verkehrs von Athen. Die wilde Hatz beginnt im obersten Stock des Hilton, in der „Galaxy Bar" und setzt sich durch die Lobby bis auf die Straße fort. Von der Terrasse aus (bepflanzt mit Alpenveilchen, die man hier nicht erwartet hätte) genießt man freie Sicht aufs Mittelmeer. Und nachts, wenn man die hässlichen Appartementhäuser aus der Junta-Zeit nicht sehen kann, erstrahlt die Akropolis in goldenem Licht.

Als Wahrzeichen wird der Parthenon meist in Eröffnungssequenzen eingesetzt. 2009 versuchte **My Life in Ruins** den phänomenalen Kassenerfolg von „My Big Fat Greek Wedding" zu wiederholen (der darum im deutschen Verleih „My Big Fat Greek Summer" genannt wurde). ***Nia Vardalos*** stolpert als griechische Touristenführerin durch die Tempelanlage. Und 2014 konnte die Patricia Highsmith-Verfilmung **The Two Faces of January** (Die zwei Gesichter des Januars) den Handlungszeitpunkt problemlos als 1962 ausgeben: auf der Akropolis hatte sich nichts verändert.

Navarone, das fiktive Eiland

1960 hatte der Parthenon sich seiner Metallgerüste ausnahmsweise für die Aufnahmen in **The Guns of Navarone** (Die Kanonen von Navarone) entledigt, ein Heldenepos, das mehr Menschen mit Griechenland vertraut machte als jeder andere Film. Seit 1832 befand sich das historische Baudenkmal in Reparatur – für die Anfangsszenen war es erstmals „unverhüllt" zu sehen. Die griechische Regierung hatte das Potential der Großproduktion richtig eingeschätzt und bot volle Kooperation an. Die Königsfamilie stattete den Dreharbeiten einen Besuch ab, trat bei der Gelegenheit als Komparserie auf (in der griechischen Hochzeit) und Produzent ***Carl Foreman*** (in den USA während der Kommunistenhatz in Ungnade gefallen) wurde gar zum Ehrenbürger ernannt.

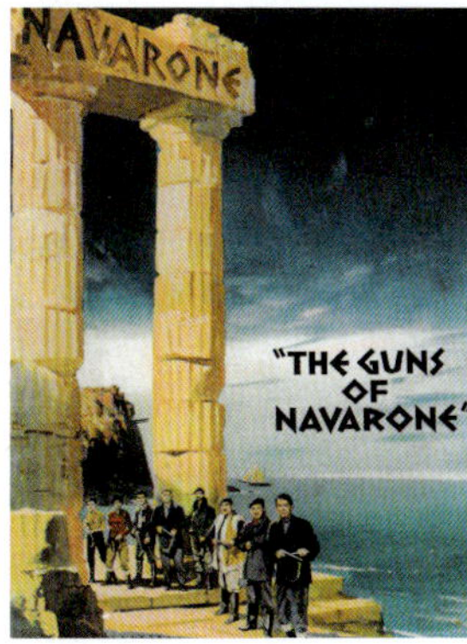

Wirkte wie eine zeitgenössische Griechenland-Werbung: Obwohl „Navarone" eine fiktive Insel ist, enthielt das Souvenirheft zum Film …

Rhodos stellte die fiktive Insel „Navarone" dar, auf der das Sabotage-Team die besagten Kanonen auszuschalten hat. „Modernes Filmschaffen kennt keine Grenzen",

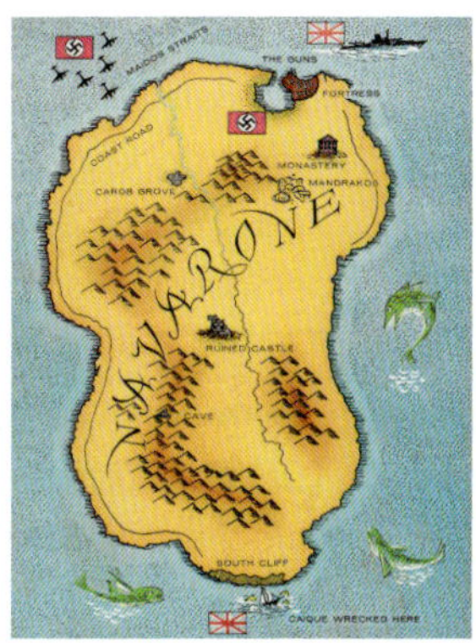

… sogar eine Karte des besagten griechischen Eilands.

trompetete das Presseheft, „die ganze Welt ist ein Filmset!" Der Legende nach soll Rhodos von Zeus persönlich für seinen Filius Apollo geschaffen worden sein. Wie geschaffen war das Eiland für die Bedürfnisse eines Kriegsfilms. Denn das griechische Verteidigungsministerium unterstützte den Kraftakt mit dem eigenen Militär: Sechs der hellenischen Zerstörer liefen aus (englische Schiffe darstellend) und 1000 Soldaten im Sold der griechischen Armee wurden als deutsche Besatzer rekrutiert. Die wichtigsten Verbündeten des Films waren jedoch die Diplomaten. Denn ein Friedensvertrag zwischen Griechen, Italienern und Türken, unterzeichnet am Ende des Zweiten Weltkriegs, hatte die totale Demilitarisierung der Insel beurkundet. Weder Waffen noch Munition durften je nach Rhodos gebracht werden. Und nun sollte eine ganze Armee einziehen? Die Minister einigten sich auf eine kurze „Aussetzung des Abkommens" – und Rhodos konnte erneut zum Kriegsgebiet erklärt werden. Tatsächlich verzeichnete die griechische Marine den ersten Verlust seit Kriegsende: als eine allzu realistische Explosion ein großes Loch in ein Patrouillenboot riss (was die Filmemacher natürlich bezahlen mussten).

Am 15. Februar 1960 begann die 15. Invasion der Insel (die Angriffe der letzten 25 Jahrhunderte mitgerechnet). Filmstars und Dutzende von Journalisten zogen im am Ixia-Strand neu gebauten Hotel Miramar (heute das „Miramare Park") ein, bevor der Zement trocken war. Hier brachte ***Anthony Quinn*** am Feierabend den Co-Stars das Schachspielen bei. Er war übrigens außerdem ein Meister darin, anderen in einer Szene die Show zu stehlen. Quinn, genau einschätzend, wie er im Ensemble-Film die Aufmerksamkeit auf sich lenken konnte, trug von Anfang an ein rotes Unterhemd, das in den meisten Aufnahmen nur an den Ärmeln ersichtlich ist. Streift er gegen Ende des Films die Uniform ab, macht das leuchtende Technicolor-Rot ihn zum Mittelpunkt. Vom

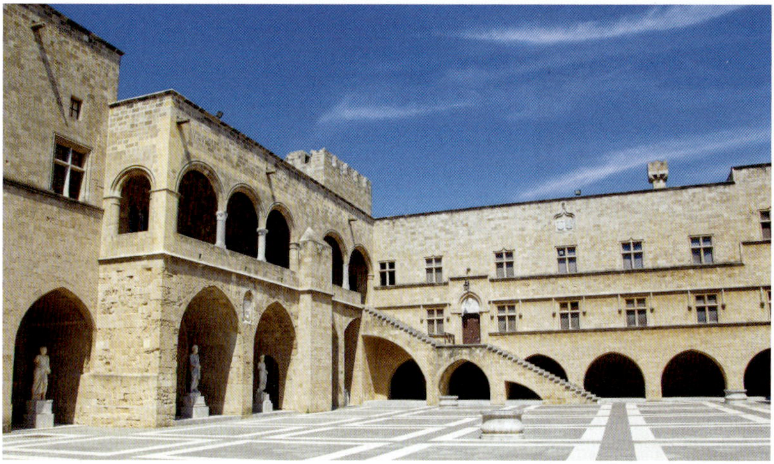

Ziel von Gregory Pecks Sabotageakt: der Palace of the Grand Master in Rhodos. ↑

Miramar in Ixia aus zog täglich ein Tross von 21 Bussen und bepackten Eseln in die Berge. Jeder Einheimische, der Besitzer eines Lasttiers war, wurde quasi zum Aktionär der „Guns of Navarone".

Die Altstadt der Stadt Rhodos, eines der bedeutendsten Beispiele für mittelalterliche Befestigungen, steht auf der Liste des UNESCO-Weltkulturerbes. Der „Palace of the Grand Master", der die Anhöhe der Altstadt beherrscht, stammt aus dem 7. Jahrhundert und war während der italienischen Herrschaft neu aufgebaut und als Feriensitz für Benito Mussolini vorgesehen. Der Duce benutzte den Palast nie – wohl aber die Filmemacher. Die mächtigen Mauern werden in der Handlung zur deutschen Festung, in der die „Kanonen" schussbereit über die Ägäis wachen. Ironischerweise war die Kreuzritterburg während des Kriegs tatsächlich von der deutschen Armee als Öllager benutzt worden. Der versierte Stuntman ***Vic Armstrong*** nutzte dieselben verwinkelten Gassen um den Großmeisterpalast 1979 für eine gekonnte Verfolgungsjagd auf

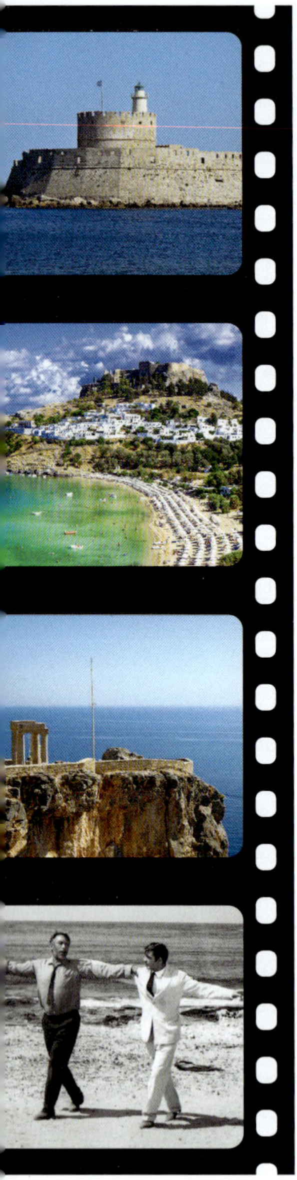

Motorrädern. Mit Ausnahme dieses Glanzstücks kann **Escape to Athena** (Flucht nach Athena) getrost der Vergessenheit anheim fallen.

Der Hafen von Navarone war tatsächlich der Hafen Mandraki von Rhodos-Stadt – wo der Koloss von Rhodos gestanden haben soll, eines der sieben Weltwunder (im selben Hafen wird gegen Ende auch das Fluchtboot gekapert). Wenn die Festung Navarone im Film aus der Distanz zu sehen ist, handelt es sich um einen Matte-Trick (ein Gemälde vor tatsächlichem Hintergrund gefilmt). Die Aufnahme dazu entstand vor der Ortschaft Lindos im Süden der Insel.

Die Kanonen selbst, die im spannungsgeladenen Finale in die Luft gesprengt werden, wurden in den Londoner Shepperton Studios aufgebaut. Aber noch heute ist auf Rhodos der Felsen zu finden, der Hintergrund der Trickaufnahme war, eine Höhle unterhalb der Bergruine der Athena Lindia, über der Bucht von St. Paul, heute ehrenhalber die „Guns of Navarone Höhle" genannt. Im Dorischen Tempel (auf 300 v. Chr. datiert) von Athena Lindia wurde die Nacht-

← 1: Im Hafen Mandraki beginnt und endet das Abenteuer. 2: Lindos, eigentlicher Standort der fiktiven „Kanonen von Navarone". 3: Lindos wird überragt von den Ruinen der antiken Polis, wo die Helden auf die Heldinnen treffen. 4: „Did you say, dance?": Alexis Sorbas tanzt Sirtaki am Strand von Stavros.

sequenz gedreht, in der der alliierte Sabotagetrupp auf die griechischen Widerstandskämpferinnen trifft. Im Originalroman kamen keine Frauen vor – die Filmemacher hingegen hatten auch das weibliche Publikum anzusprechen. Namensgeber auf Rhodos wurde auch Anthony Quinn. Der hatte am Drehort Gefallen gefunden und wollte in einer malerischen Bucht ein internationales Künstler-Zentrum schaffen. Die Regierung hatte sie ihm für einen „symbolischen Preis" in Aussicht gestellt und der Filmschauspieler und Bildhauer hatte bereits eine hohe Summe in den Straßenbau investiert. Dafür würde Quinn, der als „griechischer als ein Grieche" galt (obwohl er doch irisch-mexikanischer Abstammung war) die Insel international bewerben. Der Verkauf wurde annulliert, was Quinn noch zeitlebens wurmte – er schwor, nie wieder nach Rhodos zurückzukehren. Im Labyrinth der griechischen Bürokratie ist man bis heute mit dem Fall beschäftigt. Geblieben ist der Name: Als Bezeichnung der Vagies-Bucht an der Ostküste (drei Kilometer vom Touristenstrand Faliraki entfernt) ist noch heute „Anthony-Quinn-Bucht" gebräuchlich.

Dennoch bleibt Quinn als der Grieche Sorbas in bleibender Erinnerung. **Zorba the Greek** (Alexis Sorbas) war 1964 ein kleines Filmunterfangen, mit überschaubarem Budget von 400.000 Dollar, wovon Quinn selbst nur ein Handgeld für die Lebenshaltungskosten erhielt. Dafür sackte er ein Drittel der Gesamteinnahmen ein – falls es denn welche geben würde. „Zorba" bannte den lebensbejahenden Geist dieses archetypischen Griechen für immer auf Zelluloid – und das geschah auf Kreta, der größten Insel Griechenlands, wo das Zentrum der antiken minoischen Kultur liegt. Hier kam Zeus zur Welt – falls man der Mythologie Glauben schenken will – und hier wurde der Film-Mythos des Sirtaki geboren: Anthony Quinn führt sein legendäres Tänzchen am Strand von Stavros auf.

Klosterbrüder gegen Kinomacher

Auf die spektakuläre Ansicht der Bergklöster von Meteora können Filmemacher schwer verzichten. Die „schwebenden Klöster", wie sie auch genannt werden, weil sie auf ihren hohen Sandsteinfelsen in der dunstigen Luft zu schweben scheinen, liegen in der Nähe der Stadt Kalambaka in Thessalien. Die gesamte Klosteranlage besteht aus 24 einzelnen Eremitagen, einige wurden bereits wegen Einsturzgefahr verlassen, nur sechs sind heute noch bewohnt. Seit den Tagen von „Boy on a Dolphin" mussten die Mönche die Störung ihrer Ruhe durch Filmteams ertragen, 1961 benutzte die französische „Tim und Struppi"-Produktion **Tintin et le mystère de la Toison d'Or** (Tim und Struppi und das Geheimnis um das goldene Vlies) die Felskulisse. Und im bereits erwähnten „Escape to Athena" sollte ***Telly Savalas*** sich abseilen. Dazu sollte ihm unter dem Kostüm ein Leibgurt angelegt werden. Als der Stuntman die Karabiner an Telly einhaken sollten, mussten sie feststellen, dass der gebürtige Grieche keine Unterwäsche trug.

1981 schließlich sollte James Bond von Meteoras Felsvorsprüngen über dem Abgrund baumeln. In **For Your Eyes Only** (In tödlicher Mission) hängt das Leben des Geheimagenten am seidenen Faden respektive an einem Kletterseil, das vom Kontrahenten gekappt wird. ***Roger Moore***, oder vielmehr sein Stuntman ***Rick Sylvester***, erklettert Agía Triáda (Heilige Dreifaltigkeit), auch als „St. Cyril's" bekannt, um 1460 erbaut. Die Klosterbewohner erwiesen sich als ebenso große Herausforderung wie die Bergsteiger-Stunts. Erstmals hatten sich die Mönche in den Kopf gesetzt, einem Film, der für Sex und Gewalt stand, nicht Tür und Tor zu öffnen. Regisseur ***John Glen*** in seiner Biografie: „Wir hatten mit der orthodoxen Kirche in Athen einen Deal gemacht, doch die Mönche wollten nicht kooperieren und taten ihr Bestes, unsere Aufnahme zu stören. Sie stellten Ölfässer aufs Dach und hängten ihre Wäsche aus dem Fenster!" Die 007-Macher mussten wegen dieser Störmanöver tief in die Trickkiste greifen. Eine Szene des Bond-Streifens spielte in der filmerprobten Villa Sylva auf Korfu, an beneidenswerter Lage in Kanoni. Von hier entkommt Bond, indem er einen Sonnenschirm als Fallschirm benutzt. Die Poolparty-Szene kam bald darauf in die Schlagzeilen, weil sich unter die sexy Bond-Girls unerkannt eine transsexuelle Frau gemischt hatte: Caroline Cossey, das erste Transgender-Model. Heute unter dem Namen Villa Felice bekannt, ist das Luxus-Anwesen während der Hochsaison für 45.000 Dollar pro Woche mietbar.

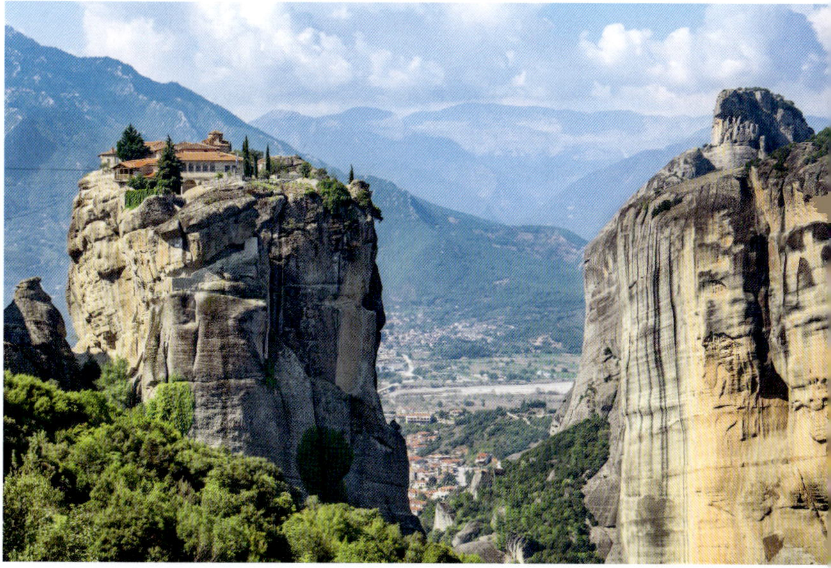

Das 400 Meter hohe Kloster von St. Cyril muss in „For Your Eyes Only" in einem spektakulären Aufstieg von Roger Moore als 007 bezwungen werden. ↑

Weitere Filmorte in Griechenland

Für touristischen Aufschwung der Insel Kefalonia sorgte 2001 **Captain Corelli's Mandolin** (Corellis Mandoline). Die Weltkriegs-Romanze zwischen ***Nicolas Cage*** und ***Penélope Cruz*** kommt in der Hauptstadt Argostóli in Gang. Allerdings werden Filmtouristen für ihren Trip kaum entschädigt: Die für den Film errichteten Bauten wurden nach dem Dreh abgetragen. Unverändert schön ist Myrtos Beach, Schauplatz der Entschärfung der Mine, und die Bucht von Antisamos, wo die italienischen Besatzer ihre Zelte aufschlagen.

Auf Alonnisos und Amorgos entstand 1988 der Film, der von Tauchern hochgeschätzt wird: **Le Grand Bleu** (Der Rausch der Tiefe). Das an der Küste von Amorgos gestrandete Wrack der „Olympia", Schauplatz der ersten dramatische Tauchsequenz, rostet auch weiterhin in der Kalotaritissa Bay, einer Bucht am südwestlichen Ende der Insel, vor sich hin. Nordöstlich der Hauptstadt Chora war das weiße, in die Klippen gesetzte Kloster Chozoviotissa ebenfalls grandioser Handlungsort.

Eine Sirene ganz anderer Art war 2003 ***Angelina Jolie*** in der Verkörperung der Titelfigur des gleichnamigen Computerspiels: Lara Croft. Santorin war ihr Einsatzort in **Lara Croft: Tomb Raider** (Die Wiege des Lebens). Der Film beginnt mit einer Helikopteraufnahme über dem Meer, aus dem die Küste von Santorin auftaucht, und schließlich die weißen Gebäude des ruhigen Bergdorfs Oia, das gleich darauf von einem Erdbeben heimgesucht wird. Das ist der Call to Action für Lara Croft, die auf einem Jetski vor Santorin eindrucksvolle Kapriolen macht.

Die moderne Adaption der ABBA-Songs sorgte mit **Mamma Mia!** (2008) für einen Erfolg, den niemand voraussehen konnte. Nicht nur an den Kinokassen, auch in den Reisebüros. Der im Film genannte Ort „Kalokairi“ hört sich griechisch an, ist aber nur gut erfunden und aus verschiedenen Inselansichten zusammengesetzt, deren Löwenanteil Skopelos stellt. Die „Villa Donna“ wird man umsonst suchen, der gesamte Hotelkomplex entstand als Kulisse in den englischen Pinewood-Studios. Es gibt auf Skopelos aber noch genug „Mamma Mia!“ zu sehen. Die Villa Donna, so suggeriert der Filmschnitt, wäre über dem Strand von Glysteri gestanden, nördlich der Hauptstadt. Die Strandbar (in der „Does your Mother know?“ zum Besten gegeben wird) war auf dem Kastani-Strand errichtet worden. Legionen loyaler ABBA-Fans haben vor allem eine Stelle ins Herz geschlossen: die Hochzeitskapelle Agios Ioannis Prodromos auf Skopelos (aber Vorsicht, das Innere war wiederum Pinewood-Kulisse). Dank des stimmigen Musicals haben Skopelos und die Kapelle, die bei Glossa auf einem Felsen 100 Meter über dem Meer thront, sich zur Top-Heiratsadresse gemausert.

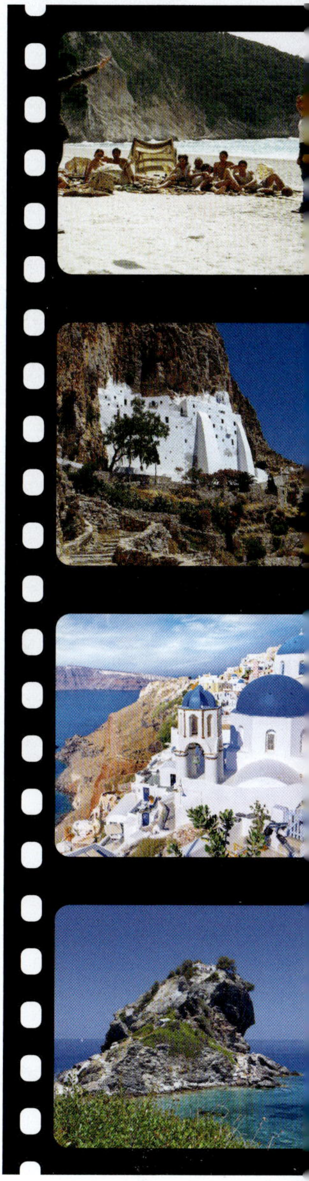

1: Nicolas Cage kommandiert den Myrtos Beach. 2: Kloster im Kultfilm: Chozoviotissa in „The Big Blue“. 3: Auf Santorin machte Lara Croft Wassersport. 4: Heiraten wie in „Mamma Mia!“ auf Agios Ioannis. →

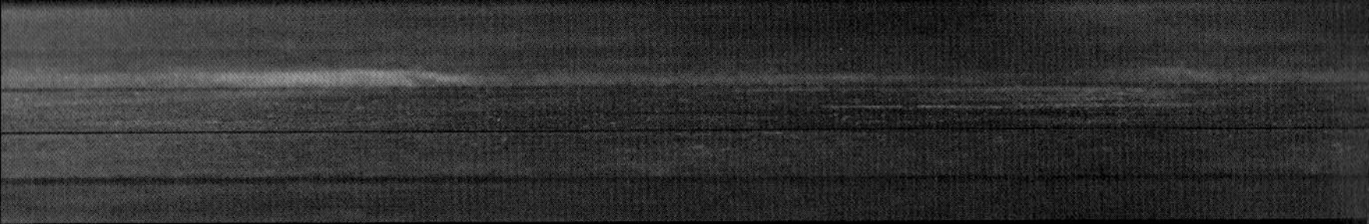

Anhang

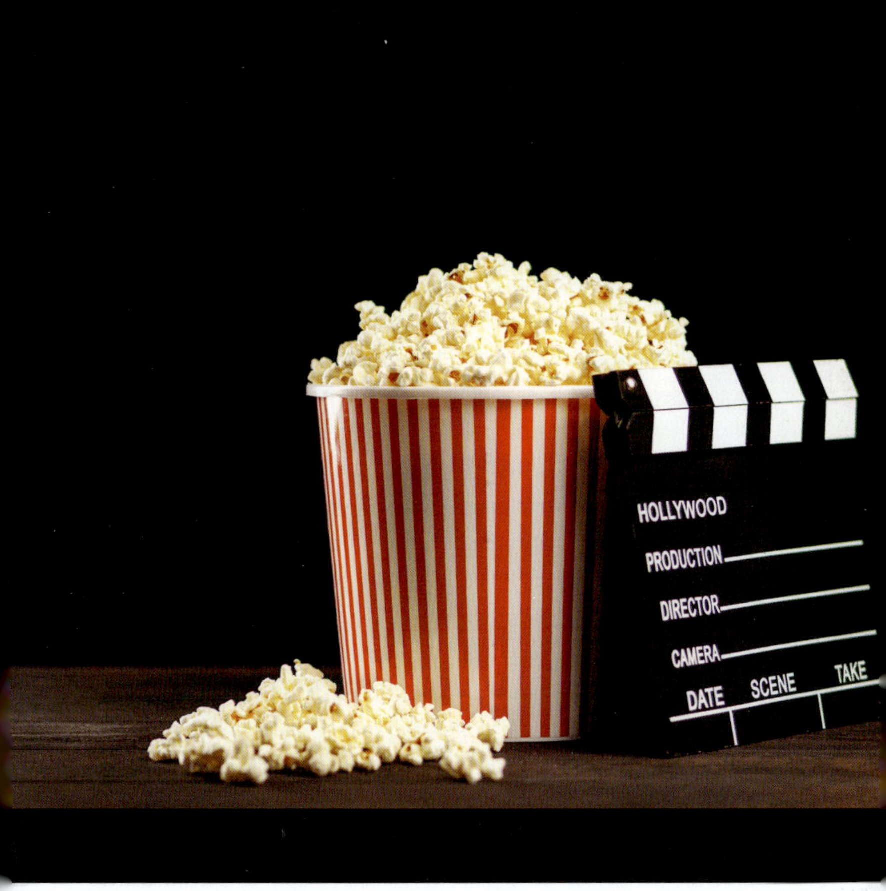
HOLLYWOOD
PRODUCTION
DIRECTOR
CAMERA
DATE
SCENE
TAKE

Epilog: Regeln für Location-Hunter

„A rock is a rock, a tree is a tree – shoot it in Griffith Park!" Die alte Leier der Studiobosse, um Kostenexzesse ihrer Regisseure auszubremsen. Die Felsen und Bäume im Stadtpark von Los Angeles tun's auch! Erst die Konkurrenz des Fernsehens zwang die Pfennigfuchser in den 1950er Jahren, Reisespesen zu zahlen, Filme an Originalschauplätzen aufzunehmen. Es sollte nochmals Jahrzehnte dauern, bis „Film-Touristen" den Spuren der Filmemacher zu entlegenen Drehorten folgten. Vor Nutzen des Internets mussten die Pioniere des „Location-Hunting" eigenhändig Beweise sammeln. Am einfachsten ging das, indem wir penetrant an die Türen der Einheimischen klopften.

Denn Regel Nummer 1 für Location-Hunter besagt: Unterschätze niemals das Erinnerungsvermögen von Eingeborenen. Augenzeuge eines Filmdrehs gewesen zu sein, brennt sich ins Gedächtnis ein. Dennoch können Einheimische oft nicht verstehen, was uns antreibt. In Tunesien hatten wir einen Beduinen angeheuert, uns zur Höhle des „Englischen Patienten" zu bringen. Der Zielort wurde in Zeichensprache kommuniziert – eine an einer imaginären Filmkamera kurbelnde Hand ist die universal gebräuchliche Geste für „Filmaufnahmen". Nach stundenlanger, schweigsamer Fahrt durch die Wüste fragten wir uns schon, ob wir statt der Höhle ein warmes Grab finden würden. Da stoppte der Jeep, unser Führer wies auf halb eingefallene Häuser und proklamierte in perfektem Französisch: „La Guerre des Etoiles". Für den Englischen Patienten hatte die Pantomime nicht gereicht. Geführt hatte der Beduine uns stattdessen zur galaktischen Siedlung aus „Star Wars", lange bevor Legionen von Fans sich auf die Suche nach den im Sand versinkenden Relikten machten.

Regel Nummer 2: Wurde eine Gegend einmal filmtechnisch erschlossen, bleibt es – selbst in menschenleerer Einöde – meist nicht bei einem Film. Bäume wachsen und werden gefällt, Häuser gebaut oder abgerissen. Wie stark sich Stadtteile und ganze Landstriche verändern, wird jedem Spurensucher schnell klar, der nach einer bestimmten Wiese einer Filmszene sucht und dort ein Hochhaus vorfindet – oder umgekehrt. Als die Monty Python-Truppe nach Schottland zurückkehrte, hatte sie selbst Mühe, jene Höhle wiederzufinden, in der die „Ritter der Kokosnuss" nach dem Heiligen Gral suchten. Größter Feind des Location-Suchenden sind jedoch die Filmemacher selbst. Sie führen uns auf falsche Fährten, indem der Dialog falsche Angaben macht. Sie ändern Straßenschilder und Ortsnamen. Sie verkürzen geografische Wege durch den Filmschnitt. Und Sie brechen jedes Gesetz von Logik, wie man von einem Ort zum anderen gelangen kann.

Was uns zu Regel 3 bringt: selbst wenn der Film am Ende der Welt spielt, immer führt eine Straße dorthin. Denn die hundertköpfige Crew reist mit schwerem Gerät an. Finde die Straße und du findest den Drehort. Vom Extremsport Einzelner wurde Location-Hunting zum Breitensport. In lebhafter Erinnerung bleibt mir jener Mann auf seiner Veranda im Allgäu, argwöhnisch unsere kleine Expedition hinter seinem Haus beäugend. „Geht's wieder um Gesprengte Ketten?" Als wir mit heftigem Nicken bejahten, rief er nach drinnen: „Mutter, sind schon wieder zwei da!" Merke: Wer heute unbedarft die Erlaubnis erteilt, in seinem Garten zu drehen, darf sich nicht wundern, wenn in einigen Jahren Filmtouristen durch seine Blumenbeete stapfen. Erlangt der Streifen Kultstatus, wird man zum Anrainer eines Kultorts.

Selbst den Filmemachern fehlt es an Verständnis für unsere Motivation, die realen Stellen der von ihnen geschaffenen Filmfiktion aufzusuchen. Der Autor dieser Zeilen nutzte die Gelegenheit eines Interviews, Hugh Grant auf die Folgen von „Notting Hill" hinzuweisen: Fans klopften beim „Haus mit der blauen Tür" so lange an, bis es den Bewohnern zu bunt wurde und sie die Tür überpinselten, um wieder „unsichtbar" zu werden. Ob er selbst je das Bedürfnis verspürt habe, einen filmhistorischen Ort aufzusuchen? Grant setzte die uns wohlbekannte Mine des stutzigen Engländers auf, der sich nur noch wundern kann: „Sie meinen, nur so zum Spaß? Und was haben Sie dann davon?"

Das Verständnis für Filmnarren wächst, seit Filmlokationen zum touristischen Business-Case wurden. Obwohl: Die Kenntnisse in den örtlichen Touristen-Büros bleiben bescheiden. Zum Beispiel im schottischen Glen Nevis: Ich erkundigte mich nach der Stelle, wo Bravehearts Hütte stand. „Aber", sagte die Fremdenführerin und ließ in ihrer Stimme mitschwingen, dass sie mich für einen weltfremden Idioten hielt, „da ist nichts mehr – das wurde alles für den Film gebaut, verstehen Sie?"

Regel 4: Frage nie die lokalen Tourismusbeauftragten. Sie sind ausgebildet, über historische Ereignisse zu dozieren. Und Filme gelten nicht als erwähnenswertes historisches Ereignis. Ein Historiker schenkt einem Filmbluff kein Gehör, selbst wenn er es besser weiß. Wie die Reiseführerin in Fontvielle, die partout nicht glauben wollte, dass in „ihrem" Kloster Peter O'Toole den „Löwen im Winter" gab. Die ihr zur Beweisführung vorgespielte Aufnahme bezeichnete sie hartnäckig als „Filmtrick".

Zuweilen trifft man in der Einsamkeit, die unsere obskure Freizeitbeschäftigung mit sich bringt, unverhofft Gleichgesinnte an. Im irischen Galway hatten wir soeben John Waynes Wohnhaus aus „The Quiet Man" – oder vielmehr dessen Ruine – ausfindig gemacht, als wir feststellten, wir sind nicht allein. Mit vibrierendem Bass drang eine Theaterstimme über Bach und Feld zu uns: Ob wir auch wegen John Ford hier seien? Gefragt hatte ein großer Mann mit einem dieser Charakterköpfe, die man sofort aus einem Dutzend Filmen erkennt, aber deren Namen man nie zuordnen kann. Wir gaben zu, nur wegen unserer Filmleidenschaft durch die Ruine zu stolpern – es gab auch gar keinen anderen Grund, da zu sein – und Dennis Farina musste seinerseits eingestehen, Dennis Farina zu sein. Und nicht nur das: Obschon im Kino auf die Rolle des brutalen Schlägers abonniert, stellte er sich als gläubiger Film-Pilger wie du und ich heraus. Was er uns freilich vorenthielt: Unter Spielbergs Regie spielte er zu jener Zeit gerade an der Küste in „Saving Private Ryan" mit. An einem Strand, der dadurch bald selbst Cineasten anziehen würde. An seinem drehfreien Tag war der Charakterschauspieler den weiten Weg gekommen, um persönlich auf den Spuren seines Lieblingsfilms zu wandeln. Ich habe Dennis Farina nicht gefragt, was er „nun davon hat".

Roland Schäfli, Dezember 2020

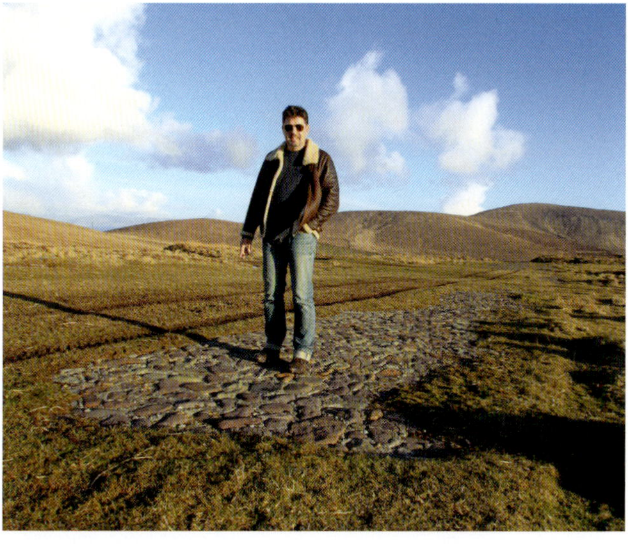

Alles, was von der fiktiven Stadt Kirrary aus dem Film „Ryan's Daughter" übrigblieb, ist das Kopfsteinpflaster mitten auf einem Feld in Irland. ↑

Filmregister

Titel	Jahr	Filmschaffende	Handlung	Land
28 Days Later (28 Tage später)	2002	*Danny Boyle,* Cilian Murphy, Brendan Gleeson	Endzeit-Thriller um den Zusammenbruch von England durch einen tödlichen Virus	GB
55 Days at Peking (55 Tage in Peking)	1963	*Nicholas Ray,* Charlton Heston, Ava Gardner	Diplomaten verteidigen während des Boxeraufstands in China die Botschaft in Peking	ES
633 Squadron (Kampfgeschwader 633)	1964	*Walter Grauman,* Cliff Roberston, George Chakiris	Widerstandskämpfer greifen im besetzten Norwegen ihr Ziel in einem engen Fjord an	SCT
A Bridge Too Far (Die Brücke von Arnheim)	1977	*Richard Attenborough,* int. Star-Ensemble	Luftlande-Operation „Market Garden" aus Sicht der Alliierten und der Deutschen	NL
A Clockwork Orange (Uhrwerk Orange)	1971	*Stanley Kubrick,* Malcolm McDowell, Patrick Magee	Alex, Anführer einer Jugendbande, soll therapiert werden	GB
A Farewell to Arms (In einem anderen Land)	1957	*Charles Vidor,* Rock Hudson, Jennifer Jones	Hemingway-Verfilmung: Amerikanischer Soldat verliebt sich in eine Krankenschwester	IT
A Fish Called Wanda (Ein Fisch namens Wanda)	1988	*Charles Crichton,* John Cleese, Jamie Lee Curtis	Kriminalkomödie um einen Anwalt, der in einen Juwelenraub verwickelt wird	GB
A Fistful of Dollars (Für eine Handvoll Dollar)	1964	*Sergio Leone,* Clint Eastwood, Marianne Koch	Fremder Revolvermann spielt zwei gegnerische Parteien einer Stadt gegeneinander aus	ES
A Foreign Affair (Eine auswärtige Affäre)	1947	*Billy Wilder,* Marlene Dietrich, Jean Arthur	US-Abgeordnete ist entsetzt über die moralischen Entgleisungen im Nachkriegs-Berlin	DE
A Good Year (Ein gutes Jahr)	2006	*Ridley Scott,* Russel Crowe, Marion Cotillard	Börsenmakler erbt ein Weingut in der Provence	FR
A Room with a View (Zimmer mit Aussicht)	1985	*James Ivory,* Maggie Smith, Helena Bonham Carter	Englische Touristen wechseln der Aussicht wegen ihre Hotelzimmer, wodurch sie Zeugen eines Verbrechens werden	IT
A View to a Kill (James Bond 007: Im Angesicht des Todes)	1985	*John Glen,* Roger Moore, Grace Jones	007 durchkreuzt die Pläne des Großindustriellen Max Zorin	FR
Alexander	2004	*Oliver Stone,* Colin Farrell, Angelina Jolie	Monumentalfilm über das Leben von Alexander dem Großen	MT
Alfie (Der Verführer lässt schön grüßen)	1966	*Lewis Gilbert,* Michael Caine, Shelley Winters	Alfie lebt ungezwungen im London der Sixties, bis man ihm Tuberkulose diagnostiziert	GB
Amadeus	1983	*Milos Forman,* F. Murray Abraham, Tom Hulce	Hofkomponist Salieri ist eifersüchtig auf Mozarts Erfolge	CZ
An American in Paris (Ein Amerikaner in Paris)	1951	*Vincente Minnelli,* Gene Kelly, Leslie Caron	Musical um einen amerikanischen Maler, der in Paris Karriere machen will	FR
An American Werewolf in London (American Werewolf)	1981	*John Landis,* David Naughton, Griffin Dunne	Backpacker verwandeln sich nach dem Biss eines Werwolfs selbst in Monster	GB
Angels and Demons (Illuminati)	2009	*Ron Howard,* Tom Hanks, Ewan McGregor	Verfilmung des Thrillers von Dan Brown um einen Geheimbund im Vatikan	IT

Titel	Jahr	Filmschaffende	Handlung	Land
Arabesque (Arabeske)	1966	*Stanley Donen,* Gregory Peck, Sophia Loren	Amerikanischer Professor soll für arabische Gangster Hieroglyphen entziffern	GB
Around the World in 80 Days (In 80 Tagen um die Welt)	1956	*Michael Anderson,* David Niven, Catinflas	Groß angelegter Reisefilm um einen englischen Gentleman, der 1872 wettet, in 80 Tagen den Erdball zu umrunden	ES
Around the World in 80 Days (In 80 Tagen um die Welt)	2003	*Frank Coraci,* Jackie Chan, Steve Coogan	Neuverfilmung des Klassikers von Jules Verne mit Slapstick- und Kung-Fu-Elementen	DE
Ash Wednesday (Die Rivalin)	1973	*Larry Peerce,* Liz Taylor, Henry Fonda	Reiche Amerikanerin lässt sich in der Midlife-Crisis durch Schönheits-OP verjüngen	IT
Atomic Blonde	2017	*David Leitch,* Charlize Theron, James McAvoy	Berlin 1989: Kurz vor Mauerfall führt britische Geheimagentin riskante Operation durch	DE
Avanti! (Avanti, Avanti!)	1972	*Billy Wilder,* Jack Lemmon, Juliet Mills	Spießiger Amerikaner lernt auf Ischia Dolce Vita, während er die Wahrheit über seinen Vater erfährt	IT
Avengers: Infinity War	2018	*Anthony & Joe Russo,* Robert Downey jr., Chris Hemsworth	Die Marvel-Helden müssen die Welt vor einer neuen Bedrohung retten	SCT
Band of Brothers (Wir waren wie Brüder)	2001	*Tom Hanks u.a.,* Damian Lewis, Ron Livingston	Um hohe Authentizität bemühte Serie um eine Kompanie US-Fallschirmjäger	CH
Barabbà (Barabbas)	1961	*Richard Fleischer,* Anthony Quinn, Jack Palance	Leben der biblischen Figur Barabbas, der mit seinem Schicksal hadert, nachdem er der Kreuzigung entging	IT
Barry Lyndon	1975	*Stanley Kubrick,* Ryan O'Neal, Hardy Krüger	Aufstieg und Fall eines Iren, der seinen Platz im englischen Hochadel einnehmen will	IE
Battle of Britain (Luftschlacht um England)	1969	*Guy Hamilton,* britisches Star-Ensemble	Kriegsfilm um die Ereignisse während der Schlacht um England im Zweiten Weltkrieg	MT
Battle of the Bulge (Die letzte Schlacht)	1965	*Ken Annakin,* Henry Fonda, Robert Shaw	Starbesetztes Spektakel um die Ardennenschlacht im Winter 1944	ES
Beat the Devil (Schach dem Teufel)	1953	*John Huston,* Humphrey Bogart, Gina Lollobridgida	Uran-Schmuggler müssen im italienischen Hafen auf Schiffspassage warten	IT
Before Sunrise	1995	*Richard Linklater,* Ethan Hawke, Julie Delpy	Amerikaner lernt im Zug Französin kennen und verbringt eine besondere Zeit mit ihr	AT
Belle de Jour (Schöne des Tages)	1967	*Luis Buñùel,* Catherine Deneuve, Michel Piccoli	Pariser Bürgersfrau lebt ein erotisches Doppelleben und verliert sich in Tagträumen	FR
Ben-Hur (Ben Hur)	1959	*William Wyler,* Charlton Heston, Stephen Boyd	Ein unschuldig verurteilter jüdischer Prinz kreuzt mehrmals den Weg von Jesus Christus	IT
Berge in Flammen	1931	*Karl Hartl,* Luis Trenker (auch Regie), Lissy Arna	Zwei Bergsteiger geraten in die Wirren des ersten Weltkriegs an der Alpenfront	IT

Titel	Jahr	Filmschaffende	Handlung	Land
Bitka na Neretvi (Schlacht an der Neretva)	1968	*Veljko Bulajić*, Yul Brynner, Hardy Krüger	Jugoslawische Partisanen unter Titos Führung sind an der Neretva eingekesselt	**HR**
Blind Husbands (Blinde Ehemänner)	1918	*Erich von Stroheim* (auch Hauptrolle), Sam De Grasse	US-Arzt bekämpft österreichischen Nebenbuhler in den Ferien in den Dolomiten	**IT**
Bonnie Prince Charlie	1948	*Anthony Kimmins*, David Niven, Margaret Leighton	1745 will Bonnie Prince Charlie den britischen Thron besteigen	**SCT**
Boy on a Dolphin (Der Knabe auf dem Delfin)	1957	*Jean Negulesco*, Alan Ladd, Sophia Loren	Arme Schwammtaucherin entdeckt vor Hydra am Meeresboden einen Schatz	**GR**
Brannigan (Brannigan: Ein Mann aus Stahl)	1975	*Douglas Hickox*, John Wayne, Richard Attenborough	US-Cop soll in London einen Gangster dingfest machen und schert sich nicht um kulturelle Unterschiede	**GB**
Braveheart	1995	*Mel Gibson* (auch Hauptrolle), Sophie Marceau	Ende des 13. Jh. will William Wallace die Engländer aus Schottland vertreiben	**SCT, IE**
Bridge of Spies (Bridge of Spies: Der Unterhändler)	2015	*Steven Spielberg*, Tom Hanks, Mark Rylance	Austausch von Spionen während des Kalten Kriegs auf der „Agentenbrücke" in Berlin	**DE**
Bridget Jones' Diary (Bridget Jones: Schokolade zum Frühstück)	2001	*Sharon Maguire*, Renée Zellweger, Hugh Grant, Colin Firth	Romanverfilmung um einen frustrierten, übergewichtigen Single auf der Suche nach der großen Liebe	**GB**
Bridget Jones: Edge of Reason (Am Rande des Wahnsinns)	2004	*Beeban Kidron*, Renée Zellweger, Colin Firth	In der Fortsetzung muss Bridget sich in der Liebe zu Mark Darcy bewähren	**AT**
Brief Encounter (Begegnung)	1945	*David Lean*, Trevor Howard, Celia Johnson	Hausfrau lernt einen Arzt kennen, worauf beide sich wöchentlich treffen	**GB**
Brigadoon	1954	*Vincente Minnelli*, Gene Kelly, Cyd Charisse	Verfilmung des Broadway-Musicals um schottische Stadt, die alle 100 Jahre erscheint	**SCT**
By the Sea	2014	*Angelina Jolie* (auch Hauptrolle), Brad Pitt	Ehepaar versucht in einem kleinen Küstenstädtchen ihre Ehekrise zu bewältigen	**MT**
Cabaret	1972	*Bob Fosse*, Liza Minnelli, Michael York	Musical um ein erotisches Nummernkabarett, kurz vor der Machtergreifung der Nazis	**DE**
Call It Treason / Decision Before Dawn (Entscheidung vor Morgengrauen)	1951	*Anatole Litvak*, Richard Basehart, Oskar Werner	Spionagefilm vor der Kulisse des Untergangs des Dritten Reichs	**DE**
Captain America: Civil War (The First Avenger: Civil War)	2016	*Anthony & Joe Russo*, Chris Evans, Robert Downey jr., Scarlett Johansson	Actionfilm in der Marvel-Reihe um Captain America: Die Helden müssen eine biologische Waffe stoppen	**DE**
Captain Corelli's Mandolin (Corellis Mandoline)	2001	*John Madden*, Nicolas Cage, Penélope Cruz	Italienischer Soldat verliebt sich während der Besetzung Griechenlands in Arzt-Tochter	**GR**
Casino Royale (James Bond 007: Casino Royale)	2006	*Martin Campbell*, Daniel Craig, Eva Green	James Bond muss sich im Geheimdienst den Status als 007 verdienen	**CZ, IT**

Titel	Jahr	Filmschaffende	Handlung	Land
Chaplin	1992	*Richard Attenborough,* Robert Downey jr., Geraldine Chaplin	Verfilmung der Autobiografie von Charlie Chaplin	CH, GB
Charade	1963	*Stanley Donen,* Cary Grant, Audrey Hepburn	Hinterlistiger Kriminalfilm mit vielen Wendungen um einen verschollenen Kriegsschatz	FR
Chariots of Fire (Die Stunde des Siegers)	1981	*Hugh Hudson,* Ian Charleson, Ben Cross	Film um wahre Begebenheit während der Finalläufe der Olympischen Spiele 1924	SCT
Child 44 (Kind 44)	2015	*Daniel Espinosa,* Tom Hardy, Gary Oldman	Krimi um einen Soldaten der Roten Armee, der einen Kindermord aufklären muss	CZ
Chocolat	2000	*Lasse Hallström,* Juliette Binoche, Johnny Depp	Eigenwillige Frau sorgt mit Eröffnung einer Chocolaterie in Provinzstadt für Unruhe	FR
Circus World (Held der Arena)	1964	*Henry Hathaway,* John Wayne, Claudia Cardinale	Amerikanischer Zirkusbesitzer versucht auf Europatournee die Familie zu kitten	ES
Cleopatra	1962	*Joseph L. Mankiewicz,* Elizabeth Taylor, Richard Burton	Ägyptische Königin wickelt Römer um den Finger, um ihr Königreich zu erhalten	IT
Cliffhanger (Cliffhanger: Nur die Starken überleben)	1993	*Renny Harlin,* Sylvester Stallone, John Lithgow	Der Bergrettungsdienst in den Rocky Mountains muss sich gegen Gangster behaupten	IT
Conan the Barbarian (Conan der Barbar)	1982	*John Milius,* Arnold Schwarzenegger, James Earl Jones	Comicverfilmung um den versklavten Conan, der sich an seinen Peinigern rächt	ES
Cutthroat Island (Die Piratenbraut)	1995	*Renny Harlin,* Geena Davis, Matthew Modine	Freibeuterin auf der Jagd nach sagenhaftem Piratenschatz	MT
Das Boot	1981	*Wolfgang Petersen,* Jürgen Prochnow, Herbert Grönemeyer	Kinoversion der TV-Serie um ein deutsches U-Boot auf Feindfahrt	DE, FR
Das Wirtshaus im Spessart	1958	*Kurt Hoffmann,* Liselotte Pulver, Carlos Thompson	Comtesse gibt sich unter Räubern als Mann aus	DE
Death in Venice (Tod in Venedig)	1971	*Luchino Visconti,* Dirk Bogarde, Björn Andrésen	Literaturverfilmung um einen Komponisten, der sich in einer Krise befindet	IT
Der Blaue Engel	1929	*Josef von Sternberg,* Emil Jannings, Marlene Dietrich	Älterer Lehrer geht an der Liebe zu einer Varieté-Sängerin zugrunde	DE
Der Himmel über Berlin	1987	*Wim Wenders,* Bruno Ganz, Peter Falk	Zwei Engel streifen durchs geteilte Berlin und hören den Menschen zu	DE
Der Name der Rose	1986	*Jean-Jacques Annaud,* Sean Connery, Christian Slater	Franziskaner-Mönch kommt Mordserie im Kloster auf die Spur	DE
Der Ölprinz	1968	*Harald Philipp,* Stewart Granger, Pierre Brice	Old Surehand rettet Wagentreck der Siedler	HR

Titel	Jahr	Filmschaffende	Handlung	Land
Der Schatz im Silbersee	1962	*Harald Reinl,* Lex Barker, Götz George, Karin Dor	Die Blutsbrüder Winnetou und Old Shatterhand stellen verborgenen Indianerschatz sicher	HR
Der Schuh des Manitu	2001	*Michael Herbig* (auch Hauptrolle), Christian Tramitz	Persiflage der Winnetou-Filme	ES
Diamonds Are Forever (James Bond 007. Diamantenfieber)	1971	*Guy Hamilton,* Sean Connery, Jill St. John	James Bond fahndet nach Blofeld und nach geschmuggelten Diamanten	NL
Die Geierwally	1957	*Franz Cap,* Barbara Rütting, Carl Möhner	Neuverfilmung um Tochter eines reichen Bauern, die verstoßen wird und sich in eine Almhütte zurückzieht	AT
Die Käserei in der Vehfreude	1958	*Franz Schnyder,* Annemarie Düringer, Heinrich Gretler	Gotthelf-Verfilmung um ein fiktives Dorf im Emmental, das eine Käserei erhält	CH
Dio perdona ... io no! (Gott vergibt ... wir beide nie!)	1967	*Giuseppe Colizzi,* Terence Hill, Bud Spencer	Django macht im Wilden Westen große Beute	ES
Dirty Rotten Scoundrels (Zwei hinreißend verdorbene Schurken)	1988	*Franz Oz,* Steve Martin, Michael Caine	Komödie um zwei ausgebuffte Hochstapler, die eine Millionärin ausnehmen wollen	FR
Don Camillo (Don Camillo und Peppone)	1952	*Julien Duvivier,* Fernandel, Gino Cervi	Dorfpfarrer widersetzt sich dem Bürgermeister, der den Kommunismus vertritt	IT
Don Camillo e l'onorevole Peppone (Die große Schlacht des Don Camillo)	1955	*Carmine Gallone,* Fernandel, Gino Cervi	Dorfpfarrer sabotiert die Kandidatur des Bürgermeisters fürs Parlament	IT
Don Camillo Monsignore ... ma non troppo (Hochwürden Don Camillo)	1961	*Carmine Gallone,* Fernandel, Gino Cervi	Camillo kehrt von Rom in sein Dorf zurück	IT
Don't Look Now (Wenn die Gondeln Trauer tragen)	1973	*Nicolas Roeg,* Julie Christie, Donald Sutherland	Horrorfilm um ein Ehepaar, das den Tod seines Kindes verarbeiten muss	IT
Downhill Racer (Schussfahrt)	1968	*Michael Ritchie,* Robert Redford, Gene Hackman	Ehrgeiziger Skirennfahrer will olympisches Gold holen	CH
Dr. Zhivago (Dr. Schiwago)	1965	*David Lean,* Omar Sharif, Julie Christie	Arzt gerät in die Wirren der Oktoberrevolution 1917	ES
Eat Pray Love	2010	*Ryan Murphy,* Julia Roberts, James Franco	Amerikanerin geht auf Selbstfindungstrip	IT
El Cid	1961	*Anthony Mann,* Charlton Heston, Sophia Loren	Historienfilm um den spanischen Nationalhelden Rodrigo de Vivar	ES
El Condor	1970	*John Guillermin,* Jim Brown, Lee van Cleef	Italowestern um die Hebung eines Goldschatzes in Mexiko	ES

Titel	Jahr	Filmschaffende	Handlung	Land
Elizabeth	1998	*Shekhar Kapur,* Cate Blanchett, Geoffrey Rush	Die junge Königin Elisabeth I. entscheidet sich zugunsten der Herrschaft gegen ihre Berater und gegen die Liebe	**GB**
Enemy at the Gates (Duell· Enemy at the Gates)	2000	*Jean-Jacques Annaud,* Jude Law, Ed Harris	Scharfschützen-Duell während der Schlacht von Stalingrad	**DE**
Er kann's nicht lassen	1962	*Axel von Ambesser,* Heinz Rühmann, Horst Tappert	Pater Brown klärt Kriminalfall in ruhiger Inselgemeinde	**AT**
Erik the Viking (Erik der Wikinger)	1989	*Terry Jones,* Tim Robbins, John Cleese	Erik zweifelt an der Richtigkeit von Wikinger-Raubzügen	**MT**
Es geschah am hellichten Tag	1958	*Ladislao Vajda,* Heinz Rühmann, Gert Fröbe	Kommissar ermittelt undercover, um Kindsmörder zu überführen	**CH**
Escape to Athena (Flucht nach Athena)	1979	*George P. Cosmatos,* Roger Moore, Telly Savalas	Griechischer Widerstand greift deutsche Besatzer an	**GR**
Et Dieu ... créa la femme (Und ewig lockt das Weib)	1956	*Roger Vadim,* Brgitte Bardot, Curd Jürgens	18-jähriges Waisenkind setzt erotische Ausstrahlung ein, um Männer um den Finger zu wickeln	**FR**
Everest	2015	*Baltasar Kormákur,* Josh Brolin, Jake Gyllenhaal	Besteigung des Everest scheitert fatal	**IT**
Everyone Says I Love You (Alle sagen· I Love You)	1996	*Woody Allen* (auch Hauptrolle), Julia Roberts	Neurotischer Schriftsteller verliebt sich in Venedig in verheiratete Kunsthistorikerin	**IT**
Far and Away (In einem fernen Land)	1992	*Ron Howard,* Tom Cruise, Nicole Kidman	Irische Auswanderer besiedeln in Amerika Neuland	**IE**
Filth (Drecksau)	2013	*Jon S. Baird,* James McAvoy, Jamie Bell	Korrupter Polizist in Edinburgh stellt fest, dass er den Kontakt zur Realität verliert	**SCT**
Firefox	1982	*Clint Eastwood* (auch Hauptrolle), Klaus Löwitsch	US-Pilot soll in der Sowjetunion ein neues Kampfflugzeug entführen	**AT**
Five Days One Summer (Am Rande des Abgrunds)	1982	*Fred Zinnemann,* Sean Connery, Betsy Brantley	Dreiecksgeschichte um ungleiches Ehepaar und ihren Bergführer	**CH**
Flesh + Blood (Flesh and Blood)	1985	*Paul Verhoeven,* Rutger Hauer, Jennifer Jason Leigh	Plündernde Söldner bekämpfen adligen Auftraggeber	**ES**
Flucht in die Dolomiten	1955	*Luis Trenker* (auch Hauptrolle), Yvonne Sanson	Ehemann wird zum Tatverdächtigen in einem Mordfall und flüchtet daraufhin in die Dolomiten	**IT**
For a Few Dollars More (Für ein paar Dollar mehr)	1965	*Sergio Leone,* Clint Eastwood, Lee van Cleef	Kopfgeldjäger tun sich aus unterschiedlichen Motiven zusammen, um Prämien einzustreichen	**ES**

Titel	Jahr	Filmschaffende	Handlung	Land
For Your Eyes Only (James Bond 007: In tödlicher Mission)	1981	*John Glen*, Roger Moore, Carole Bouquet	James Bond soll den Steuercomputer zum Start von Atomraketen sicherstellen	IT, GB, GR
Force 10 from Navarone (Der wilde Haufen von Navarone)	1978	*Guy Hamilton*, Robert Shaw, Harrrison Ford	Starbesetzte Fortsetzung der „Kanonen von Navarone" um eine Mission in Jugoslawien	HR, MT
Four Weddings and a Funeral (Vier Hochzeiten und ein Todesfall)	1994	*Mike Newell*, Hugh Grant, Andie MacDowell	Komödie um einen englischen Junggesellen, der sich in eine Amerikanerin verliebt	GB
Frantic	1988	*Roman Polanski*, Harrison Ford, Emmanuelle Seigner	Amerikaner sucht in Paris nach seiner entführten Frau	FR
French Kiss	1995	*Lawrence Kasdan*, Meg Ryan, Kevin Kline	Amerikanerin lernt kleinkriminellen Franzosen kennen	FR
Frenzy	1972	*Alfred Hitchcock*, Jon Finch, Barry Foster	Unschuldiger gerät in Verdacht, Londons Krawattenmörder zu sein	GB
From Hell (Aus der Hölle)	2001	*Albert Hughes*, *Allen Hughes*, Johnny Depp, Heather Graham	Polizeiinspektor untersucht im viktorianischen London die Morde von Jack the Ripper	CZ
From Russia with Love (James Bond 007: Liebesgrüße aus Moskau)	1963	*Terence Young*, Sean Connery, Daniela Bianchi	Auf der Suche nach SPECTRE begibt sich James Bond hinter den eisernen Vorhang	IT, SCT
Full Metal Jacket	1987	*Stanley Kubrick*, Matthew Modine, R. Lee Ermey	US-Marines erleben nach harter Ausbildung den Wahnsinn des Vietnamkriegs	GB
Funeral in Berlin (Finale in Berlin)	1966	*Guy Hamilton*, Michael Caine, Paul Hubschmid	Spionageangelegenheiten im Schwarzmarkt des geteilten Berlins	DE
Game of Thrones	2011–2019	*David Benioff*, *D.B. Weiss* (Produktion), Peter Dinklage, Lena Headey	Fantasy-Fernsehserie (73 Episoden in 8 Staffeln) um Machtkämpfe auf fiktiven Kontinenten	ES, SCT, HR, MT
Gangs of New York	2002	*Martin Scorcese*, Leonardo DiCaprio, Daniel Day-Lewis	Einwanderer-Banden kämpfen in den Elendsvierteln von New York um die Vorherrschaft	IT
Geld und Geist (Menschen der Berge)	1964	*Franz Schnyder*, Margrit Winter, Erwin Kohlund	Harmonie einer Bauernfamilie wird durch Intrigen gestört	CH
Gilberte de Courgenay	1941	*Franz Schnyder*, Anne-Marie Blanc, Zarli Carigiet	Im Jura unterstützt eine Wirtstochter die Schweizer Soldaten während der Grenzbesetzung	CH
Giù la testa / Duck, you Sucker! (Todesmelodie)	1971	*Sergio Leone*, James Coburn, Rod Steiger	Zwei Gegner werden in den mexikanischen Revolutionswirren zu Partnern	ES
Gladiator	2000	*Ridley Scott*, Russel Crowe, Connie Nielsen	Römischer Feldherr wird verraten und kämpft daraufhin in der Arena als Gladiator	IT, MT

Titel	Jahr	Filmschaffende	Handlung	Land
Goldeneye (James Bond 007: Goldeneye)	1995	*Martin Campbell,* Pierce Brosnan, Sean Bean	James Bond muss feststellen, dass sein Gegner sein totgeglaubter Freund ist	CH
Goldfinger (James Bond 007: Goldfinger)	1973	*Guy Hamilton,* Sean Connery, Gert Fröbe	James Bond durchkreuzt die Pläne von Goldfinger, Fort Knox zu zerstören	CH, GB
Good Bye, Lenin!	2003	*Wolfgang Becker,* Daniel Brühl, Katrin Sass	Sohn gaukelt Mutter, die beim Mauerfall im Koma lag, vor, die DDR existiere noch	DE
Greystoke: The Legend of Tarzan, Lord of the Apes (Greystoke: Die Legende von Tarzan, Herr der Affen)	1984	*Hugh Hudson,* Christopher Lambert, Andie McDowell	Werkgetreue Verfilmung der Tarzan-Erzählung: Junge adliger Abstammung wird von Affen aufgezogen	SCT
Hamlet	1990	*Franco Zeffirelli,* Mel Gibson, Glenn Close	Shakespeare-Verfilmung um den dänischen Prinzen mit den wichtigen Fragen	SCT
Hannibal	2001	*Ridley Scott,* Anthony Hopkins, Julianne Moore	FBI-Agentin spürt Serienmörder in Florenz auf	IT
Harry Potter and the Half-Blood Prince (Harry Potter und der Halbblutprinz)	2009	*David Yates,* Daniel Radcliffe, Emma Watson, Michael Gambon	Die Zauberschule Hogwarts wird von Lord Voldemort bedroht	GB, SCT, IE
Harry Potter and the Philosopher's Stone (Harry Potter und der Stein der Weisen)	2001	*Chris Columbus,* Daniel Radcliffe, Emma Watson, Maggie Smith	Waisenjunge Harry erfährt an seinem 11. Geburtstag, dass er ein Zauberer ist	GB, SCT, IE
Harry Potter and the Prisoner of Azkaban (Harry Potter und der Gefangene von Azkaban)	2004	*Alfonso Cuaron,* Daniel Radcliffe, Alan Rickman, Emma Watson, Gary Oldman	Zauberlehrling Harry Potter bewahrt seine Schule vor dem Eindringen von Sirius Black	GB, SCT, IE
Heidi	1952	*Luigi Comencini,* Heinrich Gretler, Elsbeth Sigmund	Basierend auf dem Heidi-Roman von Johanna Spyri: Heidi lebt bei ihrem Großvater, dem Alm-Oehi	CH
Heidi	2015	*Alain Gsponer,* Anuk Steffen, Bruno Ganz	Neuverfilmung des Klassikers: Waisenmädchen Heidi muss nach Frankfurt	DE, CH
Heidi und Peter	1955	*Franz Schnyder,* Heinrich Gretler, Elsbeth Sigmund	Fortsetzung von Heidi: Zwei Jahre nach der Rückkehr auf die Alm erhält Heidi Besuch aus Frankfurt	CH
Help! (Hi-Hi-Hilfe!)	1965	*Richard Lester,* The Beatles	Die Bandmitglieder helfen ihrem Schlagzeuger Ringo gegen fanatische Priester	GB
Hereafter (Das Leben danach)	2010	*Clint Eastwood,* Matt Damon, Cécile de France	Drei Menschen, die auf unterschiedliche Weise mit dem Tod konfrontiert werden, treffen aufeinander	FR, GB
High Road to China (Höllenjagd bis ans Ende der Welt)	1983	*Brian G. Hutton,* Tom Selleck, Bess Armstrong	Ungleiches Paar verliebt sich bei Suche nach verschollenem Vater	HR

Titel	Jahr	Filmschaffende	Handlung	Land
Highlander (Highlander. Es kann nur einen geben)	1986	*Russell Mulcahy,* Christopher Lambert, Sean Connery	Schottischer Ritter erfährt, dass er unsterblich ist	SCT
How I Won the War (Wie ich den Krieg gewann)	1967	*Richard Lester,* John Lennon, Michael Crawford	Unfähiger britischer Offizier wird von seinen Leuten im Stich gelassen	ES
How to Steal a Million (Wie klaut man eine Million)	1965	*William Wyler,* Audrey Hepburn, Peter O'Toole	Versicherungsbetrüger brechen in ein Museum ein	FR
Howards End (Wiedersehen in Howards End)	1992	*James Ivory,* Emma Thompson, Anthony Hopkins	Im spätviktorianischen England treffen unkonventionelle Schwestern auf konservative Familie	GB
Il compagno Don Camillo (Genosse Don Camillo)	1965	*Luigi Comencini,* Fernandel, Gino Cervi	Das Dorf von Camillo wird Partnergemeinde in der Sowjetunion	IT
Il Gattopardo (Der Leopard)	1963	*Luchino Visconti,* Burt Lancaster, Claudia Cardinale	Ein angesehener Fürst muss sein Leben ändern, als der Einfluss des Adels schwindet	IT
Il Grande Silenzio (Leichen pflastern seinen Weg)	1968	*Sergio Corbucci,* Jean-Louis Trintignant, Klaus Kinski	Im rauen Winter stellt sich ein Kopfgeldjäger einer Bande von Gesetzlosen	IT
Il ritorno di Don Camillo (Don Camillos Rückkehr)	1953	*Julien Duvivier,* Fernandel, Gino Cervi	Dorfpfarrer wird in die Berge strafversetzt	IT
Inception	2010	*Christopher Nolan,* Leonardo DiCaprio, Marion Cotillard	Eine Gruppe von Spezialisten dringt in die Träume von Zielpersonen ein	FR
Indiana Jones and the Last Crusade (Indiana Jones und der letzte Kreuzzug)	1988	*Steven Spielberg,* Harrison Ford, Sean Connery	Archäologe Indiana Jones auf der Suche nach dem Heiligen Gral	IT, ES
Indescreet (Indiskret)	1958	*Stanley Donen,* Cary Grant, Ingrid Bergman	Bühnenstar beginnt eine Affäre mit einem Nato-Diplomaten	GB
Inferno	2016	*Ron Howard,* Tom Hanks, Felicity Jones	Wissenschaftler will durch einen Virus die Welt in den Abgrund stürzen	IT
Inglourious Basterds	2009	*Quentin Tarantino,* Brad Pitt, Christoph Waltz	Kommandounternehmen soll bei Kinopremiere Nazi-Größen ausschalten	DE, FR
Interview with the Vampire (Interview mit einem Vampir)	1994	*Neil Jordan,* Tom Cruise, Brad Pitt	Vampir erzählt einem Journalisten, wie er zum Untoten wurde	FR
Irma la Douce (Das Mädchen Irma la Douce)	1963	*Billy Wilder,* Jack Lemmon, Shirley MacLaine	Französischer Polizist wird zum Zuhälter	FR
Jane Eyre	2011	*Cary Fukunaga,* Mia Wasikowska, Michael Fassbender	In Waisenhaus aufgewachsene Gouvernante verliebt sich in geheimnisvollen Schlossherrn	GB
John Paul Jones (Beherrscher der Meere)	1959	*John Farrow,* Robert Stack, Bette Davis	Lebensgeschichte des Seehelden im amerikanischen Unabhängigkeitskrieg	ES

Titel	Jahr	Filmschaffende	Handlung	Land
Kelly's Heroes (Stoßtrupp Gold)	1969	*Brian G. Hutton,* Clint Eastwood, Telly Savalas	Im Zweiten Weltkrieg überfällt ein Stoßtrupp auf Eigeninitiative eine deutsche Bank	HR
King David (König David)	1985	*Bruce Beresford,* Richard Gere, Edward Woodward	Bibelfilm um den Schafhirten, der König Israels wird und eine Revolte niederschlagen muss	IT
King of Kings (König der Könige)	1960	*Nicholas Ray,* Jeffrey Hunter, Robert Ryan	Erste Farb- und Tonverfilmung von Jesus Christus Leben	ES
La Dolce Vita (Das süße Leben)	1960	*Federico Fellini,* Marcello Mastroianni, Anita Ekberg	Das rauschhafte Leben der High Society im Rom der 1950er Jahre	IT
La Grande Vadrouille (Drei Bruchpiloten in Paris / Die große Sause)	1966	*Gérard Oury,* Bourvil, Louis de Funès	Im besetzten Paris verstecken Franzosen britische Bruchpiloten	FR
La Piscine (Der Swimming-Pool)	1969	*Jacques Deray,* Romy Schneider, Alain Delon	Liebespaar vertuscht Mord während des Sommerurlaubs	FR
L'Animal (Ein irrer Typ)	1977	*Claude Zidi,* Jean-Paul Belmondo, Raquel Welch	Zwei Stuntleute, die auch privat ein Paar sind, zerstreiten sich	FR
Lara Croft: Tomb Raider – The Cradle of Life (Die Wiege des Lebens)	2003	*Jan de Bont,* Angelina Jolie, Gerard Butler	Lara Croft öffnet die Büchse der Pandora	GB, GR
Last Knights (Die Ritter des 7. Ordens)	2015	*Kazuaki Kiriya,* Clive Owen, Morgan Freeman	In Ungnade gefallene Ritter kämpfen um ihr Überleben	CZ
Last Tango in Paris (Der letzte Tango in Paris)	1972	*Bernardo Bertolucci,* Marlon Brando, Maria Schneider	Amerikaner trifft Französin in Wohnung zu Gesprächen und Sex	FR
Lawrence of Arabia (Lawrence von Arabien)	1962	*David Lean,* Peter O'Toole, Omar Sharif	Britischer Offizier vereinigt arabische Stämme zum Krieg gegen die Türken	ES
Le Casse (Der Coup)	1971	*Henri Verneuil,* Jean-Paul Belmondo, Omar Sharif	Profi-Diebe hintergehen sich bei großem Gaunerstück gegenseitig	GR
Le Cerveau (Das Superhirn)	1969	*Gérard Oury,* Jean-Paul Belmondo, David Niven	Konkurrierende Gauner rauben NATO-Geldtransport aus	FR, GB
Le fabuleux destin d'Amélie Poulain (Die fabelhafte Welt der Amélie)	2001	*Jean-Pierre Jeunet,* Autrey Tatou, Mathieu Kassovitz	Die verschlossene Amélie verliebt sich und umarmt das Leben	FR
Le Gendarme de St. Tropez (Der Gendarm von Saint-Tropez)	1964	*Jean Girault,* Louis de Funès, Genevieve Grad	Gendarm Cruchot, alleinerziehender Vater, wird nach Saint-Tropez versetzt	FR
Le Grand Bleu (Der Rausch der Tiefe)	1988	*Luc Besson,* Jean-Marc Barr, Jean Reno	Zwei Taucher konkurrieren sich seit ihrer Jugend im Rekordtauchen	GR
Le Mans	1971	*Lee H. Katzin,* Steve McQueen, Siegfried Rauch	Amerikanischer Rennfahrer will das 24-Stunden-Rennen von Le Mans gewinnen	FR

Titel	Jahr	Filmschaffende	Handlung	Land
Le sang des autres (Das Blut der anderen)	1984	*Claude Chabrol,* Jodie Foster, Sam Neill	Amerikanerin wird im besetzten Paris als Kollaborateurin verdächtigt	FR
Les Dalton (Die Daltons gegen Lucky Luke)	2004	*Philippe Haim,* Til Schweiger, Eric Judor	Comic-Held Lucky Luke bringt die Dalton-Brüder zurück ins Gefängnis	ES
Les Misérables	1998	*Bille August,* Liam Neeson, Geoffrey Rush	Musical-Verfilmung um einen Ex-Sträfling, der von der Vergangenheit eingeholt wird	CZ
Local Hero	1983	*Bill Forsyth,* Peter Riegert, Burt Lancaster	Öl-Millionär will Meeresbucht in Schottland kaufen	SCT
Lost Command (Sie fürchten weder Tod noch Teufel)	1966	*Mark Robson,* Anthony Quinn, Alain Delon	Einsatz eines zerstrittenen Spezialkommandos im Algerienkonflikt	ES
L'Ours (Der Bär)	1988	*Jean-Jacques Annaud,* Tchéky Karyo, Jack Wallace	Tierspielfilm um zwei Braunbären in British Columbia	AT, IT
Love Actually (Tatsächlich ... Liebe)	2003	*Richard Curtis,* Hugh Grant, Liam Neeson	Episodenfilm um die Liebe zur Weihnachtszeit	FR
Love and Bullets (Ein Mann räumt auf)	1978	*Stuart Rosenberg, John Huston,* Charles Bronson, Jill Ireland	Regierungsagent soll Gangster-Liebchen beschützen	CH
Love in the Afternoon (Ariane, Liebe am Nachmittag)	1957	*Billy Wilder,* Gary Cooper, Audrey Hepburn	Musikstudentin ist fasziniert von alterndem Millionär	FR
Lust for Life (Vincent van Gogh, Ein Leben in Leidenschaft)	1956	*Vincente Minnelli,* Kirk Douglas, Anthony Quinn	Lebensgeschichte des Malers van Gogh	FR
Major Barbara	1940	*Gabriel Pascal,* Wendy Hiller, Rex Harrison	Unzufriedene Millionenerbin dient der Heilsarmee	GB
Malta Story	1953	*Brian Desmond Hurst,* Alec Guinness, Jack Hawkins	Britischer Luftwaffensoldat verliebt sich auf Malta in einheimisches Mädchen	MT
Mamma Mia!	2008	*Phyllida Lloyd,* Meryl Streep, Pierce Brosnan, Amanda Seyfried	Filmversion des ABBA-Musicals, Tochter lädt drei mögliche Väter zu ihrer Hochzeit ein	GR
Marathon Man (Der Marathon-Mann)	1976	*John Schlesinger,* Dustin Hoffman, Laurence Olivier	Student wird von flüchtigen Nazis verdächtigt, im Besitz von Diamanten zu sein	FR
Mein Führer, Die wirklich wahrste Wahrheit über Adolf Hitler	2007	*Dani Levy,* Helge Schneider, Ulrich Mühe	Hitler wird von jüdischem Schauspieler rhetorisch auf große Ansprache vorbereitet	DE
Memphis Belle	1990	*Michael Caton-Jones,* Matthew Modine, Eric Stoltz	Letzter Feindflug eines US-Bombers im Jahr 1943	GB

Titel	Jahr	Filmschaffende	Handlung	Land
Midnight Express (12 Uhr nachts. Midnight Express)	1978	*Alan Parker*, Brad Davis, Bo Hopkins	Amerikaner sitzt wegen Drogenschmuggels im türkischen Gefängnis	MT
Midnight in Paris	2011	*Woody Allen*, Owen Wilson, Rachel McAdams	Drehbuchautor auf Zeitreise in das Paris der „Goldenen Zwanziger"	FR
Mission. Impossible	1996	*Brian De Palma*, Tom Cruise, Jon Voight	Erster Teil der Filmreihe um verdeckte Agenten mit unmöglicher Mission	CZ
Mission. Impossible – Ghost Protocol (Mission. Impossible – Phantom Protokoll)	2011	*Brad Bird*, Tom Cruise, Jeremy Renner, Paula Patton	Vierter Teil der Reihe führt nach Budapest, Moskau und Dubai	CZ
Mission. Impossible III	2008	*J. J. Abrams*, Tom Cruise, Ving Rhames	Ethan Hunt und seine Agenten müssen die „Hasenpfote" stehlen	IT
Moby Dick	1956	*John Huston*, Gregory Peck, Richard Basehart	Ahab sucht die Meere nach dem weißen Wal ab	IE
Monty Python and the Holy Grail (Die Ritter der Kokosnuss)	1975	*Terry Gilliam*, *Terry Jones*, John Cleese, Graham Chapman	Persiflage der Artus-Legende	SCT
Moonraker (James Bond 007. Moonraker – Streng geheim)	1979	*Lewis Gilbert*, Roger Moore, Lois Chiles	James Bond verhindert Weltuntergang vom Weltall aus	IT
Moulin Rouge	1952	*John Huston*, José Ferrer, Zsa Zsa Gabor	Filmbiografie des Malers Henri de Toulouse-Lautrec	FR
Munich (München)	2005	*Steven Spielberg*, Eric Bana, Geoffrey Rush	Israelisches Kommando rächt die Geiselnahme von München	MT
Murder on the Orient Express (Mord im Orientexpress)	2017	*Sidney Lumet*, internationale Star-Besetzung	Detektiv Hercule Poirot löst Mordfall im Zug	MT
Murphy's War (Das Wiegenlied der Verdammten)	1971	*Peter Yates*, Peter O'Toole, Philippe Noiret	Überlebender auf Insel kämpft allein gegen deutsches U-Boot	MT
My Life in Ruins (My Big Fat Greek Summer)	2009	*Donald Petrie*, Nia Vardalos, Richard Dreyfuss	Frustrierte Reiseleiterin führt Urlauber durch die Ruinen Griechenlands	GR
My Name is Nobody (Mein Name ist Nobody)	1973	*Tonino Valerii*, Terence Hill, Henry Fonda	Junger Schütze will Revolverhelden-Ruhm seines Vorbilds erben	ES
Never Say Never Again (James Bond 007. Sag niemals nie)	1983	*Irvin Kershner*, Sean Connery, Klaus M. Brandauer, Kim Basinger	007-Remake von „Thunderball". Spectre versteckt Atomraketen auf den Bahamas	ES
New York Stories (New Yorker Geschichten)	1989	*Francis Ford Coppola*, *Woody Allen*, *Martin Scorcese*, Adrien Brody, Talia Shire	In Coppolas Teil des Episodenfilms will die junge Zoe ihre Eltern wieder zusammenbringen	GR

Titel	Jahr	Filmschaffende	Handlung	Land
Night and the City (Die Ratte von Soho)	1950	*Jules Dassin,* Richard Widmark, Gene Tierney	Kleinganove wird von Londoner Gangstern gejagt	GB
Night People (Das unsichtbare Netz)	1953	*Nunnally Johnson,* Gregory Peck, Broderick Crawford	Im geteilten Berlin: US-Soldat wird hinter Eisernen Vorhang entführt	DE
Night Train to Lisbon (Nachtzug nach Lissabon)	2013	*Bille August,* Jeremy Irons, Jack Huston	Gymnasiallehrer gerät in eine Dreiecksgeschichte	CH
Nordwand	2011	*Philipp Stölzl,* Benno Fürmann, Johanna Wokalek	Zwei deutsche Bergsteiger wollen die unbezwungene Eiger-Nordwand erklettern	CH
Notting Hill	1999	*Roger Michell,* Hugh Grant, Julia Roberts	Britischer Buchhändler verliebt sich in Hollywood-Star	GB
Obsession (Schwarzer Engel)	1976	*Brian De Palma,* Cliff Robertson, Geneviève Bujold	Ein Witwer entwickelt eine Besessenheit, weil eine Frau der Verstorbenen gleicht	IT
Ocean's Twelve	2004	*Steven Soderbergh,* Brad Pitt, George Clooney	Zweiter Teil um eine Bande von Casinoräubern, denen der perfekte Coup gelingt	IT, NL
Octopussy (James Bond 007: Octopussy)	1983	*John Glen,* Roger Moore, Maud Adams	007 entschärft Atombombe hinter dem Eisernen Vorhang	DE
Old Shatterhand	1964	*Hugo Fregonese,* Lex Barker, Pierre Brice	Frei nach Karl May: Blutsbrüder verhindern Indianerkrieg	HR
Old Surehand	1965	*Alfred Vohrer,* Stewart Granger, Pierre Brice	Old Surehand vereitelt mit Winnetous Hilfe Plan einer Gangsterbande	HR
On Her Majesty's Secret Service (James Bond 007: Im Geheimdienst Ihrer Majestät)	1969	*Peter Hunt,* George Lazenby, Telly Savalas, Diana Rigg	James Bond folgt Blofelds Spur bis auf einen Berggipfel in der Schweiz	CH
Once Upon a Time in America (Es war einmal in Amerika)	1984	*Sergio Leone,* Robert DeNiro, James Woods	Gangster büßt lebenslang für den Verrat an seinen Jugendfreunden	IT
Once Upon a Time in the West (Spiel mir das Lied vom Tod)	1968	*Sergio Leone,* Henry Fonda, Charles Bronson	Mysteriöser Rächer bringt Revolvermann zur Strecke	ES
One, Two, Three (Eins, Zwei, Drei)	1961	*Billy Wilder,* James Cagney, Horst Buchholz	Vertreter von Coca-Cola organisiert im geteilten Berlin die Hochzeit der Tochter mit einem Kommunisten	DE
Papillon	2017	*Michael Noer,* Charlie Hunnam, Rami Malek	Remake des Klassikers: Strafgefangener flüchtet aus berüchtigtem Bagno-Gefängnis	MT
Paris When It Sizzles (Zusammen in Paris)	1963	*Richard Quine,* Audrey Hepburn, William Holden	Drehbuchautor muss in 48 Stunden neuen Film schreiben	FR
Paths of Glory (Wege zum Ruhm)	1957	*Stanley Kubrick,* Kirk Douglas, Ralph Meeker	Verteidiger im Ersten Weltkrieg verliert Fall vor Kriegsgericht	DE

Titel	Jahr	Filmschaffende	Handlung	Land
Patton (Patton. Rebell in Uniform)	1970	*Franklin J. Schaffner,* George C. Scott, Karl Malden	Dem siegreichen General wird wegen eines Zwischenfalls das Kommando entzogen	ES
Peeping Tom (Augen der Angst)	1960	*Michael Powell,* Karlheinz Böhm, Anna Massey	Serienmörder dreht Filme seiner Taten	GB
Phantom Thread (Der seidene Faden)	2017	*Paul Thomas Anderson,* Daniel Day-Lewis, Vicky Krieps	Bekannter Schneider verliebt sich in Kellnerin, die sich unterordnen soll	CH
Pink Panther (Der rosarote Panther)	1963	*Blake Edwards,* David Niven, Peter Sellers	Clouseau soll den gestohlenen Diamanten namens „rosaroter Panther" wiederbeschaffen	IT
Pirates (Piraten)	1986	*Roman Polanski,* Walter Matthau, Cris Campion	Captain Red will einen goldenen Thron heben	MT
Play Dirty (Ein dreckiger Haufen)	1968	*André De Toth,* Michael Caine, Nigel Davenport	Britischer Offizier kommandiert Söldner, deutsches Depot in der Wüste anzugreifen	ES
Plein Soleil (Nur die Sonne war Zeuge)	1960	*René Clément,* Alain Delon, Maurice Ronet	Der talentierte Mr. Ripley nimmt die Identität seines Opfers an	IT
Popeye (Popeye. Der Seemann mit dem harten Schlag)	1980	*Robert Altman,* Robin Williams, Shelley Duvall	Popeye sucht seinen verschollenen Vater und bezieht seine Kraft von Spinat	MT
Pride and Prejudice (Stolz und Vorurteil)	2005	*Joe Wright,* Keira Knightley, Matthew Macfadyen	Fünf junge Töchter träumen von einer standesgemäßen Heirat	GB
Quest for Fire (Am Anfang war das Feuer)	1981	*Jean-Jacques Annaud,* Evert McGill, Ron Perman	Neandertaler müssen während der Steinzeit Feuer beschaffen	SCT
Quo Vadis (Quo Vadis?)	1950	*Mervyn LeRoy,* Robert Taylor, Deborah Kerr	Monumentalfilm über die Christenverfolgung unter Kaiser Nero	IT, FR
Raiders of the Lost Ark (Jäger des verlorenen Schatzes)	1981	*Steven Spielberg,* Harrison Ford, Karen Allen	Erster Film der Indiana Jones-Reihe. der Archäologe spürt die Bundeslade auf	FR
Repulsion (Ekel)	1965	*Roman Polanski,* Catherine Deneuve, Ian Hendry	Schüchterne Frau verliert Bezug zur Realität	GB
Resident Evil	2001	*Paul W. S. Anderson,* Milla Jovovich, Michelle Rodriguez	Geheimes Genforschungslabor setzt Zombie-Virus frei	DE
Return of the Seven (Die Rückkehr der glorreichen Sieben)	1966	*Burt Kennedy,* Yul Brynner, Robert Fuller	Erneut werden sieben Revolvermänner zu Rettern eines Bauerndorfs	ES
Rob Roy	1995	*Michael Caton-Jones,* Liam Neeson, Jessica Lange	Gesetzestreuer, aber unbeugsamer Highlander lehnt sich gegen seine Herren auf	SCT
Rob Roy, the Highland Rouge (Rob Roy, der königliche Rebell)	1953	*Harold French,* Richard Todd, Glynis Johns	Rob Roy führt seinen Clan gegen die Armee von King George	SCT

Titel	Jahr	Filmschaffende	Handlung	Land
Robin Hood	2018	*Otto Bathurst,* Taron Egerton, Jamie Dornan	Robin Hood bekämpft in Sherwood Forest den Sheriff von Nottingham	HR
Robin Hood: Prince of Thieves (Robin Hood: König der Diebe)	1991	*Kevin Reynolds,* Kevin Costner, Morgan Freeman, Alan Rickman	Robin kehrt aus den Kreuzzügen zurück und bekämpft die Unterdrücker in der Heimat	GB
Rollerball	1975	*Norman Jewison,* James Caan, Maud Adams	In naher Zukunft begeistert ein tödlicher Sport die Massen	DE
Roman Holiday (Ein Herz und eine Krone)	1953	*William Wyler,* Gregory Peck, Audrey Hepburn	Junge Kronprinzessin entflieht in Rom für einen Tag ihren Pflichten	IT
Romeo and Juliet (Romeo und Julia)	1965	*Franco Zeffirelli,* Leonard Whiting, Olivia Hussey	Sprösslinge zweier in Fehde liegender Familien verlieben sich ineinander	IT
Ronin	1998	*John Frankenheimer,* Robert DeNiro, Jean Reno	Auftragsgangster sollen einen von mehreren Parteien umkämpften Koffer stehlen	FR
Ryan's Daughter (Ryans Tochter)	1970	*David Lean,* Robert Mitchum, Sarah Miles	Irisches Mädchen heiratet ihren früheren Lehrer und hat Affäre mit britischem Offizier	IE
Saving Private Ryan (Der Soldat James Ryan)	1998	*Steven Spielberg,* Tom Hanks, Matt Damon	Eine Truppe hat den Auftrag, einen einzelnen Soldaten hinter den feindlichen Linien zu finden	FR, IE
Scalawag (Der Pirat der 7 Meere)	1973	*Kirk Douglas* (auch Hauptrolle), Mark Lester	Einbeiniger Pirat sucht Piratenschatz	HR
Scampolo	1958	*Alfred Weidenmann,* Romy Schneider, Paul Hubschmid	Waisenmädchen arbeitet auf Ischia als Fremdenführerin und verliebt sich in mittellosen Architekten	IT
Shadowlands (Shadowlands: Ein Geschenk des Augenblicks)	1993	*Richard Attenborough,* Anthony Hopkins, Debra Winger	Literaturprofessor erhält Besuch von einer glühenden Verehrerin	GB
Shakespeare in Love	1998	*John Madden,* Joseph Fiennes, Gwyneth Paltrow	Dichter wird von einer Muse zu seinen größten Werken inspiriert	GB
Sissi	1955	*Ernst Marischka,* Romy Schneider, Karlheinz Böhm	Der Kaiser von Österreich verliebt sich in eine andere Prinzessin als für ihn vorgesehen	AT
Sissi: Die junge Kaiserin	1956	*Ernst Marischka,* Romy Schneider, Karlheinz Böhm	Die junge Kaiserin wird sich ihres goldenen Käfigs bewusst	AT
Sissi: Schicksalsjahre einer Kaiserin	1957	*Ernst Marischka,* Romy Schneider, Karlheinz Böhm	Sissi wird sterbenskrank, versieht aber ihre kaiserlichen Pflichten	IT
Skyfall (James Bond 007: Skyfall)	2012	*Sam Mendes,* Daniel Craig, Judi Dench	James Bond stellt sich den Dämonen seiner Vergangenheit	CH, SCT
Snowpiercer	2013	*Bong Joon-ho,* Chris Evans, Tilda Swinton	Die Überlebenden der Zukunft sind in einem Zug unterwegs	CZ

Titel	Jahr	Filmschaffende	Handlung	Land
Soleil Rouge (Rivalen unter Roter Sonne)	1971	*Terence Young,* Charles Bronson, Ursula Andress	Ungleiches Paar soll gestohlenes Geschenk des japanischen Kaisers wiederbeschaffen	**ES**
Spaceballs (Mel Brooks' Spaceballs)	1987	*Mel Brooks,* Bill Pullman, Rick Moranis	Parodie auf Star Wars und weitere Filme des Science-Fiction-Genres	**DE**
Spartacus	1960	*Stanley Kubrick,* Kirk Douglas, Laurence Olivier	Gladiator führt Sklavenheer gegen Rom	**ES**
Spectre (James Bond 007: Spectre)	2015	*Sam Mendes,* Daniel Craig, Christoph Waltz	James Bond kommt dem Oberhaupt von Spectre auf die Spur	**AT, IT, GB**
Spider-Man: Far From Home	2019	*Jon Watts,* Tom Holland, Jake Gyllenhaal	Peter Parker muss seine Geheimidentität auf Klassenfahrt durch Europa wahren	**DE**
Star Wars Episode I: The Phantom Menace (Die dunkle Bedrohung)	1999	*George Lucas,* Liam Neeson, Ewan McGregor, Natalie Portman	Beginn der Prequel-Reihe: Anakin Skywalker ist ein Kind mit außergewöhnlichen Fähigkeiten	**IT**
Star Wars Episode II: Attack of the Clones (Angriff der Klonkrieger)	2002	*George Lucas,* Hayden Christensen, Ewan McGregor, Natalie Portman	Anakin Skywalker verliebt sich in Prinzessin Amidala	**IT, ES**
Star Wars Episode III: Revenge of the Sith (Die Rache der Sith)	2005	*George Lucas,* Hayden Christensen, Ewan McGregor	Anakin Skywalker wird zu Darth Vader	**CH**
Star Wars Episode IV: A New Hope (Eine neue Hoffnung)	1977	*George Lucas,* Mark Hamill, Harrison Ford, Carrie Fisher	Der ursprüngliche erste Teil der Reihe: Luke will ein Jedi werden und zerstört den Todesstern	**SCT**
Star Wars Episode VII: The Force Awakens (Das Erwachen der Macht)	2015	*J.J. Abrams,* Daisy Ridley, Harrison Ford, Adam Driver, Mark Hamill	30 Jahre nach dem Zusammenbruch des Imperiums formiert sich eine neue Terror-Organisation	**IE**
Star Wars Episode VIII: The Last Jedi (Die letzten Jedi)	2017	*Rian Johnson,* Daisy Ridley, John Boyega	Jedi-Meister Luke Skywalker lebt im Exil und soll eine junge Frau unterrichten	**IE, HR**
Stromboli, Terra di Dio (Stromboli)	1950	*Roberto Rossellini,* Ingrid Bergman, Mario Vitale	Frau erregt Missgunst der Einheimischen in Fischerdorf auf Vulkaninsel	**IT**
Summertime (Traum meines Lebens)	1955	*David Lean,* Katharine Hepburn, Rossano Brazzi	Amerikanische Touristin verliebt sich in Venedig in Italiener	**IT**
Sutjeska (Die fünfte Offensive: Kesselschlacht an der Sutjeska)	1972	*Stipe Delic,* Richard Burton, Irene Papas	Zahlenmäßig unterlegene Partisanen unter ihrem Anführer Tito tragen in der Schlacht von 1943 den Sieg davon	**HR**
Syriana	2005	*Stephen Gaghan,* George Clooney, Christopher Plummer	CIA-Agent gegen korrupte Machthaber im Kampf um Öl und Geld	**CH**
The Agony and the Ecstasy (Michelangelo: Inferno und Extase)	1965	*Carol Reed,* Charlton Heston, Rex Harrison	Michelangelo soll unter Anleitung des Papstes die Decke der Sixtinischen Kapelle bemalen	**IT**

Titel	Jahr	Filmschaffende	Handlung	Land
The Bedford Incident (Zwischenfall im Atlantik)	1965	*James B. Harris*, Richard Widmark, Sidney Poitier	Fiktives Drama um US-Zerstörer, der versehentlich auf sowjetisches U-Boot schießt	MT
The Belly of an Architect (Der Bauch des Architekten)	1987	*Peter Greenaway*, Brian Dennehy, Chloe Webb	Ein Architekt erlebt in Rom den physischen und sozialen Ruin	IT
The Book Thief (Die Bücherdiebin)	2013	*Brian Percival*, Geoffrey Rush, Emily Watson	Während der Zeit der Bücherverbrennung der Nazis nimmt ein Mädchen ein Buch an sich	DE
The Bourne Identity (Die Bourne Identität)	2002	*Doug Liman*, Matt Damon, Franka Potente	Der frühere Geheimdienst-Agent Jason Bourne leidet an Gedächtnisverlust	CZ
The Bourne Supremacy (Die Bourne Verschwörung)	2016	*Paul Greengrass*, Matt Damon, Franka Potente	Fortsetzung der Filmreihe um einen Spezialisten, der sich gegen die früheren Auftraggeber wendet	DE
The Bridge at Remagen (Die Brücke von Remagen)	1968	*John Guillermin*, George Segal, Robert Vaughn	Kriegsfilm um die Einnahme der letzten Rheinbrücke	CZ
The Count of Monte Cristo (Monte Cristo)	2002	*Kevin Reynolds*, James Caviezel, Guy Pearce	Neuverfilmung des Abenteuerromans von Alexandre Dumas	MT
The Crimson Pirate (Der rote Korsar)	1952	*Robert Siodmak*, Burt Lancaster, Nick Cravat, Eva Bartok	Kapitän Vallo kapert eine Fregatte und verliebt sich in die Tochter des Rebellen-Anführers	IT
The Da Vinci Code (The Da Vinci Code· Sakrileg)	2006	*Ron Howard*, Tom Hanks, Audrey Tautou, Paul Bettany	Professor Langdon entschlüsselt das Geheimnis der Mona Lisa und stößt auf die Nachfahren von Jesus Christus	FR, GB, SCT, MT
The Eiger Sanction (Im Auftrag des Drachen)	1975	*Clint Eastwood* (auch Hauptrolle), George Kennedy	Spionagethriller um riskante Seilschaft am Eiger	CH
The English Patient (Der englische Patient)	1996	*Anthony Minghella*, Ralph Fiennes, Juliette Binoche	Kanadische Lazarettschwester pflegt einen von Brandwunden entstellten Patienten	IT
The Englishman who Went up a Hill but Came down a Mountain (Der Engländer, der auf einen Hügel stieg und von einem Berg herunterkam)	1995	*Christopher Monger*, Hugh Grant, Tara Fitzgerald	Englische Landvermesser bringen walisische Dorfbevölkerung gegen sich auf	GB
The Fall of the Roman Empire (Der Untergang des Römischen Reichs)	1964	*Anthony Mann*, Stephen Boyd, Sophia Loren	Machtkämpfe führen zum Auseinanderbrechen des römischen Weltreichs	ES
The Fearless Vampire Killers (Tanz der Vampire)	1967	*Roman Polanski* (auch Hauptrolle), Jack MacGowran	Vampirjäger wollen dem Treiben eines blutsaugenden Grafs ein Ende setzen	IT
The First Knight (Der 1. Ritter)	1995	*Jerry Zucker*, Richard Gere, Sean Connery	Artus-Sage um Lancelot, der zum Ritter der Tafelrunde geschlagen wird	GB

Titel	Jahr	Filmschaffende	Handlung	Land
The Full Monty (Ganz oder gar nicht)	1997	*Peter Cattaneo,* Robert Carlyle, Tom Wilkinson	Arbeitslose einer Industriestadt überwinden sich, für Geld zu strippen	**GB**
The Girl with the Dragon Tattoo (Verblendung)	2011	*David Fincher,* Daniel Craig, Rooney Mara	Enthüllungsjournalist soll Rätsel um verschwundene Nichte lösen	**CH**
The Golden Circle (Kingsman: The Golden Circle)	2017	*Matthew Vaughn,* Colin Firth, Taron Egerton	Privatfinanzierte Spione in London retten die Welt vor dem Abgrund	**DE**
The Good, the Bad and the Ugly (Zwei glorreiche Halunken)	1966	*Sergio Leone,* Clint Eastwood, Eli Wallach	Zwei Ganoven verbünden sich, um den Goldschatz von einem Friedhof zu heben	**ES**
The Grand Budapest Hotel	2014	*Wes Anderson,* Ralph Fiennes, F. Murray Abraham	Turbulente Geschehnisse in einem Hotel in einem fiktiven europäischen Staat	**DE**
The Great Escape (Gesprengte Ketten)	1962	*John Sturges,* Steve McQueen, James Garner	Ausbruch von Alliierten aus einem deutschen Kriegsgefangenenlager	**DE**
The Great Race (Das große Rennen um die Welt)	1965	*Blake Edwards,* Jack Lemmon, Tony Curtis	Professor Fate und der „Große Leslie" liefern sich ein Oldtimer-Rennen von New York nach Paris	**AT, FR**
The Guns of Navarone (Die Kanonen von Navarone)	1960	*J. Lee Thompson,* Gregory Peck, David Niven	Kommandounternehmen führt unmöglich scheinenden Auftrag im besetzten Griechenland aus	**GR**
The Hill (Ein Haufen toller Hunde)	1965	*Sidney Lumet,* Sean Connery, Harry Andrews	Unmenschliche Zustände in einem Militärstraflager in der Wüste	**ES**
The Hunger Games 1–4 (Die Tribute von Panem 1–4)	2012–2015	*Gary Ross,* Jennifer Lawrence, Josh Hutcherson	In diktatorischem Staat müssen ausgewählte Bürger ums Überleben kämpfen, bis sie schließlich rebellieren	**DE**
The Illusionist (Nichts ist, wie es scheint)	2006	*Neil Burger,* Edward Norton, Jessica Biel	Magier wird verhaftet, nachdem er Tote auf der Bühne heraufbeschwört	**CZ**
The Informant (Der Informant)	2009	*Steven Soderbergh,* Matt Damon, Scott Bakula	Biochemiker gerät in die Machenschaften eines Agrarkonzerns	**CH**
The Ladykillers	1955	*Alexander Mackendrick,* Alec Guinness, Katie Johnson	Gauner überfallen Geldtransport und fallen ahnungsloser alter Dame zum Opfer	**GB**
The League of Extraordinary Gentlemen (Die Liga der außergewöhnlichen Gentlemen)	2003	*Stephen Norrington,* Sean Connery, Shane West	Sieben Helden der Literatur müssen die Welt retten	**CZ**
The Lion in Winter (Der Löwe im Winter)	1970	*Anthony Harvey,* Peter O'Toole, Katharine Hepburn	Alternder König will seine Nachfolge regeln	**FR**
The Living Daylights (James Bond 007: Der Hauch des Todes)	1986	*John Glen,* Timothy Dalton, Maryam d'Abo	James Bond entlarvt russischen Doppelagenten	**AT**

Titel	Jahr	Filmschaffende	Handlung	Land
The Long Ships (Raubzug der Wikinger)	1964	*Jack Cardiff*, Richard Widmark, Sidney Poitier	Wikinger auf der Suche nach sagenumwobener goldener Glocke	HR
The Longest Day (Der längste Tag)	1962	*Mehrere Regisseure*, internationales Staraufgebot	Die Ereignisse am Invasionstag vom 6. Juni 1944 aus Sicht der Alliierten und Deutschen	NL, FR
The MacKintosh Man (Der Mackintosh-Mann)	1973	*John Huston*, Paul Newman, Dominique Sanda	Geheimdienstagent soll Fluchthelfer-Organisation infiltrieren	GB
The Man Who Knew Too Much (Der Mann, der zuviel wusste)	1956	*Alfred Hitchcock*, James Stewart, Doris Day	Amerikanisches Ehepaar verhindert Attentat in England	GB
The Master of Ballantrae (Der Freibeuter)	1953	*William Keighley*, Errol Flynn, Anthony Steel	Familienfehde zur Zeit des schottischen Freiheitskampfs	SCT
The Meaning of Life (Monty Python: Der Sinn des Lebens)	1983	*Terry Jones*, John Cleese, Eric Idle	Monty Python zeigt den Un-Sinn des Lebens in Episoden von Geburt bis Tod auf	GB
The Million Pound Note (Sein größter Bluff)	1954	*Ronald Neame*, Gregory Peck, Ronald Squire	Mittelloser Amerikaner erhält eine Million-Pfund-Banknote geschenkt und steigt gesellschaftlich auf	GB
The Mission (Mission)	1986	*Roland Joffé*, Robert DeNiro, Jeremy Irons	Jesuitenorden will südamerikanische Ureinwohner missionieren	GB
The Monuments Men (Monuments Men: Ungewöhnliche Helden)	2013	*George Clooney* (auch Hauptrolle), Matt Damon	Historiker orten Kunstschätze, die in den Wirren des Zweiten Weltkriegs verloren gingen	DE
The Mountain (Berg der Versuchung)	1956	*Edward Dmytryk*, Spencer Tracy, Robert Wagner	Bergrettung am Mont Blanc entzweit Brüder	FR
The Mummy's Shroud (Der Fluch der Mumie)	1967	*John Gilling*, André Morell, John Phillips	Archäologe entdeckt Grabmal des Pharaos, die Mumie bringt die Mitglieder der Expedition um	GB
The Odessa File (Die Akte Odessa)	1974	*Ronald Neame*, Jon Voight, Maximilian Schell	Journalist erhält Information über flüchtige Nazis	AT
The Omen (Das Omen)	1976	*Richard Donner*, Gregory Peck, Lee Remick	US-Botschafter zieht in London unwissentlich den Sohn des Teufels auf	GB
The Passenger (Beruf: Reporter)	1975	*Michelangelo Antonioni*, Jack Nicholson, Maria Schneider	Reporter nimmt Identität eines toten Waffenhändlers an	ES
The Passion of the Christ (Die Passion Christi)	2004	*Mel Gibson*, James Caviezel, Monica Bellucci	Die letzten Tage im Leben von Christus, von der Verurteilung über die Kreuzigung bis zur Auferstehung	IT
The Private Life of Sherlock Holmes (Das Privatleben des Sherlock Holmes)	1970	*Billy Wilder*, Robin Stephens, Christopher Lee	Unveröffentlichtes Manuskript von Dr. Watson enthüllt den Hintergrund des Falls um Loch Ness	SCT

Titel	Jahr	Filmschaffende	Handlung	Land
The Quiet Man (Der Sieger)	1952	*John Ford,* John Wayne, Maureen O'Hara	Preisboxer kehrt in seine Heimat Irland zurück, um inneren Frieden zu finden	IE
The Reader (Der Vorleser)	2008	*Stephen Daldry,* Kate Winslet, Ralph Fiennes	Schüler liest einer 20 Jahre älteren Frau vor, die KZ-Aufseherin war	DE
The Remains of the Day (Was vom Tage übrigblieb)	1993	*James Ivory,* Anthony Hopkins, Emma Thompson	Pflichtergebener Butler erkennt, dass sein Herr mit Nationalsozialisten paktiert	GB
The Rocky Horror Picture Show	1975	*Jim Sharman,* Tim Curry, Susan Sarandon	Paar kommt bei Regen in Schloss unter, wo der Hausherr ihnen sein Labor zeigt	GB
The Search (Die Gezeichneten)	1948	*Fred Zinnemann,* Montgomery Clift, Wendell Corey	Amerikanischer Soldat liest nach Kriegsende verwahrlosten Jungen auf	CH
The Silent Mountain (Der stille Berg)	2012	*Ernst Gossner,* Claudia Cardinale, William Moseley	Liebesgeschichte während des Ersten Weltkriegs in Tirol	IT
The Slipper and the Rose (Cinderellas silberner Schuh)	1976	*Bryan Forbes,* Gemma Craven, Richard Chamberlain	Armes Waisenmädchen verliebt sich in Prinzen	AT
The Sound of Music (Meine Lieder, meine Träume)	1965	*Robert Wise,* Julie Andrews, Christopher Plummer	Kindermädchen und musikalische Familie flüchten vor den Nazis	AT
The Spy Who Came In from the Cold (Der Spion, der aus der Kälte kam)	1965	*Martin Ritt,* Richard Burton, Claire Bloom	Agent in Berlin wird enttarnt und will sich über die Mauer retten	DE
The Spy Who Loved Me (James Bond 007· Der Spion, der mich liebte)	1977	*Lewis Gilbert,* Roger Moore, Curd Jürgens, Barbara Bach	Größenwahnsinniger Bösewicht hetzt Supermächte aufeinander	CH
The Talented Mr. Ripley (Der talentierte Mr. Ripley)	1999	*Anthony Minghella,* Matt Damon, Jude Law	Hochstapler Ripley nimmt Identität eines Millionärssohns an	IT
The Third Man (Der Dritte Mann)	1949	*Carol Reed,* Joseph Cotten, Orson Welles	Amerikaner stößt in Nachkriegswien auf Verbrecherorganisation	AT
The Three Musketeers (Die drei Musketiere)	2011	*Paul W.S. Anderson,* Logan Lerman, Milla Jovovich	Der junge D'Artagnan schließt sich den Musketieren des Königs an	CZ
The Tourist	2010	*Florian Henckel von Donnersmarck,* Johnny Depp, Angelina Jolie	Agent tarnt sich als Mathematiklehrer	IT
The Train (Der Zug)	1964	*John Frankenheimer,* Burt Lancaster, Paul Scofield	Französischer Widerstand verhindert Abtransport von Kunstwerken	FR
The Two Faces of January (Die zwei Gesichter des Januars)	2014	*Hossein Amini,* Oscar Isaac, Viggo Mortensen, Kirsten Dunst	Dreiecksbeziehung um Fremdenführer und Touristenpaar in Griechenland	GR
The Vikings (Die Wikinger)	1958	*Richard Fleischer,* Kirk Douglas, Tony Curtis	Zwei Wikingerbrüder begehren dieselbe Prinzessin	DE, FR

Titel	Jahr	Filmschaffende	Handlung	Land
The Wicker Man	1973	*Robin Hardy,* Edward Woodward, Christopher Lee	Polizeibeamter fällt auf abgelegener Insel einem Kult zum Opfer	SCT
The Wild Geese (Die Wildgänse kommen)	1978	*Andrew V. McLaglen,* Richard Burton, Roger Moore	Söldner befreien Präsidenten in fiktivem afrikanischem Staat	GB
The Wind and the Lion (Der Wind und der Löwe)	1975	*John Milius,* Sean Connery, Candice Bergen	Berberfürst entführt Amerikanerin	ES
The World is Not Enough (James Bond 007: Die Welt ist nicht genug)	1999	*Michael Apted,* Pierce Brosnan, Sophie Marceau, Robert Carlyle	007 verhindert Zerstörung von Pipeline in Aserbaidschan	FR, ES, GB, SCT
The Young Lions (Die jungen Löwen)	1958	*Edward Dmytryk,* Marlon Brando, Montgomery Clift	Die Wege dreier unterschiedlicher Soldaten kreuzen sich im Weltkrieg	FR
Three Coins in the Fountain (Drei Münzen im Brunnen)	1954	*Jean Negulesco,* Dorothy McGuire, Jean Peters	Drei amerikanische Sekretärinnen teilen sich in Rom eine Wohnung	IT
Three Men and a Little Lady (Drei Männer und eine kleine Lady)	1990	*Emile Ardolino,* Tom Selleck, Steve Guttenberg, Ted Danson	Fortsetzung um drei Männer, die ein Mädchen großziehen	GB
Thunderball (James Bond 007: Feuerball)	1965	*Terence Young,* Sean Connery, Claudine Auger	James Bond findet gestohlene Atombomben auf dem Meeresgrund	FR, GB
Tintin et le mystère de la Toison d'Or (Tim und Struppi und das Geheimnis um das goldene Vlies)	1961	*Jean-Jacques Vierne,* Jean-Pierre Talbot, George Wilson, Georges Loriot, Milo Charles Vanel	Erste Realverfilmung nach den Comics von Hergé	GR
To Catch a Thief (Über den Dächern von Nizza)	1955	*Alfred Hitchcock,* Cary Grant, Grace Kelly	Juwelendieb muss Ruhestand verlassen, weil er unter Verdacht gerät	FR
Trainspotting (Trainspotting: Neue Helden)	1996	*Danny Boyle,* Ewan McGregor, Robert Carlyle	Clique von Jugendlichen in Edinburgh kämpft mit Suchtproblemen	SCT
Tři oříšky pro Popelku (Drei Haselnüsse für Aschenbrödel)	1973	*Václav Vorlíček,* Libuše Šafránková, Pavel Trávníček	Märchenfilm um Waisenkind Aschenbrödel, das zum Hofball eingeladen wird	DE
Troy (Troja)	2004	*Wolfgang Petersen,* Brad Pitt, Eric Bana	Helden der Antike kämpfen im alten Griechenland um die schöne Helena	MT
U-571	2000	*Jonathan Mostow,* Matthew McConaughey, Bill Paxton	Amerikaner erbeuten deutsche Verschlüsselungsmaschine von U-Boot	IT, MT
Uli der Knecht	1954	*Franz Schnyder,* Liselotte Pulver, Hannes Schmidhauser	Uli verliebt sich in die Magd Vreneli	CH
Uli der Pächter	1955	*Franz Schnyder,* Liselotte Pulver, Hannes Schmidhauser	Uli und Vreneli haben Geldprobleme, nachdem sie den Hof gepachtet haben	CH

Titel	Jahr	Filmschaffende	Handlung	Land
Un long dimanche de fiançailles (Mathilde, Eine große Liebe)	2004	*Jean-Pierre Jeunet,* Audrey Tautou, Gaspard Ulliel	Französin sucht nach im Weltkrieg verschollenen Verlobten	**FR**
Under the Tuscan Sun (Unter der Sonne der Toskana)	2003	*Audrey Wells,* Diane Lane, Sandra Oh	Geschiedene Schriftstellerin löst ihre Schreibblockade auf einer Reise in die Toskana	**IT**
Unknown (Unknown Identity)	2011	*Jaume Collet-Serra,* Liam Neeson, Diana Kruger	Amerikaner muss nach Koma in Berlin seine Identität beweisen	**DE**
Unter Geiern	1964	*Alfred Vohrer,* Stewart Granger, Pierre Brice	Old Surehand zerschlägt die Geier-Bande	**HR**
Valdez is Coming (Valdez)	1971	*Edwin Sherin,* Burt Lancaster, Susan Clark	Friedliebender Mexikaner wird zur Gewalt gezwungen	**ES**
Valkyrie (Operation Walküre, Das Stauffenberg Attentat)	2008	*Bryan Singer,* Tom Cruise, Kenneth Branagh, Bill Nighy	Deutsche Offiziere führen Staatstreich gegen Hitler aus	**DE, AT**
Van Helsing	2004	*Stephen Sommers,* Hugh Jackman, Kate Beckinsale	Vampirjäger wird vom Vatikan beauftragt, Dracula zur Strecke zu bringen	**CZ**
Vicky Cristina Barcelona	2008	*Woody Allen,* Scarlett Johansson, Penélope Cruz	Vicky und Cristina suchen während des Sommers in Barcelona nach Liebe	**ES**
Villa Rides (Pancho Villa reitet)	1968	*Buzz Kulik,* Robert Mitchum, Yul Brynner	Amerikanischer Waffenhändler gerät in mexikanische Revolution	**ES**
Volver (Zurückkehren)	2006	*Pedro Almodovar,* Penélope Cruz, Carmen Maura	Mutter hilft der Tochter, die den Ehemann getötet hat	**ES**
Von Ryan's Express (Colonel von Ryans Express)	1965	*Mark Robson,* Frank Sinatra, Trevor Howard	Alliierte Kriegsgefangene flüchten in einem Zug	**IT**
Waterloo	1970	*Sergei Bondartschuk,* Rod Steiger, Christopher Plummer	Monumentale Rekreation der historischen Schlacht, die Napoleons Ende besiegelte	**IT**
Way of the Dragon (Die Todeskralle schlägt wieder zu)	1972	*Bruce Lee* (auch Hauptrolle), Chuck Norris	Kämpfer aus Hongkong steht einem Verwandten in Rom gegen Gangster bei	**IT**
What? (Was?)	1972	*Roman Polanski,* Marcello Mastroianni, Sydne Rome	Amerikanisches Mädchen findet in Italien Unterschlupf bei seltsamen Gästen	**IT**
What's New, Pussycat? (Was gibt's Neues, Pussy?)	1965	*Clive Donner,* Peter Sellers, Peter O'Toole, Romy Schneider	Psychiater soll Sex-Sucht eines Patienten heilen	**FR**
Where Eagles Dare (Agenten sterben einsam)	1968	*Brian G. Hutton,* Richard Burton, Clint Eastwood	Britisches Kommando schaltet in bayrischen Alpen Doppelagenten aus	**AT**
Willow	1988	*Ron Howard,* Val Kilmer, Warwick Davis	Zauberlehrling rettet Kind, um böse Königin zu stürzen	**GB**

Titel	Jahr	Filmschaffende	Handlung	Land
Winnetou I	1963	*Harald Reinl,* Lex Barker, Pierre Brice	Apachen-Häuptling und weißer Bahningenieur schließen Blutsbrüderschaft	HR
Winnetou II	1964	*Harald Reinl,* Lex Barker, Pierre Brice	Winnetou verliebt sich unglücklich in Häuptlingstochter	HR
Winnetou III	1965	*Harald Reinl,* Lex Barker, Pierre Brice	Winnetou kämpft für den Frieden zwischen Rot und Weiß	HR
Winnetou und das Halbblut Apanatschi	1966	*Harald Philipp,* Lex Barker, Pierre Brice	Blutsbrüder im Kampf um das Gold einer Eisenbahner-Stadt	HR
Winnetou und Old Shatterhand im Tal der Toten	1968	*Harald Reinl,* Lex Barker, Pierre Brice	Letzter Teil der Reihe. Blutsbrüder vereiteln Goldraub im Tal der Toten	HR
Wonder Woman	2017	*Patty Jenkins,* Gal Gadot, Chris Pine	Amazone mit Superkräften, die auf einer verborgenen Insel lebt, lernt die Welt kennen	GB
World War Z	2011	*Marc Forster,* Brad Pitt, Mireille Enos	Ausbruch einer weltweiten Zombie-Pandemie	MT
xXx (Triple X)	2002	*Rob Cohen,* Vin Diesel, Asia Argento	Extrem-Sportler Xander arbeitet für US-Geheimdienst	CZ
Yentl	1982	*Barbra Streisand* (auch Hauptrolle), Mandy Patinkin	Um studieren zu können, gibt sich jüdisches Mädchen als Mann aus	CZ
Youth (Ewige Jugend)	2015	*Paolo Sorrentino,* Michael Caine, Harvey Keitel	Alte Freunde verbringen Ferien in der Schweiz	CH
Zeppelin	1971	*Etienne Périer,* Michael York, Elke Sommer	Deutsche wollen im 1. Weltkrieg mit riesigem Zeppelin ein wichtiges Dokument aus schottischer Burg rauben	MT
Zorba the Greek (Alexis Sorbas)	1964	*Michael Cacoyannis,* Anthony Quinn, Alan Bates	Griechischer Lebenskünstler unterweist Schriftsteller in den Geheimnissen des Lebens	GR

Filmschaffende = Regisseur*innen (in kursiver Schrift), Schauspieler*innen

Filme: **Meine Bewertung:**

Filme: **Meine Bewertung:**

Filmlocations:

- ○ ....
- ○ ....
- ○ ....
- ○ ....
- ○ ....
- ○ ....
- ○ ....
- ○ ....
- ○ ....
- ○ ....
- ○ ....
- ○ ....
- ○ ....
- ○ ....
- ○ ....
- ○ ....
- ○ ....
- ○ ....
- ○ ....
- ○ ....
- ○ ....
- ○ ....

Impressum

Roland Schäfli
Location Tour – Die schönsten Drehorte Europas

erschienen im
Reise Know-How Verlag Peter Rump GmbH
Osnabrücker Straße 79, 33649 Bielefeld

1. Auflage 2021

ISBN 978-3-8317-3237-1

Redaktion und Gestaltung
der Verlag

Druck und Bindung
mediaprint solutions GmbH, Paderborn

Bibliografische Information der Deutschen Nationalbibliothek
Die Deutsche Nationalbibliothek verzeichnet diese Publikation in der Deutschen Nationalbibliografie; detallierte bibliografische Daten sind im Internet über http://dnb.dnb.de abrufbar.

Reise Know-How Bücher finden Sie in allen gut sortierten Buchhandlungen. Falls nicht, kann Ihre Buchhandlung unsere Bücher hier bestellen:
D: Prolit, prolit.de und alle Barsortimente
CH: AVA Verlagsauslieferung AG, ava.ch
A, Südtirol: Freytag-Berndt und Ataria KG, freytagberndt.com
B, LUX, NL: Willems Adventure, willemsadventure.nl
oder direkt über den Verlag: **www.reise-know-how.de**

Alle Informationen in diesem Buch sind vom Autor mit größter Sorgfalt gesammelt und vom Lektorat gewissenhaft bearbeitet und überprüft worden. Da inhaltliche und sachliche Fehler nicht ausgeschlossen werden können, erklärt der Verlag, dass alle Angaben im Sinne der Produkthaftung ohne Garantie erfolgen und dass Verlag wie Autor keinerlei Verantwortung und Haftung für inhaltliche und sachliche Fehler übernehmen.

Die Nennung von Firmen und ihren Produkten und ihre Reihenfolge sind als Beispiel ohne Wertung gegenüber anderen anzusehen. Qualitäts- und Quantitätsangaben sind rein subjektive Einschätzungen des Autors und dienen keinesfalls der Bewerbung von Firmen oder Produkten.

Bildnachweis

Titel: 1: Loch Shiel, Schottland (©Jörg Friebe); 2: Salzburg, Österreich (©SalzburgerLand Tourismus); 3: Cortijo del Fraile, Spanien (©Roland Schäfli); 4: Mürren, Schweiz (Adobe Stock ©Waldteufel); 5: Valletta, Malta (Adobe Stock ©Roberto Sorin); 6: Schloss Moritzburg, Deutschland (Adobe Stock ©santosha57); 7: Strahov Kloster, Tschechien (Adobe Stock ©smartin69)
Seite 2: 1: Monaco (Adobe Stock ©lamax); 2: www.imago-images.de ©Prod.DB
Seite 5: zVg ©Stefan Zürcher
Seite 6/7: 1: Füssen, Deutschland (©Roland Schäfli); 2: Strahov Kloster, Tschechien (Adobe Stock ©smartin69); 3: Schloss Fuschl, Österreich (Dreamstime ©Wibaimages); 4: Langnau, Schweiz (©Roland Schäfli); 5: Venedig, Italien (©Jörg Friebe)
Seite 8: 1: Zutphen, Niederlande (Dreamstime ©MartinBergsma); 2: Fort La Latte, Frankreich (©Roland Schäfli); 3: Almería, Spanien (©Roland Schäfli); 4: Alnwick Castle, England (Adobe Stock ©Craig); 5: Eilean Donan Castle, Schottland (©Roland Schäfli)
Seite 11: 1: Skellig Michael, Irland (©Andrea David); 2: Cavtat, Kroatien (©Roland Schäfli); 3: Đurđevića Tara Brücke, Montenegro (Adobe Stock ©Della_Liner); 4: Popeye Village, Malta (©Andrea David); 5: Lindos, Griechenland (Adobe Stock ©Freesurf)
Hintere Umschlagklappe: 1–3: ©Roland Schäfli

stock.adobe.com: Seite 12/13: ©naumenkophoto; Seite 21 (1): ©sp4764; Seite 26 (2): ©Sina Ettmer; Seite 28: ©Bernhard; Seite 37 (1): ©tdezenzio; Seite 37 (2): ©Oliver Raupach; Seite 38 (1): ©santosha57; Seite 39, 56 (2): ©Maya-S-Fotografie; Seite 40/41: ©cascoly2; Seite 42: ©daliu; Seite 43: ©Andrey Shevchenko; Seite 44 (1): ©SeanPavonePhoto; Seite 44 (3), 62: ©romanple; Seite 45 (1): ©Olga K; Seite 46: ©majonit; Seite 47 (2): ©smartin69; Seite 52/53: ©fotoember; Seite 56 (1): ©reichhartfoto; Seite 57, 242 (2): ©Mistervlad; Seite 58 (1): ©pixelleo; Seite 59 (2): ©EvrenKalinbacak; Seite 60 (2): ©Wolfgang; Seite 61 (1): ©photo 5000; Seite 61 (4): ©Gerhard1302; Seite 64 (1): ©Andy Evans Photos; Seite 72 (1): ©Bergfee; Seite 76 (1): ©kovop58; Seite 86 (3): ©Maha Heang 245789; Seite 100 (2): ©eugen_z; Seite 100 (4): ©Waldteufel; Seite 108/109: ©Sergii Figurnyi; Seite 116 (1), 118: ©steschum; Seite 117 (2): ©hedsislava; Seite 119 (1): ©SvetlanaSF; Seite 120 (1): ©Vladislav Gajic; Seite 122 (4): ©riebevonsehl; Seite 125: ©ArTo; Seite 129: ©Kotangens; Seite 130: ©Сергей Вовк; Seite 135: ©frenk58; Seite 138: ©m.bonotto; Seite 142 (1): ©JWS; Seite 147: ©David Brown; Seite 152 (1): ©U. Gernhoefer; Seite 154 (1): ©Vic; Seite 154 (2): ©Pinosub; Seite 157 (1): ©Cezary Wojtkowski; Seite 157 (2): ©Rick Henzel; Seite 158/159: ©Akarapong Suppasarn; Seite 166 (2): ©Jan Kranendonk; Seite 168 (1): ©Fotolyse; Seite 169, 266 (1), 294: ©Alexey Fedorenko; Seite 174 (2): ©lamax; Seite 201: ©Beboy; Seite 204: ©Tydav Photos; Seite 216/217: ©Fotomicar; Seite 219: ©james633; Seite 231: ©alexgres; Seite 232 (4): ©cribe; Seite 234 (1): ©Pedro Oliva; Seite 236: ©Noradoa; Seite 239, 253: ©dudlajzov; Seite 242 (1): ©JackF; Seite 243 (2): ©Alvaro; Seite 246/247: ©Dmitry Naumov; Seite 249 (2): ©Gail Johnson; Seite 250 (2): ©Craig; Seite 261: ©VanderWolf Images; Seite 266 (4): ©pio3; Seite 267: ©Jaroslav Moravcik; Seite 269: ©andersphoto; Seite 274/275: ©Jeff Whyte; Seite 277 (2): ©TreasureGalore; Seite 278 (1): ©Scotshot65; Seite 278 (3): ©e55evu; Seite 279: ©aiaikawa; Seite 289: ©MG Photography; Seite 295: ©David; Seite 296 (1): ©CA Irene Lorenz; Seite 298/299: ©Aquarius; Seite 301: ©Steve Cukrov; Seite 304: ©Alexey Zarodov; Seite 306 (3): ©Stephen; Seite 315: ©Ivano; Seite 326: ©dreamer4787; Seite 333: ©Della_Liner; Seite 356/357: ©javarman; Seite 367: ©Spectral-Design; Seite 370/371: ©Marek Chalupnik; Seite 377: ©jorisvo; Seite 378 (2): ©Freesurf; Seite 383 (2): ©Pat on stock; Seite 383 (3): ©Mari79; Seite 383 (4): ©Panos; Seite 384/385: ©George Dolgikh

www.ddpimages.com: Seite 15 (1–2), 44 (2), 51 (2), 60 (1), 69 (2), 85, 86 (2), 117 (1), 120 (2), 122 (1), 144 (1–4), 154 (3), 162, 163, 182 (3), 199 (2), 203 (2+3), 208 (1), 221 (4), 232 (2+3), 240 (1), 278

(2), 282 (2), 292 (3), 303 (2), 312 (1): ©Everett Collection; Seite 21 (2), 250 (1), 258 (2), 372: ©Capital Pictures; Seite 22 (2), 25 (1), 55 (3), 64 (2), 86 (1), 116 (2), 122 (3), 128 (2), 134, 142 (2), 152 (2), 154 (4), 176 (3), 182 (2), 194 (1+2), 200 (2), 203 (1), 232 (1), 249 (4), 252, 316 (1), 364 (1): ©ddp images; Seite 26 (1), 76 (2), 90, 115, 225 (1), 227 (2), 240 (2), 241 (2), 266 (2), 296 (2), 364 (4), 378 (4): ©ddp; Seite 136, 255 (1): ©United Archives; Seite 237 (3), 314 (2): ©Hans Werner Asmus

www.imago-images.de: Seite 18 (2), 22 (1+3), 30 (2), 45 (2+4), 100 (1), 168 (2), 174 (1), 185 (1), 249 (3), 266 (3), 286 (1), 300, 319 (3), 331 (2), 359: ©Prod.DB; Seite 36 (2), 45 (3), 113 (2), 306 (1+2), 319 (2): ©Everett Collection; Seite 51 (1): ©sepp spiegl; Seite 55 (1), 58 (2), 69 (1+4), 72 (2), 234 (2), 243 (1), 255 (2), 285 (1), 346, 364 (2+3), 383 (1): ©Mary Evans; Seite 63 (2), 114, 340: ©Cinema Publishers Collection; Seite 122 (2), 184: ©United Archives; Seite 249 (1): ©ZUMA Press; Seite 258 (1): ©Ronald Grant

de.dreamstime.com: Seite 19: ©Claudiodivizia; Seite 55 (2): ©Wibaimages; Seite 59 (1): ©Ifeelstock; Seite 111 (2): ©Juan Moyano; Seite 119 (2): ©Elvira Kolomiytseva; Seite 164: ©Anschouten391; Seite 166 (4): ©MartinBergsma; Seite 188: ©Espiegle; Seite 193 (2): ©Edwardgerges; Seite 199 (1): ©Sergey Rybin; Seite 200 (1): ©Ruslan Gilmanshin; Seite 241 (1): ©Alessandro0770; Seite 321: ©Daniel M. Cisilino; Seite 378 (1): ©Misima; Seite 378 (3): ©Vladimir Zhuravlev; Seite 381: ©Arsty

www.alamy.de: Seite 166 (1): ©Moviestore Collection; Seite 203 (4): ©A.F. Archive; Seite 226 (1): ©Landmark Media; Seite 265: ©Greg Balfour Evans

commons.wikimedia.org: Seite 22 (4): https://commons.wikimedia.org/wiki/File:Bendlerblock.jpg ©Adam Carr; Seite 61 (2): https://commons.wikimedia.org/wiki/File:Wien_-_Volksoper.JPG ©Bwag; Seite 61 (3): https://commons.wikimedia.org/wiki/File:Sofie_26.jpg ©ThomasW01; Seite 111 (1): https://commons.wikimedia.org/wiki/File:Federico_Fellini_NYWTS_2.jpg ©Walter Albertin; Seite 113 (1): https://commons.wikimedia.org/wiki/File:Ben_hur_1959_poster.jpg ©William Reynold Brown; Seite 126: https://de.wikipedia.org/wiki/Datei:Hotel_des_Bains_01.jpg ©Florian Fuchs; Seite 166 (3): https://commons.wikimedia.org/wiki/File:De_Steeg,_Rhederoord_RM42143_(3)_bew.jpg ©Friesburg; Seite 191 (1): https://commons.wikimedia.org/wiki/File:Phare_des_Héaux-de-Bréhat_2.JPG ©Crepi22

Weitere Bildquellen:
Seite 15 (3): ©Bavaria Studios/Michael Hilscher;
Seite 15 (4), 16 (1–3): ©Bavaria Filmstadt;
Seite 18 (1): ©Thorsten Altheide;
Seite 25 (2): ©Matthias Gebauer;
Seite 63 (1): ©Weissensee Information;
Seite 68, 70, 74: ©SalzburgerLand Tourismus;
Seite 69 (3): ©Burg Hohenwerfen;
Seite 78/79, 82 (1–3): ©Zodiac Pictures Ltd;
Seite 80: ©koch films;
Seite 91 (2+4): ©Praesens-Film AG;
Seite 100 (3): ©Schilthornbahn AG;
Seite 106, 107: Chaplin's World™ ©Bubbles Incorporated;
Seite 123, 285 (2), 297: ©Jörg Friebe;
Seite 311: ©Tyra Green Photography;
Seite 319 (4), 360, 362, 365, 366, 368, 369: ©Andrea David;
Seite 320: ©Hannah Kretschmer;
alle weiteren Fotos: ©Roland Schäfli